親鸞伝の研究

赤松俊秀著作集　第一巻

法藏館

赤松俊秀先生
昭和46年　京都大学文学部にて

凡例

一　本著作集は、著者の定評ある単行本を底本としたものと、その主要な論文・著作を研究テーマ別に分類したものを、全五巻として刊行するものである。

二　第一巻は『鎌倉仏教の研究』『続鎌倉仏教の研究』（共に平楽寺書店刊行）に掲載された親鸞に関する論文を抽出して収録した。

三　明らかな誤字・脱字・誤植は訂正したが初出を尊重してそのままにした場合もある。

四　漢字は原則として新漢字、送り仮名は通用のものに改めた。

五　固有名詞・地名などは原文のままとした。

六　各巻末に編集委員による解説を付した。

親鸞伝の研究　赤松俊秀著作集　第一巻＊目次

凡　例

目　次

親鸞伝の研究

赤松俊秀著作集　第一巻

覚信尼について

親鸞聖人の息女、覚信尼公に関し、たまたま現今教界の一部には論難があり、激烈なる争を醸成しているのを見るが、また近時覚信尼関係の諸述作においても、相へだたること多い異見の存するを見た。私がこのささやかな論文において言わんとするところは、これら論争の是否を批評し、正否を直ちに決しようとするのではなく、論難の中心たる史料を判読し、また従来の諸論文を攻究するうち、これら研究の基礎をなす史料そのものの批判考定において、深き疑惑を抱くに至ったので、ここにこれらの疑義を糺さんとするにほかならない。このことは覚信尼公関係の資料考証において、私見の一方法を提示し、かつ、これによりて従来の研究ことには教界において、親鸞およびその家族に対し、不当にもかけていた批難を除き得るものであり、これら批難は実に懇切ならざる史料判読とその考定より来るものと考えるのである。

現在知られている史料の中にて、最も早く覚信尼について概括的にその一生を録しているものは覚信尼の孫覚如の手になると認められている「本願寺留守職相伝系図」であるが、覚信尼に関する部分を抽記すると、次のごとくである。

尼覚信　元久我太政大臣通光公女房、号二兵衛督局一、皇太后宮大進有範孫、親鸞上人息女
日野宮内少輔兼左衛門佐広綱妾、以二当敷地一、寄二附本師親鸞上人影堂敷一財主也。

しかるにこの系図において留意すべきは、覚信尼の俗称については、わずかに久我家の女房であった時に兵衛督局と号したと記すのみにて、いわゆる俗名に関しては何らいうところのないことである。さりながら俗称が明らかにならなくては、覚信尼の生涯の大半を占める在俗時代の史料を知るよすがないから、確実なる史料より立論して、俗称を確定する必要がある。

それについてまず想起せられるのは、先年本派本願寺の宝庫より発見せられた恵信尼の書状十通(1)のうち、弘長三年（一二六三）二月十日付の三通(2)が、おのおのに註記(3)せられていることよりいうも、また覚如の『口伝鈔』(4)に記すところより見るも、越後の恵信尼より娘覚信尼に送られた確証の存する書状であるにもかかわらず、惜しむらくは宛名を欠いているので、恵信尼自ら何と覚信尼を呼ばれたかを知り得ないことである。しかるに同じく恵信尼の書状のうちには、「御ふみの中に(5)」の書き出しにて、「恵しん」と自署せられ、宛名の部分には「わかさとの申させ給へ」と記された書状が存するが、その内容が先の弘長三年二月十日付の書状に関連していて、同じく覚信尼に宛てて送られた確証の存するところから、その宛名に見える「わかさとの」をもって覚信尼の俗称なりとする説が、従来多くの人によって唱えられている(6)。しかしながらこの説はすでに岩橋小弥太氏(7)によって指摘せられているごとく、書状の形式を無視せる比定にて、この書状をその様式より見れば、「わかさとの」は、恵信尼よりこの書状を覚信尼に披露することを依頼せられた人であって、覚信尼自身ではありえないのである。しかもこの判定を支持するものは、同じく「恵信尼書状」のうちに、端裏に「わかさとの」の名を記しながら、その本文において書状の真実の受信人に対し、特に「わかさとの」に念仏を専修せられたしと伝えよと依頼せられた書状(8)の存することである。そ

の故に宛名に「わかさとの」と記されていても、それをもって覚信尼の俗称なりとするのは速断といわなければならない。

これら書状の形式上ならびに内容上よりの判定に留意しつつ恵信尼書状を検すると、「ゑしん」と自署し特に花押を加えられた建長八年（一二五六）九月十五日付の書状の宛名に「わうこせんへ」とあり、しかも端裏には「わかさ殿申させ給へ」と記されているのが見出される。この形式上「わかさとの」の披露をまたなくてはならない、書状の真の受信人「わうこせん」こそは、同じく「わかさとの」の披露を要した覚信尼の前身であることは容易に観取されるが、最近特に強くこの比定に対して反対の説が主張されているから、さらに深くその当否を検する必要がある。[9]

この建長八年九月十五日付の書状は、かつて恵信尼より「わうこせん」に下人を譲られた際に作られた譲状が焼失したのについて、あらためて作制された譲状であるが、当時は封建制度の社会にて、下人を使役し進退するのは貴重なる階級的な特権として尊重されていたから、恵信尼がその進退を許されている下人をはるばる上洛せしめられたのは、単に他人に使役進退の権利を譲られたと見るべきではなくて愛娘なる故におくられたと認むべきであろう。ことにこの譲状の中に記されている下人の名は、「恵信尼書状」のうちにて、親鸞の聖容を伝えられた四通を除く、余の六通のすべてに現れる名であることは注意しなければならない。もし「わうこせん」にして覚信尼の前身に非ずとせば、恵信尼の書状はわずか四通のみ覚信尼に送られたことになって、下人のことを記した六通はまったく他の人に宛てて送られたと認めなければならなくなるが、かく見ることの当たらざることは、六通の書状の内容より直に立証され得るのである。強いて枉論して先の建長八年九月十五日付の書状の間に七年の時日の経過しているところから、先に「わうこせん」に譲られた下人がこの間に覚信尼にあらためて譲られたと仮に臆測して見[10][11]

ても、下人の譲渡の際には必ず譲状を必要とした事実より見れば、今日かかる譲状を見出せないからには、絶対に認められない想像というのほかはない。しかも今日本派本願寺に残る恵信尼の書状が截然と、親鸞の聖容に関するものと、下人に関するものとに分け得るところより見れば、おそらくはいずれかの時において、恵信尼の書状を整理して、一は祖徳顕彰の史料として、一は下人使役の権原として、保存せんとした事実の存したことが認められるが、その際すでに無効に帰している「わうこせん」宛の下人の譲状のみを保存して、覚信尼に対して最も重要なる後の譲状を逸したとはとうてい想像し得ないところである。かかる不自然なる偶然を妄信しないかぎり、われわれは「わうこせん」をもって覚信尼の俗称と認めなければならない。しかも恵信尼の書状に次いで、親鸞の自筆書状がこの推定を裏書するのは私の深く喜びとするところである。その書状は現在本派本願寺に所蔵せらるる次のごときものである。

いやおむなかこと、ふみかきて、まいらせられ候めり。いまた、いところもなくてわひゐて候なり。あさまし
く〳〵もてあつかいて、いかにすへしともなくて候なり。あなかしこ

三月廿八日　　　（親鸞花押）

しんらん

（切封）わうこせんへ

この書状において最も強く私の注意を惹くものは、親鸞と「わうこせん」との間には、書状に多く見る、世上の儀礼を整える必要がいささかもなくて、親しげに親鸞は何はばかるところなく、「わうこせん」に対して「いやおむな」に関する憂慮のほどを陳《の》べておられることである。かくのごとき親しさは、今日多く遺存する親鸞の門弟に宛てて送った、いずれの消息にも見出すことができないのであって、「わうこせん」即覚信尼の比定が成立して、初めてさこそと首肯し得るところのものである。かくして「わうこせん」の覚信尼の俗称であることは何の疑義も

存しなくなったであろう。

しかしながら従来多くの人の間に信ぜられている、覚信尼の前身は「いやおむな」なりとの説に固執せられる人は、いかに多くの明証が存しても、なお先の親鸞の自筆書状によって、覚信尼即「わうこせん」説を否定せられることは予見するに難くない。さりながら冷静に史料を検せられるならば、「いやおむな」覚信尼説はいかに根拠に乏しいかを容易に覚知せられるであろう。先にも一言せる如く、覚信尼に関する根本史料と認められる、「本願寺留守職相伝系図」には兵衛督局のほかには何事をも記さず、はるかに下って蓮如の息実悟の編める日野一流系図[12]にも「いやおむな」の名は見えず、徳川時代になって初めて「本願寺系図」[13]にこの説が現れたのにすぎないのである。何故に徳川時代になって、かかる新説が忽然として現れたかについては、確かな説は知らないが、おそらくは寛元元年（一二四三）十二月二十一日付の親鸞の譲状が発見せられたに基づくという巷説が、その間の事情の真を伝えたものであろう。譲状は次のごときものである。

ゆつりわたすいや女事

みのかわりをとらせて、せうあみた仏かめしつかう女なり。しかるを、せうあみた仏、ひむかしの女房にゆつりわたすものなり。さまたけをなすへき人なし。ゆめ〳〵わつらひあるへからす。のちのためにゆつりふみをたてまつるなり。あなかしこ〳〵

寛元元年癸卯十二月廿一日　（親鸞花押）

端裏「いや女をあま御前よりゆつられたまうふみなり」

しかしながらこの譲状の中には、いずこにも「いや女」が覚信尼であるとは記されていないのに注目しなければならない。親鸞が滅して数百歳を経て、忽然として発見せられた文書の中の一女性の名に対して、何ら他に傍証なくして、いかにしてその考証をなしえたかを思えば、この説がいかに根拠が薄弱なるかは容易に察せられるであろう。この説のよって起きた根拠は、『叢林集』[14]等に特にこの文書の奥に宛名を付して「覚信房江」とあるところより見れば、譲状の冒頭に着目して、「みのかわり」即真影と速断したところにあるのであろう。親鸞より「みのかわり」を得たのは覚信尼のほかにはないとして、「いやおむな」は即ち覚信尼なりと譲状の文意を幾重にも誤解した結果の比定にすぎないことを注意しなければならない。今日すでに「みのかわり」は「みのしろ」のことなりと決定せられて、何人も異論がないのに対して、その説によって当然破棄せられた「いやおむな」説が今なお多くの人によって信奉せられているのは奇怪というのほかはない。ことに「恵信尼書状」[15]に幾多の傍証が存する如く、「いやおむな」の「おむな」は下人たることを示す称呼であって、覚信尼の俗称を「いやおむな」とするかぎり、覚信尼はその血を貴種に享け、後には公卿殿上人の後室に入ったにもかかわらず、その中間において、下人に堕ちたと観なければならなくなる。かくのごとき身分上の変換が階級的な封建制度社会において、容易でなかったことを知る人は、何人も覚信尼即ち「いやおむな」説を採るに躊躇せられるであろう。恵信尼はその娘の侍女に対してすら、常に「わかさとの」[16]と敬称を付せられて、下人を語られる際とは截然と区別しておられたことを思えば思い半ばに過ぐるものがあろう。ことに「いやおむな」を覚信尼とすればこそ、親鸞に対して人倫上最も恥ずべき愛娘売りの批難を向けざるを得なくなることを思えば、よしや三百年来伝統のある説なりとて、いささかの執着の必要もないこととなる。親鸞がただ使役する女「いやおむな」を「せうあみた仏」の許にあずけられたにすぎなかったことに対して、誤ってかくのごとき批難をかけられていたことについては、ここに特に一般の人士に対しても、強い反省を求める要があると私は考える。

覚信尼の俗称が「わうこせん」と確定すれば、親鸞ならびに恵信尼の書状より認められる覚信尼の生涯は従来多くの人によって考えられたごとき、波瀾曲折を極めたものではなくて、夫にこそは早く死別せられたが、長く慈父の膝下にありて教訓を享け、生母とは早く別居せられたが、たえず音信を重ねられ、ことに数人の下人を譲られて、不自由のことなく、当時関東所生の女子の羨望したところの京都にて静かにその生涯を終えられたのにすぎないのである。しかしながら最近の論難の中心となった、この生母との別居が、親鸞が覚信尼に対して継母を迎えたことに基づくとするならば幼にして家庭離散の悲運を嘗められたことは、後の覚信尼の静穏な生活に強く反映して、常にその心情を暗くせしめたことであろう。その意味において、この論難の事実を明らかにする必要がある。

この論争の中心となったものは、現在本派本願寺に所蔵せられる、二通の親鸞自筆書状であるが、全文次のごときものである。

このいまこせんのはゝの、たのむかたもなく、所らうをもちて候はゝこそ、ゆつりもし候はめ、せんしに候なは、くにの人々いとをしうせさせたまふへく候。このふみをかく、ひたちの人々を、たのみまいらせて候へは、申をきて、あはれみあはせたまふへく候、このふみをこらんあるへく候、このそくしやうはうも、すくへきやうもなきものにて候へは、申おくへきやうも候はす。みのかなはすわひしう候ことは、たゝこのことおなしことにて候。ときにこのそくしやうはうにも、申をかす候。ひたちの人々はかりそ、このものともをも、御あはれみなされ候へからん。いとをしう人々あはれみおほしめすへし。このふみにて人々おなし御こゝろに候へし。

あなかしこ〳〵

十一月十二日　　せんしん（花押）

ひたち人々の御中へ　　（親鸞花押）

奥書「ひたちの人々の御中へ」

ひたちの人々の御中へ、このふみをみせさせ給へ。すこしもかはらす候。このふみにすくへからす候へは、このふみを、くにの人々、おなしこゝろに候はんすらん。あなかしこ〳〵

十一月十一日　　（親鸞花押）

いまこせんのはゝに

論難の概要はこれらの書状に見ゆる、「いまこせんのはゝ」が常陸の所生と認められるところから、親鸞が越後にて恵信尼と結婚し、後同道して常陸に入国されてから、新たに迎えられた内室と考えられ、その結果として親鸞の家庭は分散するに至ったと説かれたのに対して、かくては親鸞の私徳のほどが疑われるに至り、宗祖としての人格が潰れるとの批難が起きたのであるが、この二通の書状から「いまこせんのはゝ」は常陸の所生であると断定された鷲尾教導氏[17]、日下無倫氏[18]の説は、他のいかなる説よりも正しいというのほかはない。しかしながらこれら二氏の説を含めて他の多くの人が、「いまこせんのはゝ」を親鸞の内室なりと速断しておられるのははたして正しいといいうるであろうか。親鸞には恵信尼のほかになお一人の内室の居られたのは事実[19]であるが、ここにいう「いまこせんのはゝ」が他に何ら傍証なくして、直ちに親鸞の内室なりとせられるるには、当然のこととして、「いまこせん」なる親鸞の実子の存在を必要とする。この事実を確認せずして、直ちに「いまこせんのはゝ」を親鸞の内室と見るのは妄断というのほかはない。ことにこの二通の書状を熟読すれば、その日付が十一月十一日と十二日であること、ならびに全文に哀韻の満ちていることより、すでに橋川正氏[20]が指摘しておられるごとく、親鸞の遺言状であることは直ちに気づかれることである。しかれば当時親鸞は九十歳に達しておられたから、その御内室は少なくとも六十歳の老齢であり、その子「いまこせん」は若くとも三十歳の壮齢に達していたと推定されるが、この際親鸞がその遺言状において、壮年の「いまこせん」なる実子に何ら言及せずして、老齢人生の第一線より退いたと認められるその母に対して、所領があれば譲るといわれたとすれば、不思議な遺言状といわなければならない。さりながら仮に一歩を譲って、親鸞臨終の際の遺言状に非ずとするも、「いまこせんのは丶」が親鸞と恵信尼との家庭を破壊した人であるからには、覚信尼とは終生相容れない立場にあった人と認められるが、その継母について親鸞が伏せんばかりにして常陸の同朋に援助を懇請した書状が、覚信尼の創立になる本願寺の秘庫に蔵せられたことはさらに不可思議といわざるを得ない。現在本願寺文書として残る書状公験を検すれば、親鸞の書状を除くのほかは、すべて覚信尼、覚恵、覚如の三代において、これら三人に対して送られた書状公験、またはこれら三人の発した書状公験の案文であり、親鸞の自筆書状とても「わうこせん」宛の一通は覚信尼に宛てたものであるのに、この二通のみまったく覚信尼と関係なき書状が本願寺に所蔵せられているのは、後代常陸辺より本願寺に納入した事実を認めないかぎり、不思議といわざるを得ないのである。

ここにおいて、この二通の書状が遺言状の性質を帯びていること、それが現在本派本願寺に所蔵せられている事実、さらにまた「いまこせんのは丶」が常陸所生の女子なる事実を総合して静思すれば、「いまこせんのは丶」が覚信尼なることは容易に思い当たられるであろう。しかも私の深き喜びとすることは、この二通の書状とまったく別な文書に、この論定を裏書するものの存するを見出すことである。それは覚信尼の息覚恵がその子覚如に御影堂留守職を譲った際に与えた書状であって、全文を掲げると次のごとくである。

親鸞上人の御影堂御留守の事

覚恵か候つるにかはらす、みはなたるましき由、国々の御門弟の中へ申おく也。それにつきては、故覚信御房の御事お、おほせおかるゝ上人の御自筆の御せうそく、又この御影堂の敷地の本券、証文幷具書等こと〳〵く、これおわたすもの也。故覚信御房の状、これらの証文等ハ、覚恵帯候へきよしのいわれを、かきのせられたるによりて、年来帯しつる也。而世間不定のうゑ、病おもき身なれハ、にわかにめをふさく事もこそあれとて、かねてかやうにかきをく状如件

正安四年壬寅五月廿二日　　　　　　　　　　覚　恵（花押）

覚如房へ

この書状にいうところの、覚信尼のことを遺言された親鸞自筆の書状とは、本願寺に襲蔵せられた四通の書状のうちでは、先の論証よりすれば、当然「いまこせんのはゝ」に関する二通のことになる。かくて「いまこせんのはゝ」は覚信尼と決定したのである。恵信尼が親鸞を怨んでいたというがごときは、先の速断が生んだ悲しむべき史料の誤読にすぎない。

「いまこせんのはゝ」が覚信尼に確定すると、先の二通の書状は従来解せられたとはまったく異ったものになってくる。ことに親鸞が臨終に際していとも丁寧に同朋に後事を託して逝かれた覚信尼が、後にこれらの同行と協力して、大谷の御影堂を創立し、本願寺の基礎を固めたことを思えば、親鸞のこの懇望がいかなる性質のものであったかを容易に知ることができる。その故に覚信尼が後年御影堂留守職をその子覚恵に譲られた際にも、親鸞のこの書状の趣旨を敷衍して(21)、本願寺がまったく在国の同行の支持によって存在することを強調せられ、覚恵もまたその子

の覚如に御影堂留守職を譲るに当たって、同一の旨趣を門弟に披露し、覚如に対しては前述せるごとく、親鸞の「いまこせんのは、」に関する書状を特に重書として尊重すべきことを訓戒したのである。(22) その故に在国の同行は競って親鸞の遺族を支持し、一心同体となって御影堂を建立し、その所有権を同行総有となし、親鸞入滅数十年にしても、なおその誠意を失わず、境内の拡張、廟堂影像の再建に対して、親鸞在世に変わらぬ奉仕を行ったのである。

しかるに従来多くの人によって、かくの如き美しき情誼のあったことがかえって否定せられ、親鸞の入滅後ほど遠からずして、在国の同行は御影堂より乖離し、覚信尼はその間にあって本願寺の経営に腐心されたといわれているが、これは次の文書の旨趣を誤り解したのによるのである。

御念仏衆之中に令申候、抑国々故上人之門徒人々、毎月廿七日御念仏用途、雖為乏少、相はけみ候之処、時々闕怠之由歎存候。所詮者彼用途をは、大谷の覚信御房御方におかれ候て候は、、念仏衆けたい候は、、他僧をも請して可致勤修其役候。以此旨、衆徒之中に可有御心得候。恐々謹言

十一月十一日

信　海（花押）

顕　智（花押）

光　信（花押）

念仏衆御中へ

この文書は在国の同行の意を体して、信海、顕智、光信の三人が、京都の念仏衆に対して、常に親鸞の忌日に念仏を勤修する料として、関東より懇志を送っているのにかかわらず、時々念仏衆が勤行を怠ると聞くが、大変悲しいことである。そんな有様では今後念仏の用途は覚信尼の許におくから、お参りにならない時は他の念仏衆を招いて勤行するから、在様御承知ありたいと警告を発したのであって、この書状は親鸞入滅十八年にしてなお門侶の親鸞に対する追慕の念の衰えざるをこそ証しているが、決して門末の乖離を示しているのではないのである。

かく観じ来れば、親鸞の「いまこせんのはゝ」に関する書状の意義がますます明らかになってくる。「みのかなはすわひしう候ことは、たゝこのことおなしことにて候（中略）ひたちの人々はかりそ、このものともをも、御あはれみなされ候へからん。いとをしう人々あはれみおほしめすへし」と常陸在住の同行に訴えた親鸞の姿は、かの『歎異抄』にいう唯円に対して答えられた親鸞の語として、世に喧伝される「久遠劫よりいまゝで流転せる苦悩の旧里は捨てがたく、いまだ生れざる安養の浄土は恋しからずさふらふこと、まことによく〳〵煩悩の興盛にさふらふにこそ、なごりおしくおもへども娑婆の縁つきて力なくして終るときに彼土へはまゐるべきなり」と現実への絶ち難き愛著の念の熾烈なるを強く意識しつつ、絶対否定の彼岸への連繫において、かすかなしかも確実なる安住の境地の存在を絶叫した、有名なる法語と一脈相通ずるものの存することは直ちに観受せられるであろう。親鸞の臨終の願がその常に説ける教えと完全に一致せることによって、門末の心底に浸透し、その結果門侶一致して祖聖の遺族扶養の目的まで含まれた御影堂の建立となったのである。その点において「いまこせんのはゝ」に関する親鸞の自筆書状は、本願寺をして今日あらしめた最大の紐帯のいかなるものなるかを示したものといわなければならない。

覚信尼について、なお残れるものは、覚恵の生まれた時代と「ひむかしの女房」が何人なるかということであるが、覚恵の出生について徴すべき史料は『最須敬重絵詞』[23]『慕帰絵詞』ならびに『存覚一期記』であるが、それらの記述の中で最も多く引用せられるのは、覚恵が七歳の時嘉禎二年（一二三六）に薨じた権中納言家光の猶子になったこと、徳治二年[24]（一三〇七）に六十有余にして逝去したとの二つの事実であるが、この二つの事実は相互に矛盾しているので、いずれかが是で、いずれかが誤っているに相違ないが、おもむろに二つの事実を検すれば自ずからその正否がわかるであろう。日下無倫氏[25]がすでに強調せられたごとく、これらの記録を作った存覚、従覚、乗専が自ずから熟知していたのは覚恵の没年であって、その生まれた時のことはきわめて不明瞭なのは当然のことである。それ故に覚恵の出生は氏のいうごとく、覚信尼二十五、六歳の頃と見て誤りはないであろう。嘉禎二年[26]には覚信尼に七歳の子がありえないとなれば、家光の猶子説は何かの誤りと見なければならないが、覚恵が後に中納言阿闍梨[27]と称したことより見れば、おそらく中納言の猶子となれるは事実なるべく、もしその中納言を求める要あらば、後に覚如の猶父となった兼仲[28]の父権中納言経光[29]に比定すべきには非ざるかと思わる。

「ひむかしの女房」に関しても日下無倫[30]氏の卓見が注意される。氏は「ひむかしの女房」を久我家の女房と比定せられたのであるが、私はさらに進んで「ひむかしの女房」は覚信尼なりと信ずるものである。「いやおむな」に関する二通の書状が今日本願寺に保存せられるのは「いやおむな」の主人「ひむかしの女房」が覚信尼にして初めて解し得られるのである。

如上の論証によって私のいわんとすることは大体において尽きたのであるが、最後にとくに注意せられたきは、本願寺の歴史を研究する際に、最も依憑せられた『親鸞伝絵』ならびに「本願寺留守職相伝系図」等、覚如の前後に多く作製せられた記録は、従来多くの人によって作為が多いとして斥けられてきたが、私のこのささやかな論文によって、幾多の傍証を発見し、その大綱においてはいささかも作為のないことが明瞭になったことである。すでに「恵信尼書状」の発見によって、親鸞の聖容は鮮かに再現したが、私見によって本願寺創立を注進とする幾多の史実があらためて認識せられ、史上の親鸞は、即伝称仰慕のなかに生きている聖容といささかも異なるところなきを明らかになし得たと信ずる。

付　本稿の成るに当たっては西田（直二郎）教授の御教示に負うところ多し、謹みて謝意を表す。

（昭和八年九月四日稿了）

註

（1）鷲尾教導『恵信尼文書の研究』参照。

（2）『恵信尼文書の研究』所載第三通・第四通・第六通。

（3）「恵信尼文書」第四通の裏端書に「ゑちこの御文にて候　此御表書は覚信御房御筆也」とあり。第三通・第六通にも同意趣の註記あり。

（4）『口伝鈔』中、「聖人本地観音の事」の項に、「恵信尼文書」第六通を引きて、「越後国国府ヨリトゞメヲキマフサル、恵信ノ御房ノ御文、弘長三年春コロ、御ムスメ覚信ノ御房へ通ゼラル」と記す。

（5）「恵信尼文書」第三通。先の第三通にいう日付の誤れるを訂正されたるものなり。

（6）一例は鷲尾教導『恵信尼文書の研究』。

（7）藤原猶雪『親鸞聖人の女覚信尼公行実の研究』追記参照。

（8）「恵信尼文書」第一〇通。「又わかさとのの、いまはおとなしく、としよりて、おハし候はんと、よにゆかしくこそ、おほえ候へ。かまへてねんふつ申て、こくらくへまいりあはせ給へと候へし」。真実の受信人に対して、これより先にすでに念仏をすすめておられる。

（9）「恵信尼文書」第二通。

（10）「恵信尼文書」第三通・第四通・第五通・第六通。

（11）一例をあげると「恵信尼文書」第一〇通に見ゆる「くわうす御せん」は光寿御前にて後の覚恵のことなるが、その身辺について恵信尼が親しく聞いたものが、覚恵の母に非ずとするがごとき結果になる。

（12）稲葉昌丸編『蓮如上人行実』所載。なお注意すべきは、この系図は必ずしも、「本願寺留守職相伝系図」のみに拠らざりしと見え、異説を載せていることなり。

（13）『続群書類従』所収、「本願寺系図」。

（14）『真宗全書』所収、『叢林集』。

(15)「恵信尼文書」第二通。
(16)「恵信尼文書」第一〇通。
(17)『仏教研究』第三巻第三号所載鷲尾教導「親鸞聖人と常陸とに就ての考察」参照。
(18)日下無倫氏がその著『覚信尼公』において、鷲尾教導氏の説よりすすんで、常陸所生の事実から関東時代の内室とせられたのは、他のいかなる説よりも首肯しえられるものなることに注意せられたし。
(19)高田派専修寺蔵、建長八年(一二五六)五月二十九日付親鸞書状写参照。
(20)藤原猶雪『覚信尼公行実の研究』追記参照。
(21)本派本願寺所蔵、弘安六年(一二八三)十一月二十四日付、覚信尼の書状案に、「あまか候つるほとは、ゐ中の人々の御心さしのものにて、このものともをは、はく〻み候つれとも、いまはいか〻し候はんすらんと、心くるしくおほへ候、たはたけも〻たす候へは、ゆつくりおく事もなく候。た〻いかうゐ中の人々をこそ、たのみまいらせ候へは、あまがさふらひしに、かはらす御らんしはなたれず候へかしとおほへて候」とあって、親鸞の遺言状と符節を合しているに注目せられたし。
(22)本派本願寺蔵、正安四年(一三〇二)五月二十二日付、覚恵の書状に覚如を支持せられたしと懇望す。
(23)『最須敬重絵詞』『慕帰絵詞』参照。
(24)『最須敬重絵詞』『存覚一期記』参照。
(25)日下無倫『覚信尼公』参照。
(26)嘉禎二年に少なくとも覚恵が七歳であるとせば、覚信尼は七歳より以前に覚恵を生みしことになる。
(27)「本願寺留守職相伝系図」参照。
(28)「本願寺留守職相伝系図」参照。
(29)『公卿補任』によるに日野一流にてこの当時中納言の官にありしは家光の後は、宝治元年(一二四七)より在官の経光なりしにより推定す。
(30)日下無倫『覚信尼公』参照。

「いまこせんのはゝ」について

近時の真宗史の研究において、最も強く関心が払われているものは、本派本願寺所蔵の宗祖の自筆書状に見ゆる「いまこせんのはゝ」が、宗祖といかなる関係の人なりやということであろう。私は、従来多くの人が考えたのとは異なって、宗祖の末女覚信尼公にほかならぬと信じ、その考証の過程を、『史林』第一八巻第四号に発表したが、本誌（『龍谷学報』）第三〇八号において、宮崎円遵氏が私の論断に疑義ありとして反対せられ、新たに宗祖の侍女説を提唱せられたことは、読者の記憶になお新たなるところであろう。私は、この史実の決定如何が斯界の関心事なるに鑑み、浅学菲才をも顧みず、ここに一文を草して、氏の疑義とせらるるところに答うる次第である。幸いにして氏ならびに大方諸賢の再批判を得るならば、私の光栄これに如くものはない。ただいまだ若輩であって文に慣れず、氏ならびに先輩の所説に対し思わず礼を失することなきやを恐るるとともに、起稿に際し懇篤なる御指導を賜った京大の西田教授、中村助教授、出雲路講師ならびに本稿の掲載に多大の尽力をしていただいた魚澄講師、龍谷大学の小笠原宣秀氏に深甚なる謝意を表する次第である。

現在本派本願寺に所蔵せられる多数の文書記録のうち、「いまこせんのはゝ」の名の見ゆるものは、十一月十一日、十二日付の二通の宗祖自筆書状にのみ限られていて、そのほかのものには、「いまこせんのはゝ」はいうまでもなく、その子の「いまこせん」の名すら見ることができない。したがってもし「いまこせんのはゝ」の何人なるかを明らかにせんとするならば、もっぱらこれら二通の書状について研究するのほか、方法は絶対にない。私は先に『史林』に拙稿を掲載せんとした際、ふとした機縁から、この書状の写真を拝見し、初めて原本の真実の形を知ることを得たが、(1)この写真によって、従来この書状として引用せられたものを検したところ、一、二のものを除いては、他はあまりにも誤脱の甚だしいのを知って、悚然とした。今ここに一々その誤謬を指摘するのは避けるが、もし従来の研究者が忠実に原本を研究せられたならば、かかる誤りを犯されるはずがない。おそらくこれらの人は原本を見られながら、自ら判読せられることなく、すでに発表せられたるものに依憑し、原本の研究を怠られたのではなかろうか。その頃はこの書状を中心にして、激しい論難が行われていた最中であったから、意外の事実を知った私の感慨はきわめて深いものがあった。ここに宗祖の書状の全文を掲げて原本の俤を忠実に伝え、今後の研究に資することにする。

このいまこせんのはゝの、たのむかたもなく、所れうをもちて候ハゝこそ、ゆつりもし候はめ、せんしに候なは、くにの人〳〵いとをしうせさせたまふへく候。このふミを、かくひたちの人〳〵をたのミまいらせて候へハ、申をきて、あはれみあはせたまふへく候。このふミをこらんあるへく候。このそくしやうはうも、すくへきやうもなきものにて候へハ、申をくへきやうも候はす、みのかなはす、わひしう候ことは、たゝこのことおなしことにて候。ときにこのそくしやうはうにも申をかす候。ひたちの人〳〵はかりそ、このものともをも、御あはれみなされ候へからん、いとをしう人〳〵あはれみおほしめすへし。このふみにて人〳〵おなし御こゝろに候へし。あなかしこ〳〵

十一月十二日　　せんしん（花押）

ひたち人〳〵の御中へ　　　　　　　　　　　（宗祖花押）

（切封）

「奥書」ひた□の人〳〵の御中へ

ひたちの人〳〵の御中へこのふミをみせさせ給へ、すこしもかはらすㇱ。このふミにすくへからすㇱへハ、このふミを、くにの人〳〵おなしみにㇱはんすらん。あなかしこ〳〵

　　　　　　　　　　　　　　　　　　　　御返事　　　（宗祖花押）

「端裏書」（切封）

十一月十一日　　　　　　　　　　　　　　　　　　　　　　（宗祖花押）

いまこせんのはゝに

これら二通の書状は、十一日付の端裏書より推せば、宗祖が「いまこせんのはゝ」よりの来書に対して認められたものであり、常陸の人々に宛てられたものも、十一日付の書状の中に「このふミ」といわれたのに当たるから、ともに「いまこせんのはゝ」に送られたものである。その趣旨は「いまこせんのはゝ」に関し常陸の人々に援助を依頼されたのにあるが、宗祖の「いまこせんのはゝ」を懐う至情は惻々として人に迫るものがあり、今日書状を拝するもの自ずから涙の下るを禁じえないほど悲痛な響きを有していることは、何人も直ちに気づかれるところであろう。この疑うことのできない直観的なる事実は、原本の筆致を拝することによって、ますます確認せられる。宗祖の筆致はきわめて鋭く、晩年に至るまで筆力の衰えは拝せられないが、この書状は、運筆の渋滞甚だしく、墨が各処ににじみ、字列は乱れ、見るも痛々しい感じがする。これを八十八歳の御時に書写せられた、現存の多数の経釈と比較する時、あまりにもその間に甚だしい差異の存するのに驚かざるをえない。われわれ史料を取り扱うものが、かかる筆致の書状に接した時は、誰しも、臨終の病床において、顫《ふる》える手に筆を取って辛うじて認めた遺言状と考えるのが常であるが、この書状にあっては、日付が十一月十一日、十二日になっていて、宗祖の入寂の日をさかのぼること十六、七日前であることもまた、この直観を支持するものである。これを要するに、これら二通の書状が、宗祖の遺言状なることは、そのいずこにも記されないのにかかわらず、原本を忠実に研究したものにとっては、一点の疑念を挿《さしはさ》む余地がないほど明確なる事実である。これまでの多くの人は、この基礎的な研究を怠られたために、最も重大なる事実を見落とされたのは遺憾に堪えない。

しかるに本願寺にありては、覚恵上人の時から、宗祖が自筆で覚信尼公のことについて遺言せられた書状を、御影堂敷地の本券証文および具書とともに、重書として秘蔵した事実が存する。(2) 私はこの宗祖の遺言状こそは、今見る「いまこせんのはゝ」に関する御自筆に当たると考え、「いまこせんのはゝ」をもって覚信尼公に比定したが、宮崎円遵氏は、本願寺所蔵の御真蹟には、後世本願寺の外部より混入したものもあり、また本願寺所蔵のものは外部に散佚したことが多いとして、私の比定をもって史家としての用意を欠くと反対せられたが、はたしていかがであろうか。現在本願寺所蔵の経釈の、御自筆になるものは、あるいは、他の多くの美術品とともに、後世の蒐集によるものかもしれないが、一片の反古に等しいともいえる書状まで、かく見るのは、穏当な見解といえるであろうか。私はかかる大体論に深く立ち入りたくないが、覚恵上人が、宗祖の遺言状とともに一具にして覚如上人に渡した御影堂の本券証文および具書は、今日当時の目録のごとくに、一点も失われずに伝わっているのに対して、(3) 遺言状のみ散佚したと説かれる宮崎氏の意図を解するに苦しむものである。現在本派本願寺に所蔵せらるる宗祖の自筆書状は、右の二通のほかに、なお二通存するが、ともに覚信尼公に宛てて出されたものであって、はじめより本願寺に蔵せられたものであり、決して他より蒐《あつ》められたものでないこともまた、氏の説の反証とすることができよう。(4)

「いまこせんのはゝ」に関する宗祖の御自筆が遺言状の性質を有することを認め、しかも一方において覚信尼のことを遺言された宗祖の自筆の遺言状が存在した事実を確かめられた人は、何人も「いまこせんのはゝ」が覚信尼公なることを確信せられるであろう。私がかつて『史林』に掲載した論文において述べた宗祖の内室説への批判は、この基礎的なる事実の確認によって裏づけられ、正当化せられているのである。かくのごとき確実なる挙証あって、初めて「いまこせん」が何人の子なるかを詮義せずして、「いまこせんのはゝ」その人を決することができる。[5] 宮崎氏の提唱せられた侍女説は、遺憾ながらそれを挙証する史料がない。

しかしながら、従来多くの人が、この基礎的な事実に気づかれなかったのについては、一応の理由が存したこともまたこの際顧みる必要がある。先に私が「いまこせんのはゝ」は覚信尼公なりとの説を発表した時に、ある人から、その最も有力なる反証をなすものは、「いまこせんのはゝ」に関する御自筆のうちに現るる「そくしやうはう」が、後年常陸において入寂したことであり、このことより見れば「いまこせんのはゝ」もまた、この御自筆を帯して常陸に下ったとするのが隠当であり、したがって東国下向の事実が少しも伝わらない覚信尼公に比定するのは困難であるとの注意を受けたが、宮崎氏もまた従来の多くの人と同じく「そくしやうはう」の常陸入寂の事実の存したことを主張せられて、もって私の説に反対せられた拠証としておられる。もし「そくしやうはう」にして常陸に下向、彼地において没した事実が存するならば、よしや御自筆において、「いまこせんのはゝ」と「そくしやうはう」との関係が、きわめて不明瞭であるにもせよ、[6]「いまこせんのはゝ」即覚信尼公説に大なる反証となるのは覩《み》やすいところである。さりながらはたして「そくしやうはう」は常陸において入寂したであろうか。私はここに従来その典拠となった史料を掲げて、このことの有無を確かめたい。それは現在においては唯一つ、本派本願寺の所蔵せられる文書の中に見出されるのみである。

又ミハまつしく候へとも、同行にて候あひた、としころふひんにおもひ候ものにて候。又唯信の御はうもとゝまられ候。しんかいはかりくたり候。

一日けんさんにまかりいりて候し事、よろこひいりて候。かねてハ又[illegible]せん五すちまいらせ候。御はかの別当分にてわたらせ給あひた、そのむねを存し候てまいらせ候。又[illegible]《(これに)》としころふひんにおもひ候、かくせんと申候はうの、[illegible]《(みを)》いたわり□を、かんひやう人を、そへ候て、御へんにまいらせおき候はん□そんし候。やとのいふせく申候あひた、たうし、へんしての事は候はす候へとも、ミやこハこれハたつへく候あひた、おそれ〳〵このやうを申候。恐々謹言

弘安五年

十一月廿四日　　　　信　海（花押）

専　証　御　房

「異筆」別、弘安五十一廿四この文のうちに別当ふんの事あり、かしまのしゆんしんの御房の文也。

この書状は、常陸在住の信海が上京して覚恵上人に見参した後関東に下向せんとし、旅宿より覚恵上人に送れるものであるが、文中凸版に付したところを従来「そくしやうの御房の御遺候やう《(用)》れう《(料)》のうり候物」と読んで、信海が「そくしやうの御房」の遺産を整理して得た金を覚恵上人に送ったものと解し、「そくしやうの御房」は信海の居国常陸にて入寂したと説かれたのであるが、凸版に付したところは、かく読むべきか、私は疑いなきをえない。信海のこの書状を熟読すれば、問題の部分は、「そくしやうの御房の御けう《(孝)》やう《(養)》れう《(料)》のこり候物」と読むべきではないだろうか。[7]従来この書状を引用せられた人は、何故かこの部分をのみ抽出して先のごとく読み、その全文を判

読せられないが、もしその読み方をもって全文に推し拡めたならば、文意が支離滅裂して信海のいうところが何たるかを、とうてい解しえないであろう。私はこの書状は、信海が宗祖の近親者であった「そくしやうの御房」の孝養料の残額を覚恵上人に送り、併せて関東より同道して上京せる「かくせん」といえる僧の、旅宿にて病めるを、覚恵上人に託して、自らは関東に下向せんとしたものであり、当時の真宗教団のいかにも和気藹々たることを示しているると考えるが、「そくしやうの御房」の死地については何ら語るものではないと信ずる。「そくしやうはう」が『存覚上人一期記』に見ゆる即生房と同一人であるならば、その子孫は京都に在住したのであるから、あるいは京都で命終されたのではなかろうか。それはともかくとして、従来「いまこせんのはゝ」が常陸に下ったとせらるる唯一の根拠が覆ったからには、「いまこせんのはゝ」の覚信尼公なることは、さらに傍証を加えることになった。宮崎氏の疑義とせられたことも、かくてまったく晴れたことであろう。(8) 私は「いまこせんのはゝ」に関する論難を回顧するについても、史料それ自体の研鑽が、史家にとって第一の要務なることを痛感する。

如上の論証によって、「いまこせんのはゝ」が覚信尼公なることは明確になったと考えるが、翻って思うのに、この決定によって、私どもが行住坐臥に仰慕する宗祖の遺言状を、眼のあたりに拝することができるようになったのは、何たる喜びであろう。先にも述べたごとく、宗祖はこの書状において、末女覚信尼公に絶ち難き愛著の残れることを告白し、この世に生を享けたものが、等しく体験しなければならない苦悩を、最も切実に嘗められたことを示されたが、日夜苦悶に悩む教徒にとって、宗祖もまた同じく苦しまれたことを知るのは、何ものにも勝って、有難くかつ心強く感ぜられることであろう。しかも宗祖は、尼公については、一切をあげて常陸の同朋に託せられた。そこには尋常の師弟の間には見られない親密さがあり、文字通りの同朋の関係が結ばれていたのである。大谷の御影堂は、この遺言状によって、直ちに建立されたのではない。しかしその特殊なる所有形態は、この書状に具現された師弟の親密なる関係によって初めて発生したのである。尼公は御影堂の留守をなすことによって、その子女を養うことができて、宗祖の常陸の同朋への遺嘱は完全に果たされた。さればこそ、尼公はその臨終に際して、宗祖と同じく、その遺族の扶助を門弟に懇願せられたのであろう。[9] 真宗教団に特有なる師弟関係は、かくして徐々に完成したのであり、その緒をなすものは、この宗祖の遺言状にありというもあえて過言ではなかろう。その意味において、宗祖の「いまこせんのはゝ」に関する書状の真実の意義を明らかにすることは、真宗教団の本質の究明に多大の光明を与えるものであると信ずる。

（昭和九年九月十八日稿了）

註

（1）　宗祖のこの書状に興味を持った時から、原本を拝見したいと思ったが、その機会なく、その写真を発見したのは、前稿がまさに校了にならんとした時であった。その時あまり急いで引用文を訂正したので、今になって見ると、一、二の誤脱の存することは誠に慙愧に堪えない。今度は、私としてできるだけの注意を払ったが、今後の研究上、本派本願寺がこの書状を広く学界に公開されんことを切に希望する。前稿においては、原本の筆致について何ら説かなかったのも、また写真を発見したのが遅かったのによる。それ故に、大綱において前稿と相異ないが、あらためて根本より立論する次第である。

（2）　本派本願寺所蔵、「正安四年五月廿二日付覚恵上人書状」、全文は前稿に引用す。

（3）　本派本願寺所蔵、「永仁六年九月廿五日付大谷南地本券手継目録」と「大谷屋地券等並寄進御影堂状等目録」とに載せられたものはことごとく本派本願寺に現存する。従来所在不明といわれた、禅念が下人のことを記し置いた書状も、上原芳太郎氏によれば本派本願寺に所蔵せられているというのであるから、本願寺文書の散佚を説くのは、きわめて困難である。

（4）　私は前稿において覚信尼公の俗名は、「わうこせん」であって「いやおむな」に非ざることを論じ、「いや女」は覚信尼公に譲られた下人なることを明らかにして、宗祖の「いやおむな」に関する御自筆が、はじめから覚信尼公に宛てて認められたことを明確にした。今仮に宮崎氏の所説に随うならば、「いやおむな」に関する御自筆とともに、覚信尼公から覚恵上人を経て、覚如上人に渡された、尼公に関する宗祖の遺言状は、いつか散佚し、あらためて外部から侍女に関する宗祖の遺言状が蒐集せられたことになり、しかもその両方ともに挙証すべき史料がないということになる。かく二重の偶然を予想せられることこそ、あまりにも史料の制約を無視された見解ではなかろうか。

(5) 私が前稿において、従来の所説に対し、「いまこせん」が宗祖の実子なることを明らかにせずして、直ちにその母を宗祖の内室とするのは、妄断であると評したのは、他に何ら傍証なくしての論断であったのに基づく。もしも覚信尼公に「いまこせん」なる実子の存したことが容易に証しうるのであったなら、この論難は私の考証をまたずとも、早く解決せられていたであろう。私は適確に覚信尼公に「いまこせん」なる実子の存したことを証明できないから、覚恵上人の書状によって、「いまこせんのは丶」を尼公と定めたのである。それ故尼公に「いまこせん」なる実子の存在を確認せよといわるる宮崎氏の真意を理解することができない。しかし「いまこせん」は単なる通称であって本名でなく、「わかこせん」というのと大差ないことも注意しなければならない。覚恵上人は光寿御前と称せられたとしても、愛称として祖父に当たられた宗祖が、「いまこせん」と呼ばれなかったとはいえない。また「いま」には新しいの意があって、弟妹を指すこともある。宮崎氏は、尼公に覚恵上人と唯善のほかに、実子のあったことを証明できるかといわれるが、上原芳太郎氏に従えば、本派本願寺には如上の二子のほかに光玉女なる実子のおられた伝称の存することもまた留意せらるべきであろう。

(6) 従来多くの人は「いまこせんのは丶」と「そくしやうはう」とは母子であると説くが、これまた想像以外に何ら理由がない。しかも、この書状において、宗祖は「いまこせんのは丶」とその子の扶助を懇願せられたのにすぎない。

(7) 写真は本願寺文書の影写本による。「遺」と読まれた字は、普通に見る「遺」の草書とやや異なるが、「みをいたわる」と記した「を」の運筆の順序に注意すれば、この字が「き」なることは直ちに理解される。「き」の次の字を「ゆ」と読み、「や」と「れ」の次にある同じ字を「う」と読まれるのは、あまりに自由なる判読ではなかろうか。これは明らかにともに「う」と読むべきである。「の」の次にある字が、今論じた「う」とまったく運筆が異なるのに「う」と読まれるのが例であるが、それならばこの字とまったく同一な「又これに」の中の「こ」もまた「う」と読まなければならないが、かくては、この書状の解読は不可能になる。

(8) 宮崎氏はなお二、三の拠証をあげておられるが、如上の確実なる挙証を覆えしうるほどの反証力を有するものとは考えられない。一例をあげるならば、氏のいう間接的称呼も、当時の人が、子女に対して絶対に用いないことを挙証されて初めて反証となるのではなかろうか。

(9) 本派本願寺所蔵、「弘安六年十一月廿四日付覚信尼公置文」参照。要点は前稿に引用す。宗祖の遺言状と尼公の置文と文旨が同一なるに注意せられよ。宮崎氏のいう尼公の窮乏についての疑義は自ずから解けるであろう。

親鸞の消息について
――服部之総氏の批判に答えて――

一

数多い宗祖たちのなかで、親鸞は日蓮とならんで、弟子らに与えた消息が最もよく保存せられている一人であろう。東西両派本願寺、高田派専修寺には原本の消息が十一通、写しが一通保存せられているうえに、『末燈鈔』として二十二通、『御消息集』として十通、いわゆる『善性本御消息集』として七通、『血脈文集』として四通が、編集のうえ保存せられているのである。それらのうちには、相互に重複しているものもあるが、これを整理してもなお総計四十二通の消息が現存している。このように消息が多数に保存せられていることが、理解の困難な親鸞の教義の究明に与って力あったことは、あらためていうまでもないことであろう。消息集の編纂がいつ始まったか不明であるが、善性本は親鸞の直弟の善性が、『末燈鈔』は覚如の子従覚が正慶二年（一三三三）に、おのおの編纂したといわれているから、親鸞の没後間もなくの時に編集せられたということができる。消息の内容は西本願寺に所蔵の分四通を除けば、他の三十八通は全部関東在住の親鸞の門弟に与えたものであって、教理上の疑義について、師弟間の質疑応答で充たされている。

消息集編集の動機が教義研究のためであったことは明白であるが、最近の研究の傾向として、これらの消息を教理史の史料としてのみ取り扱わずに、もっと広い歴史の分野で取り扱おうとする態度が顕著になってきた。その主なものの一つは、これらの消息を単なる古文書と見て、その宛名、発信の時日、その文意を確かめようとする努力であり、他は広く思想史の立場から親鸞の詞の根底に横たわるものを検討しようとするものである。古文書学の研究で論議されたのは、西本願寺所蔵の四通の自筆であって、問題はそのなかに見える「いや女」「せう阿弥陀仏」「ひむかしの女房」「わうこせん」「いまこせんのは、」「そくしやうはう」などの人名が誰に当たるのか、親鸞といかなる関係にあったのか、発信の年記が明らかでない「わうこせん」「いまこせんのは、」「ひたちの人々」へ宛てた書状がいつ書かれたかということに興味が集中している。思想史的に最近に問題となったのは、「朝家の御ため国民のため」の念仏を説いた親鸞の消息であって、戦時中には、親鸞の護国思想を示すものとして、主として哲学宗教の関係者の間で取り上げられたが、敗戦後服部之総氏が全面的にそれに反対したのが最も注目すべきものであろう。服部氏は、その著『親鸞ノート』所載の「いはゆる護国思想について」という論文で、問題の消息の歴史的背景に説明を加え、親鸞がほぼ同時に書いた消息の中に、「領家地頭名主」「百姓」に言い及んでいるのを傍証にして、親鸞の真意はいわゆる護国思想とはまったく正反対のものであると主張した。もしもこの服部氏の解釈が正しく、親鸞の宗教が領家・地頭・名主の搾取で農奴の地位を抜け出られない百姓に対し、まず観念上の解放を約束したというような進歩的な役目を果たしたことが事実であるなら、親鸞は今の時代に新たに見直される資格を持っているといい得るであろう。その意味で服部氏の研究は注目すべきものといわなければならない。しかし残念なことには、服部氏の親鸞消息についての解釈は適切妥当でないものが多く、氏が力説する観念上農民の領主よりの解放もその根拠はすこぶる曖昧である。氏はさらに親鸞の家族についての重要史料である西本願寺所蔵の四通の親鸞自筆消息や恵信尼書状を材料として、「恵信尼文書考」を発表したが、その中で、私が昭和八年に『史林』に発表した意見に全面的に反対して、それ以前の古い学説に固執し、今回刊行の『続親鸞ノート』で初めて発表した「あまゑしんのありか」でも、再三再四私の説に反対している。しかし私の説に対する批判も、その論拠が曖昧であって、私としては遺憾ながら、承服できないのである。

このようにして、服部氏と私は親鸞恵信尼の消息の解釈について、意見を異にすることになったが、服部氏の説は影響するところが広いので、その誤謬を黙過することもいかがかと思われ、『史学雑誌』編集委員笠原一男氏から請わるるままに、一文を草して、私の前稿に対する氏の批判に答え、併せて氏の「いはゆる護国思想について」という論文についての私見を公にすることにした。論文の体裁としては、おそらく氏の私説に対する批判に最初に答えるのが順序であろうが、氏の私に対する批判は護国思想についての氏の結論から始まっているので、その点氏の主張の検討から始めることにする。

二

現存の親鸞の消息四十二通のうち、大半の三十八通が、教義に関する師弟間の質疑応答が内容であることは先に述べたとおりであるが、そのうちの十三通が建長八年（一二五六）に親鸞がその子息慈信房善鸞を義絶した事件に関連するものであるという服部氏の主張は、そのうちの一、二を除いては、一応認められてよいであろう。「朝家の御ため、国民のために、念仏をまふしあはせたまひさふらは丶、めでたふさふらふへし」という問題の親鸞の言葉はその中の一通に述べられているのである。したがってこの含蓄の多い言葉の真意を正しく理解するには、善鸞の義絶事件そのものを知ることが必要であろう。しかるにこの事件に関する根本史料としては、親鸞の数通の消息以外には何ものも存していない。したがって問題は親鸞の消息をいかに解釈するかにかかってくる。服部氏は自説を論証するために、問題の消息の逐語訳を行ったが、これは正しい方法である。史料の文意の完全な把握をおろそかにして、史実を正しく知ることはできない。私も自説の根拠を明らかにするために逐語訳をすることにしよう。まずはじめにあげなければならないのは『御消息集』第二通所収のものである。文章は長文であるが、逐語訳の正否を検するために、まず全文を掲げることにしよう。

六月一日の御文くわしくみさふらひぬ。さては鎌倉にての御うたへのやうは、おろ〱うけたまはりてさふらふ。この御ふみにたかはすうけたまはりてさふらひしに、別のことはよもさふらはしとおもひさふらひしに、御くたりうれしくさふらふ。おほかたは、このうたへのやうは、御身ひとりのことにはあらすさふらふ。すへて浄土の念仏者のことなり。このやうは、故聖人の御ときこの身とものやう〱にまふされさふらひしことなり。こともあたらしきうたへにてさふらふ《イ(はす)》なり。性信坊ひとりの沙汰あるへきことにはあらす。念仏まふさんひとはみなおなしこころに御沙汰あるへきことなり。御身をわらひまふすへきことにはあらすさふらふへし。念仏者のものにこゝろえぬは性信坊のとかにまふしなされんは、きはまれるひかことにさふらふへし。念仏まふさんひとは性信坊のかたうとにこそなりあはせたまふへけれ。母・姉・妹なんとやう〱にまふさるゝことはふることにてさふらふ。されはとて念仏をとゝめられさふらひしか、よにくせことのおこりさふらひしかは、それにつけても、念仏をふかくたのみて、世《イ(よく)》のいのりにこゝろ《イ(する)》にいれて、まふしあはせたまふへしとそ、おほえさふらふ。御文のやう、おほかたの陳状よく御はからひともさふらひけり。うれしくさふらふ。詮しさふらふところは、御身にかきらす念仏まふさんひと〱は、わか御身の料はおほしめさすとも、朝家の御ため、国民のために、念仏をまふしあはせたまひさふらはゝ、めてたふさふらふへし。往生を不定におほしめさんひとは、まつわか身の往生をおほしめして御念仏さふらふへし。わか身の往生一定とおほしめさんひとは、仏の御恩をおほしめさんに、御報恩のために御念仏こゝろにいれてまふして、世のなか安穏なれ、仏法ひろまれとおほしめすへしとそおほえさふらふ。よく〳〵御按さふらふへし。このほかは別の御はからひあるへしとはおほえすさふらふ。なを〳〵とく御くたりのさふらふこそうれしふさふらへ。よく〳〵御こゝろにいれて往生一定とおもひさためられさふらひなは、仏の御恩をおほしめさんには、こと事とはさふらふへからす。御念仏をこゝろにいれてまふさせたまふへしとおほえさふらふ。あなかしこ〳〵

七月九日　　　　　　　　　　　　　　親鸞

性信御坊

この消息が服部氏の推定しているように、建長七年（一二五五）七月九日親鸞から性信に宛てて発信せられたものであるかどうかは確証はない。しかし消息の中にいわれている「鎌倉にての御うたへ」が念仏停止を中心とするものであり、それが発展して建長八年五月二十九日付の親鸞の書状に明らかにせられている慈信房善鸞の義絶になったということは、ことによったら事実かとも思われるから、この消息を義絶の前年である建長七年とすることに一応同意を表明することにする。受信人の性信は下総横曾根の報恩寺の開基であって、報恩寺は『教行信証』の草稿本の伝来で有名であり、親鸞の消息でも、性信に与えられたものが五通もあって、親鸞門徒のうちでも重きをなしていたことは、まず銘記しなければならない。さてその逐語訳であるが、私は次のごとく解釈する。

「六月一日付の御手紙は詳細拝見した。鎌倉で訴訟の様子は、薄々聞いていた。それは貴下の御手紙のとおりであったし、格別のことはよもやあるまいと思っていたのであるが、貴下が関東に下向したことは嬉しい。大体この訴訟というのは貴下一人のことではない。浄土の念仏者すべてに関係したことである。このようなことは、故法然聖人御在世の時にもあって、この自分などもいろいろにいわれたことであるし、何も事新しい訴訟ではない。したがって性信坊が一人で沙汰すべきことではない。念仏する人は皆同じ心になって沙汰すべきことである。しかしそれだからといって、貴下を（無力であるとして）嘲弄したのではないのである。しかるに念仏者のうちで道理の解らないものは、この訴訟が起こったのは性信坊の科が因であるようにいうかもしれないが、それは大変に間違ったことである。念仏する人は性信坊の方人にこそなるべきである。母・姉・妹などがいろいろにいっているのは皆昔のことである。（昔はそれを）有理だとして念仏を停止したのであったが、それから世の中に曲事が起きたのである。それにつけても、今度は（念仏者は）、念仏を深く信頼し、世の祈りを心に入れて、一致団結すべきものであると自分は考える。貴下の御文の模様によると、訴訟に関連して貴下が提出した答弁書はよく考えてできているようで嬉しく思う。詮じつめてみると、貴下に限らず、念仏する人が、自身の往生のためとは思わなくても、朝家のため、国民のために念仏を申し合わすのは目出度いことであろう。わが往生は不定であると思う人は、まず自分の身の往生を考えて念仏をせらるべきであろう。わが身の往生は一定であると考える人は、仏の御恩を感じてのことに、御報恩のために念仏を心に入れて申して、世の中は安穏であれ、仏法は弘まれということを考えるべきだと思う。よくよく考え思案せられたい。このほか別の御計いがあるとは思われない。さらに付け加えていうが、急いで関東へ下向せられたことは嬉しい。よく心に入て、往生一定と思い定められたならば、仏の御恩を知るのに別事とてはない。念仏を心に入れて申さるべきであろうと思われる」

以上逐語訳を通じて、親鸞は次のことを性信に伝えようとしていたことが理解せられるであろう。その第一は鎌倉の訴訟事件は、性信房一人のみに関連するものではなく、念仏の行者すべてに関係のあることで、念仏の信者は全部性信を応援しなければならないということである。鎌倉の訴訟事件の内容が全然不明である以上、親鸞が「すへて浄土の念仏者のこと」と考えた動機も明らかでないが、全念仏者が関心を持つべきものと親鸞が考えたことは明らかである。それならば念仏者はいかにしてその関心を表明し、性信を応援すべきであるか。親鸞は、あくまで「念仏をふかくたのみて、世のいのりにこゝろにいれて、まふしあはせ」ることがそれであると考えた。すなわち信に徹底することであり、念仏を中心に団結を図ることである。親鸞のこの考え方は今後考察を進めるに当たって最初に留意しなければならない点である。

第二の事実は、親鸞は性信が鎌倉に提出した答弁書の出来栄えを称賛し、それに対する所感として、個人の往生極楽のため以外に、朝家国民のための念仏の存在が望ましいことを表明したことである。親鸞が性信の答弁書に関連して、突然にこの表明をした動機は不明であるが、後に引用する性信宛の消息にも同一の文言があり、その語気より察すると、性信が親鸞に訴訟事件を報知した六月一日付の手紙のうちに何かそれに関係のある言葉があったのかもしれない。それはともかくとして、朝家のため国民のための念仏ということが、先に指摘した「すへて浄土の念仏者」が、「ふかくたのみて、世のいのりにこゝろにいれて、まふしあは」すべき念仏と同一のものであることは、疑義を挟む余地がないであろう。それはまた、正しい念仏の存在は国家の安寧に必要な条件であり、それを不当に弾圧したことが、国家に不祥事をもたらした原因であると親鸞が述べていることによっても証明せられる。(2)しかし一面において親鸞は念仏者直接の問題である個人の得悟をまったく離れた念仏の存在を容認することはできなかった。「往生を不定におほしめさんひとは、まつわか身の往生をおほしめして御念仏さふらふへし」は入信の弟子に対する親鸞の行き届いた教訓であり、「わか身の往生一定とおほしめさんひとは、仏の御恩をおほしめさんに、御報恩のために御念仏こゝろにいれてまふして、世のなか安穏なれ、仏法ひろまれとおほしめすへし」は、得悟の門弟の社会に対するあり方を示したものにほかならない。結局は、この消息は、念仏を通じて自他、上下が一つに結ばれると考えている親鸞の社会国家観を端的に示したものであるということができよう。

それに対して服部氏は問題の「詮しさふらふ」以下の親鸞の言葉は形式は対語であり、内容は反語であるとして、全然異なった解釈を下している。氏のいう反語の意味は、当初に発表した「三木清と親鸞」によると、「往生を不定におぼしめさん人こそ親鸞であり、彼の御同胞御同行であり、弥陀の正客であるけれども、わが身の料はおぼしめさず朝家の御ため国民のために念仏もふしあはせたまふ如き人々は、たとひ念仏の行者であらうと、第十八願の要なきめでたき人々である」というのである。すなわちこの解釈によると、親鸞は性信への消息に託して、自己の往生が不定であることを陰に告白し、性信が主張したと思われる朝家のため国民のための念仏を皮肉な形で否定したことになるが、はたしてそれは正しい解釈といえるであろうか。『歎異抄』には唯円に答えた親鸞の著名な詞として、「天におどり、地におどるほどによろこふへきことをよろこはぬにて、いよ〳〵往生は一定とおもひたまふへきなり」というのがあげられていて、親鸞の往生一定というのには深い反省が伴っていることは認めなければならないであろう。しかし服部氏のいうように、否定的にしか得られないものでないことは、上記の『歎異抄』をはじめとして、消息集などに幾多の例証がある。(3) 服部氏も後には自説の誤謬に気づいたらしい。「三木清と親鸞」より後に発表せられた「いはゆる護国思想について」では、「朝家の御ため国民のための念仏が、親鸞においてはわが身のれうのさだまつたうえでの仏恩報謝であること、わが身の往生とおぼしめさむ人の御報恩の念仏であるべきことは（中略）すべての真宗門徒の常識になつている」と改めた。氏が常識になっているという意味は曖昧であるが、事実真宗では親鸞の時から信心決定の念仏は仏恩報謝のために唱うべきものと定められている。しかるに服部氏は当初それを第十八願を必要としない人の行であると主張し、後に常識と改めた後もなお前言を大過ないものとしてこれに固執し、問題は「朝家の御ため国民のため」云々の個所を常識をもって解釈してよいかということにあるとして、次に解読する親鸞の他の消息を引用して、反語説をなおも強く主張しているのである。しかしそれは氏の強弁にすぎないことは、次の説明によって判明するであろう。

三

服部氏が反語説の有力な支柱とする消息というのは、『御消息集』第八通に収められているもので、前掲のものと同じく性信房に宛てたものであるが、日付がない。その全文は次のごとくである。

くたらせたまひてのち、なにことかさふらふらん。この源藤四郎殿におもはさるにあひまいらせてさふらふ。便のうれしさにまふしさふらふ。そののちなにことかさふらふ。念仏のうたへのこと、しつまりてさふらふよし、かた〳〵よりうけたまはりさふらへは、うれしふこそさふらへ。いまはよく〳〵念仏もひろまりさふらはんすらんとよろこひいりてさふらふ。これにつけても御身の料はいまさたまらせたまひたり。念仏を御こゝろにいれてつねにまふして、念仏そしらんひと〳〵、この世、のちの世までのことをいのりあはせたまふへくさふらふ。御身ともの料は御念仏はいまはなにかはせさせたまふへき。たゝひかふたる世のひとひとをいのり、弥陀の御ちかひにいれとおほしめしあはは、仏の御恩を報しまいらせたまふになりさふらふへし。よく〳〵御こゝろにいれてまふしあはせたまふへくさふらふ。聖人の廿五日の御念仏も詮するところは、かやうの邪見のものをたすけん料にこそ、まふしあはせたまへとまふすことにてさふらへは、よく〳〵念仏をそしらんひとをたすかれとおほしめして、念仏しあはせたまふへくさふらふ。またなにことも度々便にはまふしさふらひき。

源藤四郎殿の便にうれしふてまふしさふらふ。あなかしこあなかしこ。入西御坊のかたへもまふしたふさふらへとも、おなしことなれは、このやうをつたへたまふへくさふらふ。

親　鸞

性信御坊へ

この消息が、服部氏の主張するように、先に全文を掲げた七月九日付の書状より二カ年以上後の、正嘉元年（一二五七）九月頃のものであるかどうかは、不明であるが、文中に念仏に関する訴訟が落着したとあるから、少なくとも七月九日の書状より後のものであることは確かである。ことによるとその直後、すなわち二カ月ほど後かもしれないが、あるいはまた服部氏のいうように善鸞の義絶もすんだ後のものかもしれない。しかし親鸞は文中で善鸞について一言も触れていないのであるから、義絶の前か後かということは、この消息の解釈にとってさして重要なことではない。次に逐語訳をすることにしよう。

「関東に下向されてからいかに御過ごしであるか。この源藤四郎殿に不意に出会ったので、好便を喜んでこの手紙を差し上げる。その後いかしておられるか。念仏の訴訟事件も落着した由、方々より聞いたので嬉しい。今度は仏法もよくひろまるであろうと喜んでいる。それについても、御身の往生のための念仏は、今決定したのである。この上は念仏を心に入れて常に唱え、念仏をそしる人々や、今世後世のことを祈念すべきである。貴下自身の往生のための念仏は今となっては、何のためにしようとするのであるか。ただ誤った行をする世の人々のために祈り、その人々が弥陀の誓願に入るように祈るためだと考え合わされたなら、仏恩を報ずることになるに相違ない。このことをよく〳〵心にいれて皆々と申し合わされたい。法然聖人の毎月二十五日の忌日に修せられる念仏も、結局のところは、このような邪悪のものを救うために唱和するのであるから、繰り返し念仏をそしる人々を救おうと思って念仏せられたい。今までの便にもたびたび申したことであるが、源藤四郎殿の好便が嬉しくて、この手紙を書いたのである。入西坊にも手紙を書きたいが、同じことであるから、貴下よりこのことを伝えられたい」

この消息は七月九日の書状より内容ははるかに簡単である。親鸞はその中で繰り返しいわゆる利他の念仏を説いている。念仏をそしる人々を救うために念仏せよ。それが親鸞の性信に伝えたい最も貴重なことなのである。そのために親鸞は訴訟の落着で心境が明らかになったと思われる性信に対して、「御身の料はいまさたまらせたまひたり」と勇気づけを行った。法然聖人の忌日の勤行として修せられる念仏まで引用して、わが身の料ではない念仏の重要性を強調した。その懇切な態度は、前掲の七月九日付の性信宛の消息のうちに認められるものとまったく同じものである。

しかるに服部氏はそれを強いて区別して、「殆んど相似的であればこそ、決定的なちがいを示している」と述べているのは、不可解である。何故に氏がこのようなことを主張したかといえば、明らかに「三木清と親鸞」で述べた最初の解釈の誤謬を糊塗するためとしか思われない。氏はこうした強弁をする前に、念仏をそしる人のために祈れと繰り返し弟子に教えた親鸞の真意を、今一度考えて見る必要があろう。親鸞の宗教が個人の得悟以外に広く国家社会の福祉を冀う一面を持っていたことは、明らかな事実である。それを容認したからといって、親鸞の宗教が担っている大きな歴史的意義は動揺するものではない。

四

服部氏の著書は、親鸞の「いはゆる護国思想」が根拠がないことを明らかにするとともに、親鸞の宗教の社会的基盤が領家・地頭・名主の支配階級に対立する耕作農民層にあったことを明らかにしようとした点において、野心的なものであることは先に一言したとおりである。それに対して家永三郎氏は『大法輪』昭和二十五年八月号所載の「親鸞の宗教の社会的基盤」（『中世仏教思想史研究―増補版―』所収）という論文で批判を加え、親鸞の宗教は悪人正機説の考察でも知られるとおり、むしろ武士または公卿階級の生活体験を媒介にして形成せられていることは明らかであるから、社会的基盤を農民層にのみ求めるのは正しくないと主張した。しかし氏は服部氏の消息自体の解釈に対しては「社会的な位置をかやうに明確に規定し、しかもこれを資料の下にはつきり論証した」ものとして賞讃の辞を送っている。

私は遺憾ながら家永氏とは異なり、服部氏の領家・地頭・名主の解釈もまた、朝家国民の念仏と同様に、親鸞の真意に当たっていないと思う。それを実証するために、前と同様に全文と逐語訳を掲げ、その根拠を明確にする。さて問題の消息は『御消息集』の第四通と第五通に載せられているもので、ともに九月二日付となっている。

まつよろつの仏菩薩をかろしめまいらせ、よろつの神祇冥道をあなつりすてたてまつるとまふすこと、このことゆめ〳〵なきことなり。世々生々无量无辺の諸仏菩薩の利益によりて、よろつの善を修行せしかとも、自力にては生死をいてすありしゆへに、曠劫多生のあひた諸仏菩薩の御すゝめによりて、いままうあひかたき弥陀の御ちかひにあひまいらせてさふらふ御恩をしらすして、よろつの仏菩薩をあたにまふさんは、ふかき御恩をしらすさふらふへし。仏法をふかく信するひとをは、天地におはしますよろつのかみは、かけのかたちにそへるかことくして、まもらせたまふことにてさふらへは、念仏を信したる身にて天地のかみをすてまふさんとおもふこと、ゆめ〳〵なきことなり。神祇等たにもすてられたまはす。いかにいはんや、よろつの仏菩薩をあたにもまふし、をろかにおもひてまいらせさふらふへしや。よろつの仏ををろかにまふさは、念仏信せす、弥陀の御名をとなへぬ身にてこそさふらはんすれ。詮するところはそらことをまふし、ひかこと「をこと《○イナシ》」にふれて、「念仏のひと〳〵《○イナシ》におほせられつけて」念仏をとゝめんとするところの領家・地頭・名主の御はからひとものさふらんこと、よく〳〵やうあるへきことなり。そのゆへは釈迦如来のみことには、念仏するひとをそしるものをは、「名无眼人」ととき、「名无耳人」とおほせをかれたることにさふらふ。善導和尚は「五濁増時多疑謗、道俗相嫌不用聞、見有修行起瞋毒、方便破壊競生怨」とたしかに釈しをかせたまひたり。この世のならひにて、念仏をさまたけんひとは、そのところの領家・地頭・名主のやうあることにてこそさふらはめ。とかくまふすへきにあらす。念仏せんひと〳〵はかのさまたけをなさんひとをあはれみをなし、不便におもふて、念仏をもねんころにまふして、さまたけなさんをたすけさせたまふへしとこそ、ふるきひとはまふされさふらひしか。よく〳〵御たつねあるへきことなり。つきに念仏せさせたまふひとひとのこと、弥陀の御ちかひは煩悩具足のひとのためなりと信せられさふらふはめてたきやうなり。たたしわるきものゝためなりとて、ことさらにひかことをこゝろにおもひ、身にも口にもまふすへしとは、浄土宗にまふすことならねは、ひとひとにもかたることさふらはす、おほかたは煩悩具足の身にて、こゝろをも、とゝめ《(とゝのえ)○イ》かたくさふらひなから、往生をうたかはす、せんとおほしめすへしとこそ、師も善知識もまふすことにてさふらふに、かゝるわるき身なれは、ひかことをことさらにこのみて、念仏のひとひとのさはりとなり、師のためにも善知識のためにも、とかとなさせたまふへしと、まふすことは、ゆめ〳〵なきことなり。弥陀の御ちかひにまうあひかたくして、あひまひらせて、仏恩を報しまいらせんとこそおほしめすへきに、念仏をとゝめらるゝことに、沙汰しなされてさふらふらんこそ、かへす〳〵こゝろえすさふらふ。あさましきことにさふらふ。ひと〳〵のひかさまに、御こゝろえとものさふらふゆへ、あるへくもなきこともきこえさふらふ。まふすはかりなくさふらふ。たゝし念仏のひとひかことをまふしさふらは、その身ひとりこそ地獄にもおち天魔ともなりさふらはめ。よろつの念仏者のとかになるへしとはおほえすさふらふ。よく〳〵御はからひともさふらふへし。なをなを念仏せさせたまふひと〳〵、よく〳〵この文を御覧しとかせたまふへし。あなかしこ〳〵

九月二日　　親鸞

念仏人々御中

ふみかきてまいらせさふらふ。このふみをひと〳〵にもよみてきかせたまふへし。遠江の尼御前の御こゝろにいれて御沙汰さふらふらん。かへすかへす、めてたくあはれに覚えさふらふ。よく〳〵京よりよろこひまふすよしをまふしたまふへし。信願坊かまふすやうかへす〳〵不便のことなり。わるき身なれはとて、ことさらにひかことをこのみて、師のため善知識のために、あしきことを沙汰し、念仏のひとひとのために、とかとなるへきことをしらすは、仏恩をしらす、よく〳〵はからひたまふへし。またものにくるふて死にけんひと〳〵のことをもちて、信願坊かことをよしあしとまふすへきにはあらす。念仏するひとの死にやうも、身よりやまひをするひとは往生のやうをまうすへからす、こゝろよりやまひをするひとは、天魔ともなり、地獄にもおつることにてさふらふへし。こゝろよりおこるやまひと、身よりおこるやまひとは、かはるへけれは、こゝろよりおこりて死するひとのことをよく〳〵御はからひさふらふへし。信願坊かまふすやうは、凡夫のならひなれはわるきこそ本なれはとて、おもふましきことをこのみ、身にもすましきことをし、口にもいふましきことをまふすべきやうにまふされさふらふこそ、信願坊かまふしやうとはこゝろえすさふらふ。往生にさはりなければとて、ひかことをこのむへしとは、まふしたることさふらはす。かへす〳〵こゝろえすおほえさふらふ。詮するところ、ひかことまふさんひとは、その身ひとりこそ、ともかくもなりさふらはめ、すへてよろつの念仏者のさまたけとなるへしとは、おほえすさふらふ。また念仏をとゝめんひとは、そのひとはかりこそいかにもなりさふらはめ、よろつの念仏するひとのとかとなるへしとはおほえすさふらふ。「五濁増時多疑謗、道俗相嫌不用聞、見有修行起瞋毒、方便破壊競生怨」とまのあたり善導の御をしへさふらふそかし。釈迦如来は「名无眼人、名无耳人」ととかせたまひてさふらふそかし。かやうなるひとにて、念仏をもとゝめ、念仏者をもにくみなんとすることにてもさふらふらん。それはかのひとをにくますして、念仏をひと〳〵まふして、たすけんとおもひあはせたまへとこそおほえさふらへ。あなかしこ〳〵

九　月　二　日　　　　　　　　　　　　親　鸞

慈信坊御返事

入信坊・真浄坊・法信坊にもこのふみをよみきかせたまふへし。かえす〳〵不便のことにさふらふ。性信坊には、春のほりてさふらひしに、よく〳〵まふしてさふらふ。くけとのにもよく〳〵よろこひまふしたまふへし。このひと〳〵のひかことをまふしあふてさふらへはとて、道理をはうしなはれさふらはしとこそ、おほえさふらへ。世間のことにもさることのさふらふそかし。領家・地頭・名主の、ひかことすれはとて、百姓をまとはすことはさふらはぬそかし、仏法をやふるひとなし、仏法者のやふるにたとへたるには、師子の身中の虫のしゝをくらふかことしとさふらへは、念仏者のやふりさまたけさふらふなり。よく〳〵こゝろえたまふへし。なを〳〵御ふみにはまふしつくすへくもさふらはす。

以上掲記した二通の消息は、発信の日付といい、内容といい、引用文といい、同時に出されたものであることは、疑う余地がない。後に掲げた慈信坊宛の消息の冒頭に「ふみかきてまいらせさふらふ。このふみをひと〳〵にもよみてきかせたまふへし」とある「ふみ」はおそらく慈信坊宛の消息を指すのではなくて、「念仏人々御中」に宛てたものをいったものであろう。次にこの二通の消息の発信の年であるが、服部氏のいうように建長七年であるか否かは不明であるが、慈信坊の義絶せられた建長八年（一二五六）以前であることはおそらく誤りないであろうから、建長七年としても差し支えないかもしれない。次に両通の逐語訳をすることにしよう。最初に「念仏人々御中」宛のものから始める。

「まず最初に述べなければならないことは、一切の仏・菩薩・神祇・冥道を軽しめあなずりすてよと自分が申したということは、全然事実無根であるということである。前世においては、諸仏菩薩の无量无辺の利益によって万善を修行したのであるが、自力では生死の界を出離しなかった。それが曠劫多生の長い間の諸仏菩薩の勧めによって、今、値い難い弥陀の誓願に値うことができたのである。その諸仏菩薩の恩を知らないで、一切の仏菩薩を仇に申すのは御恩知らずというべきである。仏法を深く信ずる人を、天地にある一切の神が影が形に添うように護ってくれているのであるから、念仏の信者が天地の神を棄てるということは、全然あってはならないことである。神でさえ棄てることはできない。まして一切の仏菩薩を仇にいい、おろかに思ってよいことであろうか。一切の仏をおろかに申す人は、念仏を信ぜず、弥陀の名号を唱えない人である。つまるところ、念仏者が虚言をいい、僻事をすることによって、念仏を停止しようと、その地の領家・地頭・名主が計らいをするのは、よくよくの理由のあることである。その理由は、釈尊の言にも、念仏する人を誹る者は「名㆓无眼人㆒、名㆓无耳人㆒」とある、また善導は「五濁増時多㆓疑謗㆒、道俗相嫌不㆑用㆑聞、見㆑有㆓修行㆒起㆓瞋毒㆒、方便破壊競㆑生㆑怨」と確かに釈している。（このように釈尊・善導ともにこのような事態の存在を予言しているものであるから）この世の習として、念仏の妨害をする人に対して、そのところの領家・地頭・名主が沙汰をすることは、当然の理由があることなのであろう。他よりとかく申すべきことではない。念仏の信者は、虚言をいい、僻事をすることによって、念仏の妨げをした人を憐れに思い、不便と考えて、念仏を懇ろに唱えて、念仏の妨げをする人を救済せよと故人は仰せられた。そのことはよくよく誰にも聞いて見られたい。次に念仏の信者が弥陀の誓願は煩悩具足の人のためであると信じているのは結構なことである。ただし誓願は悪人のためのものであるからといって、ことさらに僻事を思い・行い・言うということは、浄土宗でいっていることではないから、自分が人々に対してそのようなことを語ることはない。大体は煩悩具足の身であって、心を一つに止めることもできないながらに、弥陀の他力による住生を疑わず、それを詮と考えよと、師や善知識は申すべきものである。それをこのような悪人であるからといって、僻事をことさらに好み、念仏の障害となり、師主知識のために罪科となることをせよと勧めることは、全然ありえないことだ。弥陀の誓願に値い難くして値うたのであるから、仏恩を報じようとこそ考えるべきであるのに、反対に念仏が停止されるように運んでいくことは、いかにしても理解し難いことで、あさましいことである。皆々の誤った料簡のために、あるはずもないことが聞こえてくるのであって、何ともいいようがない。しかし一人の念仏者が僻事をいったからといって、地獄に落ち、天魔となるのはその人一人のみである。それが念仏者全部の罪科になるとは考えられない。皆よくよく考えられたい。念仏者はこの文を覧られたい」

慈信坊宛の消息の文意は次のごとくである。

「手紙を書いて進上した。この手紙を人々に読んで聞かせられたい。遠江の尼御前が心に入れて沙汰をせられるらしいということは返す返すも目出度くあわれに思われる。京都から自分が喜んでいってきているとよくよく申されたい。信願坊の主張していることは返す返す不便なことである。悪人であるからといって、ことさらに僻事を好み、師主知識に不利なことを行い、それが念仏者の罪科になるということを知らないならば、それは仏恩を知らない人というべきである。よくよく考えられたい。また、狂死した人々のことをもって、信願坊のことを善い悪いと申すべきものでもない。念仏者の住生についていう時は、体の病気の場合は、とかくいうべきではなく、心の病の時のみをいうべきであって、それは天魔にもなり地獄にも落ちるのである。心から起こる病と体より起こる病とは異なっているのが当然であるから、心の病で死ぬ人のことをよくよく考えられたい。信願坊のいうことは、凡夫の習であるから悪人が本であるといって、思ってはならないことを好み、行ってはならないことをなし、いってはならないことをいうべきであるというようにいわれているが、自分としては、それが信願坊の言い方であるとは、承認し難いのである。往生に障害がないからといって、僻事を好めと自分がいったことはないのであり、返す返すも合点がいかない。つまるところ、僻事を申すことは、その人一人は、いかようにもなるであろう。それがすべての念仏者の妨げとなるに決まっているとは自分は考えない。また念仏を停止せしめるような人はその人一人はいかようにもなるであろうが、念仏者すべての罪科となるとは考えられない。「五濁増時多疑謗、道俗相嫌不用聞、見有修行起瞋毒、方便破壊競生怨」と明瞭な善導の教えもある。釈尊は「名无眼人、名无耳人」と説いておられる。このような経釈に説かれている人が現れると、念仏停止、念仏者憎悪が起きるであろう。しかしそのような人を念仏者は憎まず、念仏を申して救いたいと皆々同心に思うて欲しいと自分は考える。なお入信坊・真浄坊・法信坊にもこの手紙は聞かせて欲しい。返す返すも不便のことである。性信坊は春上京した時によくよく申してある。「くげ」殿によろしく申されたい。この人々が僻事を申し合わせたからといって、その人々に対して、当方は道理を失ってはならないと考える。世間のことにも同様のことはあるらしい。領家・地頭・名主は、領民の百姓が僻事をしたからといって、百姓を困惑せしめるということはあってはならないものである。仏法を破るものは、ほかではない、仏法者である。このことを喩えたのが獅子身中の虫が獅子を食うという話であって、念仏者を妨害するのは他でもない。仏法者なのである。よくよく考えられたい」

五

以上逐語訳によって知られる事実は、念仏停止の動きに関連して、親鸞は門弟に次のことを伝え、その自粛を要求したことである。その第一は「念仏人々御中」宛の消息の前半に明瞭に現れていることで、念仏者は弥陀以外の仏菩薩、天神地祇を尊信しなければならないということである。法然の教団が承元の法難によって一挙壊滅の弾圧を受けた原因の一つには、この諸仏諸神軽侮の問題があった。建長七年頃はそれより五十年もたっているにもかかわらず、親鸞の門下の念仏者の間には、諸仏諸菩薩諸神祇を棄てよと主張するものがあって、問題を醸した。親鸞のように仏教の深い理解の上に、法然の教義を信受した者にとっては、かかる主張は一見理があるように見えて、実は念仏を信ぜす、弥陀の名号を唱えないのと同一と考えられたのである。慈信房宛の消息の猶々書で、獅子身中の虫の話をあげ、念仏を破るものが他ではない、仏教者であることを力説したのもこのためである。念仏停止の原因が念仏者のうちにあることを親鸞が強調したことは、特に注意を要することである。

次に親鸞が述べていることは悪人が往生の正因であるからといって、ことさらに僻事をせよと門弟に教えたことは全然ないということである。慈信坊宛の消息によると、当時信願坊が僻事をしても差し支えないと主張していたらしく思われるが、この以前と思われる建長四年（一二五二）二月二十四日の消息にも、同様の主張をする門弟があったことがうかがわれる。浄土宗の承元の法難は一面このことの存在を理由として惹き起こされたものであり、浄土宗に対する外部よりの批判として、鎌倉時代を通じての問題であった。

親鸞が領家・地頭・名主・百姓の語彙を用いたのは、この二つの問題の解答に関して、例として引用したのであることは先の逐語訳によって明らかである。親鸞は、念仏者でありながら、諸仏諸神を尊信せず、僻事を行い、それによって念仏停止の悲しい事態を招いたものを獅子身中の虫に喩え、地獄に落ち、天魔になるであろうといったが、その人々を憎むことはなく、その救いのために念仏をせよといって、古人の教えを引用しているのである。この念仏を通じて善悪が結ばれるという親鸞の立場は、朝家国民のための消息にも顕著に現れていて、いわば親鸞の基本的な人生観ともいうべきものである。キリスト教の「汝の敵を愛せ」にも一脈相通ずる考え方である。慈信坊宛の消息の猶々書で、門弟が僻事を申し合わせたからといって、師は門弟に対する道理を失ってはならないといったのも、また同一の立場である。領家・地頭・名主は、百姓が僻事をしたからといって、百姓を困らせることはあってはならないという主張は、実は出世間の師弟の交わりについての親鸞の立場を世間で裏づけるものであった。諸仏諸神を軽侮するという念仏者にもあるまじき行為をして、信仰界を攪乱するものに対して、領家・地頭・名主が取り締ることを、親鸞は止むを得ないと考えた。その理由は、釈尊も善導も、そのことを予言して、経釈に明瞭に説いているからである。しかし念仏者はそのような不心得なものでもこれを憎んではならない。念仏を通じてそれらの救済を祈念すべきであると、親鸞は説いた。これは親鸞の終始一貫した立場である。親鸞の念仏を最も強く特色づけるものである。そこには恩讐とか、敵味方とか、信不信とか、愛憎とか、の対立はない。念仏を通じての自他の融合のみがある。そこには階級の対立などはまったく考慮せられていない。領家・地頭・名主は師に、百姓は弟子に比せられている。すなわち彼此相結んで、一つの結合を持つべきものである。親鸞は領主と農民の関係をそのように考えたに相違ない。

それに対して服部氏はこの二通の解釈については、消息全般の文意を考慮することなく、明確なる理由もなく、諸仏諸神を軽侮し、世間の倫理を否定する異端の徒が、「在々の領家・地頭・名主のおんはからひどもと結ばれていた事実をしらされ」たとし、いわゆる異端者と領家・地頭・名主との間に一脈相通ずるものがあったとするのである。氏がこれを知らされた根拠はおよそ次のごときものであるらしい。親鸞の門弟のうちで、正信の同朋であったのは、親鸞とともに越後から移住した新百姓か、下人か、自営農民であった。しかるにこの三者は領家・地頭・名主の隷属民であり、その総体的な窮乏は、領家・地頭・名主の搾取によって保障せられていたのである。しかもその対立関係を通じて、領家・地頭・名主の支配階級は、農民の反抗が逃亡から始まって、いつかは集会と組織と信仰を持って立つ日の来ることを知っていた。親鸞の宗教は本来彼岸の解放であるが、得信の瞬間に救われるという教義によって、農民はすでに観念上の解放を与えられていた。服部氏は以上の三つの想定を基礎として、「領家・地頭・名主の、ひかことをすれはとて、百姓をまとはすことはさふらはぬそかし」「この世のならひにて、念仏をさまたけんひとは、そのところの領家・地頭・名主のやうあることにてこそさふらはめ。とかくまふすへきにあらす」の親鸞の言葉をいわゆる断章取義的に解釈したものである。

その結果、服部氏は前の親鸞の詞をもって、「領家・地頭・名主はよしかれらがまちがったことをするからといって、農民をたぶらかすことはけっしてありえない」と解釈し、後の言葉をもって、「このよのならひで、念仏をさまたげるような人は在所在所の領家・地頭・名主のふぜいでこそあろう。よくあるれいで、とかくふしぎではない」としたのであるが、この服部氏の解釈が正鵠を得ていないことは、前後の文を比較したら直ちに判明するであろう。すなわち服部氏の解釈によると、親鸞は門弟のうちで僻事を申し合わせているのに対して、師として道理を失ってはならないといいながら、世間の例としては、師主知識に相当する領家・地頭・名主は常に誤ったことをする、弟子に当たる百姓は決して斯かれないと述べたことになる。もしそれが事実であるとすると、親鸞は自らの立場が誤っていたことを認めたことになるが、それははたして正しい解釈といいうるであろうか。また念仏の妨げをする人は領家・地頭・名主の風情であって、われわれの知ったことではないという服部氏の解釈が正しいなら、親鸞が念仏者のなかでも諸仏諸神を尊敬せず、世間の倫理を無視するもののあることを繰り返し主張し、念仏を妨げるものは仏法者、念仏者であると幾度も述べて念仏者の自粛を求めているのは、何と解釈したらよいか解らなくなるのである。

服部氏の解釈がこのように矛盾に陥るのは、結局その出発点において根拠を欠いているからなのである。家永氏も指摘しているとおり、親鸞の信者のなかには京都大番に出仕した鎌倉武士もいたことであり、その信仰体験も農民の生活体験を媒介として成立したと考え難いのである。その上に服部氏が新百姓・下人・自営農民が親鸞教徒の正信層であったとする根拠は、今日の歴史学では取り上げることができないほど薄弱なものである(4)。領家・地頭・名主と農民の対立関係も、親鸞がその本質を理解していたと思われる史料は、他には絶無である。おそらく、同時代人でこれを理論的に把握していたものはなかったであろう。それであるのに、親鸞が氏の考えるように領主農民の関係を対立的に理解していたとするのはあまりにも行き過ぎた想像である。服部氏は親鸞の門弟に武士出身の伝説を持ったものが多く、消息のうちに二十貫文の大金を送ったものがあることから、自分の新説が不利であることに気づいたらしい。その結果、親鸞の門弟に下級武士出身の存したことは容認するが、それはいわゆる正信の徒でないとして、二十貫文を送った高田の真仏を異端者として、辻褄を合わせることにした。真宗史の研究で真仏をもって異端者としたのは、おそらく服部氏をもって嚆矢とするであろう。しかしこの新説が根拠の怪しい臆説であることは次のことから明らかにせられる。氏が自説の唯一の史料とするのは、二十貫文の受取に関する十一月二十五日付の親鸞の消息[5]であるが、その消息が真仏に宛てられたものであるということは、今一つ明確ではないのである。ことによると別人に与えられた消息であるかもしれないのである。たとえ真仏に与えられたものであるとしても、服部氏の論拠は薄弱である。何となれば、親鸞が真仏に与えた確証のある自筆書状によると[6]、両者の交際が親密であったことは、疑念を挿む余地がないからである。服部氏が何の根拠もなくそれを疑ったのは、史家として穏当な態度ということはできない。

六

服部氏が「いはゆる護国思想について」の次に発表した「恵信尼文書考」は、前稿とは異なって、思想史的な点に研究の重点はなく、史料考証に興味が注がれている。しかし氏が考察の拠りどころとした中沢見明[7]・藤原猶雪[8]両氏の考証に欠陥があることは、昭和八年に日下無倫氏[9]と私[10]がすでに明らかにしたとおりである。服部氏は私の説に反対するのに終始努めたが、その批判には感情的な色彩が強く、具体的には何一つ確実な反証を提供していないのは遺憾である。昭和八年（一九三三）の私の論文の重点というのは、親鸞の消息に二度も現れる「いや女」は、従来考えられたように親鸞の末娘覚信尼の別名ではなく、親鸞が所有した下人のことであること、十一月十一日および十二日付の「いまこせんのはゝ」に関する親鸞自筆の二通の消息は、今まで考えられたように、親鸞の内室に関するものではなく、娘覚信尼のことを申し置いた遺言状であるということ、この二つを明らかにしたのであった。服部氏は私の説全部に反対したが、今までのところ、私の説に対して先年宮地廓慧氏が詳細に批判したとおり[11]、問題の「いまこせんのはゝ」を除いては、あとの点は一般に承認を得ている。岩橋小弥太・谷下一夢の両氏(12)のみは「いや女」の譲状について別な意見を表明しているが、それについて、宮地廓慧氏はすでに反対の旨を明らかにしている。私としては、この際、あらためて、「いまこせんのはゝ」と「いや女」に関する親鸞の自筆消息について意見を述べることにしよう。

便宜上、最初は「いまこせんのはゝ」から述べることにしよう。前稿で私が明らかにしたことは次の三点である。その第一は「いまこせんのはゝ」関係の親鸞の二通の自筆消息は語調・文意・筆致・日付などから、遺言状でないかと推察せられること。第二は一方本願寺では、親鸞が娘覚信尼のことを申し置いた遺言状を大切にしていたこと。第三は従来その遺言状に当たると考えられていた「いや女」関係の二通の親鸞の書状は、内容・日付等から考えてそれには当たらないこと。私は以上の三つの事実を明らかにして、問題の「いまこせんのはゝ」に関する親鸞の消息は、親鸞が入滅の十七、八日前に常陸の門弟に対し娘の覚信尼の後見をとくに依頼した遺言状であると断定したのである。親鸞の門弟が親鸞の死後、覚信尼およびその子孫の生活を援助するようになったのは、一面に覚信尼が夫小野宮禅念から譲られた土地を門弟に寄進して、親鸞の影堂を建てたことにもよることはいうまでもないが、親鸞が臨終に際して懇ろに付託したことも与って力あったと考えられることは次のことから推測せられる。すなわち覚信尼は入滅に先立って親鸞の遺言状と同一趣旨のことを遺言状に述べて、親鸞の門弟が尼の子孫を後見することを依頼したが、(13)両方の遺言状の文意の一致には偶然と思えないものがあるのである。「いまこせんのはゝ」が覚信尼であって、両方の符合は最も自然と思われるのである。

私の以上の論証に対して、宮崎円遵・宮地廓慧の両氏は、問題の消息が遺言状であることを承認することを躊躇し、服部氏は旧説の如く「故覚信御房のことおほせおかゝる上人《（親鸞）》御自筆の御せうそく《（消息）》」は、「いや女」に関するものであるとの鷲尾教導氏以来の旧説に固執している。しかし三氏ともに論拠が明らかでないので、(14)私は依然として前稿で述べたことは正しいと信じている。しかしここでおことわりしなければならないことは、前稿で私は問題の消息の筆致の乱れが遺言状であることを直観せしめると強調したにもかかわらず、その主張を裏づける写真を、掲載することができなかったことである。実は再三再四西本願寺当局に許可を求めたのであったが、容れられなかったのである。今度その許可を得たので、図版（第1・2・3図）として初めて発表する。古文書を見慣れた人なら、これ見て、遺言状であると断定しないまでも、その可能性を否定することはできないであろう。筆致の判定さえ一致すれば、あとの問題の理解はさして困難ではないと思う。今までこれらの書状を遺言状とすることに反対または躊躇した人々はよく研究せられることをとくに切望する。

「いや女」が覚信尼の本名ではないという私の論拠は、恵信尼の書状で覚信尼の本名が「わうこせん」であることが明らかになっていること、親鸞の三月二十八日付の書状で、「わうこせん」と「いや女」とは別人であることが明らかになっていること、この既知の二つの事実を総合をしたまでのことである。したがって「いや女」覚信尼別人説に反対することは、恵信尼親鸞両者の書状の研究の結果と直接に衝突することとなるのである。しかるに本願寺の教団では、本願寺に伝わる親鸞の影像の価値を強調するあまり、江戸時代以来伝統的に「いや女」は覚信尼のことに相違ないと盲信してきたのである。その余波が真宗史料の忠実な研究を旨とした鷲尾・中沢・藤原・日下の諸氏に及んで、せっかくの研究に混乱を来したのである。いわゆる進歩陣営に属する服部氏が本願寺教団の虚仮の伝統と最も関係の深い「いや女」覚信尼同人説を今独り固執するのはいささか奇異の感がする。氏の考え直しをお願いしたい。

岩橋小弥太・谷下一夢の両氏が提唱する「いや女」親鸞無関係説は、その論拠の「いや女」の譲状に加筆がある

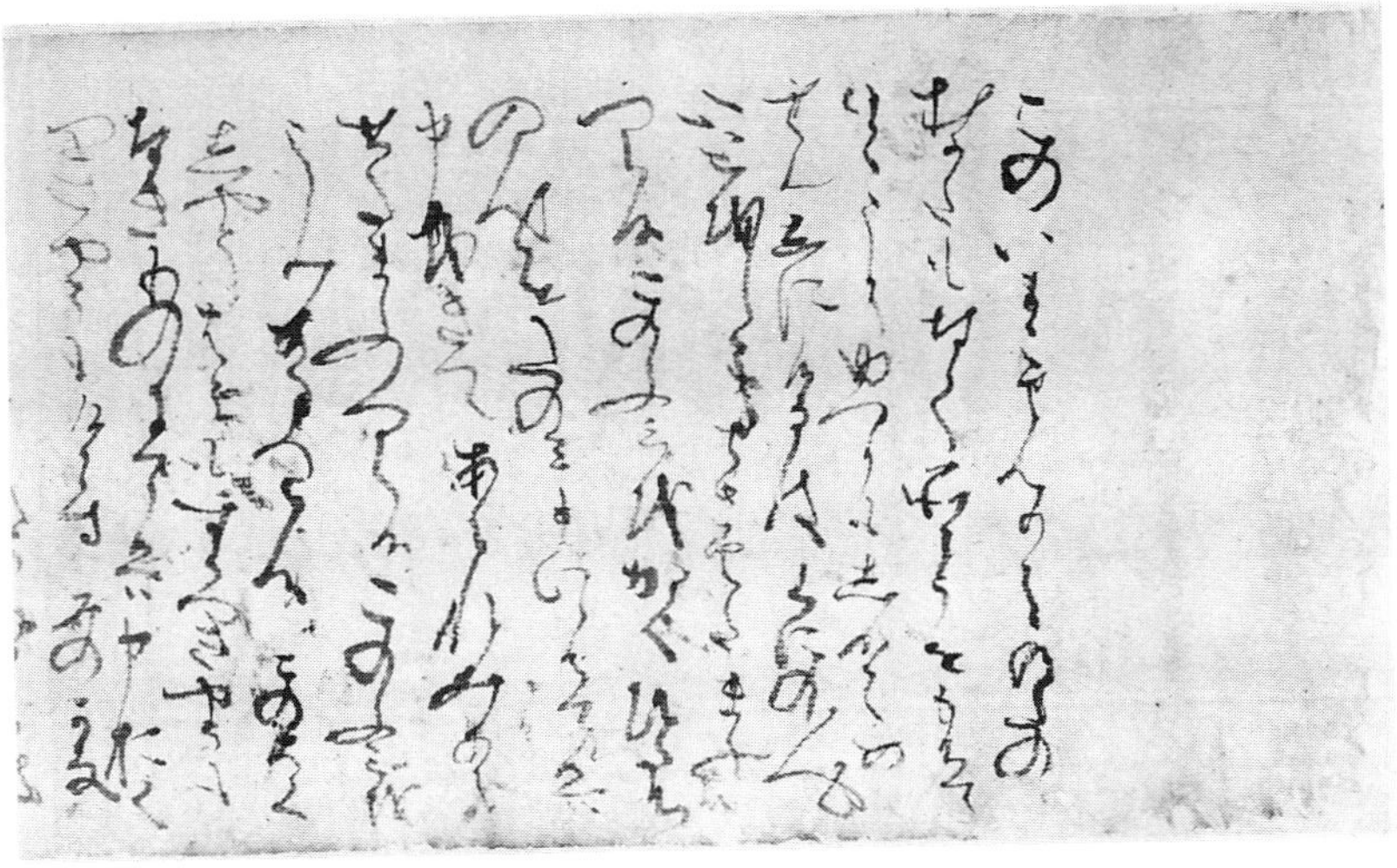

第１図　親鸞自筆書状　十一月十二日付（西本願寺蔵）

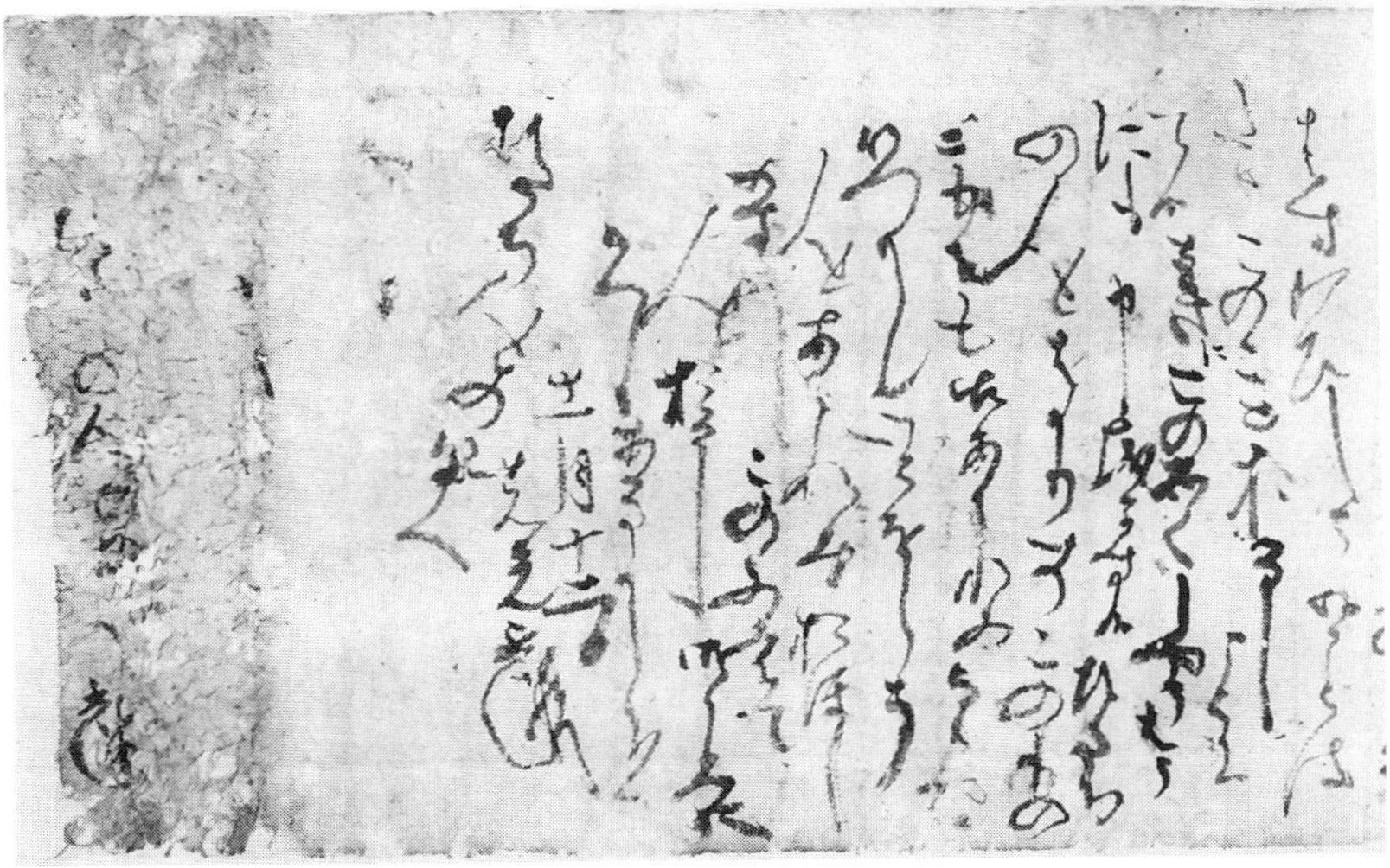

第２図　同上

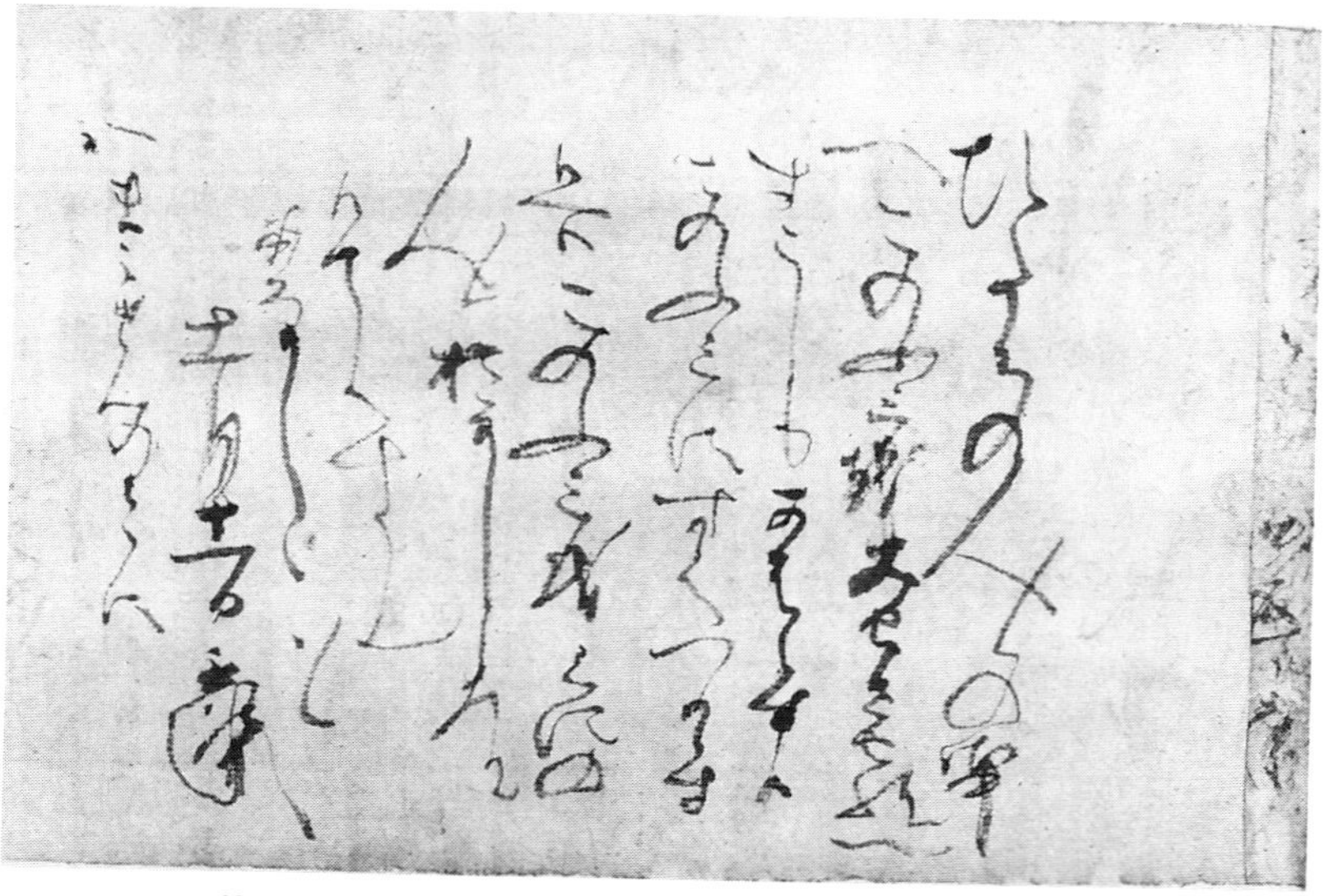

第３図　親鸞自筆書状　十一月十一日付（西本願寺蔵）

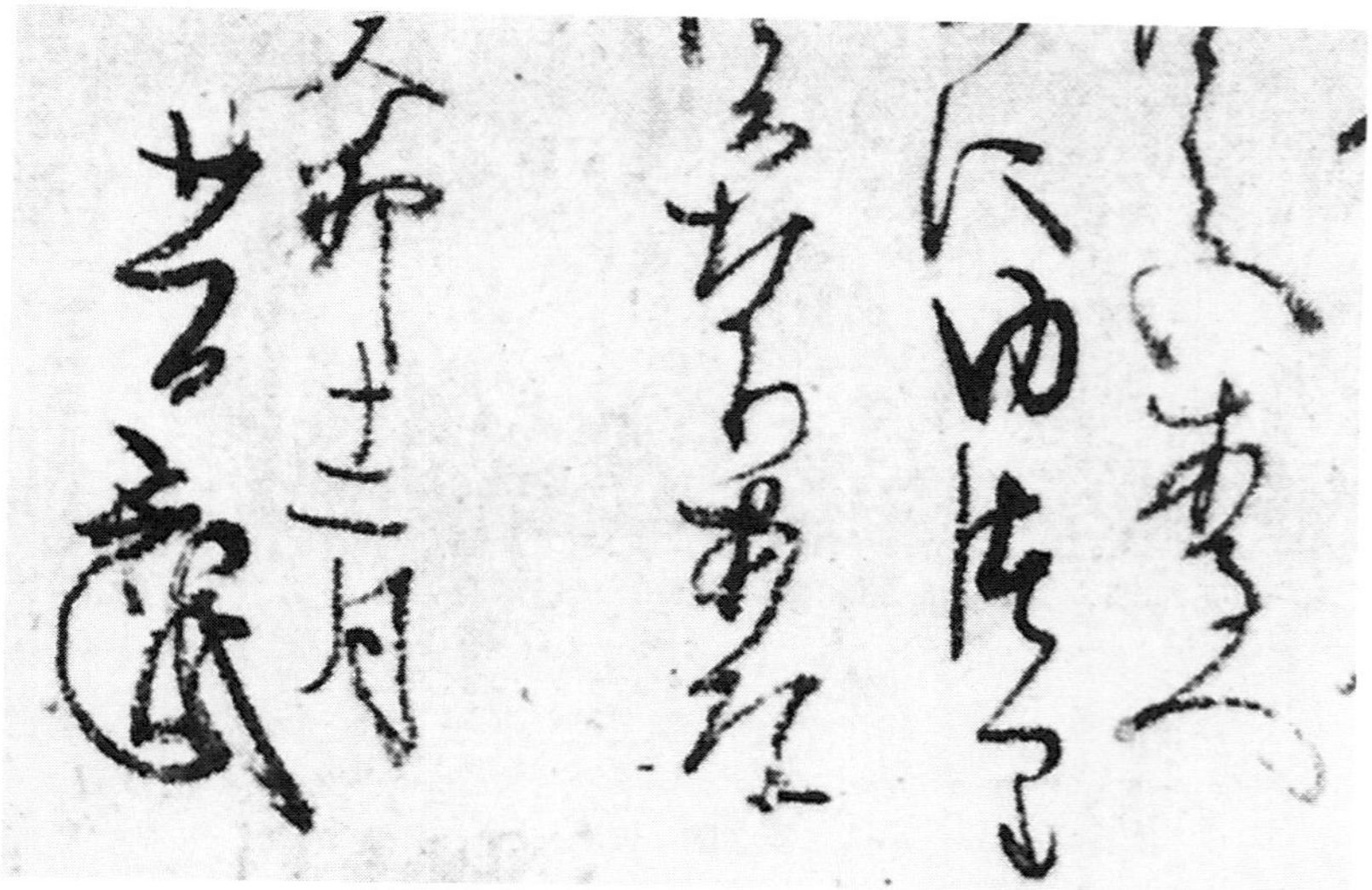

第４図　親鸞自筆譲状　寛元元年十二月二十一日付　部分（西本願寺蔵）

かないかの詮議は別にしても、現在西本願寺に伝わっている「わうこせん」すなわち覚信尼に宛てた三月二十八日付の親鸞自筆書状に、「いやおむな」の名が見えることは、その説が当たっていないことを示している。「いや女」は覚信尼ではないが、親鸞に親しい下人であることは、いかにしても動かしえない事実である。それを否定しようとしたり、また無視したりすることは赦されないことである。史料の示す具体的な事実は、何を措いても認めなければならない。

谷下一夢氏が譲状に加筆があると主張する根拠は、氏の論文によると、当初岩橋氏の示唆に端を発し、影写本を見て大体の見当を付け、写真で確信を持ったとのことであるが、氏はまだ原本を鑑ていないらしい。私は過去に両三度原本を鑑査し、最近あらためて調査したが、谷下氏が本文と異筆であるとする日付の末尾の「廿一日（花押）」は、筆致といい、墨色といい、本文とまったく同一であることを確かめた。ただ注意を要するのは、末行の「寛元元年癸卯十二月」は二行前の「ふみをたてまつるなり」の行のはじめあたりで墨継ぎをしてから、一気に書いたために、十二月で墨が切れたことである。親鸞はそこで再び墨をつぎ、「廿一日（花押）」を書いた。そのために末行の濃墨が目立ち不調和の感がするのである。しかし異筆でないことは原本が明らかに物語っている。参考のため部分写真（第４図）を掲載したから、それをよく鑑られたい。谷下氏は花押の運筆が他の確実な親鸞のものと異なると主張するが、これも氏の誤解であって、問題の花押は明らかに親鸞のものである。前掲の「いまこせんのは丶」関係の自筆書状と同一のものであることは、誰しも認めるところであろう。運筆の相違というのも、具体的に説明がないので、不明であるが、多少運筆の異なっているのは、花押を書いた時が異なることに基づくのであって、これは誰の花押にも認められることで、あえて異とするに足りない(15)。

問題の「いや女」の譲状は筆致・書僻・墨色・花押・文意等すべての点から考えて、親鸞の自筆であることは、何ら疑念がないのにもかかわらず、岩橋・谷下氏以外に、家永三郎氏が両氏と同一の見解を取って、その編纂した親鸞聖人行実には譲状をあげていない。宮崎円遵氏も同様の見解らしく、氏が主となって刊行した『真宗聖教全書』宗祖部には、他の自筆消息が収められているが、この譲状のみは省かれている。親鸞に下人があったことを認めるのが望ましくないから、谷下氏の説に賛成せられたのかもしれないが、事実は谷下氏の説と反対で、「いや女」と親鸞の関係は否定することはできない。両氏が別に所見があって、譲状無関係説を現在でも主張せられるなら、その根拠を承りたいものである。

（昭和二十五年九月二十五日稿了）

註

（1）以下本文を引用する時は、『真宗聖教全書』によることにする。該本は諸本を校合しているが、必要のない場合には、校合を省くことにした。

（2）承元の念仏停止以後「よにくせことのおこりさふらひし」と親鸞が述べたのは、おそらく承久の乱を指したものであろうが、承元の法難と承久の兵乱との間に関連があると親鸞が考えたことは事実である。

（3）一例をあげると、『末燈鈔』第六通の文応元年（一二六〇）十一月十三日付乗信房に与えた消息である。

（4）現在関東の真宗の信者が、氏のいう新百姓であることは、必ずしも親鸞当時の事実を伝えたものでないことは、あらめていうまでもないことである。いわゆる新百姓に真宗が拡まったのは、近世以後に顕著となる事実であることを銘記する必要がある。

（5）この消息に「真仏御坊御返事」とあるのは、『真宗聖教全書』によると、西本願寺所蔵の『御消息集』のみである。他はことごとく宛名を欠いている。しかし真仏房に宛てられた可能性が全然ないというのではない。

（6）伊勢専修寺所蔵閏十月二十九日の宛名「たかたの入道殿御返事」、十二月十五日付宛名「真仏御房へ」の書状を見れば、親鸞と真仏の交際がいかに親しかったかを知ることができる。

（7）中沢氏の意見は『史上の親鸞』によく現れている。

（8）藤原猶雪『覚信尼公行実の研究』参照。
（9）東本願寺刊『覚信尼公』参照。
（10）「覚信尼に就いて」（『史林』昭和八年十月号）（本書所収）。
（11）宮地廓慧「覚信尼公に関する諸問題」（『龍谷学報』第三三〇・三三一号）。
（12）谷下一夢「親鸞上人妻子考」（『歴史地理』第七二巻第一・二号）。
（13）西本願寺所蔵「弘安六年十一月廿四日付尼覚信譲状案」参照。この譲状と問題の消息を種々の点で一致していることは、深く注意する必要がある。宛名はともに田舎の門弟で、文意も同一であり、亡き後の子の扶持を依頼している。
（14）宮崎・宮地両氏の説はほぼ同一ということができる。宮崎氏は、中沢・藤原・日下の諸氏によって先に唱えられていた「いまこせんのはゝ」内室説が、親鸞の家庭生活に対する批難の導火線になった事実に顧みたのであろう。新たに侍女説を唱えて、世の批難を回避しようとしたと思われる。妻と別居した親鸞の老後の生活を見とる侍女があったであろうことは、誰しも反対する人はあるまい。しかしことによると、それは他人ではなく、日野広綱に死別した覚信尼であったかもしれないことは、われわれの銘記すべき事実である。すなわち侍女説は、「いまこせんのはゝ」が覚信尼であることを否定する理由にはならないのである。次に宮崎氏は「いまこせんのはゝ」という間接的な称呼を問題にしているが、中世では人を直接にその姓名を呼んだ例はなく、官職・居所・侍者・通称などいわゆる間接的称呼で呼ぶのが通例であり、ことに女子は誰の女、誰の母等、親または子に懸けて呼ばれた例が多いのであって、少しも異とするに足りない。
（15）谷下一夢氏があげている論拠のうちで、とくに考慮しなければならないのは、この譲状がその端裏に「いや女をあま御前よりゆつりたまうふみなり」と明記されながら、譲主であるあま御前すなわち「せうあみた仏」の記した譲状ではなく、親鸞の譲状であることである。これは確かに譲状としては特異の形式で、他にあまり例を見ないものである。谷下氏の譲状に対する疑問はここから起こったのであろうが、私も昭和八年に論文を書いた時に同様の疑問を持ったが、次のように考えて疑問を解いた。「いや女」は親鸞が本来所有する下人であった。それが何か理由があって、みのかわり、すなわち身代金を「いや女」が貰うことを条件として、「せうあみた仏」が召使うことになった。せうあみた仏と「いや女」との関係は、期限付有価の雇傭関係に近かったと思われ、親鸞の「いや女」に対する所有権は、その一部が一時停止せられたにすぎなかったと思われる。「ひむかしの女房」が「せうあみた仏」から得た権利も、「いや女」に対する完全な進退権ではなく、制限付きのものであったに相違ない。その証左は、筆致から考えて、寛元元年十一月二十一日よりは後年に書かれたと推定せられる三月二十八日付の「わうこせん」宛の親鸞自筆書状に親鸞がなお「いや女」のことを心配していることである。「ひむかしの女房」も結局のところ、「いや女」の主人ではなかったのである。親鸞が、「せうあみた仏」より「ひむかしの女房」への下人譲渡に譲状を書いたのは、ここに理由があったと推定せられる。

初期真宗教団の社会的基盤について

一

服部之総氏が『親鸞ノート』の中で、親鸞の信者層を下人または新百姓と見なされたのが動機となって、初期真宗教団の社会的基盤が注目されるようになった。家永三郎氏はいち早く「親鸞の宗教の社会的基盤」（同『中世仏教思想史研究―増補版―』所収）という論文を発表して、服部氏の意見を批判したが、私も『史学雑誌』の求めに応じて、第五九編第一二号に「親鸞の消息について」（本書所収）という論文を発表して、服部氏の説に反対した。私があの論文で強調したことは、服部氏が自説の裏づけとした親鸞の四通の解釈が正確でないということであり、私自身の解釈を明らかにするために、逐語訳を付けた。その意味は、「朝家、国民、領家、地頭、名主」についての親鸞の考えを知ろうとすれば、今のところ問題の四通の消息のほかに、材料となるものがないのであるから、できるだけ消息の文意を正確に理解し、その文章を書いた親鸞の心持ちを正しく理解したうえで、親鸞の朝家、国民、領家、地頭、名主についての考えを把えるべきだというにあった。

私の見るところでは、親鸞は、念仏に二通りあると弟子たちに教えた。その第一は「まつわか身の往生をおほしめして」(1) 唱える念仏であり、自身の得悟のためのものである。第二の念仏は、往生を決定したものが、報恩のために、「世の中安穏なれ、仏法弘まれ」[2]と念じて唱える念仏であって、親鸞はこれを「朝家の御ため、国民のため」[3]の念仏ともいった。親鸞がこの第二の念仏に含めたものに、念仏をそしり、念仏の妨げをするものをも、弥陀の誓願に引き入れて、救済にあずかるようにと、念じて唱える念仏があった。[4]専修念仏に対する迫害が、親鸞自身のささやかな教団にまで及んで、性信が鎌倉で訴訟に応じなければならなくなっていた時に、親鸞の教団の運命がどのように移っていくか問題の時に、親鸞は弟子に向かって、念仏をそしり、流布の妨げをするものに対して、このような心をもって接せよ、と説いたのである。そこには、眼には眼、歯には歯というような、気持ちは見られない。『教行信証』の後序で、「主上臣下法に背き義に違い」と、公家出身には珍らしく強い言葉で、承元の法難関係の君臣の行動を批判した親鸞も、性信宛の消息では、「されはとて念仏をとゝめられさふらひしか、よにくせことのおこりさふらひしかは、それにつけても、念仏をふかくたのみて、世のいのりにこゝろにいれて、まふしあはせたまふへしとそ、おほえさふらふ」と述べるようになった。親鸞のいう念仏の停止が、いつのことであるか、くせごととは何のことを指すか、限定するのは困難であるが、停止を承元の法難、くせごととは承久の乱だとしても、大した誤りではあるまい。後鳥羽上皇が専修念仏を停止した後に間もなく承久の事変が起きた。親鸞はそのことに注意し、教団に迫害の手が延びようとする時に当たって、弟子に対し、今こそ、「世のいのりにこゝろにいれて」念仏すべき時だと勧めたのである。

服部氏が「朝家の御ため、国民のため」の念仏を単なる反語として棄てられたのに対して、私は、それが誤った消息の文意解釈の上に立っていることを明らかにして、親鸞の念仏に国家社会の福祉を冀う一面があることを立証した。それに対して、龍谷大学の二葉憲香氏は著書『親鸞の人間像』で服部氏に対する私の上記の批判の正当なことを認めたが、私が同じ論文で述べた「領家、地頭、名主」関係の二通の消息の解釈には強く反対された。私と二葉氏の意見の違いは次の解釈の相違から生じたのである。私はこう考える。神仏軽侮や造悪無礙など、親鸞が弟子に教えたこともないことを、親鸞の教えだと言って、これをひろめ、「そらごと」をいい、「ひがごと」を行ったものが、親鸞の弟子のなかにいたことが、念仏停止の原因であると親鸞は考え、念仏停止を命令した領家、地頭、名主の措置を、止むを得ないものとして、是認した。それに対して二葉氏の説は次の主張が中心になっている。「そらごと」をいい、「ひがごと」を行ったのは、領家、地頭、名主である、と親鸞は弟子たちに教え、領家、地頭、名主らが親鸞の弟子に対し、神仏軽侮など事実無根のことをいいがかりにして、念仏停止の措置に出たことについて、消極的ではあるが、抗議し、それらを「無眼人」「無耳人」であると決めつけた。二葉氏はこの主張に立って、「そらごと」をいい、「ひがごと」を行ったと親鸞が決めつけたものは、獅子身中の虫、すなわち弟子のなかの異分子であるとする私の解釈を、「創作」であるといい、私がかつて服部氏の説を批評した時に用いた「消息全般の文意を考慮することなく、明確なる理由もなく」という言葉は、私自身のために保留した方が穏当であろうとまで述べられた。

二葉氏は、自説に対しこのように強い自信を示されたが、その解釈に従って、消息の文意を詳細に吟味していった場合、次のような疑問が起こると思われるが、それにどう答えられるつもりであろうか。疑問の第一は、神仏軽侮という批難は事実無根であると親鸞が述べたことに関連している。二葉氏もその著書で認めているように、神祇不拝は法然の時から専修念仏の教団が受けた批難であった。それに対して、法然も親鸞も教義の上から神祇不拝の正しいことを明確にして、世間の批難を正面から拒否するということはなく、弥陀一仏に帰依するからといって、神仏を軽侮してはならないと繰り返し説いた。しかしそれでも、なお世間では批難が絶えない。それを理由にして、所々の領家、地頭、名主が念仏を停止しようとしている。このような情勢の時に、教団の指導者である親鸞が、弾圧の不当なことに抗議し、弾圧者を無眼人・無耳人と決めつけようとするなら、どのような方法を選ぶのが正しいと考えるか。念仏を停止する領家、地頭、名主に対して直接抗議するのが最も妥当なことには、誰しも異論がないであろう。ところが親鸞はこのような抗議をしなかった。それは、領家・地頭・名主の措置を「よく〳〵やうあるへきことなり」(5)とか「やうあることにてこそさふらはめ、とかくまふすへきにあらす」(6)と消息の中で述べたことで明らかである。そうなると、親鸞は直接権力に対決することを避けながら、蔭では弟子たちに対して、念仏停止の理由は事実無根であるといい、領家、地頭、名主は無眼人、無耳人であると述べたことになる。しかし、そのようなことははたして事実であろうか。こう反問したくなるのは私一人ではないであろう。何故かというと、もしそれが事実なら、親鸞は善鸞なみの煽動者であったことになるからである。二葉氏もおそらくこのような親鸞の「人間像」には賛意を表されないであろう。しかも氏の主張をつきつめていくと、このようなことになることは避けられないのである。どうしてこんなことになるかというと、氏が「念仏人々御中」宛の消息を解するに当たって、「そらごと」「ひがごと」を行ったものは親鸞の弟子ではないと解釈されたからである。だが、たとい、親鸞をこのように解釈しなければならなくなったとしても、事実親鸞の教団には、神仏を軽侮するものがなかったのなら、それもまた止むを得ないであろう。ところが親鸞の教団には、いろいろの分子が混在しており、複雑な問題を作っていたのが実情であった。神仏軽侮を強く唱えた弟子がいたことも次に述べる理由から、動かせない事実と思われるのである。

疑問の第二は、神仏軽侮の事実無根についてあれほど強く弁明し、圧制者を攻撃したといわれる親鸞が、造悪無礙についてては、前とは打って変わった態度を示したことである。親鸞は弟子に対し、造悪無礙を教えたことのないことを明言し、弟子たちのうちではそれを強く信じているものがおり、そのためにあるべくもないこと、すなわち念仏停止ということが起きるのだと明瞭に述べた。二葉氏は神仏軽侮と造悪無礙を別なこととして取り扱っている様子であって、親鸞の弟子たちで、神仏を軽侮するものはなかったが、造悪無礙を主張する弟子はあったと述べている。一方は信仰の問題であり、他は倫理の問題であるとすると、神仏軽侮の「誤り」を犯さなかったものが、一面においては造悪無礙の批難を受けるということもあり得たであろう。しかし信仰と倫理の別が意識され、それが行動に現れるようにまでなったのは、近世に入ってからのことである。鎌倉時代においてこの両者を明瞭に区別することは容易なことではなかった。専修念仏が信仰と倫理の区別を促進したことは事実であるが、多くを親鸞の時代に求めるのは誤っていると思う。

天台真言的な信仰が支配的であった時代に、弥陀一仏の信仰を教えられ、それによって正定聚の位につき、弥勒や諸仏と同じ地位を得たと聞かされた親鸞の弟子たちは、与えられた地位の意味を考えて信仰の純一に徹するというよりは、もっと皮相な行動を選んだ。その第一の現れが、神仏に対する軽侮であり、次は世間倫理の否定である。神仏軽侮と造悪無礙とは、形は別であっても、その実は一つである。このことが認められると、造悪無礙と神仏軽侮に対する親鸞の態度を、分けて解釈する二葉氏の誤謬が明らかとなるであろう。要は、神仏を軽侮するなと親鸞がたびたび弟子を戒めたにかかわらず、弟子たちのなかには神仏軽侮に踏み切り、世間倫理の否定に走るものがあったと考えるか、神仏を軽侮する弟子はなかったが、親鸞の教えに背いて世間倫理を無視するものがあったと解するか、二つのうち、どちらが正しいかということである。その場合に神仏軽侮を事実無根とする二葉氏の解釈に多くの難点があることは、説明を要しないであろう。

二葉氏が上に明らかにした無理をおかしても、自説を主張されたのは、『教行信証』で「主上臣下法に背き、義に違い」と書いた親鸞の立場が理解されなくなるというのが、主な動機のようである。承元の法難では親鸞は被害者の一人ではあったが、主役を働いた人間ではなかった。したがってその批評が直截簡明であったのは当然である。性信、入信、真浄、法信、信願など、親鸞の弟子をめぐって提起された念仏停止の問題は、その規模においては承元の法難に比べられないほどに小さかったであろう。その複雑さにおいては、ことによると、承元を凌ぐものがあったかもしれない。その理由は、親鸞の長男の善鸞が中心の人物であったからである。善鸞は親鸞が京都に帰ったあと、事実上、留守職の地位にあって、親鸞と弟子の間の連絡に当たっていたと思われる。その善鸞が親鸞から教えられたといって、狂信的な信仰を弟子たちに説き、念仏停止の原因をつくっていたのであるから、問題の複雑なことは推し測られるであろう。親鸞が問題の消息を書いた時は、善鸞が張本人であることには気づかなかったが、弟子たちの誤った行動が念仏停止を招いた原因であることは知っていた。それがもしも服部・二葉両氏の解釈のように、領家、地頭、名主に責任があると考え、親鸞が彼らを責めたとしたならば、親鸞の迂愚はあまりにも甚だしいといわなければならない。善鸞の異義の裏に領家、地頭、名主の「御はからい」があったという、服部氏の解釈も、今のところ、どの史料によっても裏づけられない推測である。親鸞がそれを「洞察」しなかったとしても、それは当然のことであろう。

二

「朝家、国民、領家、地頭、名主」などについての親鸞の消息からは、親鸞の念仏の意味は明らかになるが、親鸞の国家、社会、階級観や教団の社会的基盤が解きあかされないことは、ほぼ明らかになった。残されている方法は、親鸞の世系や生活状態からその社会的地位を定めること、弟子たちの身分・職業などから、教団の社会的基盤を推し測る、最も普通の方法だけである。

第一の親鸞の世系であるが、親鸞伝絵に述べられている日野家の生まれということは、『史上の親鸞』で鋭い批判を受けたこともあったが、現在では一応事実であったと認められている。出身が下級ながら公家ということになると、その教養もまた公家的であったと見るのほかなく、叡山の「堂僧」時代の修行もそれと異質的なものではなかった。

親鸞の生活を考えるに当たって、今まで重視されたのは妻帯という事実であった。それが重要なことは、あらためていうまでもないが、今までに比較的に重視されない事実は、親鸞が「いや女」という下人を持っていたことである。この「いや女」は江戸時代以来、親鸞の娘の覚信尼と誤って考えられていたが、恵信尼の書状が発見されたことがもととなって、研究が進み、今では親鸞と血縁のない下人であったと解釈されるようになった。重要なことは、親鸞一人が下人を持っていたのではないことである。妻の恵信尼も「ところせき」ほどの下人を持っており、娘の覚信尼も母から下人を譲られた。覚信尼はまた夫の小野宮禅念からも下人を譲られた(7)。また尼「しんによ」が尼覚信の子の「くわうつる」御前に「こさ丶めのわらは」という下人を譲った(8)。親鸞との俗縁関係は、今一つ明らかでないが、その遺言状で「すくへきやう」すなわち生活能力もないといわれた即生房でさえ、来善という下人を持っていた。善鸞の子の如信も覚信尼から「ひわおんな」という下人を借りて、これを使った。

このように事実をあげてくると、親鸞はその一家を含めて、下人にかこまれ、下人にかしずかれて、生活をしていたことになる。これは親鸞の社会的地位を考えるうえに、重要な観点を提供するものといわなければならない。

まず手近いところでは、親鸞が公家の生まれであり、妻の恵信尼が越後の土豪の娘であるという古い伝えが真実であったことを、この事実は裏づける。次には当然、下人の所有者として親鸞やその一家の者は下人をどのように遇したかということが、問題にされなければならない。この点について、史料があるのは、親鸞と恵信尼だけである。親鸞は「いや女」を所有する権利を持っていたが、自分では使役せずに、照阿弥陀仏に預け、労働の賃銀に当たる「みのかわり」は「いや女」に与えていたようである。「いや女」はその後、親鸞から「ひむかしの女房」に譲られたが、この「ひむかしの女房」は娘の覚信尼である可能性が大きい。その覚信尼に対して、親鸞は「いやおんな」が居所もなく、苦しい生活をしており、親鸞としても、どうにもしようがないと述べたことがあった。以上の点から考えると、親鸞と「いや女」の関係は、日々に生活をともにする主人と下人という間柄ではなく、生まれた時の関係で主従と定められただけであって、おのおの別な生活をしていたと推定される。

恵信尼と下人の関係は、親鸞と「いや女」の場合と異なって、日々に生活をともにした主人と下人の場合である。その具体的な事実は、「恵信尼文書考」の第五稿に服部之総氏が詳細に紹介されているが、下人所有者について一般に考えられるような非人間的なものは、恵信尼のなかには見出されない。ただ一つ注意されるのは、文永元年(一二六八)五月十三日付の書状に下人が皆失せたと恵信尼が述べたことである。その原因は何であるか。前年の飢饉が原因であったことは認められているが、下人の逃亡はそれ自体問題になるはずであり、その点からあらためて、考えなければならないかもしれない。

真宗教団の社会的性格に強く影響したのは、覚信尼以後、親鸞御影堂内で覚信尼の子孫と起居をともにした下人の一族であろう。具体的にいうと、下間衆の存在が本願寺の階級的なあり方に及ぼした影響であるが、それさえも、蓮如以後、時宗教団の風儀が入って、本願寺住持を「聖」の絶対権威に高めたのに比べたなら、大したことはなかった。

親鸞の弟子の身分や職業について、明確な史料があるのは、『親鸞聖人血脈文集』の第四通の性信房宛の消息に見えている「しむしの入道との」と「正念房」である。この二人は大番役で上京したというから、鎌倉幕府の家人であったことは疑いない。おそらく「入道との」は主人であって、「正念房」は所従なのであろう。この二人は親鸞が関東に在住した時代には面接はなく、親鸞が帰京した後に性信によって真宗教団に入り、大番に上洛した時に初めて親鸞にあった。親鸞はこの両人には念仏の志があると見て、性信にその後の教化を申し付けた。

この事実から知られることは、初期の真宗教団に武士階級に属するものが加わっていたことである。その契機となったものは悪人正因説であろうと、家永氏がすでに説いている。(10) 私の考えも家永氏と同じであるが、それについて注意されることは、性信にはそのほかにも、源藤四郎といって、京都へのぼったちかづきがあったことである。(11) 性信中心のいわゆる横曾根門徒というのは、こうした武士身分のものが多く参加した集団ではなかったであろうか。その性信が念仏停止について鎌倉で活躍し、「しむしの入道との」も、訴訟に関係した模様である。また性信に「真宗の聞書」(12) という著述があり、その出来栄えは、親鸞も賞讃したほどである。親鸞の教えを受けたものは「文字のこゝろもしらず」と親鸞自身が述べたが、まったくの文盲というのではなく、経論を読み、それによって教義を理解しようと努めていたことは、慶信の親鸞への申状やその他の史料によって明らかである。これらの弟子たちはどのような身分であったか、はっきりしたことはもちろんいえないが、案外に武士階級に属するものが多かったのではないかと思われる。

武士階級に属するといっても、鎌倉幕府の家人とは限らないし、家人といっても、主人とは限らず、殿原、若党、中間、郎従の類もこれに含まれていた。少し後の例ではあるが、仏光寺の了源はもと、六波羅探題越後守大仏維貞の家人比留維広の中間で、弥三郎といい、関東で麻布門徒の了円について、真宗教団に加わった。親鸞の弟子のなかには下人身分のものが多かった。一例をあげると、専修寺所蔵の真仏宛の親鸞自筆書状に見えている「ゑん仏房」も「ぬし」持ちであった。ことによると下人であったかもしれない。真仏、顕智を中心とする高田門徒にも、下人出身で、俗名弥藤五、法名を随念というものがいたことが「三河念仏相承日記」に見えている。この下人が農奴に当たるか、それとも殿原、中間に当たるかということで、意味はすっかり食い違うことになるが、以上述べてきたことで、殿原、中間的な下人と見るのが適当でないかと思われる。

初期真宗教団の社会的基盤を考えるのに当たって、このように武士階級を重く見るのは、一つには史料があるからであるが、今一つの理由は、家永氏の考え方を拡大して考え、悪人正因説は農民ことに耕作農民層には受け入れられないものを持っていたと思うからである。「田畠をつくりてすくるひと」すなわち耕作農民も「うみ、かわにあみをひき、つりをして世をわたるものも、野やまにしゝをかり、とりをとりて、いのちをつくともからも、あきなゐ」をするものも皆同じであり、いずれもそれ相応の業縁よって、いろいろのことをするのだと、親鸞は説いたと『歎異抄』に見えている。しかし漁猟などの殺生を業とするものが、罪業を自覚して、それから逃れたいと深く願ったことは、武士のそれに勝るとも劣らなかったことはいうまでもないことである。田畠を耕作し、夫役に従い、苦しい生活は送ってはいるが、殺生のような罪業を犯さないですむ耕作農民には、「罪人」の自覚とそれから救われたいの願いは、漁夫や猟師ほど切実に感じられなかったと思われる。耕作農民が神仏に対して何よりも先に祈ったことは、天候がよく、農作に恵まれることであり、天台真言的な信仰に本質的に心が惹かれたと思う。初期真宗教団が常陸、下野の両国を中心に農村でひろまったことは事実であるが、それは必ずしも信者を耕作農民層に求める理由にはならない。

このように考えてくると、従来ほとんど顧みられていない商工業者と初期真宗教団の関係如何が問題となってくる。法然の弟子のなかに建築業者のいたことが伝えられているが、親鸞の弟子のなかで商工業者出身の伝えのあるものは、まだ明らかになっていないない。親鸞の説いたものを見ても、上に引いた『歎異抄』以外に、特に商工業について語ったものはないようである。そうだとすると、親鸞の弟子を商工業のうちに求めるのは、無謀のように思われるが、次のことを考えると、必ずしも誤った見方といえないように思われるのである。親鸞の弟子のなかには、性信、真仏、顕智、慶信、明教、円仏のように、親鸞にあうためにはるばる関東から京都までのぼったものが多く、覚信のようにその途中で死んだものもいる。京都にのぼることは、これらの人にとってそれほど難しいことではなかった。また弟子で親鸞に五貫文二十貫文の銭を贈ったものがあった。これらのことを併せ考えると、親鸞の弟子のなかには商工業も特に商業に関係したものがかなりいたのではなかろうかと思われるのである。もちろん今あげた理由は、性信以下が武士階級関係のものでないかと推定する場合にも通用するものである。家永氏が強調した罪業の自覚とそれからの離脱の欲求も、商人の場合、武士や漁猟師ほどではなかったにせよ、利潤を取るという行為が早くから罪悪視されていたので、相当に強かったはずである。武士階級の人々に受け入れられやすかった親鸞の教えは、同様の理由で、商人階級のものにも受け入れられやすかったはずである。詮じつめると、武士でも商人でもよいことになるのであるが、嘉元元年（一三〇三）の専修念仏に関連して出された幕府の書下には、親鸞の門流は在家止住の土民であると述べられているから、武士を中心とする教団でないことは明らかである。この土民を今までは無雑作に農民としたが、嘉元元年の時、横曾根門徒の智信は三百貫文という大金を出し、ほかに数百貫文を集めて、安堵の下知を得た。このような土民は単なる農民では決してない(13)。商人的な存在と考えるのが適当なのではなかろうか。蓮如直前の本願寺教団では、商人は確実に重要な構成分子であった。紺屋営業の法住を中心とする堅田門徒がそれである。親鸞の教団の社会的基盤を無雑作に農村に求める傾向に対して、考え直しをお願いしたいと思う。それがまた真宗の社会性について別の観点を与えることになるであろう。

（要旨昭和三十年五月二十二日大会発表、同年七月十日稿了）

付記

第二回の大会発表は時間の制限が厳重であったので、発表は要旨にとどめ、この論文はその後新たに書き直したものである。

註

（1）（2）（3）「御消息集」第二通親鸞消息、七月九日付、性信宛参照。
（4）「御消息集」第八通親鸞消息、性信宛参照。親鸞の言によると、毎月二十五日の法然の忌日に唱える念仏は念仏の妨げをする邪見のものを救済するために唱えるものであるという。また『末燈鈔』第二通の親鸞消息「笠間の念仏者のうたかひとはれたる事」によると、念仏する人を憎むなというのは法然の教えであるという。
（5）（6）「御消息集」第四通親鸞消息、九月二日付、念仏人々御中宛の一句である。
（7）上原芳太郎『初期之本願寺』四八頁所収「文永十一年四月二十七日付禅念譲状」、覚信宛参照。
（8）前掲註（7）『初期之本願寺』四八頁所収「弘安二年三月二十六日付付尼しんによ譲状」「くわうつるこせ」宛参照。
（9）前掲註（7）『初期之本願寺』一三九頁所収「建治三年十一月一日付如信置文」参照。
（10）家永三郎「親鸞の宗教の社会的基盤について」（『中世仏教思想史研究―増補版―』所収）。
（11）『御消息集』第八通親鸞消息、性信宛参照。
（12）『親鸞聖人血脈文集』第二通親鸞消息、五月二十九日付性信宛参照。
（13）『存覚一期記』嘉元元年条。

『教行信証』（坂東本）について

一

大谷大学の故山田文昭氏が大正三年四月号の『無尽燈』に発表した「教行信証の御草本に就て」（山田文昭氏遺稿第二輯『真宗史研究』所収）という論文で明らかにした、現在東本願寺所蔵の『教行信証』（坂東本）を親鸞自筆の草稿本とする説は故辻善之助博士がこれを承認して以来、一般に認められている。[1]著作年次については江戸時代以来、化身土本巻に見えている元仁元年（一二二四）をもって、それに充てる説が有力であったが、それに初めて疑惑を抱いたのは、『史上の親鸞』の著者故中沢見明氏であった。[2]中沢氏によると、『教行信証』は、親鸞が関東から帰洛した後に撰述されたものと解されている。その論拠として中沢氏は、高田専修寺所蔵の親鸞自筆の『見聞集』が、文暦二年（一二三五）すなわち親鸞六十三歳以後の書写と推定されるのに、それに書き抜かれている五会法事讃が『教行信証』に引用されていることをあげ、『見聞集』が書写された後に、『教行信証』が著わされたと主張した。[3]親鸞が関東から京都に帰った時期については確証はないが、一般に文暦・嘉禎、親鸞六十三、四歳頃と考えられており、『見聞集』の書写の推定時期とほぼ一致している。一方、現在の史料で知られる『教行信証』の一番早い書写は寛元五年（一二四七）、親鸞七十五歳の時である。[4]親鸞はその後、和讃をはじめとして、多数の聖教の著述、書写を行い、死の間近くまでやめなかった。以上のことを考慮すると、親鸞は六十三、四歳の頃に関東から京都に帰って、『教行信証』の著述に従事し、七十五歳までに一応修了したと考えるのは、首肯される考えである。中沢説が発表された当時は反対説が強かったが、最近では中沢説をとる学者が多くなっている。しかし帰洛後撰述説にとっての障碍は、やはり化身土巻の「元仁元年」であって、親鸞がどのような理由からこの年号を化身土巻に書き入れたのか、その説明がつかないかぎり、不審は残る。今までになされた説明は、元仁元年が親鸞の末娘覚信尼が生まれた年であることに関連してなされたものが多く[5]、そのほかには、元仁元年甲申は仏滅年代が壬申と勘定されたことに関連して引用されたとする説が発表されている[6]。最近では龍谷大学の宮崎円遵氏の説明が注目を集めている。氏は帰洛後撰述説をとりつつ、化身土巻の仏滅年代勘決の条は元仁元年の執筆とするのであるが、元仁元年に始まって嘉禄三年に激しくなり、文暦二年には鎌倉幕府も参加するようになった朝廷の専修念仏弾圧に関連して、律令仏教に対する批判として、親鸞が著述し始めたのが『教行信証』であるとしている[7]。

宮崎氏の説に対しては熱心な支持者もあるが[8]、その結論として、『教行信証』が終わりの化身土巻の一節から執筆され始めて、次第に前巻が著述されたと考えることには、龍谷大学の大原性実氏が反対している[9]。その根拠は『教行信証』の構成についての見解に存するのであり、氏は文証理証の双方をあげて、『教行信証』が「顕是の巻たる前五巻が始めに執筆せられ、次いで簡非の巻たる化巻に及んだ」とする自説の論拠を明らかにしている。大原氏はまた帰洛後撰述説にも反対であって、今までに発表された帰洛後撰述説を一々その根拠について批判し、元仁元年終稿説が最も妥当な説だとしている。

信巻別撰説を発表して、真宗学界に波瀾を起こした東京大学の結城令聞氏は[10]「信巻を含まぬ教行証文類が一往元仁元年頃に出来上つた」ことを主張し、信巻は親鸞が帰洛後に編纂したものであり、経釈の引用が濫雑であるのは編纂の後間もなく親鸞が死去したためであると、親鸞の玄孫に当たる存覚の『六要鈔』[11]を引用して、主張している。この『六要鈔』の解釈は帰洛後撰述説の有力な論拠であったが、結城氏は「此の書大概類聚の後」の此の書を『教行信証』全体にかけずに信巻に限定して、信巻別撰という新しい説を展開した。それに対しては、反対の説が強く、『教行信証』は当初から四法二土の構成であったとする説が有力であるが、それにもかかわらず、存覚が経釈の引用に混雑があると指摘し、再治しないうちに親鸞が死去したために、このような欠陥を残したのであろうと述べたのは、信巻についてであると結城氏が注意したことは正しい。『教行信証』六巻のうちで、信巻の経釈の引用が他の諸巻に比べて混乱の多いことは結城氏のいうとおりである。存覚が一面に元仁元年をもって『教行信証』の完成の時期と考えていたらしいことも、結城氏の説のとおりである。したがって『六要鈔』を論拠として、晩年撰述説を主張するのは、妥当とはいえない。

しかし結城氏の別撰説は『六要鈔』だけが根拠ではなく、本来信巻に含まれるはずのものが行巻に収められている事実が論拠となっており、学史的な背景としては、古来顕著な対立を示している能行所行両派の解釈の相違が基礎となっている。それに対して、龍谷大学の大江淳誠氏は三度にわたって反対説を発表し[12]、結城氏もそれに答えた[13]。

両氏の論争は、『教行信証』の構成についての見解の相違が中心であるだけに、真宗学の素養のないものには当否の判断は困難であるが、東京大学の花山信勝氏が、信巻別撰説に関連して発表した「教行信証論攷の基盤について」という論文[14]には、坂東本によって別撰説の当否を検討した部分があって注目される。花山氏の説は次のとおりである。坂東本の行巻以外の諸巻の巻首と、信巻別序のはじめに「愚禿釈親鸞集」の撰号があるが、この事実は『教行信証』が元仁元年と改元されてから年末までのわずか四十日間に一気に書き上げられたものでないことの有力な根拠であること、結城氏[15]は信巻別撰の後に内題はすべて書き直されたとしているが、坂東本の真仏土・化身土両巻の内題は草稿のままであり、「顕真仏土文類五」「顕化身土文類六」に示されている「五」「六」を書き直しと見ることはできないこと、坂東本には草稿のままの部分と清書された部分が混在しているが、草稿のままの部分に、結城氏が信巻別撰後に加筆したと推定しているものが収められていることをあげ、信巻別撰説は成立しえないとしている。花山氏の指摘はもっともなことであるが、それについて重要になってきたことは、坂東本のどの部分が草稿のままであり、どの部分が書き改めてあるかということである。

坂東本の改訂については、坂東本のコロタイプ版が出版されてから次第に注意されており、字訓や諡号などの冠註は、親鸞が坂東本を書き上げた後に書き入れられたと認めることに、意見は一致している。坂東本の本文について、草稿と清書を区別したのは故藤田海龍氏がはじめであり、昭和十九年に発刊された『日本仏学論叢』第一掲載の「教行信証の真蹟本に就いて」という論文で、これを発表した。その要旨は、一頁本文八行の部分は草稿のままであり、七行書きの部分は書き直しと認められるというのである。藤田氏はその説を発表するに当たって、親鸞が坂東本を書いた時期や書き直した時期については、明瞭な意見を述べなかったが、両方ともに晩年と考えたことは、帰洛後撰述説をとっていることから推察される。藤田氏の研究で惜しまれることは、坂東本の研究がコロタイプ版を通してであり、原本を直接に研究しなかったことである。せっかく坂東本の実態研究を意図し、前人が誰も考えなかったことに思い至りながら、コロタイプ版と原本では相違する点があるために、研究に行き届かない点を生じたのは、残念なことであった。

同様のことは龍谷大学の小川貫弌氏の研究についてもいわなければならない。小川氏が『教行信証撰述の研究』に発表した「阪東本教行信証の成立過程」という論文は、前篇「阪東本教行信証の内相と外相」、中篇「阪東本における筆蹟群の類別」、後篇「阪東本における執筆時の考証」の三篇から成り立っている。

小川氏は坂東本の装丁・用紙・表題・袖書・内題・撰号・奥書・行格・註記・闕劃・闕字など形状について綿密に調査し、行格や闕劃については、表を作って、説明している。筆蹟については、藤田氏と同じく草稿と書き直しの部分で字劃が相違することを主張するが、両者の相違を区別するのは藤田氏より綿密であり、用紙の違いに関連して筆蹟が異なっていることに注意している。執筆時の考証については、藤田氏は特に述べていないが、小川氏は最近に親鸞の真蹟と認められた『観小両経集註』『烏龍山師屠児宝蔵伝』『信微上人御釈』や文暦二年書写『唯信鈔』『見聞集』『西方指南抄』『唯信鈔文意』などの真蹟と比較検討して、坂東本が書写されたのは親鸞六十三、四歳であり、その後数年ないし十数年にわたって本文が改訂されたと結論している。小川氏のこの結論は、坂東本に先行する初稿本の存在を想定したことと合わせて、今までの研究ではいわれなかったことであり、秀れた意見といわなければならない。小川氏のいうように、坂東本に先行する初稿本が存在するとなると、『教行信証』の成立・構成についての問題は、まず初稿本について考えなければならないことになる。坂東本の書写が親鸞帰洛とほぼ同時の文暦嘉禎頃と認められる以上、初稿本の成立がそれをさかのぼることは当然であり、今までは関東に在住したと考えられていた時代に親鸞が『教行信証』を著わしたことになる。その意味で小川氏の研究は帰洛後撰述説を否定したことになり、注目されるが、坂東本の実態を原本について研究していないので、藤田氏同様に研究に行き届かない点のあるのが惜しまれる。小川氏は初稿本の存在を想定したが、それが坂東本とどの点で相違するのかということについては、明確に説いていない。初稿本の内容が具体的に明らかにされない以上、初稿本の存在を指摘しても、その意義は少ないといわなければならない。しかし今のところ、独立して存在する初稿本をさがし求めることは不可能に近い(16)。いつ満たされるか解らない希望を抱いて、真宗寺院の宝庫を遍歴するよりは、初稿本を直接に改訂した坂東本を資料として、初稿本の復原を考えるが、より実際的であり、効果的と思われる。

しかし坂東本の研究も、コロタイプ版を基礎にするかぎり、藤田・小川氏の業績を越えて、成果をあげることは難しい。残されている唯一の方法は、坂東本を直接に研究し、コロタイプ版には現れていないで、しかも初稿本の復原の手がかりになるような事実はないかと、詳細に坂東本を検討することである。今までの研究者もおそらくそのことには気づいていたであろう。しかし坂東本が関東大震災で金庫に収められたまま、強い火熱を受け、表紙や本紙が脆弱になったことが原因で、それに直接に接触して調査することは久しい間不可能であり、望んでも致し方はなかったのである。

私は以前から真宗史に関心を持っていたが、それを専攻としているのではなく、古文書を集めて中世の社会経済の実態を研究するかたわらの研究なので、真宗史といっても古文書に関するものに興味が集まり、親鸞の家族や、親鸞の消息に現れている思想については、論文を書いたこともあったが、『教行信証』について研究したことはなかった。ただ帰洛後撰述説に対しては早くから疑いを持っていた。しかし帰洛後撰述説の論拠を一々検討して、その弱いことを知って疑いを抱いたのではなく、帰洛後撰述説が唱えられるようになった前提条件の検討が動機であった。

帰洛後撰述説を首唱したのは、先に述べたように中沢見明氏であるが、氏の説の特色は、覚如の編纂した『親鸞伝絵』の史料的価値を否定することにあったということができる。親鸞の日野有範の子であることがまず否定され、次いで六角堂の夢告が虚構として斥けられた。『選択集』と源空の影像付属だけは事実として認められたが、浄土宗側はこの事実を認めることについて、早くから強く反対している。中沢氏も『史上の親鸞』を著わした当時は、『選択集』の付属についてかなり疑いを持っていたようである。(17) その場合、親鸞が源空の膝下にあって、専修念仏の教義についての先徳の論疏を読み、重要なものを書き抜くという努力をしていたと、学者が考えなかったのは当然であろう。しかも親鸞は間もなく越後に流され、赦された後は長く関東にあった。文化のおくれた北越、関東にいては『教行信証』のような著述ができるはずはない。このようにして帰洛後撰述説は当然主張さるべくして主張されたのである。

しかし中沢氏が虚構として斥けた『親鸞伝絵』の記事は、決して虚構ではなく、事実を伝えたものであることが、次第に明らかとなった。中沢氏が疑った親鸞の俗姓と六角堂の夢告は、高田専修寺に現存する史料によって、覚如の捏造でないことが明らかにされている。(18)『選択集』の付属も、源空から親鸞に付属された源空の画像が桑子妙源寺に伝わっていることが、中沢氏によって明らかにされ、(19)『選択集』付属についての真宗側の所伝の信憑性が増した。このような事実が次から次と明らかになれば、それにつれて帰洛後撰述説を考え出した前提条件は次第に崩れていかなければならない。ことに決定的な影響を帰洛後撰述説に与えたのは、親鸞自筆の『観無量寿経集註』『阿弥陀経集註』が発見されたことであった。(20)

この親鸞真蹟の新しい発見が『教行信証』の研究に与えた影響は少なくとも二つあげることができる。その第一は筆致その他からして、この集註は坂東本に先行する真蹟であることが明らかになったことである。第二は親鸞は早ければ源空の膝下にいた時、遅くとも関東にいたと考えられている時に、『観経』『小経』に関する善導以下中国の先徳の論疏を書き抜き、それを分類していたことが明らかになったことである。親鸞の書き抜いた論疏の中には源空が生前に見なかったといわれている『楽邦文類』が含まれている。親鸞がいつ、どうして『楽邦文類』を入手して、読んだかは問題であるが、善導の『般舟讃』を読まない前に、『楽邦文類』を読んでいたことは認めなければならない。(21)『楽邦文類』は親鸞が『教行信証』の著述を思い立つのに深い関係があったといわれている。(22)その『楽邦文類』を早く親鸞が知っていたことは、親鸞が『教行信証』の著述を考えたのが、早かったことを思わせる。

私はそのような論拠から、昭和二十七年の春に執筆した新日本史大系の『中世社会』で、『教行信証』は関東での着稿であると書いた。その頃、一方では結城氏の信巻別撰説をめぐって、議論が盛んに行われていたが、知らないままに、それには触れないで終わったのである。

二

私は東本願寺の依頼によって、昭和二十九年三月から始まった坂東本の修理の監督をすることになったが、はじめの間は、実のところ、信巻別撰説のような重大な論争のあることを知らなかった。「一」で紹介した藤田氏の論文の発表されていることも知らなかった。また小川氏の綿密な論文もまだ発表されていなかった。私はただ『教行信証』の著作年次を明らかにすることと、坂東本を修理するために解装した際、明らかとなった三つの事実[23]、第一は坂東本はもと三つ穴の紙捻綴であったこと、第二は信巻の宿紙を用いた部分が袋綴とは逆に折目綴になっていること、第三は化身土末巻前半の筆致行格が他と異なっている部分はもと巻子装であったこと、この三つの事実をどう説明するかということに興味を覚えて、昭和二十九年八月十八日から翌九月二十三日まで、連日坂東本を調査した。

その結果、私としては意外な事実に気づいた。坂東本には一頁本文八行の当初の書写ままの部分と、一頁本文七行の後に書き直されている部分があり、筆致が両方では著しく異なることである。この二つの異なった筆蹟を、今まで知られている親鸞の他の真蹟と比較の結果、次のことを知った。その第一は、当初の書写の部分の筆致は文暦二年書写の『唯信鈔』と『見聞集』のそれに一致し、坂東本の当初の書写は『唯信鈔』や『見聞集』の書写とほぼ同時と考えられるということである。その第二は、書き直しの部分の筆致はまちまちであるが、教・行・信巻などの書き直しの部分は康元元年（一二五六）親鸞八十四歳の時に書写された『西方指南抄』などの筆致に近く、康元元年に近い頃の書き直しとしなければならないことである。しかし『教行信証』の本文改訂の時期の下限を考えるには、現存の『教行信証』のうちで坂東本の転写本として最も古いと認められる高田専修寺本が、最近の発表によって、建長七年（一二五五）に専信房専海が書写したことが明らかになったことを考慮に入れなければならない。(24)専修寺本の全貌はまだ明らかにされておらず、本文も教巻と行巻の一部が公表されているにすぎないが、公表されているかぎりでは坂東本との間に著しい違いは見当たらない。したがって坂東本の改訂も重要な部分は、建長七年親鸞八十三歳までに終わっていたと考えてよいようである。しかし確かなことをいうのは、専修寺本の全文が公表されるまで、差し控えなければならない。

本文の書き直しと一緒に気づいたことは、本文が当初書写されたままの部分は、袋綴になっていることが多く、反対に書き直しの部分には袋綴でないものが多いことである。もちろん、教巻や行・信巻のはじめの書き直しの部分は袋綴になっており、そのほかにも筆致によって書き直しと判明するもので、袋綴になっているものがある。また筆致からいえば当初書写の部分と同一であって、袋綴ではなく、切紙の表裏両面に本文が書かれているものもある。したがって袋綴であるからといって、全部当初の書写、切紙に書写されているからといって、晩年の書写とは一概にいえないが、袋綴の部分が坂東本のほとんど全部を占め、その比率が一頁八行書きの八〇パーセントに近いことは、坂東本が当初書写された時は、一頁本文八行書きの袋綴と定められていたことを示している。

次に気づいたことは、坂東本が当初書写された時は、美濃紙と推定される縦九寸四分横一尺四寸八分の白紙が料紙として用いられたことである。もちろん、注意しなければならないことは、教巻や行・信巻の首部をはじめ、後に書き直された部分にも、美濃紙の白紙が用いられていることであり、美濃紙の白紙に書写されているからといって、当初に書写されたといえないことである。その反面、宿紙や雁皮紙を全紙または切紙にして用いた部分は、それに書写されている本文の筆致から推して、例外なく、後の書き直しである。これは重要なことであるから、次にその事実をやや詳しく説明しよう。

まず信巻に用いられている宿紙の四十六枚であるが、切紙の二枚を除いて、一枚の紙を二つに折ってその折目を綴じるという「折目綴」になっている。本文は例外なく各葉の表裏に書かれ、全紙の分は八行ずつ書かれている。その筆致は、七行書きの教巻や行・信巻の首部の書き直しの部分に一致しているが、それよりは筆力があり、執筆の時期は早いと推定される。宿紙は周知のように五位蔵人が専用するもので、蔵人以外のものは使用しないのが建前となっている。親鸞が坂東本の本文改訂に当たって宿紙を使ったのは、美濃紙の白紙が不足していたことが原因とは思われない。手に入れ難いことからいえば、宿紙の方が困難であったはずである。その宿紙を親鸞が使ったのは、厚い紙質と鼠色の地色が表裏両面書きするのに適していると考えたのにほかならない。親鸞は得難い宿紙をどこから手に入れたか、明らかでないが、日野家の一族で五位蔵人に在任したものがあり、それから譲り受けたと考えるのが、最も無難な推定であろう。『職事補任』によると親鸞の晩年に日野氏で五位蔵人になったものには日野光国がいる。

光国は日野資実の四男であったが、兄家光の子となり、寛元三年（一二四五）六月二十六日から建長四年（一二五二）十二月四日まで五位蔵人の任にあった。家光・光国は双方ともに親鸞の女覚信尼やその家族に関係のあった人である。(26) 親鸞が宿紙を入手した径路は光国を通じてであったと推定して、おそらく誤りないであろう。そのことはまた、宿紙の部分の筆致が建長七年を一応の下限とする本文の書き直しのうちでは、最後のものではないと認められることとも矛盾しない。

次は雁皮紙であるが、行巻の55～56（A五五―五六）[27]、74（A七四）、111～112（A一一一―一一二）、117～120（A一一七―一二〇）に用いられている。そのうちで親鸞の自筆と認められるのは55～56と117～120である。両方ともに後年の筆致であって、書き直しであることは明らかである。まったく同じ雁皮紙を用いながら、筆致から考えて親鸞とは別筆と推定されるのは、74と111～112である。両方ともに楷書で同筆であり、親鸞の筆致に似ているが、別筆であることは歴然としている。以上四カ所の書き直しは、同一の雁皮紙を用い、ほぼ同時の改訂と推定されるのに、一部他筆が混在しているのは何故か。その理由を明らかにするのは困難であるが、74も111～112もともに一行の字数が多く、書き詰められていることから考えると[28]、親鸞は老齢のために、細書するのが困難となり、弟子のなかで細書の巧みなものに代筆を依頼したのではないかと思われる。

別筆といえば、真仏土巻41～44（D三七―四〇）は美濃紙を用いており、筆致も親鸞に似ているが、筆致から判断すると別筆である。今まで問題にされている[29]化身土本巻の2（F二）の標挙の文も、この筆者が書いたに相違ない。そのほか、冠註などに別筆と推定されるものが存するが、いずれも後世に参考のために書き入れたもので[30]、重要なものはない。それに対して、今まで別筆を認められている信巻と化身土巻の外題は、筆致からいうと、紛れもない親鸞の自筆であり、それも晩年の筆である[31]。これに比べると、釈蓮位の名が書かれている証巻と真仏土巻の外題は、筆力があり、早い時代の筆蹟である。信巻と化身土本巻の外題が書き直されたのは、「三」で明らかにする本文の大規模な改訂と関係があり、その時期も自ら推定される。親鸞が外題を書き直した際に、以前にあった蓮位の名を書くのを中止した理由であるが、ことによると、本文を改訂したことが動機となって、蓮位への付属を中止することになったのではなかろうかと推測される。

紙質の相違から始まって、論は筆致の相違に及び、別筆の指摘にまで発展したが、上に明らかにした事実によって、坂東本が当初書写された時の用紙は全部美濃紙であり、宿紙や雁皮紙を用いた分は、例外なく後の書き直しであることは明らかとなった。

三

「二」で明らかにした事実を基にして、考えると、当初書写されたままの坂東本は、美濃紙の白紙を用いた袋綴で、綴紐に紙捻が用いられた。綴方は三つ穴であった。しかし当初の綴方は坂東本では早く改められており、痕跡しか残っていないが、親鸞自筆の聖教で、三つ穴紙捻綴の原状を保存しているのは、東本願寺所蔵の『一念多念文意』である。また書写された当初の坂東本の本文は一頁八行に書写され、朱で送り仮名や読み方が付けられていた。

坂東本の原状は右に述べたとおりであったが、それがどのようにして現在のような混雑した形態になったのかを次に考えて見よう。その原因の第一は聖教の書写に当たってありがちな引用文の脱字誤字があったことである。親鸞は脱字誤字に気づくと、脱字にはその個所に圏を付け、誤字は墨消しをして、上欄または行間に補正の文字を書き入れた。著しい脱字は、真仏土巻の51（D四七）で『浄土論註』を引用し、末尾の「故曰成就抄出」の六字と、次の「讃阿弥陀仏偈曰、南無阿弥陀仏釈名无量寿傍経」の二十字を書き落としたことである。書き落としが二つの聖教にわたっているのがまず注目される。坂東本が初稿本であって、この部分がおのおの『浄土論註』と讃阿弥陀仏偈から直接にまたはその書き抜きから写されたなら、こうした脱字は普通起こらない。それに対して転写本の場合は、この種の脱字は起こり勝ちである。坂東本にこの種の脱字がある以上、坂東本は初稿本ではなく、転写本と見なければならない。坂東本に先行する初稿本の存在が想定されなければならない理由の主なものは、ここにある。親鸞はこの大量の脱字に気づくと、次のように措置した。『浄土論註』からの引用文は51の折目で終わっており、讃阿弥陀仏偈は次の頁の第一行から始まっているので、堺の折目を切り開き、新しく現れてきた紙面53に「故曰成就抄出」と『浄土論註』の脱字を書き入れ、「讃阿弥陀仏偈曰、南無阿弥陀仏釈名无量寿傍経」の讃阿弥陀仏偈の脱字は貼紙または継紙をして書き足し、54の欄外に「鸞和尚造也」と讃阿弥陀仏偈の著者を注出した。この貼紙または継紙の部分は今日散佚して現存しない。小川氏が初稿本の存在を想定したのも私とまったく同一の理由による。ただ氏は原本を見ていないので、コロタイプ版が印刷の都合上この部分が今でも、袋綴のままであるかのように印刷し、折目を切り開いて、裏に補写した「故曰成就抄出」を小紙片に印刷して本紙の間に挟んでいるのを、原本の状態と解している。

本文の脱字誤字は当然補正すべきであって、いわば機械的な仕事であるが、重要なのは、すでに出来上がっている本文を改訂することであった。すでに書写されている経釈の要文や親鸞の私釈の部分を削り、新たに経釈を引用し、私釈を挿入することは、初稿本の書き上げに劣らぬ困難な仕事であった。そのために親鸞は、坂東本を書写した六十三、四歳以後のほとんど全部の時間をそれに充当したといっても過言ではないであろう。今までは寛元五年（一二四七）親鸞七十五歳の時に尊蓮が書写した事実が知られているので、その時までに『教行信証』は一応出来上がったと考えられている。しかし出来上がったことだけをいうと、坂東本が写される以前に、『教行信証』は一応成立していたに相違ない。したがって寛元五年に尊蓮が書写した事実はさして重要な意味を持たないのである。改訂が親鸞死去のすぐ前まで続けられたと思われることは、坂東本の行巻の正信偈の改訂で推測されているが、確実なことは、前に述べたとおり、建長七年（一二五五）親鸞八十三歳の時に専海が書写した高田専修寺本の全貌が公開されるまで、断言できない。

さて本文を改訂する場合、削る部分を墨で消し、書き入れる部分をその傍に書くのが簡単であるが、親鸞は行巻の正信偈135～142（A一三五―一四二）以外にはこの方法を採用しなかった。親鸞の行った改訂の仕方は次のようなものである。引用文または私釈を削除すればすむ場合は、その部分を切り取った。その顕著な例は、化身土本巻の60から61（E五七―五八）にかけて、善導の疏釈と推定される文を九行半以上、字数にして百五、六十字を切り取っていることである。小規模な切り取りの個所はなおほかにもある。次は、引用文または私釈を追加すればすむ場合であるが、その場合、貼紙をして書き入れた例が真仏土巻の38（D三四）にある。しかし、単純に削除し、またはは書き入れさえすればすむ場合はむしろ少なくて、多くの場合、ある引用文または私釈を削り、そのあとに引用文または私釈を書き入れることが、必要であったようである。その場合親鸞が用いた方法は次の三つであった。

第一は本文を添削した結果、本文の字数が以前より減少する場合であるが、その時は多く、その部分の本紙全部を書き改めた。添削の結果、本文の字数が以前より増加する場合は、その部分の本紙を書き改めると、用紙の枚数が当然増加する。一部六帖という数を変えたくなかった親鸞としては、本紙全部を書き直すことによって、枚数が増加することをあまり好まなかったようである。その結果、増加する字数が比較的に少ない場合は、削除する部分は切り取り、書き入れる部分は、切り取りのために袋綴が切り開かれ、新たに現れた裏面に書き入れることにした。改訂が大規模で、字数が倍近く、あるいはそれ以上にも増加する場合は、本紙の一部を切り取っていては、増加する分を裏面に書き載せることは不可能である。この場合は本紙全部を書き改めなければならないが、今までのように袋綴にしたのでは、紙数が必然に増加するので、表裏両面書きの折目綴が考案された。宿紙はそのためにわざわざ取り寄せられたのである。しかしこの第三の方法は決して新しいやり方ではなく、袋綴の切り開き・裏面書き入れの第二の方法と、全部書き直しの第一の方法を総合したものといえよう。おそらく親鸞は、第一と第二の方法で改訂しているうちに、第三の方法を思いつき、宿紙を取り寄せて信巻の大改訂を行ったのであろう。なお信巻の改訂については「四」で再び説明する。

最後は特別な場合であって、化身土末巻5～51（F五―五一）の『大集経』引用の部分である。この個所は書体が異なるので、藤田氏も小川氏も注意しており、今回の解装によって、その部分はもと巻子本であることが判明した。親鸞が何の目的でいつ巻子本を作り、いつ坂東本に綴入れたかは解釈の困難な問題であるが、私は次のように考える。『大集経』のこの部分は初稿本には引用されていなかった。したがって坂東本が書写された当初は、この部分は書写されていなかったと考えられるのである。坂東本を書写した後に親鸞は『大集経』に興味を覚えて、(32)巻子本にそれの書き抜きを作り、その後それをそのまま坂東本に綴込むことにした。化身土巻の紙数はそのために著しく増加し、本末の両巻に分けなければならなくなった。分巻の時は信巻の書き直しと同時であろう。信巻と化身土本巻の外題がほぼ同時筆であることがこれを証明している。化身土末巻に綴込まれた書き抜きはもと巻子本であったために、紙面全部に本文が書写されており、間々紙継目にわたって本文が書写されている。一方坂東本は袋綴のために綴代として紙の左右両端に一寸近くの余白を必要とする。両者のあり方が相違するので、巻子本を解いて、そのまま袋綴に綴込むことは不可能であった。もと巻子本の第一紙は左端一寸近くを残して切り取られ、左右に新しく継紙をし、それを綴代として綴込むという煩瑣な仕事が必要であった。第二紙以下も同様であった。第一紙の部分は化身土末巻の3～4（F三―四）であるが、この部分は親鸞が後に書き直したために、そのあとを見ることはできないが、5（F五）以下には、そのあとが歴然と残っている。

四

化身土末巻の首部に引用されている『大集経』のほとんど全部が、坂東本が書写された後に追加されたことが明らかになると、初稿本にはこの部分は載っていなかったことになる。親鸞が『大集経』を化身土末巻に引用した趣旨は、坂東本が書写されたままの形を保っている51（F五二）以下の『首楞厳経』『灌頂経』『地蔵十輪経』『集一切福徳三昧経』『薬師経』『菩薩戒経』『仏本行集経』『起信論』の引用と同じものであるから、『大集経』の長文が追加引用されたからといって、『教行信証』の教義内容が変化したとは考えられない。要は『大集経』に対する親鸞の関心が、『教行信証』を一応脱稿した後に、さらに高まったのは、何が動機かということである。このことについては、仏教学・真宗学の面からの深い研究を期待したい。

坂東本が書写された当初に比較して、内容が著しく増加したのは、信巻の宿紙を用いた51～56（B五一―五六）、69～152（B六九―一五二）の分である。そこに書かれている本文は、字数にして総数一万四百三十字である。そのうちで多数を占めているのは『涅槃経』からの引用文であって、字数にして六千二百二十字に達している。宿紙を用いたために本文の字数が倍加したとすると、増加したものの多くが『涅槃経』からの引用文であったことは、右にあげた数字から当然推測される。しかも『涅槃経』からの引用文の八〇パーセントは父王を殺した阿闍世王の苦悩を描いた部分である。宿紙を用いて信巻を書き直した動機の一つは、阿闍世王の苦悩の部分を書き載せるためであったとも考えられる。しかし注意すべきことは、書き直されない以前の信巻には、『涅槃経』の阿闍世王の苦悩の部分が全然載っていなかったとはいえないことである。坂東本が当初書写されたままの形を保っている153（B一五三）以後には、『涅槃経』の善見太子の父王殺害が載せられている。それから考えると、書き改められた69〜152（B六九―一五二）の部分に以前、阿闍世王のことが載っていなかったとはいえない。一方、文暦二年（一二三五）親鸞書写の『唯信鈔』の紙背に写されている『涅槃経』の要文には、阿闍世王の苦悩の部分が書き抜かれている。親鸞は坂東本を書写した時、『涅槃経』の阿闍世王の苦悩の部分をよく知っていたのである。したがって信巻のこの部分には阿闍世王の苦悩がはじめから収録されていたと推定されるのである。高田専修寺の『涅槃経要文』と坂東本を対照すれば、ことによるとこの間の微妙な関係が判明するかもしれない。私は高田専修寺の好意で『涅槃経要文』を手に取って見ることを許されたので、ほぼ要文の内容を知っているが、高田専修寺が早く全貌を公開することを希望してやまない。

しかし信巻に宿紙が用いられたのは、『涅槃経』からの引用を増加するためだけであったと、解釈するのはおそらく妥当ではない。何となれば書き直された部分には、他の経疏からの引用も含まれているからである。信巻の69〜72（B六九―七二）には、至心信楽欲生の三心が実は一なること、菩提心に横竪・超出の差があることを述べた親鸞の自釈が収められているのをはじめとして、重要な親鸞の自釈は宿紙の部分に多く含まれている。そのうち、どの自釈が当初から書かれており、どの部分が書き直された時に書き入れられたのか、その区別が容易でないことはいうまでもない。しかし初稿本または書写当初の坂東本が現在の信巻のとおりではなかったことが明らかになった以上、初稿本への復原の努力は当然なさるべきであろう。

結城氏が『六要鈔』を基にして信巻が再治されていないことを指摘したのは、先にも述べたように、正しい意味を持っている。宿紙の分は書き直されたのであり、存覚のいう再治に当たるが、その部分に引用されている論疏で前後顚倒しているものがある。『六要鈔』によると、信巻73〜74（B七三―七四）に引用されている元照の『弥陀経義疏』からの引用文は前後が錯雑している。「他の為すこと能ざるが故に甚難なり、世を挙て見たてまつらざる故に希有なりといへり」と引用されたあとに、「又云く」として、「念仏法門は愚智豪賤を簡らばず、久近善悪を論ぜず、唯、決誓猛信を取れば、臨終悪相なれども、十念に往生す。此れ乃ち具縛の凡愚・屠沽の下類、刹那に超越する成仏の法なり、世間甚難信と謂ふ可き也」と続いて引用されているが、『弥陀経義疏』では、はじめに引用された「希有なりといへり」に続いては次の「此の悪世に於して修行成仏するを難と為る也、諸の衆生の為に、此の法門を説くを二の難と為る也、前の二難を承けて、則ち諸仏所讃の虚しからざる意を彰す、衆生聞きて信受せしめよとなりと」が書かれている。「念仏法門」云々の引用文は、「衆生聞きて信受せしめよなりと」の次に引用されるのが正しい順序である。親鸞は何故にこのように前後を顚倒して引用したのか。『六要鈔』は親鸞の意図を解釈しているが、私はこの顚倒は次のようにして起きたと思っている。私の見るところでは宿紙に書き直される以前、坂東本のこの部分には「念仏法門」云々の引用文は書かれていなかった、と思うのである。その理由は後に述べるが、この引用文がなかったとすると、「他の為すこと」云々の引用文に「此の悪世に於して」云々の引用文が続くことになり、前後顚倒はなかったことになる。それが宿紙に書き直す時になって、「念仏法門」云々の引用を追加し、その時に原典の本文を確かめなかったために、順序を誤ったのであろうと思われる。「念仏法門」云々の引用文が後からの追加と考えられる理由は、その引用のすぐあと、「念仏法門」云々の元照の疏に註釈した戒度の『聞持記』が引用されていることに、関係している。

　この『聞持記』が南宋で出版されたのは元仁元年（一二二四）よりわずか七年前の嘉定十年（一二一七）である。この『聞持記』が『教行信証』に引用されている以上、『教行信証』が元仁元年に成稿していることはありえないというのが、帰洛後撰述説の有力な根拠となっている(33)。一応もっともな説であるが、『聞持記』の引用されているところは宿紙の分であるから、文暦二年（一二三五）前後に書写された坂東本に当初から載っていたかどうかは不明である。寛元・宝治・建長の頃の書き直しの際に書き加えられたと推定する方が事実に当たっている可能性が多い。したがって『聞持記』が引用されているからといって、『教行信証』の成稿の年代を引き下げて考える必要はないのである。

信巻の書き直しに宿紙が用いられたことに関連して、『教行信証』の帰洛後撰述説の有力な論拠とされている『聞持記』の引用について説明したが、この『聞持記』の引用については、なお説明すべきものがある。それは元照の『弥陀経義疏』の「屠沽下類」に戒度が註釈して「屠は謂はく殺を宰る、沽は即ち醞売、此の如しの悪人、止だ十念に由て便ち超往を得ん、豈に難信に非ずや」と述べていることである。屠沽の下類とは猟師商人をいうのであり、戒度は、このような悪人でも十念によって往生することをもって、希有難信であると述べた。親鸞は戒度が屠沽を悪人と述べたのに強く惹かれたようである。そのことは聖覚の『唯信鈔』の註釈として『唯信鈔文意』を親鸞が著わした時、五会法事讃の「不簡破戒罪根深、但使廻心多念仏、能令瓦礫変成金」の文に関連して、『唯信鈔』には引用されていない『聞持記』によって、「屠沽の下類」の往生について述べ、「屠はよろづのいきたるものをころしほふるもの、これは猟師といふものなり、沽はよろづのものをうりかふものなり、これはあき人なり、これらを下類といふなり、かやうのあきびと・猟師・さまざまのものはみな、いし・かはら・つぶてのごとくなるわれらなり」と註釈したことで知られる。親鸞のいう悪人のなかに猟師や商人が含まれていたことは疑いない事実である。最近の解釈では、いわゆる悪人とは末法の衆生一般を指したものとし(34)、あるいは自力作善のできない抑圧された階級のものを指したとしている(35)。それらはみなそれぞれに要請されることがあって、生まれた新しい解釈であるが、親鸞の直接な表現を基にした解釈ではなく、親鸞の思想を論理的に追求していった結果、導き出される概念とでもいった方がよいものであるが、親鸞はもっと具体的に悪人を考えていた。親鸞は何故か猟師に深い関心を持っており、『屠児宝蔵伝』を北宋の遵式の『西方往生略伝』から書き抜いたほどである。(36) 親鸞の教団に猟師・商人が入っていたと考えられることについては、かつて述べたことがあるから、(37) あらためて述べないが、初期真宗教団の基盤を耕作農民層にのみ求めようとするのは、悪人正機の悪人を抑圧された階級のものに限定することと同様に、妥当な考え方とはいえない。

坂東本で改訂の甚だしいのは、宿紙を用いた信巻と、巻子本を綴込んだ化身土末巻であるが、化身土巻を本末に分巻しなければならないようになって、親鸞は坂東本全体の構成についてあらためて考えたようである。当初は教・行・信・証・真仏土・化身土で六帖であったが、第六巻が本末に分かれると、七帖とならざるをえない。しかし親鸞はそれを好まなかった。六字の弥陀名号を重んずる浄土教徒としては六を捨てて、七を取ることはできなかったようである。止むなく親鸞は教行両巻を合冊して、全体で六帖の形を維持するようにした。それに関連して、教巻の全部、行巻の首部を40まで、信巻の首部を8まで書き改めた。その際に本文を補訂したかどうか。対校する史料がないので明確にいいえないが、書き直しの分量が少ない信巻では、およそのことは判明する。次にそれを述べることにしよう。

信巻で、この時に書き直されたのは、巻首の百四十五字の別序、十一字の標挙、三百二十九字の親鸞の自釈と引用文とである。書き直しの際、仮に本文が書き改められなかったとすると、書き直される以前の信巻の首部は、次のような形態であったことになる。まず体裁であるが、一頁八行書きの袋綴であったに相違なく、一頁には百二十字から百三十字の本文が書かれていたはずである。また標挙は他の諸巻では表紙の次の紙で、前半は白紙の後半に書かれており、本文からは独立している。さて百四十五字の別序、三百二十九字の本文を一頁八行書きにした場合、別序は九行ほどでよく、二頁目は一行ほどで、あとは余白となる。本文は二十二行ほどでよく、三頁にわずか足りない。偶数頁の袋綴としては、はじめの一頁を余白にしなければならないことになる。別序の余白が多いことはとにかく、本文のはじめの頁が白というのは、異例である。(38)そうなると、本文に改訂がなかったという最初の前提が誤っていたことになるが、信巻のこの部分で大規模な改訂があったと想定するのは、別序は別として、自釈・引用文では妥当ではない。その理由は、巻首は各巻ともに構成が同じであり、(39)信巻だけが別の構成であったとは考えられないからである。

一頁本文八行書きという形状と本文の不変という両方の前提を同時に満足させる唯一つの考えは、書き直される以前の信巻では、別序は独立しておらないで、信巻の巻首にあったとすることであろう。別序と書き直された親鸞の自釈と引用文を通計すると、四百七十四字となる。それから重複する内題十五字を除かねばならないが、残り四百五十九字は、そのまま一頁八行書き四頁に収まる字数である。頁数の問題が解決する以上、別序の文ははじめ独立しておらず、信巻の巻首にあったと想定しても不都合ではない。信巻に限って別序があることは、『六要鈔』がすでに問題にしており、確かに異例である。それがはじめは独立しておらず、信巻のうちにあったとなると、初稿本や書写当初の坂東本に関するかぎり、問題は解消する。しかし、書き直しの際に、何故に親鸞が別序として独立させたかということはやはり解決されない。その解決は将来の研究に譲ることにしよう。

重要なことは、信巻のこの部分が書き直しによって実質的にあまり変化しなかったと認められる以上、教巻と行巻の巻首の書き直しの分も、ほぼ同じであったと推定してもよいことである。

五

親鸞が坂東本を改訂した場合のうち、宿紙を用いた場合や、もと巻子本の書き抜きをそのままに綴込んだ場合、それに本文を改めずにただ書き直した場合については、「四」で説明したが、本文を添削した結果、本文の字数が前より減少し、本紙全部を書き直した場合、本紙全部を書き直さずに、袋綴を切り開いて、削除する部分を切り取り、追加する自釈や引用文を切り開きによって新たに現れた紙背に書き込んだ場合については、その数が多く、状態もまちまちなので、全体を通観するような説明をすることは不可能である。本文を添削したといっても、引用の経疏が増減するに止まった場合、書誌学的な研究としては同様に重要であるが、[40]思想史的な観点からいえば、添削の範囲が親鸞の私釈に及ぶ場合の方が、はるかに重要である。したがってここでは、引用文の増減だけの場合を省き、私釈に関係のある書き直しの場合に限って、説明することにしよう。

まず、本紙全部を書き直した場合から述べると、それに当たる場合は少なく、信巻161～162（B一六一―一六二）の難化機、難治機に関する自釈と、化身土本巻87～88（E八六―八七）の元仁元年の自釈である。両方ともに袋綴で、信巻の分は四行、化身土本巻の分は十行本文が書かれている。信巻の方は自釈といっても、その大半は経典の引用である。削減された十二行約百八、九十字の本文はことによると引用の経典であったかもしれない。それに対して、化身土本巻の削減は六行九十五、六字であるが、自釈の構成が複雑であり、『教行信証』の著述年時の問題が関係しているだけに重要である。それについて次に述べることにしよう。

まず最初に指摘しなければならないことは、今まで『教行信証』の元仁元年（一二二四）のこの部分を取り扱った学者は、小川氏を除いて、例外なく、この部分は坂東本が書写された当初から、今見る形で坂東本に収められているとの前提に立っていることである。筆致だけをいえば、この部分のそれは、一頁八行書きの部分と同一である。書かれた時期は大差ないであろう。しかしこの部分が一頁五行書きの袋綴である以上、書き直してあることは、疑いない事実として認めなければならない。その上に本文が六行九十五、六字も減少している。したがって書き直される以前の坂東本のこれに当たる部分は、書き直された後の坂東本とはかなりに異なったものであると、当然考えなければならない。それでは書き直されない以前の坂東本のこの部分には、どのようなことが書かれていたであろうか。私と同じく化身土本巻のこの部分を書き直しと見る小川氏は、単に大改訂と述べただけである。参照する資料がほかにないので、小川氏としては立入った議論を差し控えたのであろう。しかしこのことは、重要な問題であり、参照史料も絶無ではないから、私の意見を述べることにしよう。

まず第一に明らかにしなければならないことは、親鸞はこのところで何を述べようとしたかということである。「爾れば穢悪濁世の群生、末代の旨際を知らず、僧尼の威儀を毀る、今の時の道俗己れが分を思量せよ、三時教を按ずれば、如来般涅槃の時代を勘ふるに、周の第五の主穆王五十一年壬申に当れり。其の壬申より我元仁元年甲申に至るまで二千一百八十三歳也」と親鸞が述べていることが、いろいろに解釈されていることは先に述べたが、紹介した三説は、相互に何の連絡を持っていないといってもよいほどに、相違している。何故に一つの文章がこのように人によってまちまちに解釈されるのであろうか。その原因の一半は親鸞の文章に存すると考えなければならないであろう。今の文章は書き直される前に比べて、六行九十五、六字も削除されているから、文意の不明確なところがあり、いろいろの解釈を生む原因を作っていることを認めなければならないであろう。しかし責任の一半は研究者の側にもある。親鸞は何をここで言い表そうとしたかを、この自釈のすぐ前、化身土本巻の83（E八一）の坂東本書写当初の形を保っているところで「正真の教意に拠って、古徳の伝説を披く、聖道浄土の真仮を顕開して、邪偽異執を教誡す、如来涅槃の時代を勘決して、正像末法の旨際を開示す」と述べ、明瞭に言い現している。ところが研究者はそれに従おうとせずに、穿った推測の説を樹てようとしたために、いろいろの解釈が生まれたのである。親鸞が問題の文章で述べようとしたのは、諸説がある釈尊入滅の年代を考えて、その一つを選び、正像末三時の旨際を明らかにしようとするということであった。ところが今ある文章では、釈尊入滅の年代を勘決するという重要なことが省かれている。親鸞がすぐそのあとに引用している『末法燈明記』には、釈尊入滅年時について、周穆王五十一年壬申と匡王四年壬子の両説が述べられており、その間に三百四十年の隔たりがあるとされている。二つのうちのどちらが正しいか。親鸞は壬申説をとっているが、その理由を明示していない。ことによると書き直しの際に削られた九十五、六字の本文のうちに、勘決の文章があったのかもしれない。元仁元年甲申がこのところにあげられたのは、釈尊の入滅が壬申と勘決されたことに関係があり、もし壬子と勘決されたなら、甲申の元仁元年にどのような事件があったとしても、おそらく引用されなかったであろう。元仁元年の引用は干支に関係あるとして、元仁元年甲申から次の申歳の嘉禎二年（一二三六）までの間を『教行信証』の撰述年次と考えた禿諦住氏の説(41)は、今まであまり重んじられていないが、この際あらためて注意する必要がある。ただし撰述年次と氏が考えたことだけは改めなければならない。何となれば、元仁元年から嘉禎二年の間は、厳密にいうと、坂東本のこの部分が書き直された時期ということになるからである。坂東本の書写はそれより前に当然行われたはずであり、初稿本の成立はさらにさかのぼり、ことによると元仁元年より以前であるかもしれない。書き直されない以前の坂東本、すなわち初稿本には、このところに元仁元年以外の年号、建暦二年（一二一二）壬申が引用されていたかもしれないからである。

坂東本の初稿本の成立年時については、明確な指標はないが、小川氏が土御門院を今上としているのに注目して、土御門天皇が崩御された寛喜三年（一二三一）以前の成稿と考えたのは、一つの見方といわねばならない。ただ注意すべきことは親鸞の現在過去についての表現はそれほど正確でないことである。後序の『選択集』付属に関連して、「本師聖人、今年は七旬三の御歳なり」と書いたことも考えなければならない。しかし坂東本の書写年代などを考えると、初稿本がおそくとも寛喜三年以前に成立しているとすることは、妥当な見方である。寛喜三年といえば、その四月十一日に親鸞が有名な夢を見た年である。東京大学の川崎庸之氏はそれをもって親鸞の回心とし、『教行信証』はその後に著述されたとしているが(42)、そうした解釈も成立しないことになる。もし自信教人信の確信ができた時をいうなら、三部経読誦を思い立ち中止した建保二年（一二一四）をとるべきであろう。

本文改訂に当たって、本紙全部を書き直さずに、削除する部分を切り取り、書き入れる部分は以前折り合わされていた紙裏に書き込んだ場合のうち、そのうちに親鸞の自釈が含まれているものは、割合に少なく、行巻の127～134（A一二七—一三四）、真仏土巻の69～72（D六三—六六）、化身土本巻の15～18（E一三—一六）、43～44（E四一—四二）、末巻の95～100（F九五—一〇〇）である。行巻の117～120（A一一七—一二〇）は雁皮紙を用い、全文書き直されており、その上折目綴であって、上にあげた五つとは条件が異なっているが、改訂の結果、本文の字数が増加していることは同じなので、このところで併せて述べることにする。

行巻の127～134（A一二七—一三四）は正信偈の前に当たり、信巻別撰説についての論争で、別撰、非別撰の双方の論者から引用された「凡そ誓願に就て、真実の行信有り、亦方便の行信有り、其の真実の行願は諸仏称名の願なり、其の真実の信願は至心信楽の願なり、斯れ乃ち選択本願の行信なり。其の機は則ち一切善悪大小凡愚なり、往生は則ち難思議往住なり、仏土は則ち報仏報土なり、斯れ乃ち誓願不可思議一実真如海なり、大无量寿経の宗致、他力真宗の正意なり」がそのなかに含まれている。結城氏はこの部分を信巻成立後の加筆としたのに対し、花山氏は草稿のままの部分であるとし、結城氏の説の成立が困難な理由としている。行巻の127～134（A一二七―一三四）は、133～134だけが一頁本文三行書きで、後は全部八行書きであり、筆致も坂東本の当初に書写した部分と同一であるから、坂東本全部を袋綴として印刷した大正十一年のコロタイプ版では、坂東本が当初書写されたたままの形を保っている一頁本文八行書き袋綴の部分と区別できないのは、当然である。花山氏が草稿筆と判断したのも、止むを得ないことであった。しかし事実この部分は全部切紙の表裏両面書きであり、後からの書き直しであることは疑いない事実である。信巻別撰説に対する反証への解説に結城氏が指摘したことが、一部事実であったことが確かめられた。ただ結城氏は、「凡そ誓願に就て、真実の行信有り、亦方便の行信有り」の自釈だけが信巻別撰後の加筆であるとしているが、表裏書きの部分はその前後の自釈にも及んでおり、真実の行信、方便の行信についての自釈だけが書き直されたのではないことは明らかである。その点では結城氏の論をそのままに受け入れることはできない。必要なことは、当面の論争にとらわれないで、坂東本の実態に基づいて判断し、どの自釈が坂東本が当初書写されたままの形を保っており、どの自釈が後からの書き入れであるかを明らかにすることである。行巻の127（A一二七）は当初書写されたままの126に続いて、機教に相対があることを明らかにし、裏面の128の第二行に及んでいる。この部分は坂東本に当初から収められていたことは明らかである。127は坂東本が当初に書写せられた時のままであろう。128は書き直しの際に折目を切り開いて、127の裏に書き入れられたものであろう。一方、133～134（A一三三―一三四）の「是を以つて知恩報徳の為に宗師の釈を披らきたるに言く、夫れ菩薩は仏に帰す、孝子の父母に帰し、忠臣の君后に帰して動静已に非ず、出没必ず由あるが如し、恩を知て徳を報ず、理宜しく先づ啓すべし、又所願軽からず、若し如来威神を加したまはずば、将に何を以てか達せむとする。神力を乞加す、所以に仰て告ぐと」の自釈は、書き直されていない135の「爾れば大聖の真言に帰し、大祖の解釈に閲して、仏恩の深遠なるを信知して、正信念仏偈を作」るの自釈に関連があるから、この自釈も坂東本に当初から収められていたと認めてよいであろう。ことによると134は、坂東本が当初書写せられたままの部分であって、133は本紙の一部を切り捨てた後に、その裏に書かれたものであるかもしれない。

そうなると、書き直しの際に、新たに書き入れられた可能性のあるのは、先にあげた真実の行信、方便の行信の自釈と、その前の128の「敬て一切往生人等に白さく」云々の自釈ということになる。そのことはまた、次のことからも推定せられる。書き直されなかった機教に相対ありの自釈は、128の第二行の約四分の三を占めている。133〜134の「是を以て知恩報徳の為に」の自釈は五行半の分量を持っている。この両者を合わせると七行余りとなり、一頁八行には十字余り不足する。しかし書き直しの際には、書き改めない予定の本文でも、行数などの関係で、本文の一部を削除するということも起こりうるはずであるから、この場合は両方の自釈が続いて一頁を占めていたと考えても、よいであろう。

信巻別撰非別撰の論争の際に、双方の論者が引用した化身土本巻の「横超は本願を憶念して自力の心を離る。是を横超他力と名づくなり、斯れ即ち専の中の専、頓の中の頓、真の中の真、乗中の一乗なり、斯れ乃ち真宗なり、已に真実行の中に顕し畢りぬ」の自釈の載っている43〜44(E四一—四二)も、本文八行表裏書きであって、坂東本が書写された後の書き直しである。この場合、43は坂東本が当初に書写されたままの分であり、44は袋綴の折目を切り開いて、その裏に書写されたとも、また逆に、44が当初のままであって、43が書き直しとも考えられる。しかし筆致や紙質などから判断すると、44が書き直されたと考えるのが事実に当たっているであろう。そうなると、横超の自釈は書写されたことになる。しかし書き直しの範囲は、おそらく字句の修正にとどまったであろうと思われる。重要なことは、『六要鈔』によると、この自釈は前に説明した行巻127～134と密接な関係があることである。その双方が同じく書き直されていることは、『教行信証』の構成を考えるうえに無視できない事実である。

真仏土巻69～72（D六三―六六）、化身土本巻15～18（E一五―一八）の自釈の変動は小規模である。化身土末巻95～100（F九五―一〇〇）は後序の後半で、親鸞伝の重要な資料であるが、切紙の両面書きが三枚続き、明らかに後の書き直しである。ただ書き直される前の文章を推定する手がかりがない。以上三つの書き直しの時代は坂東本が当初書写された時とあまり違わないであろう。かなり後になって書き直されたのは行巻117～120（A一一七―一二〇）の雁皮紙表裏両面書きの分である。この部分では八行約百二十字が書き足されたはずであるが、書き直されていない116に続く『浄土論註』と同じく書き直されてない121へ続く『涅槃経』は、本文の異動がなかったと推定される。残るのは元照の五十六字の観経疏と、百十八字の一乗海についての自釈であるが、字数からして、増加したのは自釈であることは明らかである。

以上明らかにしたことによって、『教行信証』では特に重要な意味を持つ親鸞の自釈のうちに、『教行信証』が初めて成立した当時には、まだ作られていないものがあることが判明した。ことにそのなかに行信の問題に関する重要の自釈が含まれていることは、困難なこの問題の追求を坂東本以前にさかのぼって追求することが可能なことを示しているといえよう。結城氏の発表によって新しい課題を見出した真宗学が、広い視野に立って、困難なこの問題と取り組んで親鸞の思想発展のあとを明らかにするように、精進することを希望して止まない。

（昭和三十一年九月二十日稿了）

註

（1）これから引用する論文の著者はみな私がつねづね学恩を受けている先学同学の方であり、論文を引用する時には、用語などを注意すべきであるが、一方親鸞に対する用語もあって、使い分けが困難なので、両方ともに一切敬語をつけないことにした。そのために礼を失する場合もあろうかと思うが、論文を自由に批判することと一緒に、容赦をお願いする。

（2）辻善之助『親鸞聖人筆跡之研究』（大正九年）参照。

（3）中沢見明『真宗源流史論』所収論文「高田専修寺所蔵の見聞集と教行信証の成立時代に就いて」参照。

（4）大谷大学所蔵写本の旧奥書に「寛元五年二月五日、以善信聖人御真筆秘本、加書写、校合訖、文義字訓等重委註了、今年聖人七拾五歳也、隠倫尊蓮六十六歳」とある。

（5）中沢見明『史上の親鸞』第七章・第八章参照。

（6）禿諦住『行信の体系的研究』一三〇・一三四頁参照。

（7）慶華文化研究会編『教行信証撰述の研究』所収、宮崎円遵「親鸞の立場と教行信証の撰述」参照。

（8）二葉憲香『親鸞の人間像』参照。

（9）慶華文化研究会編『教行信証撰述の研究』所収、大原性実「教行信証撰述年時の問題」参照。

（10）慶華文化研究会編『教行信証撰述の研究』所収、結城令聞「教行信証信巻別撰論の要旨」参照。

（11）『六要鈔』第三（本）（『真宗聖教全書』本七一頁）参照。

（12）慶華文化研究会編『教行信証撰述の研究』所収、大江淳誠「教行信証信巻別撰説の批判」参照。

（13）註（10）参照。

（14）慶華文化研究会編『教行信証撰述の研究』所収。

（15）撰号が揃っていることが元仁元年撰述の有力なる反証となるということは、もっと説明が必要と思われる。

（16）日野環「教行信証化身土巻の古写延書本の零残について」（『真宗研究』第一輯）によると、坂東本と相違する化身土巻の延書の古写本が発見されている。鎌倉時代の書写と認められるが、零本であり、坂東本の異本の発見を将来に期待しても、はたして協えられるか、疑問であろう。

(17) 中沢氏は『史上の親鸞』第五章七五頁で『選択集』付属を伝えている『教行信証』の後序の文を仔細に検討し、その後で初めて付属を事実としている。

(18) 親鸞の俗姓については、伝絵の所伝に誤りないことを、山田文昭氏がまず実証した。同氏『真宗史稿』所収論文「親鸞聖人及びその教団」参照。中沢見明氏も山田氏の意見を認めた。同氏『真宗源流史論』所収論文「御伝鈔の信仰と親鸞伝記」参照。山田氏が論拠としたのは、『尊卑分脈』の中の一系図であるが、高田専修寺には「聖人御俗姓」と題のある鎌倉時代末期の系図があり、それには義絶された親鸞の祖父経尹が書かれている。六角堂の夢告については、真仏が書いた親鸞夢記が発見され、覚如の『親鸞伝絵』はそれを史料として、編纂されたことが明らかとなった。

(19) 中沢見明『真宗源流史論』所収論文「選択相伝の御影について」参照。

(20) 昭和十七年の秋、私は西本願寺当局の要望によって、寺宝全部の調査を行った。龍谷大学からは禿氏祐祥・宮崎円遵の両氏が調査に立ち会い、西本願寺からは故上原芳太郎氏がその事務に当たった。この調査で新たに注意されたものは多くあるが、親鸞の真蹟としては、観無量寿経・阿弥陀経の集註と『烏龍山師屠児宝蔵伝』である。私は『観小両経集註』を見て、すぐ禿氏・宮崎両氏に、親鸞の自筆に相違ないこと、筆致から判断すると、壮年の筆蹟と認められると意見を述べたが、両氏ともに賛成しなかった。両氏が関係した宗学院の真宗関係の聖教調査には、この両経があげられていないから、両氏とも当時は私同様に見たことがなかったのかもしれない。それが後日、存覚書写の浄土三部経と対照し、両方の巻頭に四声点の図が描かれていることに気づいたことが動機となって、禿氏・宮崎両氏も親鸞の真蹟であることを認めるようになり、『般舟讃』が引用されていないことから、坂東本以前に写されたことを承認するようになったのである。調査の責任者であり、最初に真蹟であることに気づいたものとして、当時の事情を記録しておく。

(21) 親鸞自筆の『観経集註』に引用されている『楽邦文類』は一句だけであって、朱で書かれている。解説を書いた禿氏祐祥氏はこの部分は後からの書き入れとしている。集註の朱書には書き入れの部分はあるが、それは筆致が本文と異なっている。『楽邦文類』の引用されているところの筆致は本文と同一であり、時間を隔てて後からの書き入れでは決してありえない。したがって親鸞は以前に『楽邦文類』を読んだに相違なく、『集註』には『般舟讃』

が引用されずに、『楽邦文類』が引用されている以上、『般舟讃』より先に読んだと解釈せざるをえない。

(22)『楽邦文類』と『教行信証』の関係については、宮崎円遵氏が註（7）掲載の論文で、存覚が『六要鈔』や『歎徳文』で指摘して以来、『楽邦文類』の影響を没却しないことは、学界の通念であるとして、具体的に説明している。

(23)坂東本を解装した際に注意された事実は、禿氏祐祥氏によって発表されている。慶華文化研究会編『教行信証撰述の研究』所収禿氏祐祥「教行信証の自筆草稿本」参照。

(24)生桑完明「高田伝来の教行証真本を尋ねて」（『高田教学』第一号）参照。

(25)これは私が仮に定めたものである。　※本文に註番号は付せられていないが、これは初版時からのものであり、『赤松俊秀著作集』においても原本のままとした。

(26)覚信尼の子覚恵は家光の猶子であったと、善如の時代から伝えられている。しかしそれは誤伝であって、光国の猶子になったのであろうと、宮崎氏が述べている。その論文を今思い出せないので、掲載雑誌を明記できない。

(27)坂東本の所在を示すのには、近く刊行の新コロタイプ版の頁付によった。算用数字はそれを示している。しかし利用者の便宜を考え、法蔵館発行の縮刷版の頁付もA五五～五六として併記することにした。

(28)『教行信証』は一行十四字ないし十六字であるのが普通であるが、74の雁皮紙の分は一行二十二字のところがある。行数も九行で一行増えている。111～112の一行の字数も二十字に達するところがある。

(29)この標挙は西本願寺の伝真蹟本にないところから、藤田海龍氏は偽筆としている。同氏「教行信証の真蹟本に就いて」（『日本仏学論叢』第一）参照。

(30)全部をあげることはできないが、行巻16（A一六）欄外の「第十七願」同19（A一九）の「大阿弥陀経云、廿四願経ト云」のたぐいである。

(31)このことを実証するには、筆致の比較研究をしなければならないが、煩瑣な過程をここに述べることができないので、残念ながら、結論だけをあげておく。

(32)坂東本が当初に書写された時に、化身土巻に『大集経』が引用されていたことは、化身土末巻51（F五一）以下に『大集経』が引用されていることで知られる。またほかでも引用されている。その意味で親鸞は『大集経』を知っていたが、この巻子本の書き抜きはその筆致から考えると、坂東本書写の後に書かれたものと考えるほかはない。

(33) 註(7)掲載宮崎円遵論文参照。

(34) 古田武彦「親鸞に於ける悪人正機説について」(『日本歴史』昭和三十一年五月号)参照。

(35) この論をする人は、服部之総氏の親鸞観に従う人に多い。

(36) 『烏龍山師屠児宝蔵伝』が発見されたのは昭和十七年の秋の西本願寺の寺宝調査であるが、その時は禿氏・宮崎両氏ともに真蹟と認めることに同意しなかった。昭和二十三年に京都府と恩賜京都博物館の共同主催の京都寺院重宝展覧会で、初めて公開されて、真蹟であることが注目された。小笠原宣秀「烏龍山師屠児宝蔵伝について」(『龍谷史壇』第三一号)はその後に発表されたものである。

(37) 赤松俊秀「初期真宗教団の社会的基盤について」(『真宗研究』第一輯)(本書所収)参照。

(38) 坂東本の化身土末巻の始頁は白であるが、これは分巻したことと、書き直しのためであって、例外である。化身土末巻のこのことについては、今秋東本願寺から刊行される坂東本のコロタイプ版の解説に説明されている。

(39) 『教行信証』の各巻の巻頭は序説ともいうべき親鸞の自釈に始まり、大経の四十八願の文、『無量寿如来会』の引用が続くのが、通じての建前となっている。信巻も同様になっている。

(40) 引用文だけの増減の場合については、今秋(昭和三十一年)東本願寺から刊行される坂東本のコロタイプ版の解説に詳しく説明してある。

(41) 註(6)参照。

(42) 川崎庸之「いわゆる鎌倉時代の宗教改革」(『歴史評論』昭和二十三年四月号)参照。

「師子身中の虫」と「諸仏等同」について

一

親鸞の教団が、神仏を軽侮する、造悪をはばからないという理由で、弾圧されようとした時に、親鸞は仏法・念仏を破るものは、仏法者にほかならないとして、弟子の反省を要望した。九月二日付で子の慈信坊善鸞に与えた消息の猶々書の中で、親鸞は「仏法をばやぶるひとなし、仏法者のやぶるにたとへたるには、師子の身中の虫のしゝをくらふがごとしとさふらへは、念仏者をば仏法者のやぶりさまたげさふらふなり、よく〳〵こゝろえたまふべし」[1]と述べ、念仏者を破り妨げる仏法者を師子身中の虫に譬えた。親鸞が門弟を戒めるのに、この比喩を用いた真意は、多くをいわないでも明らかである。無碍の一道であるべき念仏者が、意外にも領家・地頭・名主などの権力者によって迫害される。このような事態が生ずるのは、念仏者の教団の内部に、念仏者にあるまじき行為をするものがあるからである。禍の原因は自分の弟子たちのうちにあると反省した親鸞は、弟子のなかでも特に偏向が甚だしいと伝えられたものの名を、消息の中であげ、その誤謬を指摘したのである。

親鸞の「信心為本」の教義と古代的な権力体制が矛盾する面を強調する論者は、親鸞が消息で弟子を厳重に戒めたことを認めないか、認めても、それには重きを置かず、念仏を停止する領家・地頭・名主に対して、親鸞は批判を行ったと強く主張する。(2)親鸞が自ら信ずるところを弘める当たって、朝廷や幕府の援助を受けようとしなかったことは、これらの論者の説をまつまでもなく、明らかであるが、そのことを強調するあまり、親鸞が弟子を戒めた消息の中で念仏を停止する権力者の行為を批判したと、誤って解釈することは問題である。偏向の甚だしい弟子を批判した親鸞の言葉をもって、領家・地頭・名主を批判した言葉とする。それが親鸞を誤解する原因となることは、かつての護国の念仏の強調と同様である。こうした誤った主張に対しては、いままでに二度も私見を明らかにして論者の消息の解釈が誤っていることを指摘したが、まだ納得を得ていない。(4)私の微力のせいであるが、論争の経過を振り返ってみて、考えさせられることは、親鸞の消息以外に、史料がないことである。史料をできるだけ広く集めて、史実を正確にするという、史学研究の基本的な要件が、この場合は、欠けていることである。議論が一致しないのはむしろ当然であろう。私がこの論争に参加した当初は、親鸞の消息以外の史料は知られていなかったので、消息の逐語訳を行い、自分の主張を明らかにした。それに対して新しい論者は、私が逐語訳をするに当たって、全体の文意を明らかにする必要上、親鸞の文章にない主語や説明の句を補ったのを、私の創作であると批難している。消息のような私的な文書を解読する時には、原文にない主語や説明句を補うことは、史料解釈の常識事である。補ったことがいけないのでなく、補い方が正しいかどうかを問題にしなければならない。ことに、問題の消息は原本がなく、文章も写本によって著しく相違するのである。このような消息を解釈する時は、全体の文意を捉えることが何より重要である。後から攙入になった章句に囚われて、全体の文意を捕えるのを誤ることを、何よりも警戒すべきである。攙入と思われるものは、除かなくてはならない。(5)親鸞が消息の中で「そらごと」をいい「ひがごと」をしていると批判したのは、誰のことかということを、まずはじめに考え定めなければ、この消息の文意を正しく理解することはできない。親鸞は神仏軽侮・造悪無碍を主張するものを、師子身中の虫に譬えた。「そらごと」

をいい「ひがごと」をしたのは、弟子の一部と親鸞が考えたことは明らかである。「そらごと」をいい「ひがごと」をしたものとして消息の逐語訳に「念仏者」の主語を補ったのは、その見通しから当然のことであった。その際に主語を補ったことを標示するのを忘れたのは私の偶然の不注意であって、他の同様なところでは、その標示をつけておいた。念仏者の一部が「そらごと」をいい「ひがごと」を行っていたことを認めず、認めても重きを置かない論者は、親鸞が消息で、念仏の「さまたげをなさんひとをば、あはれみをなし、不便におもふて、念仏をもねんごろにまふして、さまたげをなさんをたすけさせたまふべし」と述べた念仏を妨げるものを、私が解したように、弟子のうちの異義者とはせずに、念仏停止の宣告をした領家・地頭・名主であるとする。念仏を停止したものは、すなわち妨げをしたものと考えるのは一応首肯できることである。しかし、問題の消息では親鸞は念仏の妨げをするものと、念仏をとどめるものとを区別している。妨げるものは異義者であり、停止するものは領家・地頭・名主である。[6] 親鸞が問題の消息で、繰り返し批判をしているのは、念仏の妨げをしているものであって、念仏をとどめたものではない。私はこのことを確かめたので、念仏を妨げるものと親鸞が述べたのは、弟子のなかの異義者であり、その中には領家・地頭・名主は含まれていないとしたのである。

しかし一つの史料を基にする研究の例として、解釈が対立するのは止むを得ない。いずれが正しいかの判定は、他の史料にこの事件がどのように記されているかを明らかにして、親鸞の消息が門弟にどのように受け取られたかを確かめ、それによって親鸞の真意がどこにあったかを明らかにすることが、根本であると思う。いままでは、このような史料は存在しないと考えられていたが、注意して見ると、断片的ではあるが、直接的な関係史料が現存している。それらを基にして、別の面からこの問題を考えることにする。

二

親鸞が善鸞宛の九月二日付の消息で、心得違いをしていると批難したのは、信願坊だけであったが、猶々書で、その消息を真浄坊・入信坊・法信坊に廻覧することを善鸞に命じたことから考えると、少なくともこの三人が同じ問題に関係していたことが知られる。また親鸞は十一月九日付の善鸞宛の消息で、常陸のおうぶの中太郎方の門弟が大半善鸞の方人になったことを歎いた後、猶々書で真仏坊・性信坊・入信坊の行動についても歎いている。高田専修寺の開基である真仏が異義に関係していると、親鸞が考えたことは確かである。その真仏が神仏軽侮・造悪無碍を戒めた親鸞の消息を読んで、何と思ったであろうか。真仏の日記や消息が現存していないので、的確なことは解らないが、真仏は、親鸞が念仏者を破り妨げるものは仏法者であるとし、師子身中の虫に譬えたことに強く動かされたことだけは確かである。(7)

いま高田専修寺に保存されている真仏自筆の『経釈要文』の巻頭に、次のように『蓮華面経』の要文が書写されている。(8)

蓮華面経曰、
仏告阿難、如師子若命終者、若水若陸、所有衆生、不噉食、唯師子身自生諸虫、還自噉食師子之完、阿難我之仏法非余壊、是吾法中諸悪比丘・比丘尼自毀壊故、文。

師子身中の虫と親鸞が消息にいったことが『蓮華面経』に出ていることを、真仏が確かめたことを、この要文は物語っている。その時期はいつか。この書き抜きはその点について何も記録していないが、師子身中の虫のことを書き載せた親鸞の九月二日付の善鸞宛の消息を見てからであることは、その次に、善導の『法事讃』の一節を、次のように、書写していることで明らかである。

鑑末法弘通謗難

善導法事讃云

世尊説法時将了　慇懃付属弥陀名　五濁増時多疑謗　道俗相嫌不用聞　見有修行起瞋毒　方便破壊競生怨

如此生盲闡提輩　毀滅頓教永沈淪　超過大地微塵劫　未可得離三途身　大衆同心皆懺悔　所有破法罪因縁文

この『法事讃』の一節は、『蓮華面経』の師子身中の虫と一緒に、九月二日付の親鸞の慈信坊宛と、念仏人々御中宛の両方の消息に見えている。この二つが真仏によって同時に書写されていることは、上に述べた推定が当たっていることを思わせる。真仏は親鸞の消息を見て、弟子のうちで神仏軽侮・造悪無碍を主張するものが、師子身中の虫に譬えられていることを知り、それに動かされたあまり、おそらく自分で出典を調べたのであろう。その際に真仏は、師子の死肉を食うのは身中より出た虫であるという個所だけを写さずに、親鸞が触れなかった後半をも写した。それには、仏法を壊するものはほかではない、我法中の悪比丘悪比丘尼であり、彼らが自ら破壊すると明記してある。真仏が『蓮華面経』をこのところまで写したことは、親鸞の消息を読んだ真仏の反省がどこまで進んでいたかを示している。山田文昭氏(9)が初めて解したように親鸞は九月二日付の消息で、領家・地頭・名主が権力をもって、念仏を禁遏せんとするのを批判しようとしたことが事実であるならば、これを読んだ真仏は領家・地頭・名主が批難されていると感じたに相違ない。その真仏が、師子身中の虫の出典を調べ、仏法を破るものは僧尼にほかならないと、釈尊が戒めていることを書写することは万々ないであろう。それが書写されていることは、親鸞の弟子たちが親鸞の消息を読んで、責められているものは自分らにほかならないことを感じたに相違ないことを物語っている。

同じことは『法事讃』についてもいいうる。これには「末法弘通の謗難を鑑みて」という見出しが付けられている。親鸞が消息に引用したのは、『法事讃』の一節のうちでも一部であったが、真仏は一節全文を書写した。善導はそこで、頓教の念仏を毀滅するものは生盲闡提輩であり、そのものは永久に救済されないが、大衆は同心して、破法の罪因縁を懺悔せよと述べている。それに対して親鸞は、念仏の妨げをする仏法者に対して、そのところの領家・地頭・名主が取り締まるのは止むを得ない、破法のその身は地獄にも落ちるであろう、しかし念仏者は妨げをした仏法者を憎まないで、念仏をして、彼らが救われることを祈念すべきであると、弟子たちに教えた。真仏は『法事讃』の一節を書写しつつ、師の教えが善導とも異なっていることを知ったに相違ない。九月二日の親鸞の消息を読んで、批判され救済を祈念されているものが、自分たちを弾圧した領家・地頭・名主であると、真仏が感じたならば、おそらく『法事讃』など写しはしなかったであろう。論者はこの事実に深く注意する必要がある。弟子の慶信が親鸞の十月十日付の書状で(10)「こゝろしづかにせめては五日御所に候ばやとねがひ候也、あかうまで中候も御恩のちからなり」と述べたことに典型的に現れている師に対する門弟の親愛の心も、異解に走った弟子を責めるが、その救済を心から願った親鸞の態度がもとになって成立していると考うべきである。「師子身中の虫」の強い言葉と、念仏の妨げをなし、そのために地獄に落ちるものの救済のために念仏せよとの温かい言葉は、ともに弟子に向って述べられて、初めて意味がある。それが親鸞と直接無関係な領家・地頭・名主に対する言葉であったとなると、親鸞が弟子や子供宛の手紙で何故にこのような言葉を述べたのか、解らなくなる。論者はこのことをよく考えるべきである。

三

親鸞の消息を弟子たちがどのように受け取ったかということを明らかにして、親鸞の消息が現在の一部の学者によって、誤解されていることを、重ねて説明したが、神仏軽侮・造悪無碍に走りやすい教団の偏した傾向に対して、教団としてどのように対処したかを、次に考えて見なければならない。いままでに明らかになっていることは、鎌倉での訴訟は教団の解散ということまでにならずに解決したこと、教団を攪乱した善鸞は親鸞から義絶されたことだけである。親鸞の教義を意識的に歪曲して宣伝した善鸞が教団から放逐されたのは当然である。しかしそれだけで教団に平和と繁栄が復活したとは考えられない。教団の内外で問題となった偏向に対して、教団として何かの措置を取るのでなければ、再び迫害される恐れがあったと思われるからである。

親鸞の教団が、一部の論者が考えているように、権力の抑圧のもとに呻吟する耕作農民と、僧籍を剝奪された流罪人とだけで構成されていたなら、異解者の善鸞らを放逐しただけで、問題は解決したかもしれない。しかし事実、親鸞の教団の構成は複雑であったから、善鸞の義絶だけで、教団が平穏になったとは思われないのである。すでに明らかにしたように[11]、親鸞の教団には、幕府御家人のような上級武士や殿原中間のような下級武士が参加していた。しかも武士が中心の教団ではなく、多数を占めたのは土民であった。土民は職業によって、農・商・工に分けられるが、教団の内部で勢力のあったのは、名主階級または商人階級に属するものであったと思われ、耕作農民が教団の主な要素であったと推定されるふしはない。教養の程度からいっても、性信のように、真宗聞書の著述のあるもの、真仏・顕智・専信などのように、聖教の書写ができるもの、慶信・浄信などのように聖教を読み、それを理解し、親鸞に書状で疑義をただせるもの、それに「文字のこゝろもしらずあさましき愚痴きわまりない[12]」ものと、種々雑多であった。このように複雑な構成を持った教団が、外部から弾圧を受け、そのあり方を反省しなければならなくなったのであるから、適切な対策は容易に発見できなかったと考えられる。武士と土民では思想が異なっており、権力による圧迫に対する反応も当然異なる。同じ土民でも、名主・商人と、耕作農民とでは、また異なるからである。聖教を理解できるものと、できぬものでも大いに相違するのは当然である。こうした時に教団がとる措置は、当然幅広い内容を持つに相違なく、生活・利害・思惟は異なるが、信仰だけで結集した教団の構成員のそれぞれが是認し、実行を誓い、権力者を含めて教団外の者が教団の反省の事実を認めるようなものでなければならない。

以上は教団の構成から予想される偏向是正の措置の内容であるが、問題は事実どのように措置したかということでなければならない。いままでの論文では、この点まで論及したものはない。その原因は史料がなかったからである。現在でも新しい史料は発見されてはいない。その意味で以前と事情は変わらないが、いままでに明らかにされている事実を基にして、すでに知られている史料の中から、この問題解決の手がかりを見出す努力が、まだ残されているように思われる。私は越後浄興寺に伝えられている「親鸞廿一箇条禁制」が、この時にとられた親鸞教団の偏向是正の一つの措置であったと考えるものである。この史料は早く知られたものであるが、最近は誰も注意しないといってもよい状態なので、『浄興寺文書』から次に引用する。

専修念仏帳文日記事

先師伝受之手次事

従愚禿親鸞聖人、善性聖人集記也、法性法師伝受、令披見、固可令信者也

(一)一、不可諸法誹謗
(二)一、縦雖写賜聖教幷師範、於背師説者、有衆徒之義定、須所伝聖教被悔還
(三)一、於修学二道、互不可有偏報
(四)一、以無智身、不可好諍論
(五)一、未不伝師説輩、私説邪義、揚師匠悪名事、尤可留之
(六)一、不勘是非、私不可勘当弟子事
(七)一、於念仏門、生十悪五逆信知、而不犯小罪
(八)一、於無智身戯論諍論之処、可遠離百由旬
(九)一、可留船大乗
(一〇)一、帳夜道、可留独行
(一一)一、不可慳慢師長、々々愚禿抄上可見仁邪者也
(一二)一、付諸事、不可難人
(一三)一、念仏行者、以造悪之身、与諸仏如来同者、不可称
(一四)一、売買人倫幷牛馬、可留口入
(一五)一、可留讒言・中言・虚言
(一六)一、可留他人之妻女懐犯事
(一七)一、可留諸博奕双六
(一八)一、念仏勤行之日、男女不可同坐

(一九) 一、勤行之日、不可食魚幷五辛

(二〇) 一、同勤行之日、可留酒狂

(二一) 一、忌者、可随其所主忌給

已前廿一箇条甄録如是、堅存此法、敢不可違執、於不用此制法者、宜経衆徒之僉議、可被停放衆中者也、抑書置此誓文事者、如新撰五念門註論、及不違先師作、以願力成就之五念門、依伝知識成就之意趣也正嘉年中、依此論、信心疎者出来、各令偏執之刻、自古聖人、所給御消息、重令披見、所得無上覚之悟、仏計也、更不有行者計、無義々承候、此人々一切不知事候云、以和之字、写漢之字

この禁制は写本でしか伝えられておらず、それも仮名であった当初の文体を漢文に改めたものであるから、史料として優秀なものとはいえない。真宗の内部では昔からこの禁制を疑う傾向が強いが、長沼賢海氏は他の同種の禁制などと比較研究して、史料として信憑に値することを証明した(13)。この禁制は『歎異抄』で強く排斥されている張文の一種(14)で、道場の壁に張られたものと思われる。端書によると、この張文は親鸞の意を受けて、浄興寺の二世の善性が集記したのがはじめで、その後四世の法性が伝受したという。仮名文を漢文体に改めたのは、法性の時であろう。検討しなければならないことは、善性がこの禁制を集記したのは、端書にいうように、親鸞の在世中であって、その意志に基づいて出されたものであるか、それとも端書は、法性がこの禁制を制定した際に、権威づけるために、創作したものかということである。『歎異抄』の史料的な価値を重んずる立場からいえば、親鸞が門弟に命じて禁制を作らせたとは考えられない。その観点から、現在では禁制を親鸞の在世当時にさかのぼらせるのには、反対の意見が強いようである。しかしその反面、『歎異抄』の記事は、親鸞死後の事実として、道場には貼文がなされ、それに背くものは出入を禁ぜられるということが存在したことを伝えている。また親鸞の晩年、親鸞の意志

に反して、門弟の道場では念仏する同行が師である知識に従わない時は、処罰するなど、数カ条の起請文を作ることを言い出して、親鸞に拒否されたことがあったと、覚如の『改邪鈔』(15)は伝えている。したがって、この張文は親鸞の在世中に作られたとして、おそらく誤りないであろう。浄興寺の善性が集記した禁制は、跋文によると、知識成就の意趣を伝えるために、書き置かれたという。同行に対する師匠すなわち知識の支配権を明確にするために作られたものであり、『改邪鈔』にいっている起請文に相当することは疑いない。

以上はいわば外部から、浄興寺の禁制が親鸞の在世当時に作られたと考えてよい根拠を述べたのであるが、長沼賢海氏は、その内容と親鸞の消息とを比較検討して、その主要なものは、親鸞が消息で門弟を戒めたものと一致していることを明らかにした。長沼氏が引用した親鸞の消息は、『末燈鈔』所収の第一六通十一月二十四日付と、第二〇通建長四年（一二五二）二月二十四日付だけであった。この両通は、ともに常陸の鹿島・なめかた・奥郡の異解者を主題にしたもので、相互に関連があり、ほぼ同時の消息として誤りないものである。親鸞の消息で禁制と共通の内容を持つものは、ほかにもあり、『末燈鈔』第二通建長七年十月三日付、同第六通文応元年（一二六〇）十一月十三日付、同第一九通、『御消息集』第四通九月二日付、同第五通九月二日付などがその主なものである。善性が集記した二十一箇条の禁制とこれらの消息とを対比すると、次のことが判明する。次にそれを述べることにしよう。

四

第一条の、諸法を誹謗してはならないの規定は、『末燈鈔』第二通に、師の源空の教えを引いて、諸仏の教えや、余の善根を行ずる人をそしってはならないと誡めているのと一致する。第二条の、師説に背いた弟子に対しては、衆徒の議定を経て、付属した聖教を返還させるとの規定については、親鸞の消息に一致するものを見ない。親鸞は門弟の依頼に応じて、『唯信鈔』『後世物語』『自力他力』『一念多念』などの聖教を写して与え、自らも『唯信鈔文意』『一念多念文意』『和讃』『尊号真像銘文』などを作って、門弟に与えた。親鸞がこのことを思い立った動機は、それによって門弟らが正しい信仰を保つことを期待したのであるが、善鸞の異義によってそれが裏切られた時、親鸞は「唯信鈔やうやうの御ふみどもは、いまは詮なくなりてさふらふとおぼえさふらふ」と歎いたが[16]、異解の弟子たちに与えた聖教を取り返そうとはしなかった。その点では、親鸞の門弟に対する態度は、この第二条とは明確に異なっていたといわなければならない。覚如の編纂した『口伝鈔』[17]には、弟子の蓮位が親鸞に対して、異義を主張したために破門された弟子の信楽から本尊聖教を召し返すことを進言したのに対して、親鸞は「弟子一人ももたず」と言って、これを拒否したという話が収録されている。この話から判断すると、親鸞が拒否したにもかかわらず、親鸞の門弟の間では、破門となった弟子から聖教を召し返すことは、当然と考えられていたことが知られる。

第三条の二道の修学には互いに偏執があってはならない、第四条の無智の身をもって諍論を好んではならないの規定については、『末燈鈔』第六通の文応元年十一月十三日付の消息で、親鸞が乗信に対して、「かまへて学生沙汰せさせたまひさふらはで、往生とげさせたまひさふらふべし」と勧め、また『御消息集』第一通の二月三日付の消息で、「一念多念のあらそひなどのやうに詮なきこと、論じごとをのみまふしあはれてさふらふぞかし、よく〳〵つゝしむべきことなり」と、門弟を戒めたことが思い合わされる。第五条の師説を伝えておらない弟子が私に邪義を説き、師匠の悪名を揚げることを禁ずるというのは、『御消息集』第四通の九月二日付の消息で親鸞が「煩悩具足の身にてこゝろをとゞめがたくさふらひながら、往生をうたがはず、せんとおぼしめすべしとこそ、師も善知識もまふすことにてさふらふに、かゝるわるき身なれば、ひがごとをことさらにこのみて、念仏のひとびとのさはりとなり、師のためにも善知識のためにも、とがとなさせたまふべしとまふすことは、ゆめ〳〵なきことなり」といっているのと一致しており、未熟の弟子が異解を唱えて、師のとがを招くことには、親鸞も禁止的な態度に出たことが知られる。

第六条の是非を勘えずに私に弟子らを勘当してはならないの規定と、同一の意見を表明した親鸞消息は知られていないが、『歎異抄』には「親鸞は弟子一人をもたず」と言って、親鸞の門弟らが弟子の取り合いをするのを批判した親鸞の言葉が伝えられている。[18] 理不尽に弟子を勘当することに親鸞は反対であったと考えて誤りないであろう。第七条の念仏門では十悪五逆も極楽に往生すると信知して、小罪を犯してはならないの戒めについては、『末燈鈔』第一六通の十一月二十四日付、同第一九通、第二〇通の建長四年二月二十四日付、『御消息集』第四・五通の九月二日付の消息で、親鸞が繰り返し門弟の造悪无碍の心得違いを戒めたことを思い合わすべきである。第八条の無智の身の戯論諍論の場所からは遠ざかれの戒めは、第四条の条論の禁止と同一趣旨のものであり、『歎異抄』の第十二章に「諍論のところにはもろもろの煩悩おこる、智者遠離すべきよしの証文さふらうにこそ」と言っているのが思い合わされる。『歎異抄』のいう証文とは『往生要集』のことであり、[19] この禁制の第八条は、『往生要集』の文を基にして作られたものと思われる。

第九条の船の大乗を留める、第十条の夜道の独行を留める規定は、文意も不明であり、[20] 親鸞の消息でこれに対応するものは見当たらない。第十一条の師長を軽慢してはならない云々の規定も、文意不明のところがあるが、[21] 親鸞が『末燈鈔』第一九通の消息で「善知識をおろかにおもひ、師をそしるものをば謗法のものとまふすなり」と述べ、善知識や師をそしるのを批難したのと、同一の主旨であることは疑いない。第十二条の諸事について人を批難してはならないについては、特に言うことはない。

第十三条の念仏行者が造悪の身で諸仏如来と等同であるとすることはいけないとの規定については、詳しく述べなければならない。造悪無碍の異義と関係があるからである。また親鸞は『末燈鈔』第七通の消息で、浄信の質問に答え、「諸仏等同」について述べたのをはじめとして、正定聚に住するものは弥勒に等しいと繰り返し、述べている。その意味では、諸仏等同ということを禁止したこの規定は、親鸞の言っていることと矛盾しているように思われるからである。親鸞の諸仏等同についての考えは、『浄土和讃』の「信心ヨロコブ其人ヲ、如来トヒトシト説キタマフ、大信心ハ仏性ナリ、仏性即如来ナリ」[22]に簡潔に表明されている。その論拠となっているのは、『涅槃経』『華厳経』であり、『教行信証』の信巻で明らかにされている[23]。親鸞の門弟で『教行信証』を読んだものが多かったかどうかは問題であるが[24]、『和讃』が早くから読誦されたことは疑いなく[25]、諸仏等同について、門弟が早くから知っていたことは事実として誤りなかろう。その諸仏等同を称することを、この第十三条は禁止したのであるから、親鸞在世時代の規定ではないとも、考えられるであろう。

森龍吉氏は親鸞の自然法爾の法語について論じた際[26]、この諸仏等同に注意し、それが親鸞の消息で強調されたのは、善鸞が義絶された建長八年（一二五六）の前年、異解の問題で親鸞の教団が動揺している最中であること、教団の危機を克服するための力点が、造悪無碍の制誡から諸仏等同の強調に移ったこと、を指摘した。諸仏等同を主題とした『末燈鈔』第七通の浄信宛の消息をはじめとして、文中で諸仏等同に触れている『末燈鈔』第一四通の慶信宛、同一五通の浄信宛、同一八通の随信宛、『御消息集』第一〇通の慶西宛、『善性本御消息集』第七通の専信宛の消息は、いずれも無年号であるが、如来の誓願を信ずる心の定まったものを、十方諸仏が賞讃して、諸仏や弥勒菩薩に等しいと認めると説くことは、建長七年十月三日付の『末燈鈔』第二通、正嘉元年（一二五七）十月十日付の同鈔第三・四通の消息と同じである。また上にあげた無年号の六通の消息のうちには、「他力には義なきを義とす」る源空の教説を引用しているものが多く、(27) それもまた、建長七年十月三日付の『末燈鈔』第二通や正嘉二年十二月十四日付の自然法爾の法語と一致している。したがって、いまのところ、諸仏等同関係の無年号の消息は、建長七年から正嘉二年にかけてのものとして、誤りないと思われる。親鸞が諸仏等同を門弟に強調し始めたのは、善鸞の策動によって教団の動揺が著しくなりだした建長七年である、という森氏の推定は、認めてよいであろう。

親鸞の教説の力点が、造悪無碍を制戒することから、諸仏等同を賞揚することに変わったことに関連して、門弟の間に新しい諍論が起きたことに注目しなければならない。諸仏等同を主題とする『末燈鈔』第七通の浄信宛の消息は、浄信が、すでに聞いた諸仏等同の教説を述べ、信心を得たものはこの世から如来と等しいと考えてよいか、詳しく教えられたい、と求めたのについて、親鸞が答えたものである。諸仏等同の説が門弟にどのような意味で受け取られたかが推察される。慶信もまた浄信と同じく書状をもって、諸仏等同を門弟が自ら称するのは、自力であり、即身成仏を説く真言宗に偏したきらいがある、との批判があることを述べ、親鸞の教示を要望した。

当時親鸞は病臥中であったので、弟子の蓮位が代わって返事を書いたが、それには次のことが述べられている。関東から上洛したものが、関東では念仏するものは弥勒に等しいと主張するものがあることから、諍論が起きていることを親鸞に知らせたので、親鸞は消息を作ったが、それを写して慶信に送る。信心の定まったものが弥勒と等しいというのは、両者の因位の位が等しいという意味である。弥勒の悟りは自力修行の分であって、漸・頓のなかの頓であり、五十六億七千万年後を期している。それに対して、念仏者の悟りは他力であって、頓のなかの頓であり、現在とは竹膜を隔てたほど近い将来に約束されている。その点からいうと、念仏者の悟りと弥勒の悟りは大きく相違する。親鸞がこのように説かなければならなかったことは、諸仏等同が強調されたことに関連して、自力修行に偏した異解が、また門弟の間に盛んになったことを現していると考えなければならない。また『末燈鈔』第一五通の浄信宛の消息で親鸞は、自力の心で如来と等しいと主張する門弟があることを指摘している。

門弟がこのように諸仏等同の教説に関心を示したのは何故か。動機はいろいろに考えられるが、その根底にあるものは、造悪無碍を主張するのと同じく、諸仏等同を皮相的に解釈して、その位を得たものは現実の社会でそれに相応する待遇を与えられることを期待する、欲求であったと考えてよいであろう。しかも、諸仏等同の場合は、造悪無碍のように外部からの弾圧を招く恐れが少ないだけに、論議は盛んに行われたようである。その中心の問題は、如来と等しい无上覚を悟らせるものは誰かということであったらしい。親鸞は諸仏等同を消息で強調し始めた当初から、「他力には義なきを義とす」ることを強調し、行者の計らいを自力として斥けたが、先に指摘したように、自力の心で如来と等しいと主張する門弟があり、門弟の間には、无上覚の悟りを開くのは、行者の計らいであるとの主張が強かったらしい。この主張は知識の立場を強めるものであり、自分の教団を持っていた門弟は、無関心でおられなかったらしい。性信や真仏のように有力な門弟も、諸仏等同について親鸞に教示を求めるようになった。

親鸞は正嘉元年（一二五七）十月十日に性信と真仏に対して別々に答えたが、真仏にはまた十月六日付の『末燈鈔』第一三通の消息を送って、重ねて信心の定まるのは仏の計らいであって、行者の計らいでないことを強調した。正嘉二年十二月十四日に顕智が親鸞から口授を受けて、代筆した自然法爾の法語は、この論議に終止符を打つために作られたものと思われる。そこには、「无上仏にならしめんとちか」った弥陀の誓願が強調されているが、諸仏等同の言葉はなく、行者の計らいはあらためて否定されている。親鸞は諸仏等同という言葉が門弟に動揺を与えたことに注意して、意識的に避けたのかもしれない。この推定がもし当たっているとすると、問題の禁制の第十三条が、造悪の身をもって諸仏等同と称してはならないと規定していることは、親鸞の意図に背いているとは、必ずしもいえないかもしれない。

禁制二十一箇条の奥書によると、正嘉年中に知識成就のことについて、教団内部に紛議が起きたが、无上覚の悟りを得るのは、仏の計らいであり、行者の計らいではない、他力は義なきを義とする消息を親鸞から貰って、諍論は解決したことが知られる。(28) 二十一箇条の禁制は、奥書によると、願力成就の五念門をもって、知識成就の意趣を伝えるために、書き置かれたようである。衆生の往生を成就させるものは、弥陀の願力か、それとも善知識か、の論議は、上に述べた「義なきを義とす」る論議と同じものであり、その論議を解決するために、この禁制が作られたとすると、この禁制は、神仏軽侮・造悪無碍をきっかけとする弾圧に始まって、善鸞の追放、願力成就か知識成就かの諍論にまで発展した初期真宗教団の動揺を防ぐための措置として、作られたものと解して、誤りないことになる。その場合、問題になるのは第二条の破門された弟子から聖教を取り返す規定である。この規定が親鸞の意志に背いていることは、上に述べたとおりである。しかし、それは何々門徒の主である知識の立場を強めるものであり、浄興寺の場合は、善性の要請として、特に挿入されたものと解釈してよいであろう。

五

善性が集記したという二十一箇条の禁制のうち、教義に関係のあるものが、親鸞の在世当時に作られたと考えて、問題がないとすると、すでに触れた第九・十・十二条をはじめ、第十四条以下の教義に直接無関係な門徒の行儀に関する規定も、同様に親鸞在世時代に作られたとしてもよいことになる。その内容は、第十四条が人倫や牛馬の売買に門徒が口入することを禁止したものであり、第十五条は讒言・中言・虚言の禁止、第十六条は他人の妻女の懐犯の禁止、第十七条は博奕・双六の禁止、第十八・十九・二十条は念仏勤行中の男女同座・魚食・酩酊の禁止、第二十一条は、忌は所の主の決定に従うべしとの規定である。これらの規定が親鸞在世当時のものと認めることについては、早くから反対があり、親鸞の消息にも、これらの規定に関連の記事はないから、親鸞在世当時のものではないと否定するのも首肯できないことはない。また本願寺関係の聖教では南北朝時代に存覚が作った『破邪顕正抄』に同様な規定が見えているから、南北朝時代すなわち法性の時に加えられた規定といえるかもしれない。しかし西本願寺には弘安八年（一二八五）八月十三日の善円十七箇条禁制があり、それの門徒の行儀に関する部分は、浄興寺の二十一箇条の禁制とほとんど全部一致している。したがって、二十一箇条の後半の部分が親鸞の在世当時に定められていたことを、無下に否定することはできないであろう。私はこの見地から、問題の二十一箇条の禁制全部が、建長・康元・正嘉に亘った真宗教団の動揺防止、弾圧回避の対策として、作られたものと考える。[29]

二十一箇条の禁制が親鸞の晩年に関東の教団内部に作られたことを認めると、このような禁制を受けなければならなかった当時の真宗門徒の生活態度というものが、あらためて問題になる。まず最初に明らかにしなければならないことは、このような門徒はどのような階級または社会・職業に属していたかということである。讒言・中言・虚言をする、他人の妻女を懐犯する、博奕・双六を行う、念仏勤行の間に男女同座・魚食・酩酊するというのは、いかにも悪に相違ない。これをはばからないというのでは、造悪無碍といわれても止むを得ないであろう。しかし、このような悪は、どの階級・社会・職業に属するものでも犯さないとはいえない過失であり、特定の階級・社会・職業を限定することはできない。しかし第十四条の人倫と牛馬の売買に口入を止めよという規定は別である。この規定はすべての階級・社会・職業に属するものに対して、一般的に課さなければならないものとは考えられない。人買い・牛馬買いに口入することをわざわざ禁止したのは、門徒のなかにそれに口入する可能性のあるものが多くいたことを示している。鎌倉時代で人買いに口入したものとして、まずあげなければならないのは、商人か名主である。耕作農民は売人・質人を出さなければならない立場であって、売買に口入するものではありえない。

初期真宗教団に商人が多く参加していたことはまた、西本願寺文書の弘安八年八月十三日の善円十七箇条の禁制のうちに、「一、アキナヒヲセンニ、虚妄ヲイタシ、一文ノ銭ナリトモ、スカシトルヘカラス、スナハチカヘスヘシ」と規定していることでも知られる。正しい商売を行うことを禁制のうちにあげなければならないほどに、教団内の商人は多かったのである。親鸞は『教行信証』の信巻に戒度の『聞持記』(30)を引用して、屠沽すなわち猟師・商人は悪人であるとし、それでもなお十念によって往生できるとしたが、『唯信鈔文意』では、『聞持記』によって、屠沽の下類を詳しく註釈し、「かやうのあきびと・猟師さまぐ〳〵のものはみな、いし・かはら・つぶてのごとくなるわれらなり」と述べた。末尾の「われら」は、門徒に親近感を起こすために用いられたと思われるから、呼びかけられた門徒のなかには、商人・猟師の職業のものが多かったことが推定される。初期真宗教団の有力な構成分子は、商人、それに近い名主層のものであったと解釈する私の考えは、上にあげた事実によって裏づけられているのである。神仏軽侮・造悪無碍の問題を起こした信者層の中心が、商人・名主であったこと、批難された造悪無碍の内容がどのようなものであったかも、この禁制によって判明する。そのうちには、生存悪として許容しなければならないものもあるが、その範囲を超えているものもある。注目すべきことは、権力者への服従については、禁制に少しも規定がないことである。新しい論者が強調している、親鸞の教団が権力者として無視できないほどに大きな存在となっており、それが基礎になって弾圧された、のであるならば、当然禁制のなかに権力者への服従が掲げられたはずである。

笠原一男氏は『歴史学研究』第一九八号に発表した論文「東国における真宗の発展とその社会的基盤」の中で、

『御消息集』第六通に見えている「おうぶの中太郎」の方人九十何人が善鸞方へ心変わりしたこと、『親鸞門侶交名牒』などによって明らかになった親鸞の直接の弟子が百人近くいたこと、を根拠として、万余の念仏の信者がいたことを想定し、初期真宗教団の社会的基盤は耕作農民であったに相違ないとしている。万余の信者を持った親鸞教団は、いままで誰も考えなかったものであり、笠原氏の考えは新しい見方といわなければならないが、それだけに問題がないとはいえない。中太郎の方人が九十何人という揚合、そのような集団はどのようにして形成されたかを考えなければならない。笠原氏のいうように耕作農民であったとすると、これらの耕作農民が現実の社会経済政治の面で組織されている名・庄・郷を超えて、一つの集団として結合する条件が現実に存していたか、どうかをまず考える必要がある。次には中太郎ら、親鸞面授の門弟はその集団のうちでどのような地位を占めていたかを考えなければならない。親鸞が耕作農民を信者としたといわれる鎌倉時代の中期が、農民を組織していた名・庄・郷の機構の解体し始めた時期であることは事実である。しかしそれはまだ緒についたという程度であった。耕作農民が新しい教団に入る場合、地域的に制限されることが、なお強かったとしなければならないであろう。

そうなると、中太郎らは同行の代表者であったとしなければならない。この代表者という意味は、以前は同行と同じく耕作農民であり、入信も同時であったが、都合によってその集団の主として、集合の場所である道場を管理したり、維持したりするようになったことをいうのである。笠原氏も道場主の前身を上に述べたように解しているが、同時に弟子の増加とその所属・区分の確立に努力し、道場の主として、独特の「収奪の論理」を作り出し、信者からの喜捨をできるだけ多く集めようとしたとしている。(31) 道場の主としての親鸞の門弟の行動が笠原氏の指摘した面を持っていたことは、事実であるが、その前身が耕作農民であったとすると、意欲たくましい道場主としてのあり方は、どこからそれを受け継いだのかを、問題としなければならないであろう。親鸞がそれを指示したのでないことは、弟子・道場のあり方について親鸞の考えから明らかである。笠原氏も親鸞と弟子の考え方の違いを明確にしている。しかし親鸞の以前に在家の土民を基盤に成立した教団は考えにくいから、他の教団から学んだともいえないであろう。また耕作農民が本来このような生き方を認めていたともいえないであろう。初期真宗教団の主な構成分子を耕作農民と考えるかぎり、この疑問は容易に解けないと思われる。

それに対して、初期真宗教団の社会的基盤を耕作農民層とせずに、私がかねて主張し、この論文でも明らかにしたように、商人・中小名主層としたら、どうであろうか。人買い・牛馬買いにも口入する恐れのあった門弟らである。弟子から施入物を多く徴収しようと努めるなどは、むしろ当然のことであった。利潤を生むためには、手段を選ばないことを、生きる信条としている商人から、転身した門弟であって、自己の教団を維持するために、他の教団から弟子を奪い、弟子を破門する時は、暴行を加え、与えた本尊・聖教を取り返すなどの行為を、あえてしたと思われる。

以上は門弟の我執の強い面を指摘したが、その反面、聖教を著述し、書写し、研鑚したりする門弟が多かったことも、彼らの教養が当時の耕作農民層の水準より高かったことを示していると思われる。もちろん、そういっても当時の耕作農民層の教養程度は、具体的に知られていない。同様のことは、商人・名主についてもいわれる。聖教を読んで、起きた疑問を師に書状で尋ねるということは、門弟がどの階層に属するとして、可能であったか。その決定は容易ではない。しかし、一般的に、耕作農民層よりは、商人・名主層、商人・名主層よりは御家人級の武士が、その能力を持っていたことは、事実としてよいであろう。

『真宗聞書』の著述がある性信[32]は、筆致・花押[33]ともに教養の高いことを示している。その教団内には、「しむしの入道」のような幕府御家人[34]、「源藤四郎殿[35]」と親鸞が敬称を付して呼ぶものが参加していたことを、この際、思い出してみる必要がある。性信は報恩寺で伝えるように武士出身であったかどうか。これを決定する的確な史料はないが、鎌倉での訴訟に関連して、「朝家の御ため国民のため」の念仏に思い至って、これを親鸞に尋ねたことを思うと、その社会的関心の広いことが察せられる。このような関心は、耕作農民の生活経験を基礎として、持たれるようになったとは考えられない。また道場主としての経験が、このような関心を必然的に呼び起こしたとも考えられない。性信の入信以前の教養や生活体験が、このことを思い立たせたとしか考えられない。親鸞は性信の問いに対して、その考えの正しいことを認めたが、その際に、性信に細かく注意して、「朝家の御ため国民のため」を抽象的に考えずに、具体的に教団内部の問題に結び付けて考えるように指導した。念仏をそしるものの救済を念じて念仏せよとの教えがそれである。鎌倉での訴訟が教団の有利に展開しそうな形勢であったために、性信としては、教団の対社会的活動の一面を外部に示すために、「朝家の御ため、国民のため」の念仏を強調して、幕府の教団に対する態度を緩和させようとしたのであろう。その反面に、この念仏を強調することは、個人の得悟という基本的な問題が軽視される恐れがある。親鸞はそれを察して、性信によく注意するのを忘れなかった[36]。

聞書程度のものでも、親鸞から賞讃されるほどの著述をした性信が、親鸞教団では珍しい存在であったことは、あらためていうまでもない。聖教を書写し、理解しようとし、書状で親鸞に疑義を尋ねることのできたものも、門弟の限られた一部であった。親鸞の門弟のうちには、そのほかに「文字のこゝろを知ら」ない「愚痴きわまりない」ものが多数を占めていた。親鸞の教団は、これらの門弟を獲得して、初めてその基礎を固めることができ、教団の形をなしたのである。その数は、ことによると、笠原氏の説いているように、大きなものであったかもしれない。しかし重要なことはその数ではない。親鸞がこれらの門弟を無智の大衆として捨てておかないで、聖教を仮名書きに書き改めて与えるという努力を繰り返し、聖教を通じて、教義を正しく理解することを深く期待していたことが、重要である。『唯信鈔文意』『一念多念文意』などを著わしたことが、この種の門弟の教養をどのように高め、門弟の教義理解をどのように深めたかは、解らないが、弥陀の本願を「しぼめるはな」に譬えた善鸞の異義が門弟に広まった時、親鸞は、門弟に聖教を書き与えたかいがないと歎いた。(37)それは、大きな岩を一本の手鑿で掘り抜こうとしたものの歎きに等しいものがある。その努力が報われるのは、容易なことではなかった。大衆を無智なものとして、聖教を与えたり、教義を詳しく説いたりする代わりに、南無阿弥陀仏の六字を書いた札を与え、踊念仏を勧めた一遍が、親鸞の死後、現れて、当時の社会に熱狂的に受け入れられたことを、思い合わす必要がある。大衆への伝道として、文書を用いることは、当時の段階では、なお多くを期待しえなかったのである。

しかし信仰が正しい形で保たれ、弘められるのには、教義書は絶対に必要である。聖教を無用なものとして焼却した一遍の時宗は、一遍の死後、困惑せざるをえなかった。断片的に伝えられた一遍の法語を集め、伝記を編纂するだけでは、なお十分ではなかったらしく、真宗の聖教や『親鸞伝絵』まで集めて、自宗独自の聖教を持たない欠陥を補おうとした形迹がある。(38)それに対して、文書伝道を重んじた真宗では親鸞の時代から異義者を生じ、困惑したが、聖教により信条を保持する建前を変更しなかった。真宗教団が南北朝室町時代の困難な時代に生き抜いた力の源は、この建前にあったと見なければならない。逆に、時宗の教団が戦国時代に急に衰微したのは、文書伝道の意義を否定したところにあったといえよう。絶対他力の弥陀の救済を同様に土民に説きながら、真宗と時宗では、行き方に顕著な違いを示したのは、上に指摘した親鸞と一遍の考え方の相違に基づくものである。

六

鎌倉時代は商人の勢力が飛躍的に発展した時代である。平安時代の中期、令制が弛緩するに従い、貨幣の流通が中絶し、関市令などに規定されている政府の商業統制は、事実上空文となった。しかし商業はそれによって梗塞されずに、かえって発達した。その顕著な現れが、座による同業者の結合であり、貿易による宋銭の流通である。京の東市に対抗して、商人が七条町に開設した市場の繁栄は、東市を凌ぐようになり、六角町の魚鳥市場は、朝廷が源平の内乱で喪失した地方供御人の代わりとして、朝廷から指定されるようになった。現在の新町通に当たる「町」に住む商人のうちには、海内の富の半ばを持っているといわれるものが現れた。しかし、その社会的な地位はさほどに向上したようには見受けられなかった。十二世紀後半期の内乱は、武士支配の世界を作り上げたが、商人は依然抑圧された階級のうちに含まれ、支配者から収奪を受けた。

親鸞の生きた時代は、商人が支配者の収奪を払いのけようとして努力した時であり、せっかく幕府が武力で確保した御家人所領も、商人・借上等を代官とすることによって、彼らに次第に奪われるようになった時である。その商人らが親鸞の教えに共鳴したのは、意義深いものがある。漁猟・耕作・売買などの生業をそのまま続けることが認められることは、彼らのまず喜びであった。生業を励みながら、罪悪感から解放される。大部分の門徒はそれで満足したであろう。教養や社会的地位によって、門徒のうちでも自ら上足の地位を占めたものは、道場を作り、自分の弟子を集めることを始めた。それは親鸞の意志に副わなかった。しかし前身が商人・名主などであるだけに、笠原氏のいう「収奪の論理」を案出し、意欲逞ましい経営を始めたのである。その場合、集められた弟子のなかには、名・庄・郷など地域をあげて入信したものもあったであろう。またそのような地域に制限されず、道場主の世俗的活動圏の広さによって、各地に散在するものが個人的にまたは小集団的に集められるということもあったと思われる。

親鸞が『御消息集』第七通の真浄宛の正月九日付の消息で、「そのところの縁つきておはしましさふらはゞ、いづれのところにてもうつらせたま」えと真浄に勧めたのは、真浄がその在所に生まれ、育ったものではなく、他から移住して、親鸞の教えを説いていたことを思わせる。親鸞の晩年、神仏軽侮・造悪無碍を理由にして、領家・地頭・名主の干渉が教団に及ぼうとしたのは、真浄のような他からの移住者の活動によって、新しい教団の勢力が伸張し、権力者として無視できない存在となったことが、弾圧の一つの原因であったといえないことはない。しかし、それ以上に、強調しなければならないことは、各地に設立された道場中心の教団が、親鸞の意図に反し経営を始めたことであり、自己の教団を大きくするために、神仏軽侮・造悪無碍を言い立てたことである。しかも、問題になった悪のなかには、生存悪として許容される範囲を超えているものがあった。親鸞が領家・地頭・名主の干渉を止むを得ないと是認したのは当然のことであった。道場主らは、神仏軽侮・造悪無碍が外部から弾圧を招くことに気づくと、今度は知識成就を強調するようになり、「諸仏等同」についての親鸞の教説に大きな関心を持った。このようにして、新たな信心諍論が発生した。知識成就の強調は、賢善精進ほどではないが、異義としては同様のものである。親鸞は諍論の裁定として、自然法爾の法語を発表せざるを得なかったのである。

真宗の内部に関するかぎり、この法語の発表によって、問題解決の基礎はできたが、現実では、神仏軽侮・造悪無碍の批難はあとを絶たず、教団はそのたびごとに、禁制をつくり、弁明をしなければならなかった。その結果、親鸞の死後の教団は、『歎異抄』にいっているように、道場に張文をかかげ、後世者ぶって、善人だけが念仏をするように見せかけねばならなかったのである。しかし、知識成就の奇蹟を信じて真宗教団に入ったものは、親鸞の死後、秀れた知識がでなかったために、真宗から次第に離れ、遊行に一生を捧げた一遍の時宗教団に吸収されたものが多かったと推定される。このようにして、親鸞の死後、覚如・存覚らが、多くの聖教を作り、親鸞の教義を明らかにしようとした努力も効なく、真宗教団は衰微するばかりであった。時宗教団は一時浄土教を代表するほどの大教団となり、真宗のうちでは、時宗の影響を強く受けたと推定される仏光寺の了源の教団だけが、繁栄を保ったのである。

（昭和三十一年十月二十三日稿了）

註

（1）『御消息集』第五通（『真宗聖教全書』二、七〇三頁）参照。

（2）服部之総『親鸞ノート』一五八頁以下参照。

（3）二葉憲香『親鸞の人間像』一五四頁以下参照。

（4）赤松俊秀「親鸞の消息について」（『史学雑誌』第五九巻第一一号）（本書所収）。

赤松俊秀「初期真宗教団の社会的基盤について」（『真宗研究』第一輯）（本書所収）。

（5）二葉氏は新著書『親鸞の社会的実践』で、依然、前の著書と同じ説を繰り返して主張している。しかし、同様のことは後に引用する古田武彦・笠原一男両氏の消息解釈にも見られる。

二葉氏は『親鸞の社会的実践』二〇頁において、私が親鸞の消息のうちで「ひがごとをことにふれて念仏のひとゞ〳〵におほせられつけて、念仏をとゞめんとするところの領家・地頭・名主」を解釈するに当たって、「念仏のひとゞ〳〵におほせられつけて」という文章を抜き取って解釈したことを、無理な解釈であるとし、消息の本文を削ったり、つけ加えたりしなければ、私の解釈は成り立たないものであるとしている。私は「念仏のひとゞ〳〵におほせられつけて」の十六字は攙入であると考えたから、逐語訳の時に削ったが、私が勝手に攙入と決めたのではない。宮崎円遵氏らが校訂した『真宗聖教全書』によると、『真宗仮名聖教』所収本には、この十六字はないのである。そこで消息の全文を掲げた場合、この十六字には「イナシ」と標示した。

（6）「御消息集」第四通に、「わるき身なれば、ひがごとをことさらにこのみて、念仏のひと〴〵のさはりとなり、師のためにも、善知識のためにも、とがとなさせたまうべしともうすことは、ゆめ〳〵なきことなり、弥陀の御ちかひにまうあひかたくしてあひまいらせて、仏恩を報じまいらせんとこそおぼしめすべきに、念仏をとゞめらるゝことに沙汰しなされて、さふらふらんこそ、かへす〴〵こゝろえずさふらふ」（『真宗聖教全書』二、七〇一頁）とあり、念仏のさわりとなるもの、すなわち妨げをするものが親鸞の弟子であり、それらが、念仏がとどめられる、すなわち専修念仏が停止になるように持って行くことを、親鸞は批難しているが、念仏の弘通の妨害をするものと、念仏の弘通を停止するものと、言葉の上で明瞭に区別している。これを基にして考えると、この消息の前半の「この世のならひにて、念仏をさまたげんひとは、そのところの領家・地頭・名主のやうあることにてさふらはめ」（『真宗聖教全書』二、七〇一頁）を、服部氏や二葉氏が解するように、この世のならいで、念仏をさまたげる人は、その所の領家・地頭・名主にありそうなことであるというような解釈が当たっていないことに気づかれるであろう。しかし、それと同時に注意すべきことは、聖教では言葉遣いの厳格な親鸞でも、消息の場合はそれほどではなかったことである。「御消息集」第五通の後半では「ひがごとをまふさんひとは、その身ひとりこそ、ともかくもなりさふらはめ、すべてよろづの念仏者のさまたげとなるべしとはおぼえずさふらふ」と述べたあと、ほぼ同じことを繰り返して「また念仏をとゞめんひとは、そのひとばかりこそ、いかにもなりさふらはめ、よろづの念仏するひとのとがとなるべしとはおぼえずさふらふ」と述べている。この「念仏をとゞめんひと」が念仏を停止した領家・地頭・名主でないことは、その人の過失がすべての念仏者の科になるとは考えられないと述べていることで明らかである。この「とゞめんひと」は、やはり「とゞめらるゝことに沙汰しなされしひと」と解すべきである。私はこの見地から『史学雑誌』に掲載した逐語訳では「念仏を停止せしめるような人」と訳している。

（7）「御消息集」第六通（『真宗聖教全書』二、七〇六頁）参照。

（8）『高田学報』第九輯に『経釈要文』の全文が発表されている。

（9）山田文昭『親鸞とその教団』一六五頁に「御消息集第四章には、関東に於て念仏者が神仏を軽しむからとて、領家・地頭・名主が権力を以て之を禁遏せんとするを批判してあり」と述べてある。戦後の親鸞研究に大きな課題を提供した服部氏の説も、この点では山田氏の説を継いだものである。

(10) 高田専修寺蔵。『親鸞聖人全集』書簡篇、一一頁参照。

(11) 赤松俊秀「初期真宗教団の社会的基盤について」(『真宗研究』第一輯)(本書所収)参照。

(12) 性信の著述については、『血脈文集』第二通に親鸞が賞讃している。真仏・顕智・専信の著述について述べた親鸞の消息は、残っていないが、この三人が書写した聖教は多く専修寺に残っている。慶信・浄信らの書状は原本・写しが専修寺・『末燈鈔』に残っている。その次にあるものが、『唯信鈔文意』『一念多念文意』に文字のこころを知らない、愚痴極りないと評されたものである。

(13) 長沼賢海『日本宗教史の研究』所収「親鸞聖人の研究」一七頁以下参照。

(14) 『歎異抄』第十三章(『真宗聖教全書』二、七八四頁)参照。

(15) 『改邪鈔』第九章(『真宗聖教全書』三、七二頁)参照。

(16) 「御消息集」第七通(『真宗聖教全書』二、七〇九頁)参照。

(17) 『口伝鈔』第六章(『真宗聖教全書』三、九頁)参照。

(18) 『歎異抄』第六章(『真宗聖教全書』二、七七六頁)参照。

(19) 『往生要集』(『真宗聖教全書』一、八一五頁)参照。

(20) 不明なのは、第九条の船の大乗、第十条の夜道を帳＝張るということである。

(21) 不明なのは、師長は『愚禿鈔』上に仁邪さるべき者なりと書かれていることである。

(22) 『浄土和讃』第九四番(『真宗聖教全書』二、四九七頁)参照。

(23) 『教行信証』信巻の信楽に関する親鸞の私釈のうちに引用されている(『真宗聖教全書』二、六三頁)参照。なお、この部分は宿紙なので、寛元—建長の頃に書き直されていることに注意されたい。

(24) 親鸞の門弟で、『教行信証』を見たものといえば、寛元五年にこれを写した尊蓮、建長七年に写した専信、坂東本をはじめ付嘱されたと思われる蓮位、それに『教行信証』の一部を写している真仏・顕智などが数えられる。浄信などが、華厳経を引いて、諸仏等同を親鸞に尋ねているのは、『教行信証』を見て尋ねたのか、それとも『浄土和讃』の「如来トヒトシ」の出典として、理解していたのか、判然としないが、おそらく後の場合であろう。

(25) 慶信の親鸞宛十月十日付の書状（『末燈鈔』第一四通）で明らかにされている。
(26) 森龍吉「自然法爾消息の成立について」（『史学雑誌』第六〇編第七号）参照。
(27) 森氏の論文にもあげられているが、『末燈鈔』第二・五・七・九・一〇・一三通、『御消息集』第一〇通、『善性本御消息集』第七通である。
(28) 二十一箇条禁制の文意にはすこし不明のところがあるが、自然法爾の法語か、慶西宛の消息（『御消息集』第一〇通）かを読んで、諍論は解決したと考うべきであろう。なお、正嘉年中云々の跋文は法性が書き改めたものであり、それ以前は善性が集記したものと思われる。
(29) 『破邪顕正抄』（『真宗聖教全書』三、一五五頁）参照。
(30) 『教行信証』信巻の菩提心についての親鸞の私釈に引用されている（『真宗聖教全書』二、七〇頁）。なお、『聞持記』の引用については、赤松俊秀論文「『教行信証』（坂東本）について」（『史林』第三九巻第六号）（本書所収）を参照されたい。
(31) 『歴史学研究』一九八号七頁で、笠原氏は「曾ての彼らが請作する在家・田畠の耕作からの収益は、彼らの生活を支える経済的基盤としては、むしろ副次的意義しか持た」なかったと述べている。また三頁で、『歎異抄』によって施入物の多少により、大小仏になるという収奪の論理を生み出したとしている。
(32) 『血脈文集』第二通（『真宗聖教全書』二、七一九頁）参照。
(33) 『教行信証』（坂東本）の行巻と化身土末巻の奥書にある。
(34) 『血脈文集』第二通（『真宗聖教全書』二、七二〇頁）参照。
(35) 『御消息集』第八通（『真宗聖教全書』二、七一〇頁）参照。
(36) 「朝家の御ため国民のため」の念仏については本書に収めている論文「親鸞の消息について」で詳しく述べた。
(37) 建長八年五月二十九日付慈信房宛親鸞消息（『真宗聖教全書』二、七二八頁）参照。
(38) 時宗教団については、「一遍上人の時宗について」（本著作集第二巻所収）を参照されたい。
(39) 平安時代から鎌倉時代にかけての商業発達については、赤松論文「町座について」（『日本歴史』第二二号）、「座について」（『史林』第三七巻第一号）（両論文とも本著作集第三巻所収）を参照されたい。

親鸞像について

一

親鸞の肖像というと、誰でも想い浮べるのは西本願寺の鏡御影（第5図）であろう。この像は、巻留に親鸞の曾孫の覚如が書いたと推定される註記があって[1]、鎌倉時代の肖像画の名手信実の子、専阿弥陀仏が描いた写生画であることは明らかであり、画家が確かなことと、画風が信実の始めた「似絵」の特徴をよく現していることで、最近特に有名になった。信実が美術史上で、あれほどに賞めたたえられながら、確実な作品というものがなく、最も確実性が高いと思われる水無瀬宮の後鳥羽天皇宸影でさえも、「似絵」という観点からは、いまひとつという感じがする現在としては、専阿の鏡御影が注目されるのは当然であろう。しかし、それは最近のことであって、肖像画を芸術作品としてはあまり鑑賞しなかった明治以前では、この像に注意するものはほとんどなかったようである。真宗関係の史料に、この像のことが少しも出ていないことが[2]、それを物語っている。したがって、覚如の註記に出ていないことで、この像の歴史を明らかにする上に、是非必要な事項、例えば専阿がこの像を描いたのはいつか、専阿が描きあげた後、誰の所有となったたか、覚如は延慶三年（一三一〇）に修理をしたと註記に書いたが、何故にそんなに早く修理を必要としたのかなどの疑問は、明らかにする方法がないのである。何故にこの像はながく人の眼

第５図　親鸞像（鏡御影）　部分拡大（西本願寺蔵）
『鎌倉仏教の研究』（平楽寺書店刊）より転載

に触れなかったのであろうか。延慶三年に覚如が修理した時に、覚如と同居していた存覚は、この像の存在は知っていたに違いないが、その自序伝である『一期記』にも、そのメモである『袖日記』にも、この肖像のことを書き込まなかったのは、何故だろうか。このような疑問はいくら考えても簡単には解けそうもない難問題だが、覚如が『親鸞伝絵』のなかで述べている、定禅法橋が霊夢を感じ、親鸞の顔ばかりの肖像画を描いた話は、故中沢見明氏がその論文で述べたように[3]、この鏡御影と何かの関係があることは確かであろう。この定禅夢想の話は、蓮位夢想の段と一緒に、『親鸞伝絵』では一番問題の多い部分で、永仁三年（一二九五）十一月十二日に伝絵の初稿本が出来上がり、引き続いて同年十二月十三日に写されたという奥書のある専修寺本の伝絵には、この二つの話は収められていないのである。中沢氏は『史上の親鸞』[4]でこの点に注目し、定禅・蓮位の夢想の二つの話は覚如が後に伝絵に書き込んだものと主張したが、後に西本願寺の二巻本の『親鸞伝絵』を見て、西本願寺本を伝絵の草本と考えたために、前の主張を訂正した[5]。その理由は、『親鸞伝絵』として最も原初的な形を持っていると氏が考えた西本願寺本に、定禅夢想がすでに載っているからである。そこで中沢氏は、永仁三年の初稿本にはあった定禅夢想が、引き続き転写された専修寺本にないのは、覚如が作為した説話を、顕智などのように存生の親鸞を知っているものが読むのをはばかったからであろうと解釈した。中沢氏の前後両説のうち、どれが事実に当たっているだろうか。これは『親鸞伝絵』にとって、重要な問題であるが、鏡御影にとっても影響するところが大きい。なぜかというと、永仁三年の初稿本に定禅夢想が載っていたとすると、覚如は永仁三年には鏡御影の存在を知っていたことになるし、後の増補となると、永仁三年には鏡御影の話は知らなかったのではないかということになるからである。そうなってくると、問題を決める鍵は西本願寺本の『親鸞伝絵』が初稿本かどうかということである。中沢氏の原本説は、伝絵の絵・詞の双方を厳密に比較研究した上で出されたものではなく、初段と定禅夢想の段の詞書の研究からなされたものであって、これを信憑するのは、よほど注意しなければならない[6]。私は原本ではなく、鎌倉末期ないし南北朝初期の転写本ではないかと考えている。その根拠は、詞の筆者が覚如よりは弟子の乗専と認められること、絵も浄賀よりは円舜に近いと考えられることである。定禅夢想の段が永仁以後に書き加えられたとすると、次の問題は、いつ書き加えられたかということであるが、今日それを明らかにする史料はない。しかしこの問題は、鏡御影を検することによって、おぼろげながら解けるように思われる。

二

鏡御影[7]をよく観た人は、誰でも二つの意外の事実に気がつくであろう。その一つは本紙に横の折目が等間隔に十二本も通っているということである。次の事実は、像の上下に、はじめ墨書の賛があり、覚如が修理した際に、上部の賛の大部分を切り捨てて、そのあとを新たに補紙したことである。覚如は、こうして像の上にできた余白に自筆で像主の名と「正信偈」の四句を書き、顔に近いために切り捨てられなかった旧賛の文字は白絵具をもって塗り消し、下部の残った讃文は描表装の彩色で塗り消したのである[8]。この二つの異常な状態はどうして生じたのか。第一の折れ目は、延慶三年の修理以後、鏡御影は掛物として表法絵の原状を略完全に保っており、修理された形迹がないことを考えると、延慶三年の修理以前に生じたものと考えなければならないであろう。この推定を推しすすめて行くと、延慶三年以前は、この画像には表装がなく、幅せまく折られていたことになる。このような状態で保存された画像が、直接には礼拝供養を受ける対象でなかったことは明らかであろう。だが、それならどこにしまってあったかと聞かれても、折目だけではそれに答えることができない。

次の問題は、原賛の切捨塗抹だが、この原賛が、筆跡からして親鸞の自筆であることが確実なことを思うと、覚如が何故にこのような思い切ったことをやったかということが、重要な問題となってくる。第一に、考えられることは、原賛が親鸞の自筆であることを覚如は知らなかったのではなかろうかということだが、親鸞の筆跡があまりに特異なので、曾孫の覚如が知らなかったとは考えられない。次に考えられることは、故意に原賛を切り捨てたのではなく、保存に堪えないように原賛の部分が傷んでいたのではないかということである。私はこれが妥当な解釈だと思う。[9]

上に述べたことを整理すると、次のようになる。この画像は、次に説明する安城御影と同じく、像の上下に親鸞自筆の銘文があり、肖像として完成したものであった。しかし、安城御影のように、直接に礼拝供養を受ける像としては取り扱われずに、細く巻かれてどこかに保存されていた。その場所は保存にあまり適したところではなく、賛の部分が傷みかつ汚れた。覚如は永仁三年から延慶三年までの間にこれを発見して、像の保存のために、思い切った修理を行い、収納する場所を変え、掛物として保存することにした。しかし、この像はその後も人の眼に触れたことはほとんどなかった。鏡御影の現状から考えられることは、以上のごとくである。

最後に残った問題は、最初はどこに保存され、覚如がいつそれを発見したかということである。はじめの場所については、別稿で明らかにしたとおり、[10]似絵のこの種の画稿は、像主の木彫の肖像の中に発見されることが多く、鏡御影の場合も、細く巻かれていたことは、それを強く暗示していると思う。その上、この推定を裏書する事実は、延慶三年の前年、大谷の御影堂に安置していた親鸞の影像と骨が盗まれるという事件が起きたことである。[11]この事件は「唯善騒動」といって、本願寺史では著名な事実であるが、唯善は影像と骨を他人から妨害されずに安全な状態で盗み取ったのではなく、おそらく留守のものの反対制止を、多数の暴力で押し切った上のことらしい。骨も石塔を破壊して取ったが、一部は取り残したし、影像については記録には明記されていないが、昔から首だけ取ったように言い伝えられている。その時に影像の胎内に収められていた専阿弥陀仏筆の肖像が、人の眼に触れたということもありうると思われる。原賛の部分が傷んだのは、ことによると、影像の持ち出しによって起きたことかもしれない。いずれにしても、祖母の覚信尼以来三代にわたって給仕してきた影像を奪われた覚如が、この親鸞像の画稿を手に入れて、どれほど喜んだかは、推察に余るものがある。なぜかというと、中世の日本人は、肖像としては、画家が像主を直接に写生したものを一番重く見ており、肖像画を基にして作られた木像などは、画像ほどには親近感を感じなかったからである。木彫の肖像の胎内にわざわざ肖像画を入れたのは、それを示しているのである。覚如の喜びは、自分で作った「末代無双の重宝、仰いで之を帰敬す可し、毛端も違え奉らず云々、その証を得る所也」と、表法絵の裏に書いた註記の文章によく現れている。ただ一つ不審なことは、偶然に発見された画稿の筆者を、制作当時には、まだ生まれていなかった覚如が知っていたことであるが、親鸞から直接に教えを受け、文永九年（一二七二）に親鸞の影像を作る中心であった顕智が、延慶二年になお生きていて、破壊された影像の再興をしたから[12]、覚如が顕智から専阿の親鸞像のことを聞いたということも、あり得ると私は考えるのである。

覚如は鏡御影の修理供養が行われた延慶三年の親鸞の報恩講から約十一カ月後、応長元年（一三一一）十月に信実の曾孫で似絵の名手として有名な為信の娘御領殿と結婚した[13]。結婚の事情は解らないが、覚如はこの結婚を通じて専阿について知識を深くしたに相違ない。その結果が『親鸞伝絵』に定禅夢想の段を増補することになったのではないかと思われる。この定禅が覚如の創作ではなく、実在した人物であったことは、故日下無倫氏が紹介した覚如の墓誌の銘文からも推察される[14]。しかし定禅と専阿が同一人である証拠はないから、定禅が親鸞の肖像を描いたという仁治三年（一二四二）九月二十一日を鏡御影の制作の年時とすることも、入西房を鏡御影の最初の所有者とすることも、今のところはできない。なお、制作年時については、後にまた触れるであろう。

三

鏡御影が明治以前はほとんど人の眼につかなかったのに対して、安城御影はいろいろの史料にも記載され、副本もいくつか作られた。その詳細は日下無倫氏の論文に明らかにされているが[15]、重要なことは、覚如の子の存覚が『袖日記』にこの像のことを細かに書いたことと、東本願寺にある副本が朝円の作かどうかということである。存覚は文和四年（一三五五）八月二十五日に安城御影を見て『袖日記』にメモを書き入れたが、その時に今の西本願寺の安城御影にない「親鸞法師真影建長七歳□□月八日法眼朝円筆」の表書と「弘長二歳十一月廿八日未時御入滅御歳九十」の裏書を書きとめた。これによって、ほかに作品も記録もない法眼朝円という肖像画家の存在を確かめることができるのである[16]。ところが西本願寺本は絹地の傷みが甚だしく、ことに大切な面貌の部分は絹地がかなり失われている上に、面貌の部分の胡粉がすっかり剝落しているので、眼鼻立ちさえ、明らかにできない有様である。祖師像を礼拝供養の対象としてよりは、芸術作品として鑑賞する態度が次第に強くなってきた大正以後、安城御影が学界で次第に問題とされなくなったのは、この面貌部分の破損が大きな原因であったと思われる。私は昭和十八年に西本願寺当局の依頼で寺宝全部を調査したが、その時に安城御影を仔細に調べたところ、問題の面貌部分は、傷みは甚だしいが、絹地も眼・鼻・口・耳・眉などの部分は残っており、胡粉地は剝落していても、墨書きの線はそのままにはっきり残っているのを見出した。第6図に掲げた写真は、その時に撮影したものである[17]。写真で明らかにされた事実は、安城御影と鏡御影の間に深い関係があるということである。第一に、描法が両方よく似ている

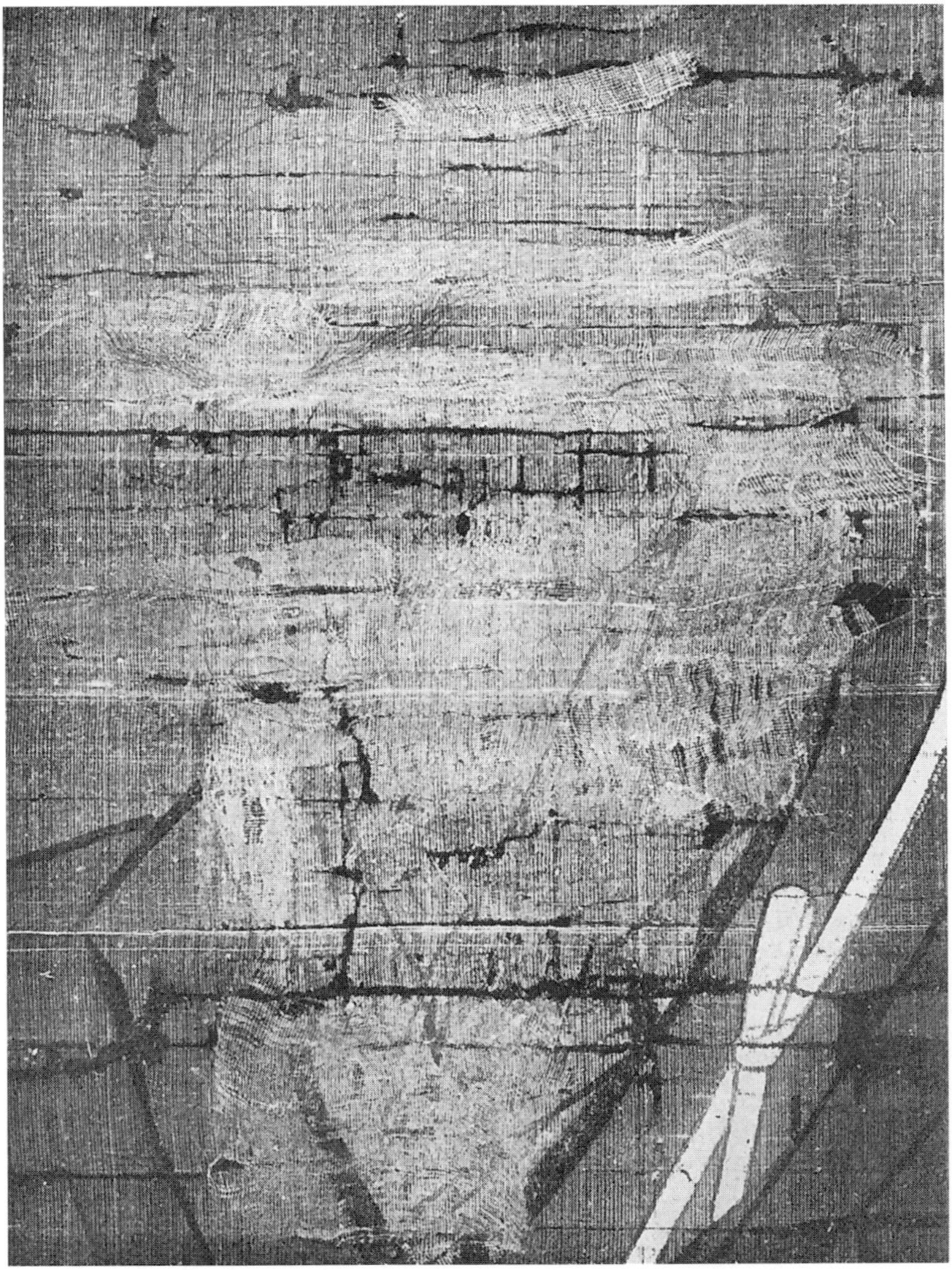

第６図　親鸞像（安城御影）　部分　原寸大（西本願寺蔵）
『鎌倉仏教の研究』より転載

ことである。安城御影では一番保存のよい両眼・眉・鼻・耳と鏡御影のそれを比較して見ると、鏡御影を特色づけているいわゆる「似絵」的な描法は、そのまま安城御影に現れている。これだけ描法の似ている肖像画の画家が相互に無関係であるとは、とうてい考えられない。朝円は専阿弥陀仏同様に信実の系統に属する肖像画家と推定して、おそらく誤りがないだろう。ことによると、朝円と専阿弥陀仏は同一人であるかもしれない。なぜかというと、安城御影と鏡御影の似ているのは、描法ばかりではない。肖像画製作の基本である像主の視点の決め方、解りやすくいうと、顔の向け方が両方まったく同一と認められるからである。供養礼拝像として量的に多く制作される肖像画ならいざしらず、この二つの肖像画のように、写実性の高い作品で、これだけの一致を見るのは、偶然とは思われない。画家が同一人でなければ考えられないことだと思う。

専阿と朝円が同一人であるとすると、次に考えられることは制作年時の不明の鏡御影は、安城御影と同時、すなわち建長七年（一二五五）すなわち親鸞八十三歳の時に描かれたのではないかということである。しかし、これにはなお若干の問題があって、即座にそうとは言い切れないように思われる。問題の第一というのは安城御影と鏡御影の視点は同一だが、眉などは一本ずつ毛を書き分けた安城御影と書き分けなかった鏡御影とでは違いがあり、両者の関係が一方は画稿、他は完成作とすぐに言い切れないことである。もちろん、画は稿本のとおりに出来上がるものとは限らないから、この点はさして重く考える必要はないかもしれない。それより大切なことは、両方の肖像に描き出されている像主の年のふけ方が、両方ほぼ一緒かどうかということである。しかしこれは見る者によって意見が異なるから、なかなかに決定されない問題である。その上に安城御影は破損が甚だしいから、なおさら決定は困難である。結局は決定は不可能かというと、いま一つ方法が残されているように思われる。それは鏡御影の上下に残っている親鸞自筆の旧賛と、安城御影の親鸞自筆を比較して、筆蹟の上から、同時か、どちらが前かを決定することである。親鸞の筆蹟は辻善之助博士の研究で、比較研究の基礎ができたが、最近ではさらに新しい史料も見出され、筆蹟を見て、それが自筆であるかどうかを明らかにするだけではなく、無年記のものでもいつ頃の筆蹟か、ほぼ見当がつくところまで進んできたようである。安城御影の賛は八十三歳の筆蹟であることが確実だから、問題はないが、問題の鏡御影は、上下の賛とも塗り潰されていて、写真では判らない。眼で原本を見るよりほかに手段はないのだが、私が鏡御影の賛文を調べた昭和十八・十九年当時では、研究がそこまで進んでいなかったので、いま手許にある調書では、賛の書かれた年代まで推定することはできない。他日再調査の上、それを確かめるまで、鏡御影の制作年時についての私見は控えたい。

四

数多い安城御影の副本のうちで重要なのは、日下無倫氏が紹介した東本願寺所蔵のものである。この御影は、本願寺の末寺では勢力のあった四条金宝寺に伝わったもので、西本願寺本同様に、朝円が描き、親鸞が自筆で賛したと早くからいわれている。この御影で特別な事実は、下段の賛の「正信偈」の文が一部前後顛倒していることで、「常覆真実信心天」と「雲霧之下明无闇」が入れ変わっている。どうしてこのような錯誤が起こったかは問題であるが、日下氏は、親鸞書写の聖教にはこのようなミスは数多くあるとして、書き間違いのために、真蹟感はかえって強まると説いた。しかし後年、日下氏も親ら認められたとおり、賛は親鸞の自筆ではなく、写しであり、画も、西本願寺の像容を忠実に模写しただけであり、線などはまったく朝円とは別である。鎌倉末期ないしは南北朝前期の作と考えて、おそらく誤りないであろう。ことによると存覚が初めて安城御影を拝見した文和四年の時に作られたのかもしれない。
日下氏の論文に紹介されない安城御影系の親鸞像で優秀なものは、京都市伏見区常福寺のものである。この像は康楽寺浄賀の作、図上の六角堂夢告の偈は尊円親王の筆と伝えている。浄賀のことはさておいて、尊円親王筆という伝えは、書風からいうと、全然無根拠とはいえない。像容は一応西本願寺本を写しているが、描法は禅宗の頂相の画風を取り入れているのが注目される。南北朝前期の肖像画の優作の一つとして、もっと重視される日が案外早く来るかもしれない。

（昭和二十九年九月十五日稿了）

註

（1）この註記はすでに紹介されているが、どういうわけか、誤って伝えられていることが多いので、ここに掲記する。
専阿弥陀仏信実朝臣息也、号袴殿奉拝聖人御存生之尊像、泣奉図画之、末代無双重宝、仰可帰敬之、毛端不奉違云々、所得其証也、延慶三歳庚戌十一月廿八日以前、奉修補、遂供養訖、応長元歳辛亥五月九日、於越州、教行証講談之次、記之了。
いままでの紹介では「泣奉図画之」を「謹奉図画之」としているものが多いが、これは明らかに誤りである。

（2）私の眼に触れた宗内の史料は限られているが、多年真宗史を専攻された故日下無倫氏も、この画像についての史料を知らなかった。同氏論文「親鸞聖人寿像の研究」第三章（『大谷学報』第一〇巻第一号）参照。

（3）中沢見明『真宗源流史論』所収「親鸞伝絵の古写本」第一節「親鸞伝絵の永仁本及康永本の相異について」参照。

（4）中沢見明『史上の親鸞』第二章第三節および第八章参照。

（5）前掲註（3）参照。

（6）西本願寺本の詞が洗練されていないことは中沢氏のいうとおりだが、それだけを基にして原本説を強く主張するのは少し難しいと思われる。

（7）鏡御影は縦二尺三寸六分、横一尺八分で、本紙二枚を縦継ぎにしている。上の一枚が補紙で、縦八寸九分ある。

（8）鏡御影の旧賛について詳しく紹介したのは、日下無倫氏である。前掲註（2）の論文参照。上部の賛は私の見たところと一致するが、下部は日下氏より少し多く判読できたので、下部の賛だけ書くことにする。□は絵具のために読めないが、前後の関係で推察できる字である。

源空聖人云
当知生死⊓
以疑為所止⊓
槃之城以信⊓
能入□□⊓
釈親鸞云
還来生死輪転⊓
決以疑情為所止
速入寂静无為⊓
必以信心為能入
□□□□⊓

（9）このことについては日下氏を含めて今まで誰も述べていないが、この書風から見て親鸞自筆であることは明らかである。

（10）赤松俊秀「御影堂について」（『南都仏教』第一号）参照（本著作集第二巻所収）。

（11）「本願寺文書」延慶二年七月十九日法眼泰任判青蓮院門主御教書参照。

（12）「本願寺文書」応長元年十一月二十八日法眼判青蓮院門主御教書参照。

（13）『存覚一期記』正和元年十月条参照。

（14）日下無倫「覚如上人御分骨碑について」（『大谷学報』第一六巻第二号）参照。七条朱雀に定禅小菴というのがあり、観応二年覚如が死んだ時は、定和という僧が住み、覚如の分骨を納め碑を建てた。

（15）前掲註（2）日下氏論文第一章参照。

(16)『古画備考』にも安城御影のことがあげられているだけである。『尊卑分脈』によると、世尊寺経朝の子に法印朝円という人がおり、叡山の尊勝院に住したとあるが、安城御影の画家と同一かどうかは不明である。
(17) この困難な写真撮影に努力したのは、桑名文星堂の故堀池満夫君である。堀池君は戦争中に徴用されて健康を損じ、終戦直前死んだが、生真面目な人で、難しいものに取り組んでは、よい写真を撮ってくれた。同君を記念するために一言書きそえる。

追記 第5・6図は故堀池君の撮影ではなく、高橋猪之介君が、今回新たに撮影したものである。安城御影は原寸であるが、鏡御影は原寸より少し大きく、両方の御顔の大きさはほぼ同じである。老相には差があるが、頭・耳・眼・鼻・口の描き方があまりにも一致するのに、驚くほかはない。疑いを持たれる方は薄葉か何かで双方の模写を作り、重ねて見られたい。専阿と朝円が同一人であることは明らかである(昭和三十二年五月二十三日記)。

西本願寺本『親鸞伝絵』について

一

西本願寺所蔵の二巻本の『親鸞伝絵』が普通に「琳阿本」と呼ばれているのは、その首尾に「向福寺琳阿弥陀仏」の旧蔵者の名が記されているからである。この琳阿が時宗の僧侶であることは、その名称からも察せられるが、『法然上人伝絵詞』にも、その名が見えており、永和三年（一三七七）に金蓮寺の「浄阿」から熱田神宮に奉納された『日本書紀』の紙背の和歌懐紙の筆者にも琳阿の名が見えている。故中沢見明氏はこの事実を根拠として、琳阿は『親鸞伝絵』の著者「覚如」と同時代あるいは少し後輩であろうとした。(1) 私もかつて時宗のことを論じた時に、(2) この伝絵に触れ、琳阿の名からだけではなく、巻末の別紙に一遍上人風の字で南無阿弥陀仏の名号が三度書かれていることからも、時宗関係者が伝領したことは確実であると述べたことがある。中沢見明氏の論文の重点は、西本願寺本が草稿本またはそれに近いものであることを主張することにあった。氏はそれを詞書本文の比較研究から始めたのであるが、その結論は、伝絵の構成からの推定と矛盾するのが問題である。専修寺本には蓮位夢想の段と定禅夢想の段がなく、康永二年（一三四三）にできた東本願寺本には、両段がともに具わっている。ところが、初稿本またはそれに近いといわれる西本願寺本には、専修寺本にはない定禅夢想の段が存する。すなわち構成からいうと、専修寺本が一番簡単で、西本願寺本から東本願寺本へと次第に複雑になっている。故日下無倫氏はこの点に重きを置き、専修寺本が最も古く、次いで西本願寺本、最後に東本願寺本が成立したと説いた(3)。

私は昭和九年と同十八年の両度にわたって、西本願寺本を手に取って調査し、写真を撮る機会を得たが、その時に次の事実を知った。詞書の洗練されていないことは、中沢氏のいうとおりだが、それだけで厳密な意味での初稿本と結論するのは、早計に過ぎるということである。初稿本ならば、詞書がまず出来上がり、それを基にして、絵師が絵の構成を考え、筆を取って絵を描きあげるというのが順序であり、詞と絵ができた後に、双方を合わせて一巻とするのが普通である。ところが西本願寺本は作られる前から、大体に詞と絵に要する紙の枚数が見積られており、絵師がまず筆を取って絵を描いた後に、画家が詞を書いたと推定されるのである。その根拠は、第一に、詞書の本文が紙継目の上に書かれているところが、かなりあることである。ところによっては、用意された詞書の料紙が不足であって、不足の分だけ紙を足して書いたところがあり、一、二カ所ではあるが、次の絵の余白のところに書き込んでいるところがある。詞が絵の余白に書き込まれているのは、絵が先に描かれたことを示す確実な証拠である。このような順序で出来上がったものを厳密な意味で初稿本というのは、正確を欠くものといわなければならない。中沢氏もその点を考慮してか、初稿本またはそれに近いものとした。

西本願寺本は、本文の構成から見ても、専修寺本と東本願寺本の中間にあるのに、中沢氏が初稿本またはそれに近いものと考えた理由のいま一つは、覚如の伝絵制作の意図についての中沢氏の独自の解釈に奥深くひそんでいるものである。中沢氏の覚如に対する解釈は、まことに手厳しいものがあり、名著『史上の親鸞』は覚如が親鸞を本願寺で独占し、本願寺を真宗教団の本寺にしようとして、政略的に行動した、そのあとを明るみに出すために書かれたと言っても言い過ぎではない。中沢氏によると、覚如は親鸞の社会的地位を高め、本願寺との関係が深いように見せるために、親鸞が日野家の出身であるように世系を作った疑いが深いというのである。伝絵では、親鸞は「弼の宰相有国卿五代の孫、皇太后宮大進有範の子なり」となっているが、四代の孫すなわち有範の父の有信が承徳三年（一〇九九）に年六十で死に、その子すなわち有範の兄の実光が久安三年（一一四七）に七十九歳で死んだことを考えると、承安三年（一一七三）に生まれた親鸞が、有範の子、すなわち有信・実光の孫または甥ということは、事実と思われない。中沢氏はこのことを議論の主発点として、伝絵の制作にうかがわれる覚如の政略的意図を論じ、伝絵は親鸞の史実を記すために作られたのではなく、真宗の教義と本願寺の由緒を外部に宣伝するために、親鸞の世系を捏造したり、門弟も知らない親鸞の逸話を作り出したものであるとした。『史上の親鸞』が発表された大正十一年頃、宗教文芸の面で親鸞に対する関心が大いに昂まった時であり、本願寺を中心に伝統的に形成された親鸞に対する観方には慊《あきた》らないで、新しい親鸞観が生まれることが切望されていた時であった。その時に出たこの書が異常な感激をもって、世間から迎えられたことは、いうまでもないことである。反対に見捨てられたのは、覚如の伝絵であった。

しかし中沢氏の伝絵批判の基礎に、重大な誤謬があったことが間もなく判明した。問題の親鸞の生系の不合理は、有範の父で有信の子であった「経尹」が「放埒人」であったために勘当され、そのために有範は祖父の有信の子と系譜に書かれたことから生まれたのである。こうしたことは、中世には珍しくないことであったが、中沢氏はそれに気づかれなかったために、覚如の作為と誤って解釈したのである。経尹の存在に早く気づいたのは故山田文昭氏(4)であったが、中沢氏も後に論文を発表し、前説を訂正した(5)。しかし中沢氏は伝絵をもって政略的に作られたものと解することを依然止めなかった。中沢氏の説をおし進めると、次のようなことになると思われる。覚如は永仁三年（一二九五）に伝絵を制作するに当たって、広本略本ともいうべき二本を同時に作った。広本は東本願寺本の系統であって、蓮位・定禅夢想の段が含まれている。それに対して略本は専修寺本の系統であって、問題の二段は含まれていない。覚如が何故にこのようなことをしたかというと、永仁の当時は専修寺の顕智をはじめとして、親鸞の直弟はなお生存しており、蓮位・定禅など親鸞晩年の門弟の名前を借りた作り話を発表するのは、はばかられたのではないかというのである。中沢氏はこのような観点に立って、定禅夢想の段が含まれている西本願寺本をもって、初稿本またはそれに近いものと解した。

二

中沢氏が広略両本の同時制作を考えるようになった理由は、上に述べたとおりであるが、絵巻物で広略二本が同時に作られたものはほかに類例を聞かないから、それを事実と認める前に、理由にあげられた事柄が実質あったかどうかを慎重に考えてみなければならない。覚如と地方の門弟の間が円満を欠いたのは事実だが、それだけの理由で、覚如が伝絵の広略二本を同時に作り、受け入れる相手によって、これを使い分けたと推定するのは、すこし行き過ぎのように思われる。広略二本の同時制作を確証するためには、広本に当たる東西本願寺本と略本に当たる専修寺本が、同様に初稿本またはそれに近いものであることが、まず第一に証明されなければならない。西本願寺本が厳密な意味での初稿本でないことは先に指摘した。専修寺本については、中沢氏をはじめとして多くの学者は、永仁三年十一月十二日に最初の伝絵ができた後、一カ月を経た十二月十三日に転写された本としている。これは専修寺本の奥書をそのままに認めた見解であるが、もしその見解が正しければ、専修寺本こそ初稿本に近いものといわなければならない。しかし奥書を無条件に信ずることが、往々にして大きな誤りを犯す原因であることは、事新しく言うを要しないであろう。この誤りを避けるために、奥書以外に詞書の本文、書風、絵の図柄、筆致、料紙の紙質、墨や絵具の色まで詳細に検討して、実際の制作年代を決定しなければならないのである。専修寺本の場合、いままでの研究者がこのような吟味をして、永仁三年の制作と決定したかどうかは疑問である。専修寺本については、日下無倫氏が所見を発表した[6]が、それには、詞書と絵の順序が混乱していること、詞書の一部が欠失していることが指摘されている。私は不図した機会に専修寺本を電覧したが、奥書のみによって、制作年代を決定するのは危険だと感じた。いずれ詳細は他日機会を得て、あらためて調査した上で発表することにして、今のところは永仁の初稿本とは考え難い節があることのみを述べるにとめておこう。

西本願寺本については、『仏教芸術』第二三号に発表した「親鸞像について」（本書所収）という論文の中で、「鏡御影」を論じた際にすこし触れた。その要旨は次のとおりである。鏡御影ははじめ大谷の御影堂安置の親鸞の木像内に安置されていたと推定される。延慶二年に唯善が親鸞の木像を破壊した時に、覚如は初めてその存在を知った。鏡御影の筆者が専阿弥陀仏であることを覚如に教えたのは、文永の木像制作の時の中心であった専修寺の顕智と推定される。鏡御影の存在を覚如が知ったことと、覚如が定禅夢想段を書いたこととの間に密接な関連があると思われることは、中沢氏も推定したが、覚如の鏡御影を知ったのが伝絵制作より十四年も後であることは、定禅夢想段が初稿からあったとの推定を不可能にする。覚如は鏡御影の修復をした翌年の応長元年に専阿弥陀仏の一族で似絵の名手であった為信の娘「御領殿」と結婚した。覚如が定禅夢想段を増補するようになったのは、鏡御影の発見、御領殿と結婚の後であろう。西本願寺本は、その意味からしても、永仁三年の初稿本ではなく、鎌倉時代末期ないしは南北朝初期の写本と認められる。詞書や絵の筆致を見ても、この見解は支持される。以上が私の論旨であるが、結論としては広略両本の同時制作を主張する中沢氏の説には反対であり、永仁三年に初めて作られた伝絵には、蓮位・定禅夢想の両段はなく、後に次第に追加されて、東本願寺本に見られる構成となったという日下氏の説に賛成したのである。

今年すなわち昭和三十年五月二十一・二の両日にわたって龍谷大学で開かれた真宗連合学会第二回大会に、親鸞の鏡御影と一緒に、西本願寺本の『親鸞伝絵』が展観され、役員には手に取って調査することが許された。その時に気づいたことは、西本願寺本は一気に書き上げられたものではないということであった。もっとはっきりいうと、問題の定禅夢想の段は、他の部分とは別に後から書き加えられたことに気づいたのであった。長い間の論争の中心であった問題も、これで解決したと思われるので、ここに所見を明らかにして、大方の批判を仰ぐことにする。

三

西本願寺本は、上巻の紙数二十九枚、下巻は三十九枚ある。各紙の紙幅とそれに表されている詞絵の内容は次のとおりである。

巻別に上下の長さをはかると、上巻は、四〇尺四寸五分五厘、下巻は五七尺九寸である。幅は両巻ともに一尺四分五厘である。各紙の長さを見て注意されることは、一尺六寸から一尺六寸五分までの長さのものが、普通であって、それより短いものは、詞や絵の都合によって、切り取られたり、または新たに追加されたものということである。この普通より短い分は、詞書の分に多いが、絵にも若干ある。上巻二十一枚目の信行両座の図が四寸近く、下段六枚目専修念仏停止議定の図が三寸余り、下巻二十一枚目の箱根社頭図と同三十一枚目の臨終の図が四寸余り、第三十四枚目の葬列の図が七寸余り切り取られているのが、それである。何故短くなったか、はっきりしたことを

枚数	内容	幅(尺)
	〈上巻〉	
(一)	詞(俗姓出家)	一・二五五
(二)	絵(青蓮院門前)	一・三五五
(三)	同(同　)	一・六三〇
(四)	同(青蓮院内景)	一・六三〇
(五)	同(同　剃髪)	一・六〇五
(六)	詞(吉水入室)	〇・九二〇
(七)	絵(吉水禅房前景)	一・六三五
(八)	同(同　対面)	一・六三五
(九)	詞(六角堂夢告)	一・六一〇
(一〇)	同(同　)	一・六三五
(一一)	同(同　)	〇・〇七五
(一二)	絵(六角堂東山)	一・六〇五
(一三)	同(同　堂内)	一・六二五
(一四)	詞(選択集、真影付属)	一・六二〇
(一五)	同(同　)	〇・一九〇
(一六)	絵(選択集付属)	一・五九五
(一七)	同(真影図写)	一・六三五
(一八)	詞(信行両座)	一・六三〇
(一九)	同(信行両座)	一・六四〇
(二〇)	同(同　)	一・〇二〇
(二一)	絵(同　)	一・二六五
(二二)	同(同　)	一・六三五
(二三)	詞(信心諍論)	一・六三〇
(二四)	同(同　)	一・一三五
(二五)	絵(信心諍論)	一・六二〇
(二六)	絵詞(信心諍論・定禅夢想)	一・六三〇
(二七)	詞(定禅夢想)	一・六三〇
(二八)	詞絵(同　)	一・六三〇
(二九)	軸付(名号書入)	〇・七三五
	〈下巻〉	
(一)	詞(専修念仏停止)	一・五七〇
(二)	同(同　)	〇・二一五
(三)	絵(内裏門前)	一・五八五
(四)	同(同　宣下)	一・六三〇
(五)	同(同　議定)	一・六三五
(六)	同(同　)	一・三〇五
(七)	同(流罪護送)	一・六二〇

枚数	内容	幅（尺）
（八）	同（流罪輿）	一・六三五
（九）	詞（稲田幽栖）	〇・七一〇
（一〇）	絵（越後国分寺）	一・五三〇
（一一）	同（越後海浜）	一・六三〇
（一二）	同（稲田草庵門前）	一・六三〇
（一三）	同（同　桜）	一・六〇五
（一四）	詞（弁円改邪）	一・六三〇
（一五）	詞絵（板敷山中）	一・六三五
（一六）	絵（稲田草庵門前）	一・六四五
（一七）	同（対面）	一・六三五
（一八）	詞（箱根霊告）	一・六二〇
（一九）	絵（箱根）	一・六二五
（二〇）	同（同　芦の湖）	一・六三〇
（二一）	同（同　社頭）	一・二〇〇
（二二）	詞（平太郎熊野参詣）	一・六三〇
（二三）	同（同　）	一・六三五
（二四）	同（平太郎熊野参詣）	一・二九五
（二五）	絵（親鸞平太郎対面）	一・六三〇
（二六）	同（同　）	一・六四五
（二七）	同（熊野山中）	一・六三五
（二八）	絵（熊野本宮社頭）	一・六四五
（二九）	同（同　夢告）	一・六五〇
（三〇）	詞（入滅葬送）	一・六一〇
（三一）	絵（臨終）	一・二五〇
（三二）	同（同　）	一・六四〇
（三三）	同（葬列）	一・六二五
（三四）	同（同　）	〇・九一〇
（三五）	同（火葬）	一・六二五
（三六）	同（墓所）	一・六三〇
（三七）	詞（御影堂建立）	一・二七五
（三八）	絵（大谷御影堂）	一・六三〇
（三九）	詞（奥書）	一・〇二〇

いうのは難しいが、はじめの三枚はいずれも、絵としてはじめか、または終わりの部分なので、図柄の関係で余白ができたために、切り取ったとの推定も可能である。ところが最後の下巻三十四枚目の葬列の図の場合は、三十四

枚目と三十五枚目の紙継目がきっちりと合っていないので、このところで絵が一部失われたことは確かである。しかし七寸近くも切り取られたかどうか、西本願寺本の写本がほかにないので、図柄からいうことは不可能である。

詞書の紙に短いものがあることは、先に注意したように、最初の心積りのとおりに詞書を書くことができなくて、不足分だけ短い紙を継ぎ足したものと思われる。上巻十一枚目の六角堂夢告の末尾の七分五厘、十五枚目の選択集・真影付属の末尾の一寸九分、下巻二枚目の専修念仏停止の末尾の二寸一分五厘がそれであるが、不足の分を全部継ぎ紙したのではなかった。前に指摘したように上巻二十八枚目の絵中には、その前で紙で書き余った定禅夢想の詞の末尾が、下巻十五枚目には同じく弁円改邪の段の詞の末尾が、書き込まれている。

以上のことは、この絵詞を見た人なら誰しも気がつくことであるが、私が先日調査の際に新たに注意したことは、詞書は大概、新しい紙をもって始まる、言葉をかえて言うと、段が改まると、紙をかえるという原則が守られているのに、問題の定禅夢想の段に限って、紙をかえずに、信心諍論の絵の余白を利用して、詞が始まっていることである。第7図にも明らかなように、信心諍論の絵の終わりは、霞が長く引かれ、定禅夢想の詞は霞の分とその余白に書かれている。この霞の引き方から考えると、それによって、この伝絵の画家は、上巻がここで終わることを示そうとしていたに違いない。西本願寺本が、中沢氏の推定とは逆に、はじめは定禅夢想を除いた上巻六段の構成で写されたことは、疑いないと思われる。中沢氏は西本願寺本の詞書が洗練されていないことに注意しながら、この重要な事実を見逃したために、誤りを犯したのである。

定禅夢想の段が後の追加と確定すると、次の問題は、追加の時期はいつか、追加の分の絵詞の筆者は誰かということである。定禅夢想の段の構想が、延慶二年（一三〇九）の鏡御影発見以前には生まれ難いことについては、先に一言した。したがって西本願寺本の定禅夢想追加もまた当然延慶二年以後ということになる。次に筆者であるが、

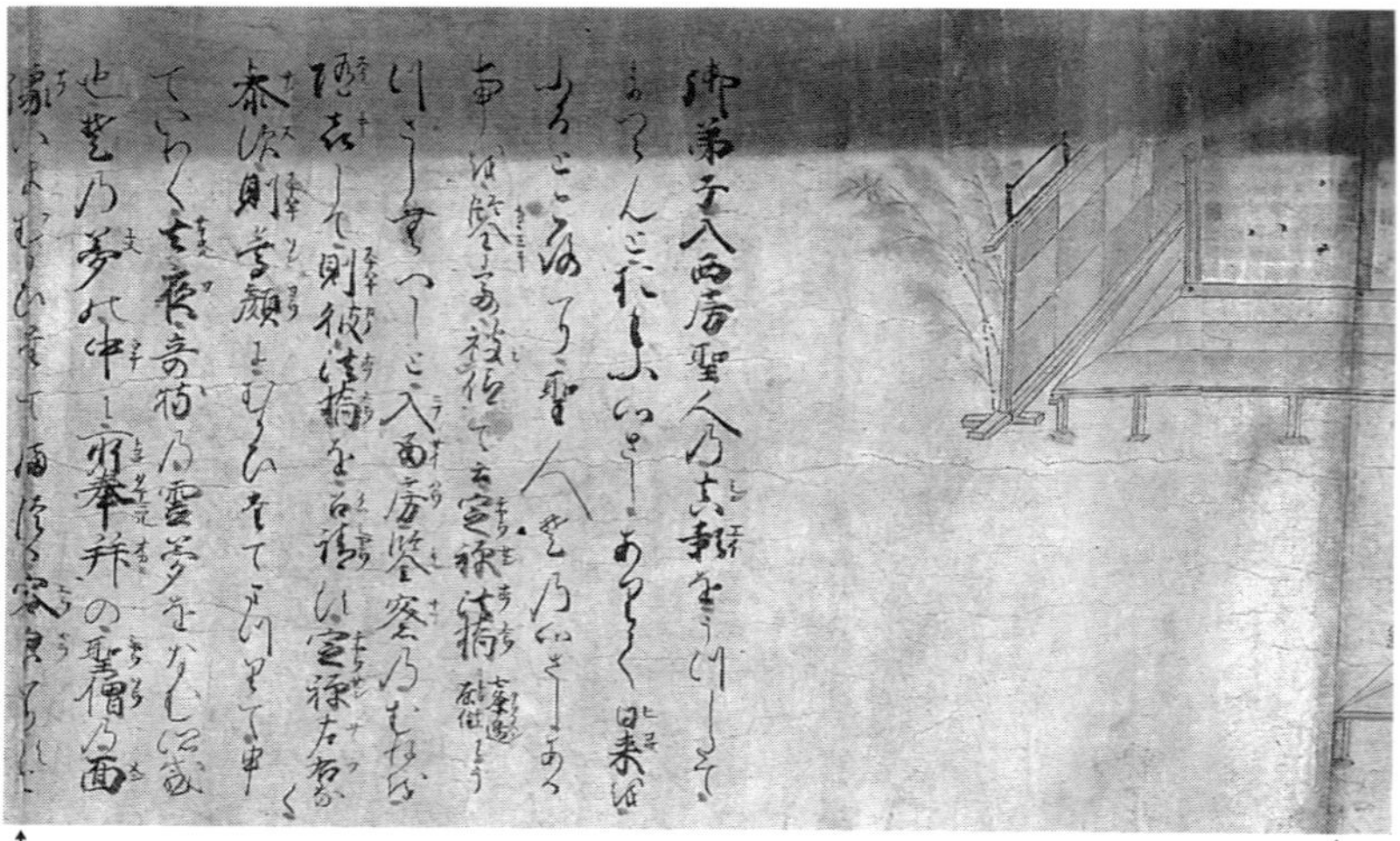

↑ 紙継目　**第７図**　『親鸞伝絵』上巻、信心諍論・定禅夢想段（西本願寺蔵）　↑ 紙継目

絵は簡単なので、はたしてほかの絵の筆者と同一人かどうか、私には解らないが、詞書が同一人であることは明らかである。ただし同一人といっても、追加の分はやや筆に勢いがない。このことは追加がやや時を隔ててなされたことを物語るものであろう。次に明らかにしなければならないことは、覚如が伝絵に定禅夢想の段を追加したのは、西本願寺本がはじめかどうかということである。覚如は西本願寺本の追加に当たって、新たに紙二枚を補足し、二枚目に親鸞定禅対面の図を描いた後、信心諍論の絵の余白から詞を書き始めた。この順序は、はじめに明らかにした初稿本の厳密な要件にはかなわないから、西本願寺本をもって定禅夢想追加の最初のものと、厳密な意味でいうことはできないであろう。

下巻については、中沢氏が、専修寺本の熊野霊告の段の平太郎がはじめ忠太郎と書かれていたことに注意したほか、誰も問題にしていないが、東西両本願寺本の構成が永仁の初稿本通りであるかは疑問である。図柄のなかでは、鳥辺野墓所・大谷御影堂など、写生的な要素を必要とするものが、本によって異なっているが、現実の墓所や御影堂の状態が変化したことに基

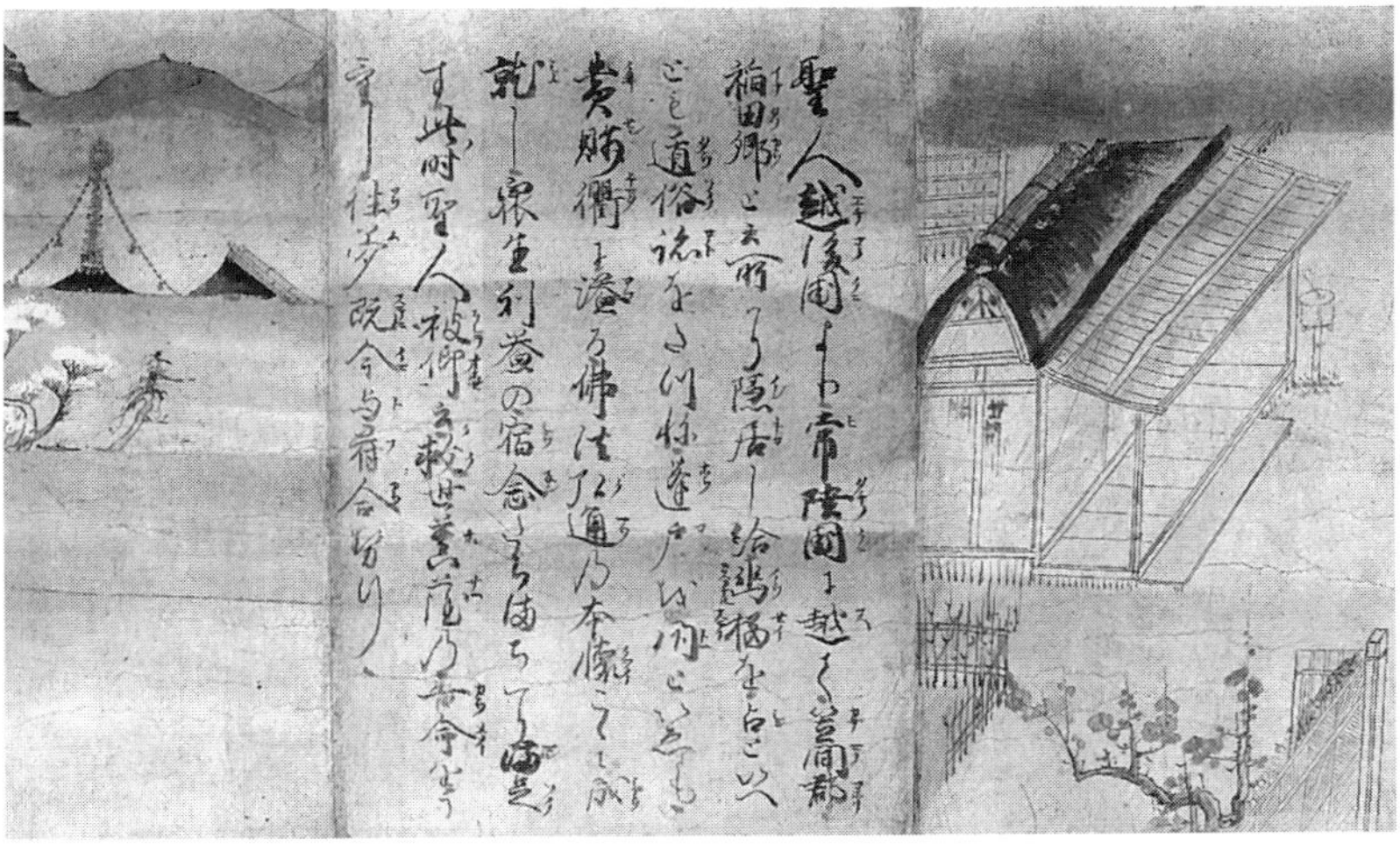

第8図　『親鸞伝絵』下巻、稲田幽栖段詞書（西本願寺蔵）

づいたとも考えられるので、さして問題ではなかろう。重要なことは第二段の越後国から下野国へ移居の段の詞書が、永仁の初稿の際にあったかどうかということである。何故にこのような疑問を提出するかというと、西本願寺本のこの部分は第8図で明らかなように、用紙がほかと異なって白紙ではなく、絵具で霞か何かを書いたものが転用されているからである。何故にこのような事態が起きたのか、考えようによっては用紙の不足という偶然のしわざとも考えられるが、そう考えるよりは、当初このところに詞書が用意されていなかったと考える方が、事実に当たっていると思われる。その理由は何かというと、次のとおりである。第二段の詞書がないとすると、第一段の絵の終わりである越後の流罪所と第二段の絵のはじめである国分寺の図柄は続いていたとしなければならない。西本願寺本を見ても、この両図は続いていたと考えられないこともないが、この二つの図が連続している伝絵がほかに存する。専修寺本がそれである。専修寺本では、下巻第一段と第二段の絵は続けて描かれており、第二段の詞書は、例外的に絵の後に、付け加えられている[(7)]。このことを考え合わせると、西本願寺本の下巻第二段の用紙が他と異なるのは、（8）偶然のしわざとすることはできない。永仁初稿の伝絵には稲田幽栖の詞書がなく、当初の構成は六段であったと推定しなければならないと思う。そのことは、上下両巻ともに六段で均衡が取れることからも、是認されるであろう。次の問題は何故に第二段の詞書が後から書き加えられたのかということである。第一段の末尾には、親鸞が勅免の後に「しばらく在国したまひけり」と書き、越後に在住したとしているのに、第三段では「聖人常陸国にして専修念仏の義をひろめたまふに」とあって、その間の連絡がない。それを結ぶために親鸞の越後より関東への移居をあげることが主な目的であった。したがって「救世菩薩の告命をうけし、いにしへのゆめ、すでにいま符合せり」という部分は、従の役目しか果たしていない。今までこの部分は六角堂の夢告に相応ずるものとして、覚如の伝絵制作の意図を示すものと解されてきた。それも考慮を要することになった。残った問題は、覚如がいつこの詞書の追加を行ったかということであるが、これは定禅夢想の段のようにほかに手がかりがないから、推定は困難である。今のところ、私は、永仁初稿よりはかなりの後、西本願寺本が制作されてから間もなく、定禅夢想が追加されるすこし前にこの書入がなされたのではないかと思っている。はっきりしたことは、専修寺本を精査した後でなければ、述べられない。

四

定禅夢想の段の絵詞と稲田幽栖の段の詞を除いた西本願寺本が、おそらく延慶・応長以前に書写されたとなると、私がかつて西本願寺本の制作年代を鎌倉時代末期または南北朝初期にしたことは、訂正しなければならない。私は、鎌倉時代末期または南北朝時代の制作と考えられる理由として、詞の筆者が覚如よりは弟子の乗専と認められること、絵も浄賀よりは円舜に近いと考えられることをあげたが、部分の写真と記憶によるこの推定は、その後、数度にわたって原本を観た結論としても、訂正しなければならないことを知った。筆蹟も覚如と考えて、誤りはないし、絵も円舜とは異なっている。奥書に画工の名がないので、確言することは困難であるが、西本願寺本こそ康楽寺浄賀の筆としてよいのではなかろうか。私は美術史には門外漢であるから、技法などを根拠にしていうことはできないが、それでも、この絵の岩の皴法《しゅんぽう》や、樹木の描法には本格的なものがあることは分かるような気がする。下巻第一段の流罪を検非違使に召仰せている蔵人頭の顔の描き方など、簡単であるが、似絵風の味がある。秀抜の作家とはいえないにしても、注目すべきものの一人とすることはできよう。

（昭和三十年十月三十一日稿了）

註

（1）中沢見明『真宗源流史論』第六章「親鸞伝絵の古写本」第一節「親鸞伝絵の永仁本及康永本の相異について」参照。
（2）赤松俊秀「一遍上人の時宗について」（本著作集第二巻所収）参照。
（3）日下無倫『本願寺聖人伝絵講要』第一章第二節参照。
（4）山田文昭『親鸞とその教団』「俗姓」参照。
（5）中沢見明『真宗源流史論』第七章「御伝鈔の信仰と親鸞伝記」第二節「壮年時代の親鸞」参照。
（6）（7）日下無倫『本願寺聖人伝絵講要』第一章第一節参照。
（8）下巻第二段の詞書の紙が七寸一分であって、もと絵の部分の料紙を転用したことを考えると、はじめは、下巻三十四枚目の一部であったと考えられないことはない。この紙はいま九寸一分しかなく、七寸二、三分切り取られたと考えられるからである。両者の図柄も続いていたと考えられないことはない。

「鏡御影」の賛について

一

『仏教芸術』第二三号に発表した論文「親鸞像について」（本書所収）の中で、私は西本願寺蔵の親鸞聖人像「鏡御影」について論じ、その制作年次を推定する一つの鍵は、親鸞自筆の原賛であると述べ、その観点から、将来鏡御影の原賛を調査することを約束した。しかし、この約束を果たすことは、実は容易なことではなかったのである。なぜかといえば、前稿で説明したように、鏡御影の原賛のうち、「正信偈」の「本願名号正定業」以下二十句の上部の賛文のほとんど全部は、覚如の時からすでに失われており、残っているわずかの文字も、絵具で塗消されているので、透視しなければ、筆致を見ることはできない。源空の『選択集』三心章の一節と、それに対応する親鸞の「正信偈」の一節を書いたと推定される下部の賛文になると、その上に塗られている絵具が上部の賛よりも濃彩なので、透視しても、字形を明確に識読できない、というのが実情であったからである。昭和三十年五月の真宗連合学会の第二回大会で、鏡御影が展観された直後、許されて久し振りに鏡御影を直接に手に取って、調査したが、視力が衰えたために、昭和十八、九年に透視できた部分も識読できなかった。

昭和三十一年の八月末日近かったと記憶しているが、鏡御影の修理を担当していた表具師の宇佐見直八氏から、裏打紙を取り除いたところ、いままで判読できなかった下部の賛文が読めるようになったから、調査に来てほしいとの依頼があった。すぐに修理場の京都国立博物館に赴いて、調査したが、以前に考えていたことが一部誤っていたことを知った。私は、鏡御影には修理した形迹がないと主張したのであったが、それが事実と異なっていたのである。深く注意せずに見ると、いかにも延慶三年（一三一〇）の表装当時の原状を保っているように見受けられたが、覚如が修理記を書いた裏打紙が、全紙のままで保存されていないことから判断すると[1]、中途に修理されたに相違なく、原状を保っていないことは確かである。しかし私が前稿で鏡御影の最初の状態を考える手がかりとした折目については、鎹《かすがい》が伏せてあったほか、新しい知見はなく、それができたのは延慶三年の表装以前と、前稿で私が考えたことを、変更しなければならない理由は、見当たらなかった。

二

問題は、今度全体が明らかになった下部の賛である。前稿では、故日下無倫氏が判読したものを基にして、自分で読み取ったものを一、二付け加えたが、透視が困難であったために、一部判読を誤っていた。今度明らかになった賛文は次のとおりである。

源空聖人云（紙継目）
当知生死之家
以疑為所止涅

槃之城以信為
能入　文
釈親鸞云
還来生死流転之家
決以疑情為所止
速入寂静无為之城
必為信心為能入　文

この賛については、解き難いいくつかの疑問を感ずる。その第一は、賛の本文についてである。賛の後半部は、いままで親鸞の「正信念仏偈」の一節と思われていた。実は「正信念仏偈」でも「念仏正信偈」でもなかったのである。「正信念仏偈」なら、第一句は「還来生死輪転家」、第三句は「速入寂静无為楽」である。「念仏正信偈」なら、第一句は「還来生死流転家」でなければならない。「正信念仏偈」とも「念仏正信偈」とも一致しないこの賛文を、どう考えたら、よいであろうか。鏡御影の新しい知見について、いち早く意見を発表した龍谷大学の宮崎円遵氏も、「この賛文は近似と云う点から云えば、正信念仏偈より念仏正信偈に親しいというべきであろう」と述べているだけである。(2)

周知のように、「正信念仏偈」は『教行信証』に、「念仏正信偈」は『浄土文類聚鈔』に収められており、ともに親鸞の撰であるが、『教行信証』には坂東本という草稿が存在しているのに、『文類聚鈔』の親鸞自筆本はなく、著述の時期も不明である。両者のうち、いずれが先に著わされたと考えるかは、真宗学の重要な論題となっている。

そのことを考えると、「正信念仏偈」とも「念仏正信偈」とも判定のつかない賛文が、新たに見出されたことは、意義深いことと言わなければならない。この賛文について、事実が少しでも明らかにされたなら、不明の『文類聚鈔』の成立事情も、ことによると明らかになるかもしれない。私はそのことに望みを持って、その後も何度となく京都博物館に赴いて、調査し、苦心して困難な写真撮影をした。調査の結果は、『文類聚鈔』の成立について、何事も明らかにしなかったが、それでも一、二重要な事実を確かめることができた。

三

新たに判明した事実の第一は、下部の賛の分のうち、上半部と下半部では、紙質の異なる紙が用いられており、上半部と下半部では、賛の筆者が異なると認められることである。この紙質の相違に気づいたのは、表具師の宇佐美氏であって、水の吸い方が違うから、紙質が違うに相違ないと、繰り返し主張した。宮崎氏も、宇佐美氏からそのことを聞いたとみえ、報告に紙質が異なる旨を記しているが、紙質の異なる紙を継ぎ足したのは、肖像に賛が書かれる以前としており、鏡御影の原賛は全部一筆で書かれたとしている。私は、宇佐美氏の紙質についての説明を聞きつつ、下部の賛の部分を透視してみたが、驚いたことには、紙継目を境として、賛の筆致がまったく異なっている。一方同じ紙に書かれている上部の賛の残字と下部の賛の上字は、筆致が同一であって、筆者が同一人であることは、明らかである(3)（第9・10図）。

問題は、その筆者であるが、私は前稿でそれを親鸞とした。その判定は、不完全の透視を基にしたものであったが、写真撮影が可能になった今日、その判定が正しかったことは明らかになったと思う(4)。注意すべきは、それの書

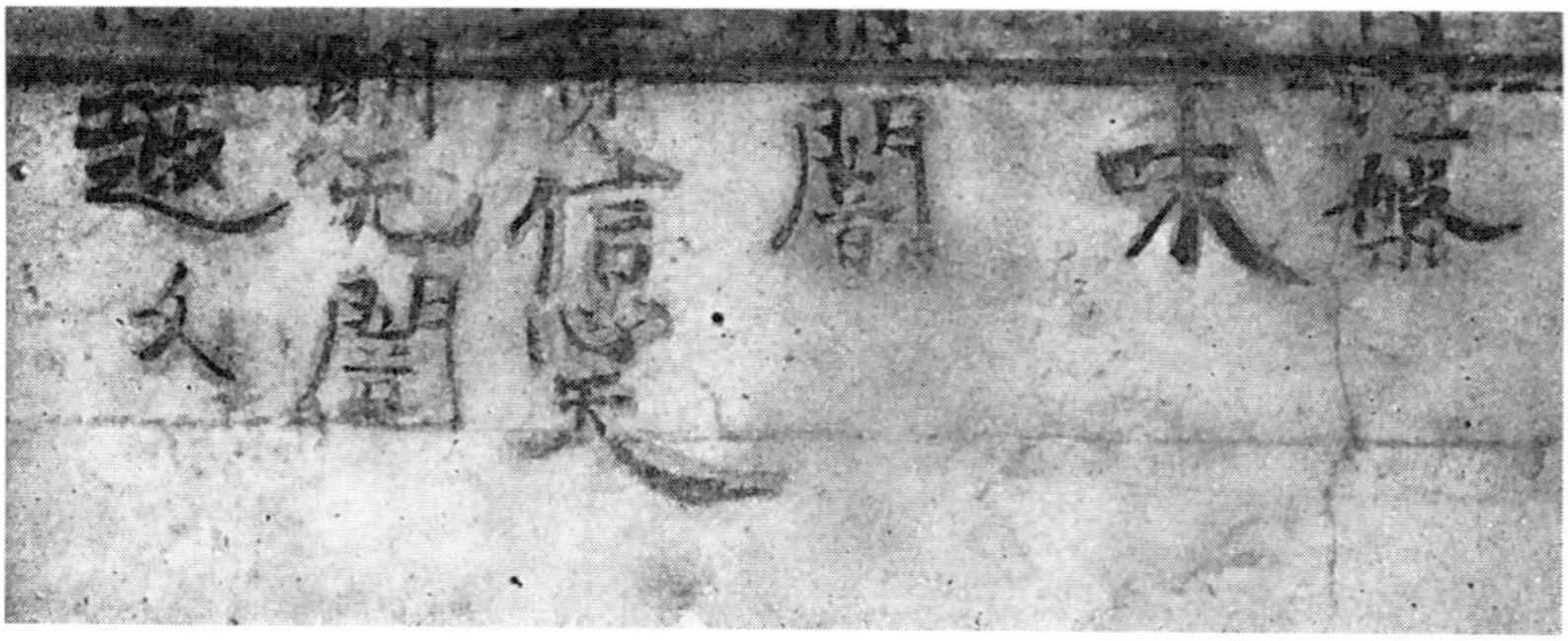

第9図　親鸞像（鏡御影）　旧賛（上）
第9～11図は『鎌倉仏教の研究』より転載

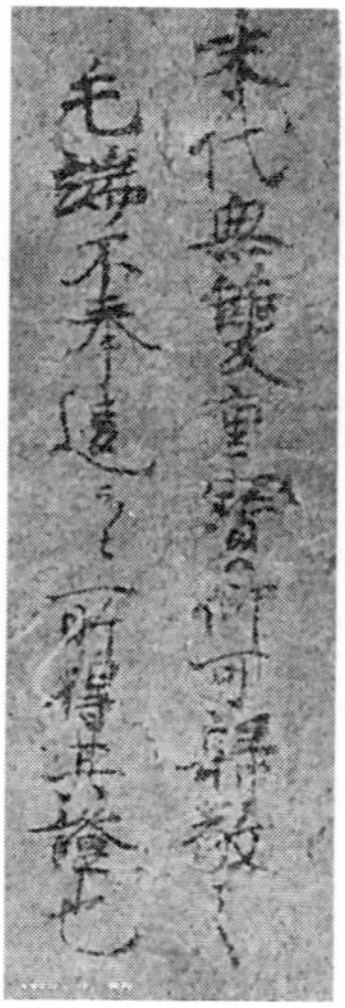

第11図
親鸞像（鏡御影）
修理記　部分

第10図　親鸞像（鏡御影）　旧賛（中）（下）

かれた年代である。周知のように、親鸞の筆蹟は、六十三、四歳頃と八十歳以後のものが多く存在しており、六十三、四歳以前と、六十三、四歳から八十歳までの間の筆蹟は、少ないのである。(5) 鏡御影の原賛の筆致は、六十三、四歳頃とも、八十歳以後とも一致しない。しかも筆致から判断すると、親鸞の筆蹟であることは疑いない。おそらく中間の七十歳前後の筆蹟と考うべきであろう。(6) しかも賛が書かれた時は、前稿で述べたように、専阿弥陀仏が親鸞を写生した時と同時と考えられるのである。

私は前稿で制作年時不明の鏡御影と建長七年（一二五五）八十三歳の安城御影の制作前後関係を断定するのを控えたが、今となっては、自信をもって、鏡御影の制作年時は安城御影よりかなり早いと断定してよいと思っている。そうなると、注目されるのは、覚如が親鸞伝絵の増補の分で定禅の親鸞像制作を仁治三年（一二四二）九月二十一日としていることである。前稿で明らかにしたように、覚如が定禅夢想の段を増補したのは、鏡御影の存在を知り、専阿弥陀仏の同族の為信の娘と結婚した後と推定されるから、覚如がこのように明瞭に断定したのについては、何か史料を持っていたのかもしれない。当時親鸞は七十歳であった。鏡御影に現されている親鸞の年齢は、見る人によって異なるが、七十歳と見られないことはないであろう。

四

本紙の賛の筆致を論じて、鏡御影の制作年時に言い及んだが、次に補紙の賛の筆致について述べなければならない。本紙と補紙の筆致を比較すると、字形の似ているものもあるが、よく見ると、本紙の賛は禿筆で、どちらかといえば、右肩上りに書かれているのに、補紙の分は、穂先のある筆で、どちらかといえば、右肩下りに書かれている。同一の賛文の同一の行のうちで、紙が異なると、筆致がこれだけ違うところを見ると、補紙の分は別筆で、本紙の賛よりは後に書き足されたとするよりほかに考えようがない。問題は継目の上に書かれている「聖」「生」「為」「城」「鸞」「生」「情」「解」「為」の九字であるが、同じ文字でも、補紙の分は、後から書き足されたと解して誤りないことは、第10図で知られる。

補紙の分の賛が後補であるとなると、次に明らかにしなければならないのは、誰が補写したかということである。賛の筆者について、言い伝えが全然ない以上、その筆致と今までに知られている人々の筆致を比較して、推定の手がかりを捉えなければならない。私はこのように考えて比較検討した結果、この補写の部分は、意外にも、覚如であることが判明した。その根拠は、賛の筆致が覚如の書いた鏡御影の修理記の筆致（第11図）とまったく同一なことである。ことによると、同一の筆で同時に書かれたものかもしれないと、思われるほどである。(7) 筆致の同一のことは、いろいろの点に現れているが、同一の文字である「所」に最もよく現れている。これだけに特色の同一の文字を、別人が書くということはありえない。「所」のほかでも「人」「鸞」など、覚如が書き改めた上部の賛と同一の字にも、両者に共通の筆致が現れている。

五

補紙の筆者が覚如となると、覚如が表装に先立って、下部の賛を書き足し、すぐに上を濃彩の絵具で塗り消したことになり、何故にこのようなことをしたか、という疑問が残る。推察すれば、いろいろに考えられようが、やはり、私が前稿に考えたように、表装以前の鏡御影は、巻き畳まれたまま、人眼にはつき難いが、破損しやすいところに保存され、発見された時は痛く破損していたと考えるのが、最も合理的であると思われる。ただ、破損したのが上巻きだけでなく、中心の下部の賛文も同様に破損していたと考えなければならなくなったのが、以前と異なるが、中心の部分が傷んだのは、何かの偶然の所為であるかもしれない。補紙の賛のうちに、本紙の賛の字形に似ているものがあるが(8)、ことによると、旧本紙は完全に滅失したのではなく、不完全の形にせよ、残っていたことを物語っているのかもしれない。このことはまた、補紙の賛が親鸞の書いた当初のとおりであるか、どうかを検する指標ともなると思われる。

要するに、賛について新しい知見が加わったが、それにもかかわらず、私が前稿に述べた大胆な仮説、はじめは大谷の御影堂の本尊である親鸞の胎内に納められてあり、唯善騒動の時に発見されたであろうとの推測説は、なお、存在を主張してもよい根拠を持っていると考えられる。私のこの推測に対しては、賛否両説が発表されているが(9)、画稿であるから、画工専阿弥陀仏の手許に保存されたに相違ないと、宮崎氏が推測していることは、私もはじめから考えていた。私が前稿で、鏡御影より後に描かれたと思われる安城御影の制作に、なんらかの意味で鏡御影が参考されたと考えてよい根拠があると、すでに指摘していることを、想起されたい。問題は、安城御影が制作された建長七年(一二五五)から、鏡御影が修理された延慶三年(一三一〇)までの五十五年の間のことである。肖像画、ことに写生の画稿が影像の胎内に納められた徴証は、他に存するのである(10)。その事実が認められるかぎり、私の大胆な推測は、なお成立の可能性を持っていると思う。

(昭和三十二年四月八日稿了)

註

(1) 修理記など書かれる時は、総裏と呼ばれる裏打紙に書かれる場合が多く、鏡御影もその一例である。総裏は全紙であるのが原則である。ところが現在の修理記の料紙は幅四寸の切紙である。延慶三年以後、いつか改修され、総裏が取り換えられ、修理記のみが保存されたと認められる。

（2）宮崎円遵「親鸞の寿像（鏡御影）私考」（『封建社会における真宗教団の展開』）八二頁参照。

（3）上下双方の賛の比較については前掲註（2）の宮崎氏の論文に発表されている写真を参照されたい。

（4）宮崎氏は筆者を親鸞とするに反対している。前掲註（2）論文八〇頁参照。しかしその場合解釈に困るのは、親鸞の著述を引用するのに、「釈親鸞云」として、敬称が省かれていることである。氏は写しと考えて、その難点を避けているが、原賛は写しという感じを与えない。そのことを考え、特異な筆致に留意して、考察すれば、原賛の筆者が親鸞であることは明らかになるであろう。

（5）六十三、四歳の代表的筆蹟は、専修寺蔵『唯信鈔』（仮名本）、『教行信証』（坂東本）、八十歳以後の分は数多くある。それに対して、六十三、四歳以前では、『観小両経集註』があるのみであり、六十三、四歳と八十歳の中間期では、高田専修寺蔵の『浄土高祖和讃』などのうち、親鸞自筆の分がそれに当たるのではないかと思われる。

（6）七十歳頃の親鸞の筆蹟を考える場合、参考になるのは、坂東本のうちで改訂された部分である。化身土末巻の巻子本など、略同時代のものであろう。

（7）覚如が註記したのは修理以後であり、応長元年かもしれない。

（8）「以」「信」「无」などがその例である。

（9）「親鸞聖人の画像」（『京都女子大学紀要』第一一）で、手塚唯聴氏が私の意見に賛意を表したが、宮崎氏は、はっきり否定ではないが、賛意を表するを躊躇しているようである。同氏論文八四頁参照。

（10）赤松俊秀「御影堂について」参照（本著作集第二巻所収）。

「本願毀滅のともがら」について

――異義者と親鸞――

一

『親鸞聖人御消息集』所収の九月二日付二通の親鸞の消息は「領家・地頭・名主」の念仏停止に触れているために、現在学界注目の的となっている。多くの人がこの消息について論じ、いろいろの意見を発表しているにもかかわらず、この二通の消息については未解決の問題がなお多く残されている。まず第一に、その発信の九月二日が年号にしていつに当たるかということが確定していない。一般には親鸞が善鸞を義絶した建長八年（一二五六）の前年の七年と推定されている。一応は首肯できるが、七年に限定する必要はなく、六年とも五年とも四年とも考えられるのである。事件の核心である弟子の異義や「領家・地頭・名主」の権力による介入についても不明のことが多く、精密な議論をする時の障害となっている。この消息をめぐる多くの問題を解決するためには、何よりもまず関係史料が新しく発見されることが望ましい。しかし初期真宗関係史料は存在する場所が限られているために、新史料が見出される可能性が自ずから制限されるのは当然である。しかし最近高田派専修寺の宝庫から、『教行信証』坂東本を鎌倉時代に刊行した史料が発見されたことは、将来に希望を与えるものである。この新史料については平松令三氏が『高田学報』(1)に紹介しているので、詳細はそれを見られたいが、性信の後に横曾根門徒を引き受けた性海が、連続して見た奇夢に力を得て、北条貞時の乳父で当時幕政を自由にしていた平頼綱に近づき、その援助によって正応四年（一二九一）に坂東本を刊行したという奥書は、性信以来の横曾根門徒の幕府に積極的に接近しようとした傾向から考えても、一概に否定することはできない。性信は、すでに明らかにされているように、念仏停止に関係して鎌倉で訴訟したが、「しむしの入道」などの鎌倉幕府配下の武士の協力を得たためか、訴訟も教団に有利に解決したし、性信自身「朝家の御ため国民のため」の念仏の意義について考えるようになった。また嘉元元年（一三〇三）に時宗の遊行念仏が直接の原因となって、専修念仏が停止された時に、真宗教団を弾圧の対象から除外するように幕府に運動したのも横曾根門徒であり、木針の智信はその運動費として三百貫文の大金を出したことも注意されている。(3)この横曾根門徒が幕府の援助を受けて坂東本を刊行することは、ありうることといわなければならない。もちろん刊行された版本の『教行信証』は一枚半紙の断簡も見出されておらず、写のみによって伝えられている奥書をあまり重視するのは、当を得たことではない。奥書そのものについても、わずかながら問題があるから、(4)刊本の原本を含めて、さらに新しい史料が発見されるまでは、決定的な議論を差し控えるべきであろう。

それにしてもこのような史料が発見され、横曾根門徒の幕府接近の傾向が動かし難い事実と認められる以上、初期真宗教団の社会的基盤について、今後論をする時、この事実を無視することは許されないであろう。故服部之総氏が、親鸞の宗教の社会的基盤を「領家・地頭・名主」に対立する「越後移住の新百姓・下人・自営農民たる百姓」の上において以来、権力との対立関係を重視した論がなされている。初期真宗教団が公卿や武士などの支配階級中心の教団ではなく、「在家止住之土民」を中心とする教団であったことは、嘉元元年の幕府御教書に明記されており、あらためて論証を要しないほど明らかである。親鸞の宗教成立の基盤として、武士などの宗教体験を重視する家永三郎博士でも、武士が親鸞の教団で多数を占めていたとは考えていないであろう。問題は、土民が多数を占めている教団が、朝廷・幕府をはじめ領家・地頭などの世俗権力に対して、どのような関係を維持したかということである。「領家・地頭・名主」の親鸞消息が重視されるのは、その解明に有力な手がかりを与えるからであるが、消息の解釈だけでは十分でないことはいうまでもない。親鸞の考えを明確にするためには、問題の消息の文意を正しく把握するように努めるといっしょに、親鸞の教えを受け入れた社会の構造をもっと精緻に考察することも必要である。最近に著書『親鸞と東国農民』を著わした笠原一男氏は、多数の古文書を引用して、東国の社会構造を分析して学界の要望に応えた。その努力に対して感謝するものである。笠原氏の論は東国の名田経営の分析から始まり、畿内の名田とは異なって規模が大きく、名主は自身その領主であると同時に、領家の代官であり、地頭であり得たことを明らかにし、それに対する耕作農民は「在家農民」ともいうべき特殊の形態を持ち、これらの領主と対立関係にあった、としている。初期真宗教団の信者は、笠原氏によると、万余を超える可能性があるというから、このような多数の信者は、在家農民以外には求めようがないであろう。しかし教団の動向を考えるにあたって重要なのは、数でなく、質である。教団で指導的な地位にあった道場主が、どのような階級に属し、どのような意図に基づいて教団を動かしたか、ということが問題である。その際に第一に取り上げなければならないのは、笠原氏のいう「収奪の論理」を作り出した、道場主の階級的なあり方である。笠原氏は、収奪する道場主も収奪される門弟もその社会的系譜はともに直接生産者である在家農民に結びつく、としている。氏のこのような見方については前に批判したが、(5)今度の著書に現れた氏の意見は、前に『歴史学研究』に発表した論文とは若干異なっている。前の論文では、在家農民について、直接生産者とする以外に特に規定しなかったのに対して、今度の著書では宝月圭吾氏の論文を引用して、東国地区で貨幣経済に直接接触したのは「領家・地頭・名主」の領主階級だけであり、在家農民は貨幣経済に接触しえなかった、としている。しかし在家農民をこのように規定すればするほど、「収奪の論理」を作り出した道場主の系譜は、不可解とならざるをえない。笠原氏の説がこのような矛盾に陥るのは、道場主とその門弟の社会階級的立場を同一視して在家農民一本で論ずるからである。新出の刊本坂東本の奥書は、この両者の社会的系譜が当初から異なっていたことを強く暗示するものである。今後の初期真宗教団の動向の研究は両者の系譜が相違する観点からなされなければならない、と私は考える。私が主張する中小名主・商人説はそれに答えるものであり、その線に沿う研究の成果は、ことによると、今後の東国の社会構造の分析に新たな観点を提供するようになるかもしれない、と思っている。

この論文では、親鸞の「領家・地頭・名主」の消息に現れている親鸞の思想内容を明らかにするために、それに引用されている『目蓮所問経』『法事讃』『蓮華面経』について考察し、異義者・権力者に対する親鸞の態度がどのようにして形成され、どのように発展したかを、明らかにすることにする。

二

まず『目蓮所問経』であるが、親鸞がこの経を引用したのは「念仏する人をそしるもの」を「名无眼人」「名无耳人」と批難するためであった。今まで論ぜられていることは、「この念仏する人をそしるもの」と親鸞が言ったのは誰か、ということである。故服部氏が解したように念仏を停止する「領家・地頭・名主」とするのが正しいか、それとも私のように異義を主張して正信の念仏者を誹謗する邪見のものとするのが正しいか、の問題である。両方のうちいずれが正しいかは当然全体の文意から決定される。しかし親鸞が引用を一部に止めた『目蓮所問経』の文意を考察することも、問題の決定をいっそう確実にする方法である。親鸞が引用した『目蓮所問経』は、現行の宋法天訳とは別本であって、完全の形では伝えられていない。今は散佚している『目蓮所問経』において釈迦は「無量寿仏国易往易取、而人不能修行往生、反事九十五種邪道、我説是人、名無眼人、名無耳人」と説き、「易往易取」の弥陀の浄土に往生しようとせずに、九十五種の外道にとらわれているものを、無眼人・無耳人と名づけたのである。この『目蓮所問経』の意味を正しく理解するかぎり、親鸞が「名无眼人、名无耳人」と評した「念仏するひとをそしるもの」は、九十五種の外道に事《つか》えるもの、すなわち異義者・邪義の徒ということになる。念仏に無縁な権力者を指したことにはならない。

『目蓮所問経』のこの部分は、『安楽集』巻上第三大門の最後に引用されている。散佚した経文を親鸞が知ったのは、ことによると『安楽集』を通じてであったかもしれない。『教行信証』の行巻では『安楽集』を通じて引用されている。坂東本のこの部分すなわち63・64[6]は書き直されており、行数は表裏十二行である。坂東本は一枚十六行が普通であり、十二行の分は書き直しである。十二行のこの部分は書き直しによって本文の行数が四行、字数にして約五十字が減ぜられたに相違ない。減ぜられた本文については、明らかにする手がかりがないが、書き直される以前の坂東本のこの部分に、『目蓮所問経』を引用した『安楽集』巻上が書かれてあったと、必ずしもいえない事情がある。この部分の『安楽集』の引用が、下巻から上巻に戻って、順序が乱れているからである。親鸞は『教行信証』の著述にあたって経釈の引用に整然とした順序を立てていたようである。まず『大無量寿経』から始まって異訳経に及び、論疏も七祖の順位に引用し、同一の論疏は巻数によって引くことに定めていたらしく見受けられる。この原則はだいたいによく守られており、乱れているところは書き直された部分に多い。順序錯乱の原因の多くは本文を新たに書き入れたことである。その際、書き直しにあたって、訂正を最小限度にとどめるために、やむなく最初に定めた引用の原則を破るとか、あるいは原典での前後を確かめなかったために、知らずに原則を破って書き入れるということが起き、順序が乱れたのである。したがって順序が乱れている引用文は、後から書き加えられた可能性がある。

親鸞が坂東本のこの部分を書き直すにあたって、『目蓮所問経』を引用した『安楽集』の部分を、新たに引用したのが事実とすると、いつどのような事情で追加引用したかが問題となろう。まず書き直しの時期であるが、書き直された部分の筆致が書き直されていない部分と相違がないので、坂東本が書写されたと推定される文暦（一二三四―三五）前後をあまり離れていないとみるのが妥当であろう。したがって建長末年と推定される「領家・地頭・名主」の消息と、この書き直しは一応無関係と認められる。しかし親鸞の教団内の異義は、建長（一二四九―五六）前後になって急に盛んになったのではなく、親鸞自身が消息に述べたところによると[7]、親鸞が関東にいた時にすでに大きな問題となっていた。このような異義と対決するごとに、親鸞は教義に対する反省を深くし、その結果が『教行信証』の改訂になって現れたことはあり得ることである[8]。今まで『教行信証』は親鸞が京都に帰還した後に撰述されたと考えられていたが、小川貫弌氏[9]と私の研究によって、原『教行信証』の成立はおそらく元仁元年（一二二四）以前、坂東本の書写は遅くとも文暦前後を下らないことが明らかになった。『教行信証』の成立が今まで考えられていたよりも約二十年も早くなったので、親鸞の関東での体験がその撰述や改訂に直接反映していると考える根拠ができたわけである。

ついでではあるが、化身土本巻の元仁元年の条は行巻の『目蓮所問経』の部分とまったく同様の形で書き直されている。笠原一男氏はこの部分の改訂について、著書『親鸞と東国農民』に拡大写真を掲げ、氏独自の解釈を発表している。その要点は「元仁元年」の「仁」は、はじめ「年」と書かれてあったこと、「元仁元年甲申」について書かれている二千一百八十三歳・六百八十三歳は元仁元年現在の計算より十年多く数えられていることを根拠にして、親鸞は当初ここに文暦元年と書くつもりであったが、のちになって元仁元年と書くことに改めたのであり、書き改めた動機は、文暦元年になって激化した念仏の弾圧が元仁元年から始まったことを回顧したからである、という。笠原氏の説は故中沢見明[10]・小川貫弌両氏の説を基礎にし、それに宮崎円遵博士の説の要点を生かしたものといえる。しかし氏独自の解釈である「元仁元年」の書き直しの説明も、書き直しの範囲が「仁」一字にとどまっているために説得力を欠いている。もしも元仁元年の次の甲申の干支まで書き直されているならば、氏の解釈は正鵠を得ているというべきであろう。それが上に述べたように、「仁」一字の書き直しとなったことは、親鸞は当初からこのところで「我元仁元年」と書くつもりであり、「仁」と書くべきところを前に書いた元に引かれて、二字後に書くべき「年」を書いたのにすぎないことを示している。親鸞の年数の計算が十年誤っており、文暦元年現在になっていることは、親鸞がこの部分を書き直したのが文暦元年であったことを示しているのかもしれない。要するに親鸞がこのところで「元仁元年」の年号を書いたのは、それが最も身近な申年であったことによる、という禿諦住[11]氏や私の説は簡単ではあるが、当を得た見解であろう。

『目蓮所問経』のこの一節は、『教行信証』に次いで作られた『浄土和讃』のなかの「諸仏意弥陀仏和讃」の第四首にも引用されている。高田派専修寺蔵の真蹟初稿本[12]には、次のように書かれている。

大聖易往《しょういおう》とときたまふ
浄土をうたがふ衆生をば
無眼人とぞなづけたる
まなこなきひとゝなつく、もくれんしよもんきやうのもんなり、くわんねんほふもんにひかれたり。
無耳人《むににん》とぞのべたまふ

和讃の文意も経意のとおりに、浄土を疑う異義者をもって無眼人、無耳人と評している。和讃は『教行信証』とは異なって門弟に早くから伝授され、よく理解されていた。そのことは慶信が「諸仏等同」について親鸞に書状で尋ねた際に、[13]『教行信証』を引用せずに、「信心よろこぶそのひとを、如来とひとしとときたまふ、大信心は仏性なり、仏性すなわち如来なり」の和讃を引用したことで知られる。親鸞が「領家・地頭・名主」の消息で、『目蓮所問経』などの経疏を引用したのは、それが和讃に引用されており、門弟に耳慣れていたことによるのであろう。門弟らは「无眼人・无耳人」と聞けば、それは浄土を疑う異義者のことであると思ったに相違ない。しかし親鸞が消息で「无眼人・无耳人」と述べたのは、浄土を疑う異義者ではなく、「念仏する人をそしるもの」であった。念仏するものをそしることと、弥陀の本願を疑うことは別である。念仏者を誹謗するとは、権力をもって念仏者を迫害し、専修念仏を停止することである、と考えている学者はすこぶる多い。[14]しかし浄土教では早くから、弥陀の救済を疑うことと、念仏を誹謗することを、同一に見ており「疑謗」と熟して言う慣わしになっている。[15]親鸞も浄土教を信ずる一人として、その例外ではなかった。和讃には誹謗の戒めが繰り返して述べられている。「誓願不思議をうたがひて、御名を称する往生は、宮殿のうちに五百歳、むなしくすぐとぞときたまふ」[16]とも、「仏智疑惑の罪ゆへに、五百歳まで牢獄に、かたくいましめおはします、これを胎生とときたまふ」[17]とも戒められている疑惑のものも、また「念仏誹謗の有情は、阿鼻地獄に堕在して、八万劫中大苦悩、ひまなくうくとぞときたまふ」[18]と警告されている誹謗のものも本願を毀滅することでは同一に考えられ、牢獄に堕在して苦悩を受ける、とされる。その本願毀滅であるが、親鸞は、のちに説明する『法事讃』を引用した『高僧和讃』「善導讃」の第二十三首で「本願毀滅」に左訓を施し、[19]「そしりほろぼす」としたうえ、さらに詳しく次のとおりに述べた。「そしるにとりても、わか《〔我〕》するほふ《〔法〕》はまさり《〔勝〕》、またひとのほふ《〔法〕》はいやしといふを、くゐめち《〔毀滅〕》といふなり」。親鸞のこの訓によると、誹謗する場合でも重大なのは、自分が信ずる法は勝っている、他人の信ずる法は劣っていると論議することである。親鸞が異義争論をどんなに重く考え、そのことがすなわち念仏誹謗・本願毀滅であると考えていたことは、これによって明らかとなった。権力者の弾圧はいかに重大であっても、異義争論に比べれば、はるかに問題ではなかったのである。

三

次は『法事讃』であるが、親鸞が引用した一節は、『法事讃』の前行分・転経分・後行分のうちの転経分の一部である。転経分は十七段に分けられた『阿弥陀経』の本文とそれぞれに配当された讃文から成立しているが、問題の讃文は、第十七段の讃文の末尾の一節である。第十七段に収められている『阿弥陀経』の本文は、五濁悪世の娑婆国土において、釈迦が諸の衆生のために世間離信の法を説くことを、諸仏が称讃している、と説いている。それに対して、この讃文は、釈迦が説法を終えようとした時に、慇懃に弥陀の名を舎利弗に付属したのに、五濁増の現在では、念仏往生の法門を疑謗するものが多く、道俗相嫌って念仏往生の法を聞こうとせずに、弥陀の浄土に往生しようとして修行するものを見ては怒りをなし、方便善巧をもって念仏の法門を破壊し、怨みをなすものが多い、その現実を明らかにし、法会に参列する大衆に対して、内に持っている破法の罪の因縁を同心して懺悔せよ、と勧めたものである。

『法事讃』の本文の意味は右に述べたとおりであるが、善導の疏釈に従って浄土宗を開いた源空は、その著述や消息などにしばしば『法事讃』のこの一節を引用した。まず『選択集』であるが、その第十六章の「釈迦如来以弥陀名号慇懃付属舎利弗等之文」で、『阿弥陀経』の流通分の末句といっしょに、『法事讃』のこの一節を引用して、

『選択集』全部の結びとしている。しかし源空がここに『法事讃』を引用したのは、五濁増の現在、念仏を修するものに怒りや怨みを抱くものが多いことを強調するためではなかった。源空は第十六章で『阿弥陀経』と『法事讃』を引用したのち、「私云」として「是に於て、貧道、昔茲典（観経疏）を披閲して、粗々素意を識り、立ちどころに余行を舎てて、云《ここ》に念仏に帰しぬ。其れ自《よ》り已来、今日于《に》至るまで、自行・化他唯念仏を縡とす。然る間、希に津を問ふ者には、示すに西方の通津を以てす。適々行を尋ぬる者には、誨ふるに念仏の別行を以てす。之を信ずる者は多く、信ぜざる者は尠し。当に知るべし、浄土之《の》教は時機を叩きて、而《しか》も行運に当也《れり》。念仏之《の》行は水月を感じて、而《しか》も昇降を得也《たり》」と述べ、浄土の教えと念仏の行が時機を得て盛んになりつつあることに、満足の意を表しているからである。源空が『法事讃』を引用したのは、釈迦が弥陀の名号を称することを選択した意味を強調するためであった。『漢語燈録』巻三によると、源空は文治六年（一一九〇）二月一日から三日までの三日間、俊乗房重源(20)の請を受けて東大寺で『浄土三部経』を講じたことになっている。このことについては、東大寺側にそれを裏づける史料がなく、浄土宗側でも、『漢語燈録』以外に所伝がない。『漢語燈録』は、『和語燈録』と異なって、鎌倉時代の写本とか刊本がなく、史料としての価値は『和語燈録』よりはるかに劣っている。したがって『漢語燈録』巻一以下に収められている『三部経釈』が源空の撰であるかどうか疑えば疑えるであろう。『三部経釈』と『選択集』の編纂前後についても論があったが、龍谷大学所蔵の元亨版『拾遺語燈録』巻下に収められている建久二年（一一九一）三月十三日に源空と重源の間に行われた『東大寺十問答』によると、「本願には十念、成就に一念と候は、平生にて候か臨終にて候か」の重源の問いに対して、源空は、「去年申候き」と答えた、とある。この去年の講釈というのがすなわち文治六年の『三部経釈』に当たることは、まず疑いないであろう。『法然上人行状絵図(21)』などの源空伝記では、東大寺での三部経講讃を建久二年としているが、それは前年の事実を誤り伝えたものであろう。源空は『阿弥陀経釈』の中で『法事讃』の一節の意味を平明に解説している。源空も、出家・在家のものが念仏往生の法を破壊しようとして種々の方便善巧を巡らしている、と述べているが、その語調のなかには、同じ迫害がやがて自分の教団に及ぼうとしていることを予感しているような切実感は感ぜられない。これは当然ともいえるのであって、文治六年講釈という『三部経釈』の奥書を信ずるかぎり、この講釈が行われた時は、源空が九条兼実と親しくなり授戒・念仏のためその邸に頻々と赴くようになった直後(22)である。当時の兼実は関白の任にあり、院政をとっていた後白河法皇との仲はよくなかったが、頼朝の信任を得て、政治上にも社会上にも大きな影響力を持っていた。そのような有力な信者を得た源空が将来迫害されるかもしれない、とあまり強く意識しなかったとしても、不思議はない。

『西方指南抄』巻下末と『和語燈録』巻二に収められている源空の仮名法語『念仏大意』にも『法事讃』の一節が引用されている。しかしその引用の仕方は、『選択集』などとは明瞭に異なっている。源空がいつこの法語を著わしたか不明であるが、専修念仏するものに対して謗難を加え、嘲弄するものが多くなってきた、と述べていることから察すると、『選択集』の著述以後で源空の教義に対する世間の非難が顕著になった元久(一二〇四—〇六)間近くの著述と考えるのが正しいであろう。源空は、このような謗難や迫害が起こることを昔の権者たちは予見していた、として、『法事讃』の一節と『平等覚経』を引用し、専修念仏を謗難するものは明らかに罪人であるから、念仏の行者は彼らと論談すべきでない、と述べた。このように源空によって罪人とされ、念仏の行者から隔難すべきである、とされた謗難の輩は、具体的にはどのような存在であったろうか。源空はこの法語で専修念仏謗難の事実を指摘する前に、道綽・善導・少康等の浄土教高僧といっしょに、法相宗の慈恩大師の著述を引用して、易行の極楽に往生を望むのは正しいと主張したことや、法語全体の語調・文意などから推察すると、専修念仏教団の外から専修念仏を批難するものを指したことは明らかである。源空は、彼らに対して議論することを弟子たちに禁じた。無用の摩擦が生ずるのを避けようとしたのであろう。源空のこの態度は『法然上人行状絵図』[23]に聖覚が起草し叡山に送ったとする「登山状」[24]にもよく現れており、『法事讃』の一節を引用して、念仏者も、真言・止観業を行ずるものも、互いに謗難してはならないとしている。

四

源空はまた、武蔵在住の鎌倉幕府の家人津戸三郎為守宛の消息の中[25]で念仏が謗難されている事実を指摘し、『法事讃』の一節を引用した。為守が源空に帰依したのは『法然上人行状絵図』[26]によると、建久六年（一一九五）三月二十一日のことであり、頼朝の上洛に従って上洛し、源空に面接したのが始まりである。為守は満八十歳の仁治三年（一二四二）十一月十八日に三七日の如法念仏を修したのちに自害を企て、五十余日も生存して翌四年正月十五日に没したという。この『法然上人行状絵図』のいうことは、必ずしも虚構とはいえない。親鸞が自筆で書写した『西方指南抄』には、為守宛の源空消息に編者の註記があり、為守・大胡・しのやを源空根本の弟子の一人とし、八十一歳で自害、往生した、とある。自害の理由は『法然上人行状絵図』と同じく源空と同年になったこととし、没年は正月二十五日でないか、としている。この書き入れは、親鸞がしたかどうかは確実ではないが、行状絵図にいうことが当時すでにいわれていることは確かである。為守に宛てた源空の消息は現在四通伝えられている。そのなかで、九月二十八日付の一通[27]は、為守から武蔵国に専修念仏者が三十余人もできたと知らされ、それに対する返事である。源空は、信者が増加したのは為守や直実等の功であることを認めるとともに、入信には、機縁が熟することが必要である、と述べた。源空はさらに世間では源空が専修念仏を勧めるのは無智のものに対してである、と批評していることをあげ、平等を建前としている浄土門では、そのようなことは絶対にないと断言した。この消息が書かれた年時は不明であるが、武蔵国に三十余人も源空の信者ができたことを考えると、為守が入信したという建久六年よりは少なくとも二、三年経過しているとみるべきであろう。もしこの推測が正しいとなると、建久八、九年の消息となるが、専修念仏を主張する源空の全体の語調も専修念仏の前途を憂えているようなことはなく、『選択集』に一致するものがある。

十月十八日付の消息は[28]、為守が念仏を広めたことについて喚問される恐れが生じ、その際の答弁の仕方について源空に教えを請うたのに対して、与えられたものである。『法然上人行状絵図[29]』では、この喚問は元久元年（一二〇四）から激しくなった京都での専修念仏迫害に関係があると考え、元久二年の消息としているが、消息の語調のうちには、源空が喚問の騒ぎに直接にまき込まれていると思われる節はないから、行状絵図の推定は当を得ていないと思われる。しかし為守を喚問したものは、行状絵図が考えているとおり、幕府であったろう。『吾妻鏡』によると、幕府は正治二年（一二〇〇）五月十二日をもって念仏僧の黒衣着用を禁止したが、これは将軍頼家が個人的に黒衣の僧を嫌ったことが動機であった。頼家はまもなく失脚し、この禁制もいつまで実行されたかは問題である。頼家の母の政子は源空に帰依しており、源空は『浄土宗略抄[30]』・消息[31]などを贈った。しかし、一時的にもせよ、幕府の最高権力者が念仏者を弾圧する、と表明した以上、幕府の膝許間近に住む麾下の武士としては、万一の場合喚問されることを覚悟したことは、当然であろう。このように考えると、この十月十八日付の消息は、正治二年に源空から為守に与えられたとして、よいかもしれない。この消息で源空は為守に対し、専修念仏の教義を簡潔に申開くように指示した。源空が専修念仏を勧めるのは無智のものに限られているという世間の批判に対しても、あらためて否定するように為守に指示したことが注意される。
源空が『法事讃』を引用したのは九月十八日付の消息であるが、この消息は了恵の『和語燈録』巻四ばかりではなく『西方指南抄』巻下末にも引用されている。年時の不明なのは、ほかの消息と同じであるが、書き出しに、直実や為守に対して源空が念仏を勧めたのは彼らが無智であったからという当初からの非難に対する源空の否定がまたも繰り返されていることをみると、十月十八日付の消息と同年の消息であるとも考えられる。しかし全体の語調・文意が十月十八日付の消息より強く激しくなっていることは、見逃し得ない事実である。源空はこの消息の中で、無智のものに限って念仏を勧めるなど、無実のことを言いふらして専修念仏を非難するのは、それによって念仏が停止されるように企むものである、と断言し、その論拠として『法事讃』を引用した。その語調からみると、九月十八日付の消息は、念仏を謗難するものを明白な罪人とした『念仏大意』に一脈相通ずる。念仏停止の危機が切迫していることを意識しはじめた点で、執筆の時期は、『念仏大意』より元久・承元に接近した時であるかもしれない。

この消息でさらに注意されることは、念仏を謗難するものを仏性・善種を失った闡提《せんだい》人とし、彼らの言説に動かされてはならないと為守らを戒めながら、無実のことを作り上げ、これを言いふらすものに対しては、念仏者は憐れみの念を持て、と源空が述べていることである。謗難者と論談するなと念仏者を戒めた『念仏大意』の立場は、ここでは宗教的に深められ、このような誹謗不信のものを救済するためにも、早く極楽に往生して悟りを開き、再びこの生死の世界に帰って、このような誹謗不信のものを極楽に導くことが必要である、と強調されている。この源空の新しい立場は、どのようにして自得されたのであろうか。現存の源空の法語や消息のうちで、これを明らかにするのは容易なことでない。源空の専修念仏に関して無実のことを言いふらし、権力者による迫害停止の原因を作っているものは、専修念仏に反対する既成教団のものとは限らないで、一念義の末流で神仏軽侮・造悪無碍を主張する弟子たちも含まれていることを、源空が自覚したことが原因であったかもしれない。

源空が『法事讃』を引用しながら、謗難者を徹底的に非難せずに、救済を念願するように変わったことに関連して注意しなければならないことは、専修を妨げない範囲で称名以外の作善を行い、諸仏諸神に後世以外の現世利益を祈願することを、源空が認めたことである。周知のように、源空は称名念仏をもって弥陀が選択した本願の行とした。その理由は称名は易行であって、一切の機に通ずるからである。もし造像起塔・智慧高才・多聞多見・持戒持律などが本願であれば、貧窮困乏・愚鈍下智・少聞少見・破戒無戒の大部分の民衆は往生の望みを絶たなければならない。源空が専修念仏を勧めた理由はここにあり、念仏以外の善を修することを雑修として排した。数万遍の日課念仏をすませたのちに年来習慣となっている諸経を読誦しても、罪になるはずはないと質問したものに対して、源空は『念仏大意』の中で、それ自体罪となるべきものではないが、専修のものはすべて往生できるのに対して、雑修のものの往生は困難である、と答え、読経の功徳を認めることを事実上拒否した。ところが為守宛九月十八日付の消息で、源空は仏性・善種を持たない謗難者の救済を説いたのち、堂・仏を造り経を書き僧を供養することは、念仏を妨げ専修を破らないかぎり助成してもよい、また仏神に祈願することも、後世を祈らず現世のことを願うならば、専修念仏を妨げない、と述べ、制限つきではあるが、起寺・造像・写経・供養などの行を兼修することを認めた。源空が何故にこのように立場を変えたのか。深く考えなければならないが、注意しなければならないことは、このような功徳を修することを源空が認めたのは、為守の深い希望によることである。為守は阿弥陀三尊像を造り、その開眼を源空に要望し、その上にこのような功徳を修することの可否を源空にたずねたのである。源空は雑修を認めると同時に、求めに応じて仏像を開眼した。

鎌倉幕府の家人で源空の教えを聞きながら、念仏を専修するだけでは満足せずに、他の功徳を修することを願ったものは為守だけではなかった。熊谷直実もその一人であった。五月二日付の直実宛の源空自筆の消息は、[32]この武人の信仰生活の一端を示している。この消息も年時不明であるが、文中に直実の年齢を八十九歳としている。直実は『吾妻鏡』によると承元二年（一二〇八）九月十四日に京都東山で入寂したことになっている。しかし死んだ時の年齢について伝えがまちまちなので、せっかくの消息の年時を確定できないのは残念であるが、没年間近くであることは確かである。源空はこの消息の中で、直実に対して、念仏は本願の行であり、持戒・誦経などは本願の行ではないから、念仏をしないで持戒・誦経の行を修しても極楽に往生できない、と教えたが、また不婬戒や不瞋戒などの持戒にも触れ、本願の行でない持戒・孝養は、[33]できる範囲で修したらよい、迎接曼荼羅も大切ではあるが、往生については第二義のものである、と述べた。この消息から推察すると、直実は、念仏のほかに持戒・誦経の功徳を修めたいとの願いを持ち、ことに迎接曼荼羅に関心をもっていたといえる。元徳三年（一三三一）三月五日付の熊谷直勝譲状[34]によると、熊谷の家には、三昧発得して上品上生の弥陀の浄土を観想した源空が、自筆でそのありさまを描いて直実に与えたという迎接曼荼羅が、直実以来代々伝えられていたというから、直実が迎接曼荼羅に関心をもっていたのは、事実であろう。

このように考えてくると、為守・直実らが源空に面接して専修念仏に入信しながら、称名念仏のみを勧めるその教えに満足せずに、念仏以外の善業を積むことを求めたのはなぜか、ということをあらためて考慮しなければならない。源空の弟子のなかでも、親鸞のように師の教えをよく守って、念仏のほかには三部経千部読誦のささやかな作善も中止したものもいた。それに対して武士出身の弟子たちは、困苦艱難に耐え、生死の境に出入して身命を賭して活動するのを武士としての生活綱領としており、入信の動機も殺生などの罪業の懺悔にあっただけに、難行を成就することに本質的に心が惹かれた。熊谷直実が衆人環視のなかで臨終正念の往生をして最後を飾りたいと念願し、ついにこれを果たしたことは、その心情をよく現したものである。(35) 源空はその直実の念願に対して、どちらかといえば同情的であり、抑制しても禁止しなかった。それが為守に対すると共通なものであったことは明らかであろう。

しかし但念仏を標榜する専修念仏教団では、武士が要望する難行苦行などが認められるべくもなかったのは当然である。勢力があったのは、決定の信の一念以後は称名の行さえ不要とする一念義であり、その末流が主張する神仏軽侮・造悪無碍の邪義であった。源空自身は日課七万遍の念仏を唱え戒律を守ったが、師に従って多念義を信じ戒律を守るものは少数であった。その結果、一念義やその末流の神仏軽侮・造悪無碍の邪義の活動を制しきれなくなり、ついに専修念仏は弘通を禁止された。その直前に、源空が為守の願いによって仏像に開眼の儀式を行い、専修の範囲を逸脱しない程度で作善・祈禱をするのを認め、そのことを鎌倉幕府の事実上の主である政子にまで知らせたことは、(36) 何を物語っているか。ことによると、そうすることによって世間の非難が少しでも緩和することを期待したのかもしれない。そう考えると、この為守宛の消息は、異義争論の激しかった教団内の対立に対する源空の微妙な立場を示したものということができるであろう。

五

「三」「四」では、『法事讃』の引用を中心に源空の法語・消息を検討し、それに現れている念仏謗難の事実と源空の対応の仕方について述べたが、親鸞も自分の教団に対する念仏謗難の現実に直面した時、源空の法語・消息の文集を読んで『法事讃』を引用しているのを見て、感銘を深くしたようである。親鸞が「領家・地頭・名主」の消息に『法事讃』を引用したのは、まったく源空の法語・消息を読んだ影響によるものである、としてよいようである。

親鸞が初めて『法事讃』を知った時期は不明であるが、叡山の堂僧時代にさかのぼらないとは、誰しも言いきれないであろう。源空の吉水禅房にいた六年、『法事讃』を含めて善導の疏釈の研究に精を出したことは、その時代の勉学の仕方を思わせる観小両経の集註から推測される。[37]『法事讃』の問題の一節は『小経集註』の流通分、すなわち当然あるべきところに引用されている。また親鸞は入室四年後の元久二年（一二〇五）に『選択集』の書写を許され、末尾に『法事讃』がどのような意味で引用されているかを知ったはずである。その後、越後に流され関東にある間に『教行信証』を著わしたが、『教行信証』には『法事讃』のこの一節が引用されていないことは注目に値する。しかし『教行信証』の改訂が一応済んだと思われる宝治二年（一二四八）に作られた『高僧和讃』「善導大師讃」の第二十二、二十三首に、「五濁増のときいたり、疑謗のともがらおほくして、道俗ともにあひきらひ、修するをみてはあだをなす」「本願毀滅のともがらは、生盲闡提となづけたり、大地微塵劫をへて、ながく三塗にしづむなり」として引用した。しかし親鸞が感銘をもって『法事讃』の問題の一節を見るようになったのは、前に述べたとおり、自分の教団にも念仏謗難の事実が起き、それに関連して源空の消息や法語の文集を読むようになってからのことのようである。親鸞が初めて源空の消息や法語の文集を読んだ時期は不明であるが、高田派専修寺本の『西方指南抄』を書写した康元元年（一二五六）より以前であったことは、推定して誤りないようである。その理由は、専修寺本の『西方指南抄』を書写する一年以上も前に書いた建長七年（一二五五）十月三日付の性信宛の消息の中で、親鸞は「この念仏する人をにくみそしる人おも、にくみそしることあるべからず、あわれみをなし、かなしむこころをもつべし、とこそ聖人はおほせごとありしか」と述べ、『西方指南抄』に収められている為守宛や政子宛の源空消息に述べられているのと同じ主旨のことを述べたことである。親鸞消息の語調から推測すると、親鸞は源空の口から直接にこの言葉を聞いたようであるが、なんといっても五十年前のことである。親鸞は師の言説を肝に銘じて忘れない人であったが、永い間には記憶の薄らぐ可能性がある。その場合、源空の法語・消息が編纂されて文集となっておれば、記憶の喪失を防ぐに有効なことはいうまでもない。『西方指南抄』は高田派専修寺に現存する親鸞自筆本とその転写本しか現存していないので、詳しいことは判明せず、親鸞が康元元年に編纂したとも考えられている。(38) これが事実であるなら、親鸞が性信宛の消息を書いた時に為守や政子に宛てた源空消息を見ながら書いた、とは確言できないが、専修寺本の『西方指南抄』が初稿本でないことは確実であるから、(39) 専修寺本が書写される一年前の建長七年十月に親鸞は『西方指南抄』を所持した、と考えてよいであろう。親鸞が性信宛の消息の中で源空「聖人のおほせ」として引用した文と、『西方指南抄』の為守宛の源空消息の中の「さやうに妄語をたくみて申候覧人は、かへりてあはれむべきものなり、(中略) かかる不信の衆生のために慈悲をおこして利益せむとおもふにつけても、とく浄土へまいりて、さとりひらきて、生死にかへりて、誹謗不信のものをわたして、一切衆生あまねく利益せむとおもふべき事にて候也」の源空の言葉を比較してみれば、簡潔と周密の差はあるが、両者の主旨が同一なことは、何人も認めるであろう。この一致は決して偶然ではない。親鸞が早くから『西方指南抄』を所持しており、源空の消息を繰り返し読んでいたことの結果とみるべきである。

建長七年十月三日付性信宛の親鸞消息について、いま一つ注意されるのは、ことによると「領家・地頭・名主」についての親鸞消息が、その一月前に書かれたかもしれないことである。性信宛の消息の作制にあたって、親鸞が為守宛の源空消息を参照したとの推定が成立するなら、同じことは、慈信房や念仏人々に宛てた九月二日付消息についてもいえるはずである。親鸞は念仏の人々に宛てた消息で「念仏せんひとびとは、かのさまたげをなさんひとおばあはれみをなし、不便におもふて、念仏をもねんごろにまふして、さまたげなさんをたすけさせたまふべし、とこそふるきひとはまふされさふらひしか」と述べているが、この「ふるきひと」が源空であることは明白である。その源空が述べた言葉の内容も、為守や政子に宛てた源空消息の主旨と完全に一致している。これによって、「領家・地頭・名主」の消息を書いた時に親鸞が源空の消息を参照したことは、明らかになったと思われる。それについて思い合わされることは、親鸞もはじめは異義謗難者に対して源空と同じく隔絶する態度をとったことである。このことは、親鸞が関東にいた時代に造悪無碍を主張した常陸の善乗房を近づけなかったことからいいうる。その親鸞が異義者の救済を念願するように変化したのには、源空同様に教団・社会の複雑な情勢を考慮しなければならないが、親鸞の場合、源空の文集を読んで師の立場の変化のあとをあらためて思い知らされたことが有力な機縁であったことは、意義深い。

しかしこの際に明らかにしておかなければならないことは、源空も親鸞も異義者を憎悪するなとは説いたが、異義者を容赦したり、その立場を認めたりはしなかったことである。そのことは為守や政子に宛てた源空消息からも、「領家・地頭・名主」の親鸞消息からも、明瞭にいいうるが、「領家・地頭・名主」の消息の直後に親鸞が制作した『皇太子聖徳奉讃』(40)からも明らかにされる。この和讃は建長七年(一二五五)十一月に制作されたが、主に『六角堂縁起』『文松子伝』『四天王寺御手印縁起』『上宮太子記』『聖徳太子伝暦』「天喜二年出土碼石記文」『十七条憲法』を基として本文が作られている。しかしそのなかで第六十四首の「如来の遺教を疑謗し、方便破壊せむものは弓削の守屋とおもふべし、したしみちかづくことなかれ」と第七十一首の「つねに仏法を毀謗し、有情の邪見をすすめしめ、頓教破壊せむものは、守屋の臣とおもふべし」の二首は直接の出典がなく、守屋の逆臣が生々世々に相伝え、影の身に沿うように仏法破滅を嗜むという『四天王寺御手印縁起』と、『法事讃』の双方を取り入れて、本文が作られている。親鸞はこの二首の和讃で、仏法を疑謗し専修念仏を破壊するものに親しみ近づくな、と強調した。その際に親鸞が守屋またはその臣に擬したのは念仏を弾圧したものであるとの見解も発表されているが、(41)親しみ近づくなの表現や、今まで述べた親鸞の態度から考えると、やはり異義者とすべきである。

六

神仏軽侮・造悪無碍など、いわば教団と社会の関係を中心にして動揺した初期真宗教団は、親鸞が善鸞を義絶したことを転機として、考えようによってはもっと重大な問題に逢着した。造悪無碍の制誡に関連して、親鸞が強調した「諸仏等同」をめぐって、教団内に新しい争論を生んだことがそれである。(42)「諸仏等同」については、森龍吉・松野純孝両氏が優れた意見を発表しており、(43)「諸仏等同」をめぐる争論については私もかつて私見を述べたので、(44)ここでは詳しく述べないが、争論の中心となったものは、諸仏と等しい無上覚の悟りを念仏者に与えるものは誰か、の論義であり、願力成就か知識成就かの争論を生んだ。親鸞は「義なきを義とする」源空の教えをもって行者の計らいを退けたが、その親鸞に強い励ましとなったものは、康元二年（一二五七）二月九日の夢告で得た和讃の一節であった。「弥陀の本願信ずべし、本願信ずる人はみな、摂取不捨の利益にて、無上覚をばさとるなり」。無上覚を悟らせるものは、弥陀の摂取不捨の誓願以外にない。親鸞はこの夢告を得て、喜びのあまりその当時執筆中であった『正像末和讃』草稿本の後にこの和讃を書き加え、さらに「この和讃をゆめにおほせをかむりて、うれしさにかきつけまいらせたるなり」の詞書を書き足した。(45)

注目すべきことは、そのあと正嘉二年（一二五八）九月にできた『正像末和讃』の初稿本[46]では、この夢告讃が和讃として巻頭に掲げられるように、順序が変化したことである。さらにいわゆる「文明版」の『正像末和讃』では、行者の計らいを言外に否定する夢告讃で始まるばかりではなく、行者の計らいを明白に否定した獲得名号自然法爾の法語と別和讃で全体を結んでいる。初稿本を「文明版」に改編したのは親鸞であるか否かについては問題があるが、草稿本から「文明版」までの改編は、夢告讃の位置変動と獲得名号自然法爾の法語の付け加えに、その意図が最もよく現れている。『正像末和讃』の成立過程については、宮崎円遵博士の論文[47]があり、善鸞の異義で末法の意識を深めた親鸞が念仏を弾圧する権力者や律令仏教に対する批判として制作したものである、と解釈されている。親鸞が晩年に逢着した重大事件として、善鸞の異義しか明らかでなかった時は、『正像末和讃』の制作と善鸞の事件を結びつけることは当然のことであった。しかし善鸞の異義のあと「諸仏等同」に関連して真宗教団内に願力成就か知識成就かの争論が起きたことが明らかになった以上、無条件に『正像末和讃』の制作と善鸞の異義を結びつけることは考慮を要する。草稿本・初稿本・「文明版」の内容や構成を、もっと綿密に検討して、その上に結論を出す必要がある。

現在の草稿本は、周知のように、親鸞の自筆の部分と他筆の部分に分かれており、両者を合わせても、草稿本成立当初の形を保っているかどうかは問題である。和讃の順序も当初の順序を保っているかも疑えば疑える[48]。しかし今のところ、それを決定するかぎは、見当たらないから、現在の草稿本をもって草稿本の原形を伝えているものとして、議論を進めることにする。草稿本は「五十六億七千万、弥勒菩薩はとしをへむ、念仏往生信ずれば、このたびさとりはひらくべし」で始まり「念仏往生の願により、等正覚にいたる人、すなわち弥勒におなじくて、大般涅槃をさとるべし」「真実信心をうるゆへに、すなわち定衆に入りぬれば、補処の弥勒におなじくて、無上覚を証すべし」と繰り返して「便同弥勒」を強調し、弥勒と同じく成仏を約束された喜びを歌い上げている。第四首から第六首までは、称名の功徳、信心を得たものの報恩、彼らが身に具える功徳についての讃歎である。第七首と第八首は釈迦の道教が隠れ、代わりに弥陀の悲願が広まり、念仏往生が容易になったことを歌っている。第九首から第十一首の三首は、真実の信心を得るのは三朝浄土の大師の勧化と釈迦・弥陀の慈悲によることを説いている。第十二首の「誓願不思議をうたがひて、御名を称する往生は、宮殿のうちに五百歳、むなしくすぐとぞときたまふ」は、初稿本に二十二首となって現れる「疑惑和讃」の、いわば先駆と見るべきものである。草稿本はそのあと第十三首から第十七首まで末法の時機を悲歎し、常没流転の凡愚は菩提心を起こし難いと述懐するが、第十八首から第二十四首にかけて浄土の大菩提心を讃歎し、弥陀の本願を信ずるものが等正覚に至ることを強く歌っている。第二十五首と第二十六首は、信心の人を摂取するのは弥陀の命を受けた勢至であるとし、第二十七・二十八の両首は罪障深重・散乱放逸のものも捨てない無辺の仏智を讃歎している。第二十九首から第三十二首までの四首は『法事讃』による末法の時機の悲歎であるが、方便破壊の予言の部分はなく、九十五首の外道が世を汚しているなかに、仏道のみがひとり清くあって、それによって往生し悟りを開くことのみが娑婆世界の救済になる、としている。最後に末世に弥陀の本願が弘まり衆生が救われるについて、如来の大悲と師主の恩徳とに感謝する和讃をもって全篇の結びとしている。

以上紹介したことから明らかなように、草稿本の構成には明瞭にその制作意図を表明している順序がある。それによると、草稿本の制作の目的は、「便同弥勒」の往生を讃歎することに重点があり、末法の悲歎は、それに比すると、はるかに軽く見られていることは疑えない。宮崎博士の論文や『親鸞聖人全集』和讃篇の解説によると、草稿本には『正像末和讃』の名はなく、『浄土和讃』の続篇として制作されたと推定される節があるとのことであるが、この見解はおそらく正しいであろう。親鸞が草稿本を起稿しかけたと推定されている建長七年（一二五五）は、親鸞が「諸仏等同」の教説を強調しはじめたと推定される時であって、性信宛の消息にその証がある。森龍吉氏はその論文で造悪無碍の異義を制誡するために「諸仏等同」の教説を強調したのであろうと述べたが、『正像末和讃』の草稿本も、同じ意図をもって制作されたと解するのが妥当であろう。

草稿本の制作を右に述べたように考えると、草稿本完成ののち、康元二年（一二五七）二月九日に夢告讃を感得して親鸞があのように喜び、せっかく作り上げた草稿本の内容や順序を根底から改編するようになったのは何故であるかを、次に考えなければならない。

初稿本で注意すべきことは、すでにいわれているように、夢告讃を巻頭に出したこと、「三時讃」の数を五十八首に増加したこと、新たに疑惑罪過・愚禿悲歎述懐の二讃を付け加えたことである。「三時讃」の構成は、周知のように草稿本では第十三首に置かれている釈迦滅後二千余年の悲歎を夢告讃の次に置いて第一首とし、それから第十六首まで、末法の時機を痛切に批判した和讃を連ねている。『法事讃』による分は第六首から第九首までと第十一首から第十三首までの七首であって、草稿本では「唯仏一道きよくます」の和讃で結びとなっているのに対して、初稿本では「菩提をうまじき人はみな、専修念仏にあだをなす」の和讃が最後となっている。破壊瞋毒の盛んなことが強調されていて、末法についての悲歎が草稿本とは比べものにならないほど深酷になっていることに、まず注目しなければならない。

第十七首から第三十首までは弥陀の本願が弘まることを称揚する部分であって、弥陀の廻向を深く信ずるものは等正覚に至り、弥勒を同じく大般涅槃を悟ると歌った草稿本の第一から第三の三首は、第二十五首から第二十七首に収められている。「便同弥勒」を強調する前に弥陀の本願を讃えているのが草稿本とは異なる点である。第三十一首から第三十六首にかけて、信心の智慧を得るのは釈迦・弥陀の慈悲と願力であること、罪障深重・散乱放逸のものをも捨てない仏智の無辺を称讃している。第三十七首から第三十九首は本願力の廻向を説き、第四十首は『蓮華面経』を、第四十一首は『観仏三昧海経』と『十往生阿弥陀仏経』をもとにして末世の造悪無碍・念仏誹謗の制誡を述べている。この『蓮華面経』についてはのちに触れる予定であるから、ここでは述べない。第四十二首から第五十八首までは、釈迦弥陀の発遣招喚により正定聚に住する喜びと自力の「かなわぬほど」を交互に歌い、如来大悲・師主恩徳に対する感謝で結んでいる。

初稿本の「三時讃」の構成を検討して注意されることは、草稿本では巻頭に置かれた「便同弥勒」が中ほどに引き下げられ、その前に末法についての痛切な悲歎と弥陀の本願に対する心からの称揚が歌われていることである。「便同弥勒」を無条件に歌い出した草稿本と異なって、「常没流転の凡愚」は「自力聖道の菩提心」を「発起」しえないことを「便同弥勒」を強調するに先立って明確にしている。さらに「便同弥勒讃」のあと四首も連続して、信心の智慧を得るのは釈迦・弥陀の慈悲と願力であることを述べている。この草稿本と初稿本の構成の相違は、何によって生じたのであろうか。「便同弥勒」から発展した「諸仏等同」の親鸞の教えに対して、門弟らが無上覚を悟らせるものは誰かの争論を引き起こしたことが原因であると推定して誤りないと思われる。和讃や消息の一部を論拠として知識成就を主張する門弟に対して、誤解を生じさせないように、親鸞は草稿本を改訂したに相違ない。初稿本の末法の時機についての悲歎が草稿本より深酷になったのは、このような争論を起こした門弟らの信行におそらく関係があろう。

以上の推定は、初稿本が自然法爾の法語が発表される直前に脱稿した事実によって裏づけられるが、また「三時讃」に「仏智疑惑罪過讃」と「愚禿悲歎述懐讃」を付け加えて『正像末和讃』が構成されたことによっても、正しいことが証明される。「疑惑罪過讃」二十二首は草稿本第十二首の発展したものと考えられ、罪福を信じ、善本を修しながら、往生を願う雑修のものに対する戒めとして制作された。親鸞は仏智を疑う行為として、自力の称名・作善しか挙げていないが、疑惑の罪の最も深いものは、仏の不可思議の計らいである衆生の救済を一個の人間でしかない師主知識の個人の計らいである、と思い上がることでなければならない。「疑惑讃」では親鸞はそれを明言しなかったが、次の「愚禿悲歎述懐讃」では自己懺悔の形で虚仮不実の蛇蝎奸詐の自心を白日のもとに曝し「小慈小悲」もない身であって「有情利益」すなわち衆生の救済を思うべきでない、と述懐した。人師であることを否認することが、「愚禿悲歎述懐讃」制作の中心の意図であったに相違ない。それに比べると、第七首以下の「外儀は仏教のすがた」であって「内心外道を帰敬」する当時の仏教のあり方に対する悲歎は、深酷さにおいて及ばないように思われる。親鸞がここでこのように歎いたのは、すでにいわれているように、当時の仏教のあり方に対する批判であったことは、いうまでもないが、善鸞の異義によって、「外道を帰敬」し「天地の鬼神を尊敬」するものを自分の肉親・門弟のうちに見出したことに対する述懐が強い動機となったことも、合わせて考えねばならない。

初稿本を改編して、「文明版」の原本を作り上げたものは、親鸞と必ずしもいいえないが、初稿本の「疑惑罪過讃」と「愚禿悲歎述懐讃」の数を増し、「善光寺如来讃」と獲得名号自然法爾の法語と別和讃の二首を付け加えたことは、草稿本を初稿本に改編した意図に沿っており、その発展であっても、後退ではない。『皇太子聖徳奉讃』は、太子の恩恵によって仏智不思議の誓願に帰入し補処の弥勒のごとくなることの称揚で始まっているが、太子はただ人でなく、本地は救世観音であることを繰り返し歌っている。追加された「愚禿悲歎述懐讃」と「善光寺如来讃」は、僧・法師や仏法に対する外界の軽侮を悲しんで制作されており、初稿本の「愚禿悲歎述懐讃」の後半部と一致する。獲得名号自然法爾の法語については、あらためていうを要しない。最後の別和讃の「よしあしの文字をもしらぬひとはみな、まことのこころなりけるを、善悪の字しりがほは、おほそらごとのかたちなり」「是非しらず、邪正もわかぬこのみなり、小慈小悲もなけれども、名利に人師をこのむなり」の二首は、「愚禿悲歎述懐讃」制作の主な目的であった人師の否認を、あらためて強調したものである。

親鸞が人師であることを拒否したのは、和讃以外に『歎異抄』[49]や『口伝鈔』[50]にも伝えられており、終始一貫していた。何故に親鸞がこのように強硬に人師であることを拒否したのであろうか。得がたい入信の道を開いてくれた師主知識を仰ぎ慕うのは人情の自然である。親鸞も、「三時讃」の恩徳讃をはじめとして師に対する感謝をたび強調していることは、先に述べたとおりである。親鸞も、弟子たちがその意味で親鸞を尊敬するのは、拒否しなかったに相違ない。しかるに、事実弟子たちの親鸞に対する尊敬は、感謝の枠を越え、極楽に往生させる救世主・聖として、絶対に崇拝する知識帰命の域に入っていた。

親鸞の門弟たちのこのような態度を伝えているものは、『親鸞伝絵』上巻第四段に収められている蓮位夢想の事実である。蓮位は建長八年（一二五六）二月九日の夜に聖徳太子が親鸞を礼拝して「敬礼大慈阿弥陀仏、為妙教流通来生者、五濁悪時悪世界、決定即得無上覚也」と讃する夢を見て、親鸞は弥陀の化身であり救世主であることを確信した、という事実である。この段は周知のように、『親鸞伝絵』には当初含まれておらず、のちに追加されたものであり、宗昭の作為と考えられている。しかし別稿で明らかにしたように[51]、伝絵の制作・改訂を宗昭の教団対策の面のみから考察することは、必ずしも妥当な見解ではない。やはり基礎になる何らかの事実があって、制作し改訂されたとみるべきである。蓮位夢想の場合、その時日が建長八年二月九日であることと、偈の内容が無上覚の悟りに関連していることは、ことによると、この夢想の基礎になる事実があったのではないかと考えさせるものである。なんとなれば、当時は善鸞の異義に関連して親鸞の教団が激しく動揺していた最中である。偈の内容は、無上覚を悟らせるものは阿弥陀である、と指示している。親鸞はその前年頃から「諸仏等同」を強調しはじめたが、同時に「義なきを義とす」という源空の言葉を引用して、無上覚の悟りを仏智不思議以外に帰するのに強く反対した。弟子たちは親鸞によって初めて弥陀の救済を確信したのであるから、その悟りは親鸞の計らいであると思っているのに、親鸞は激しくそれを否定し、仏智の不思議を強調する。自己の領解と師の教えの乖離に迷った蓮位が、夢想によって親鸞を弥陀の化身と確信し、それによって矛盾を解決しえたと考えたことは、あり得ることである。

親鸞は何故に頑強に人師であることを否認したのであろうか。その答えはすでに明らかにされているように、自己を深酷に内省した当然の結果であった、というほかはない。絶対他力といわれる親鸞の教義の特色は主にここにあるといってもよい。しかし親鸞が師であることを否認したことについては、いま一つの理由があったことを注意しなければならない。それは門弟のうちでも、道場を持ち門徒を指導する立場にあったもののなかには、門徒の救済は自己の計らいである、と考える傾向が強かったことである。浄興寺の「二十一箇条禁制」の奥書はその一端を示している。それについては別稿(52)に述べたので、ここでは詳しく述べないが、親鸞は道場主が「後世御免」を行うことを憂えて頑強に人師であることを拒否したと推定して誤りないであろう。『歎異抄』第六章の「専修念仏のともがらの、わが弟子ひとの弟子という相論のさふらうらんこと、もてのほかの子細なり、親鸞は弟子一人ももたずさふらう」の戒めは、周知のように「師をそむきて、ひとにつれて念仏すれば、往生すべからざるものなり」と主張する道場主に対して与えたものである。弟子の念仏を申すのは、「弥陀の御もよほしにあずか」ったこと以外に、原因はない。それを自分の計らいのように考えて、「わが弟子とまふすこと」は「きはめたる荒涼のこと」である。親鸞はこのように考えて、弟子は一人も持たない、と主張したのである。親鸞がこのように厳しく人師であることを拒否したのは、結局のところ、「同朋」主義ともいうべきものを教団のなかに形成したいと念願したからである。

弥陀の本願の前には、師も弟子もなくすべて平等である。まして世俗の権威などは特別の意味をもたない。親鸞はこのように考えて、『教行信証』を草するにあたって、専修念仏を不法に迫害した後鳥羽上皇以下の君臣の行動を「主上臣下法に背き義に違し」と忌憚なく批難した。しかし権力をこのように批判したからといって、親鸞は世俗権力の支配を排除し、専修念仏者のみの「自律社会」を作ろうとしたと考えるのは、妥当とは思われない。

本来自律であるべき僧尼の集団が日本では他律的であったことは、論者のいうとおりである(53)。親鸞が流罪に処せられたのを機会に、非僧非俗を標榜し、僧尼の集団から離脱したのは、僧尼集団の他律的なあり方に望みを絶ったことが主な動機であろう。しかし親鸞は、自分の周囲に集まる信者をもって、排他的な特殊の集団を形成しようとはしなかった。もし親鸞がこのような集団形成を意図したとしたなら、当時の社会状勢では、どのような事態が発生したであろうか。そのことを考えさせるものは、親鸞と同じく絶対他力の弥陀の本願を強調しながら、同信のものの排他的な集団を形成しようとしたために、時衆という特殊の集団を組織するようになった智真の行実である。「捨ててこそ」の聖の呼びかけに応じて智真の教団に参加したものは、文字通り家を出て、聖やその随従者と新しい社会関係を結び、遊行と称して諸国を遍歴した。そこでは戒律を守ることが厳重に要求され、教団の自律は一応実現した、といえる。しかしその代わりに聖に絶対に帰依する新しい風儀が生まれ、それが教団の真の自律を確立するうえに、大きな障害となった。智真は亦世俗の権力を故意に無視し、それによって聖の権威を高めようとした一面がある。弘安二年(一二七九)に智真が鎌倉に遊行した際、幕府の制止に反抗して、念仏弘通の鎌倉入りを強行したことなどは、その一例である(54)。ところが親鸞は、智真がしたようなことは一つとして行わなかった。第一には親鸞は、信者に出家を要求せず、信者が家にあって念仏の生活を送ることを勧めた。持戒や聖の宗教的権威を否認したことについては、あらためていうを要しない。世俗の権力に対しても、その背法違義を批難したが、合法の範囲で権力者が「在家止住」の信者に対して世俗支配を行うことを認め、智真のように意識的にこれに挑戦するようなことは、しなかった。

親鸞は遊行教団ばかりでなく、寺院を根拠とする生活を営もうとしなかったことは、別のことから推測される。寺院の生活は自律であるべきであるが、早くから世俗権力の圧力が加えられていた。その圧力に対する仏教教団の反抗は、平安時代中期からしだいに盛んとなった。情勢を早く察知し、その反抗を正当化する目的で、聖徳太子に仮託して作られたのが、『四天王寺御手印縁起』である。この縁起が中世の宗教・政治に与えた大きな影響については別の機会に説明したので(55)、ここでは述べないが、親鸞もこれを重視し、それを基にして建長七年(一二五五)十一月に『皇太子聖徳奉讃』を制作したことは、先に述べたとおりである。その際、親鸞は四天王寺の寺地・伽藍・寺僧などや守屋の霊の活動についての縁起の記事は取り入れたが、縁起の眼目ともいえる「王土に混ぜず、国郡に接せず、僧官を掌らず、資財田地は併せて以って護世の四王に委し、悉く以って摂領す。後々代々その妨障は永く断ず可し」の寺領の排他的支配の予言については、顧みなかった。親鸞は自分の所領を持たなかったので、このような予言に関心をもたなかったと解釈することもできる。しかしこの予言の意図は、寺院経済に加えられる世俗権力支配を排除することであっても寺院自体が世俗権力化するを否定していない。親鸞は教団の真の自律を願ったが、寺領を領有することを基礎にして、それ自体、世俗権力化の恐れがある教団の建設はもちろん意図しなかった。『四天王寺御手印縁起』の寺領の予言を無視したのは、当然であった。

七

最後に『蓮華面経』であるが、親鸞がこの経を消息に引用したことに関連して、真仏が『経釈要文聞書』の巻頭に「師子身中の虫」関係の本文を書き抜いたことについては、すでに述べたので(56)、ここでは源空も門弟の異義を戒めるにあたって、親鸞と同じく「師子のみの中の虫」と評したことを紹介することにしよう。幸西の弟子らが越中国で一念義を広め多念義を抑圧しようとしたので、光明房は書状をもってその事実を源空に報告し、国中の信者に示すために源空の返事を要望した。『西方指南抄』巻下本や『和語燈録』第四に収められている光明房宛の源空消息は、その返事である。源空はその中で、一念義を説くものがさらに造悪無碍を主張するのに対して「附仏法の外道なり、師子のみの中の虫なり」と手酷しい批評を加えた。源空によると、一念義は一生造悪のものでも、臨終の十念によって極楽に往生することが経に説かれていることを根拠にして、決定の信心をもって一念したものは、再び念仏せず、十悪五逆のような重罪を犯しても、往生の支障とはならない、ましてそれより軽い小罪などは、少しも障害にはならない、と説いたのである。源空はそれに対して、一生造悪のものが臨終の十念によって往生するのは、犯した罪を懺悔して念仏するからである。懺悔の誠を欠いたものは、たとえ一念義ではなく、多念を修するものであっても、弥陀の心にはかなわない、として、懺悔するものとしないものとを明確に区別した。源空によると、造悪無碍の説は、道心のない懈怠・不道・不善のものがほしいままに悪をつくろうとして、言い出したことである。もし念仏に精進しているものでも、戒を保っている稀なものでも、このような誤った説を聞くと、たちまちに懈怠・無慚のものになる。源空はこのように考えて、造悪無碍を主張するものを「師子のみのうちの虫」と評したのである。親鸞が「領家・地頭・名主」の消息を書く前に『西方指南抄』を知っていたと思われることは、先に明らかにした。光明房宛の源空消息を読んで、親鸞が「領家・地頭・名主」の消息を起草したのは、おそらく事実であろう。双方に「師子身中の虫」が述べられているのがその証である。今後の研究者はこのことを注意すべきである。また親鸞は『正像末和讃』の草稿本を改編するにあたって、初稿本の第四十首に、草稿本にはなかった「造悪このむわが弟子の、邪見放逸さかりにて、末世にわが法破すべしと、蓮華面経にときたまふ」の一首を加えた。善鸞の義絶後二年を経て、「師子身中の虫」が教団の骨髄を蝕む恐れがなお存したのである。

八

『目蓮所問経』『法事讃』『蓮華面経』の引用を中心に、これらの経疏の文の本来の意味や、源空や親鸞の引用の仕方を考察したが、それから結論されることは、経疏としての本来の意味も、源空や親鸞の引用の仕方も、ともに異解・異学に対する戒めであって、権力に対する批判としては用いられていないことである。源空も親鸞も、最も警戒したのは、異義者によって教団が攪乱されることであった。鎌倉仏教の特色は信を重視することである。源空は弥陀の本願を信順する意義を強調し、栄西も仏語を信受せよと説いた。同じ仏教であっても、何をいかに信ずるかということで異なった宗派を形成するのは、このためである。奈良・平安時代の宗は、いかなる経を学び法を修するかによって定まった。したがって所属の宗派を任意に変えることができたのであるが、鎌倉時代では信条が問題にされ、僧も俗も宗派の所属を固定することが要望されたのである。その場合、異義の存在を許容することは、すなわち自己の存在理由を自分で否定することである。異義者の説得が重視されたのは当然であった。それに対して世俗権力の弾圧はどうであったか。物部守屋らの弾圧が聖徳太子の力によって排除されて以来、仏教が究極の勝利を得ることは、仏教を信ずるものの揺がない確信であった。『四天王寺御手印縁起』は、それを裏づけるものとして、深く信ぜられたのである。建永・承元の専修念仏停止をはじめとして、元仁・嘉禄・文暦にわたって専修念仏に加えられた権力者の弾圧は、その苛酷さにおいて前例がなく、見るものの目をそばだてたが、それでも最後の勝利は約束されていると考えて、仏教を信ずるものは動揺しなかった。親鸞が権力者の行為に対して、是々非々の態度を保ったのも、このような確信があったからである。もし親鸞にこの確信がなかったなら、自己やその信者に弾圧を加える権力者に対して反抗に終始したことはもちろん、弾圧の原因を作った異義者に対しても、その背後に権力者の計らいがあると考え、救済などを思わずに憎悪・隔離の態度を続けたに相違ない。鎌倉仏教の基礎を堅めた源空・栄西・道元・日蓮・智真なども、親鸞と同じ確信を抱いていた。いくたびか弾圧が加えられたにもかかわらず、それぞれの教団が発展したのは、まったくこの確信に支えられたものにほかならない。

（昭和三十二年十月二十九日稿了）

註

（1）平松令三「高田宝庫より発見せられた新資料の一・二について」（『高田学報』第四〇号）参照。

（2）平松氏は貞時の乳父の「平左金吾禅門法名杲園」について検討していないが、これが頼綱であることは、その法名が杲園であることで明らかである。頼綱については多賀宗隼氏が論文「北条執権政治の意義」（『鎌倉時代の思想と文化』）で紹介しており、佐藤進一氏も著書『鎌倉幕府訴訟制度の研究』七八頁以下で論じている。しかし頼綱が貞時の乳父であるということは、新出の『教行信証』の奥書によって初めて明らかにされた。

（3）『存覚一期記』嘉元元年条参照。なお以上の論旨については、赤松俊秀「初期真宗教団の社会的基盤について」

(『鎌倉仏教の研究』)(本書所収)を見られたい。

(4) 坂東本の弘安六年二月二日の奥書は、解釈に苦しむ点があり、明性と性信の関係が曖昧に書かれている。私は昭和三十一年出版の複製本の解説では明性から性信に譲られたとしたが、この奥書では、弘安六年二月二日に性信から性海に譲られた、としている。現在の奥書をこのように解釈するためには明性と性海を同一人としなければならない。明性が房号、性海が法諱と考えられないこともないが、やはり史料の裏づけが必要である。奥書のはじめと刊行の奇縁を述べる部分の結びも、少し不自然の感じがする。平松氏も疑わしい点を挙げている。

(5) 赤松俊秀「師子身中の虫」と「諸仏等同」について」(『鎌倉仏教の研究』)(本書所収)。

(6) この数字は今度出版の複製本の頁数である。この部分については、複製本の解説(『続鎌倉仏教の研究』所収)(本書所収)でも詳しく述べたが、それを見ておられない人のためにここにあらためて説くことにする。

(7) 『末燈鈔』第一九通『親鸞聖人全集』書簡篇一一二頁(建長四年二月二十四日)。

(8) 『教行信証』の改訂の方針については、論文「『教行信証』(坂東本)について」(『鎌倉仏教の研究』)(本書所収)で述べたが、その部分については複製本の解説を見られたい。

(9) 慶華文化研究会編『教行信証撰述の研究』所収論文「阪東本教行信証の成立過程」。

(10) 『真宗源流史論』第九章教行信証の研究。

(11) 禿諦住『行信の体系的研究』。

(12) 『親鸞聖人全集』和讃篇、五五頁所収。

(13) 『親鸞聖人全集』書簡篇、一三頁所収。

(14) 念仏誹謗すなわち弾圧を最も強く主張しているのは、二葉憲香氏である。その一例を挙げると、著書『親鸞の社会的実践』の七八頁で「無眼、無耳の権力がいかに念仏者を弾圧しても」と述べていることである。同一の表現は、氏の著書の随所に見えている。

(15) 仏典史学の素養のない私には疑謗の熟語の出典を挙げることはできないが、善導は『法事讃』に使用している。

(16) 『親鸞聖人全集』和讃篇、一四五頁。

(17) 同前、一九七頁。

(18) 同前、一七九頁。
(19) 同前、一一九頁。
この左訓は、親鸞自身が作ったものか、それとも門弟が作ったかは決定していないが、私は親鸞自身と考えている。
(20) 『真宗聖教全書』本によると、能請すなわち源空を招いたのは「重賢上人」となっているが、「重源上人」を誤ったのであろう。
(21) 『法然上人行状絵図』巻三〇（『法然上人伝全集』一九七頁）。
(22) 『玉葉』に源空のことが出はじめたのは文治五年八月一日であって、文治六年、建久元年は最も多くの記事がある。
(23) 『法然上人行状絵図』巻三二（『法然上人伝全集』二〇八頁）。
(24) 『拾遺語燈録』巻中（『真宗聖教全書』四、七〇八頁）。
(25) 『西方指南抄』巻下末（『真宗聖教全書』四、二五五頁）。
(26) 『法然上人行状絵図』巻二八（『法然上人伝全集』一七六―一八六頁）。
(27) 『拾遺語燈録』巻中（『真宗聖教全書』四、七三三頁）。
(28) 同前（同前、四、七二九頁）。
(29) 『法然上人行状絵図』巻二八（『法然上人伝全集』一八〇頁）。
(30) 『和語燈録』巻二（『真宗聖教全書』四、六〇九頁）。
(31) 『西方指南抄』巻中末（『親鸞聖人全集』輯録篇Ⅰ、一九七頁）。
(32) 『拾遺語燈録』巻下所収（『真宗聖教全書』四、七五九頁）。
(33) 源空がこの消息で「けうやうの行」といっているものは明瞭でない。源空がそれを仏の本願の行としないことや、それを修することを希望する直実は今年八十九歳であるから今年こそは待っていてもよいと源空が述べたことから考えると、逆修のことをいったのであろう。しかし普通に孝養とは追善・葬送のことである。追記を参照されたい。
(34) 『大日本古文書』家わけ第十四熊谷家文書。

(35)『吾妻鏡』承元二年九月十四日。

(36)『西方指南抄』巻中末（『親鸞聖人全集』輯録篇Ⅰ、一九七頁）。

(37)西本願寺の『観小両経集註』については、論文「『教行信証』（坂東本）について」（『鎌倉仏教の研究』）（本書所収）で私の見解を見らかにしたが、源空が生前に見なかったという『楽邦文類』が収められているので、その事実を強調すると、親鸞の集註制作は、源空と別れた後ということになる。しかし源空が見なかったということも、それほど有力な論拠はないから、親鸞が源空の膝許にいた時に、この観小両経を作らなかったとはいえない。また本文について関係の疏釈を引用する仕方は、『漢語燈録』の『三部経釈』と一致しているから、吉水時代に親鸞が集註を作った可能性は、依然残っている。

(38)生桑完明「西方指南抄とその流通」（『高田学報』第二号）。

(39)宮崎円遵『真宗書誌学の研究』第五章西方指南抄。

(40)『親鸞聖人全集』和讃篇、二二九頁以下。

(41)二葉憲香『親鸞の社会的実践』八〇頁。ここで二葉氏の注意を喚起しなければならないことは『皇太子聖徳奉讃』の第七十一首を引用するにあたって、「つねに仏法を毀謗し」を「つねに念仏を誹謗し」と和讃の本文を誤って引用し、それを論拠として氏独自の説を強調していることである。二葉氏は私の「領家・地頭・名主」の消息の解釈を非難した際、自由に本文を改めたとしているが、私の場合は、改めた古鈔本があり、それを基にしたのである。氏の場合、そのような本文が存することは知られていない。あまりに知られている史料なので記憶によって引用したために、このようなことになったのかもしれない。しかしこれは史家の最も用心すべきことであって、知らずの間に史料を離れたいわゆる想像を築きあげることになる。先に指摘した「無眼・無耳」とは権力者を評した言葉であると氏が即断し、その上の一方的な議論も、その出発点はこの和讃を誤って引用したことに共通しているのではなかろうか。

(42)森龍吉「自然法爾消息の成立について」（『史学雑誌』六八）。

(43)松野純孝「如来等同思想の形成について」（『宗教研究』第一五一号）。

(44)赤松俊秀「「師子身中の虫」と「諸仏等同」について」（『鎌倉仏教の研究』）（本書所収）。

(45)『親鸞聖人全集』和讃篇、一五一頁。
(46)同前、一五八頁。
(47)宮崎円遵「正像末和讃の成立過程」(『真宗研究』第一輯)。
(48)草稿本は当初三十五首あったらしく、そのように註記されているが、現存のものは、三十四首であって、一首不足している。
(49)『歎異抄』第六章(『真宗聖教全書』二、七七六頁)。
(50)『口伝鈔』巻上(『真宗聖教全書』三、九頁)。
(51)赤松俊秀「西本願寺本『親鸞伝絵』について」(『鎌倉仏教の研究』)(本書所収)。
(52)赤松俊秀「師子身中の虫」と「諸仏等同」について」(『鎌倉仏教の研究』)(本書所収)。
(53)この問題については、二葉憲香『親鸞の人間像』、井上薫「古代仏教制度論」(『古代社会と宗教』)参照。
(54)『一遍聖絵』巻第八。
(55)赤松俊秀「南北朝内乱と未来記について」(『鎌倉仏教の研究』)(本著作集第二巻所収)。
(56)赤松俊秀「「師子身中の虫」と「諸仏等同」について」(『鎌倉仏教の研究』)(本書所収)。

追記

本文一八二頁の熊谷直実の年齢推定は誤りであった。実は直実の母の年齢である。詳しくは「熊谷直実の上品上生往生立願について」(『続鎌倉仏教の研究』)(本著作集第二巻所収)を見られたい。

『教行信証』の成立と改訂について

一

現在真宗大谷派本願寺に所蔵されている『顕浄土真実教行証文類』（以下「本書」と略称）の親鸞聖人真蹟本（以下「真蹟本」と略称）について、史学の立場から直接に研究し、その後の研究の指針を打ちたてたのは、故山田文昭氏である。氏は大正三年四月号の『無尽燈』に発表した論文「教行信証の御草本に就て」（山田文昭氏遺稿第二輯『真宗史研究』所収）において、「真蹟本」の本文には、訂正・増補・削除の個所が多いことを明らかにし、「真蹟本」は聖人自筆草稿本と認むべきことを首唱した。山田氏の説は、「真蹟本」の基本的な事実を指摘したものである。大谷派本願寺・本願寺派本願寺・高田派専修寺所蔵の聖人真蹟を調査して、大正九年に著書『親鸞聖人筆跡之研究』を著わした故辻善之助博士も、山田氏の見解を支持し、それまで学界の一部でいわれていた「真蹟本」を非真蹟とする説を斥けた。辻博士の研究は、信憑に値する真蹟から聖人独自の筆致を抽出し、写真によってそれを明らかにしたうえ、それを基にして真蹟か否かを吟味したものであって、いわゆる「客観的」方法を基にするものであった。それだけに説得力が強く、一抹の疑いを抱かれていた聖人の実在も、それによって確証されたと考えられたほどであるが、博士はさらに進んで、両本願寺と専修寺に向かって、所蔵の聖人真蹟の「本書」の写真版を公刊して専門家の研究に便宜を与えるように要望した。博士の提案に対しては、大谷派本願寺がまずこたえ、大正十一年に「真蹟本」の原寸大のコロタイプ版を出版した。その局に当たったのは可西大秀・山上正尊両氏である。この出版は「本書」「真蹟本」を研究するうえには、真に画期的な出来事であったといってよい。それまでは、「真蹟本」の形状を知ることは限られた若干の学者の特権といってもよかったのに対して、この出版を転機として、「真蹟本」を研究しようとするすべての学者に対して、いわば解放されたのである。その結果、多数の学者が研究を発表し、そのなかには優れた業績をあげたものがある。故日下無倫氏が、昭和二年に発表した論文「教行信証について」(同『真宗史の研究』所収)は、影印「真蹟本」解説の意図も含めて書かれただけに、細かい点にまで説明が及んでおり、その後の研究を導いた功績は大きい。

しかし、影印本出版の翌大正十二年九月一日の関東大震災で、「真蹟本」が大谷派本願寺浅草別院経蔵の金庫に保管されたまま猛烈な火熱を受けたことは、その後の研究の進捗に大きな障害となった。幸いにして「真蹟本」の本紙には顕著な損傷が認められなかったが、すでに脆くなっていた表紙の綾地は、いよいよ力を失ってぼろぼろと欠けて落ちるようになり、手を触れられない状態となった。影印本は原寸大のコロタイプ版であり、「真蹟本」の形状は一応それで知られるのであるが、印刷の技術が進んだ今日から見ると至らない点があり、出版の用意としても欠けている点があった。そのために、「真蹟本」の真の形状を知るには、影印本だけでは不十分であって、「真蹟本」を直接に研究する必要が残っていたのである。それが震災によって、困難となったことは、その後の研究の進歩を大きく妨げた。昭和十九年に発表された藤田海龍氏の論文「教行信証の真蹟本について」(日本仏学院刊行『日本仏学論叢』所収)は、「真蹟本」の研究として出色のものであり、その後の研究にも大きな影響を与えたが、研究の基礎が影印本にあり、「真蹟本」を直接に十分に検討していないために、研究に行き届かない点を残したのが惜しまれる。同じことは、ほかの研究についてもいわれなければならない(1)。

第二次世界大戦が終わって間もなく、大谷派本願寺では宗宝の調査を始め、故日下無倫氏が主任となって、藤島達朗氏と赤松俊秀が調査に参加し、主として本願寺所蔵の宝物を調査した。「真蹟本」については、あらためて調査する必要はなかったが、保存上、根本修理をしなければならないことに意見が一致した。ついで「宗宝及宗史蹟保存会」が組織され、宗務役員と専門家が委員となり(2)、指定・修理・公開のことなどを議することになった。「真蹟本」については何よりも先に修理を行うことに決め、その準備を進めた。政府でも「真蹟本」の価値を認め、昭和二十七年に国宝に指定するとともに、修理に対しても国費を補助することに定めた。このようにして、「真蹟本」の修理は、昭和二十九年三月六日から国宝の古典籍修理専門の山川文吾氏によって始められたのである。解装のはじめに、「真蹟本」が当初、三つ穴の紙捻綴であったこと、本紙の大半は、俗に「袋綴」といわれているように合せ目を綴じて製本されているが、宿紙を用いた部分などは折目を綴じてあること、「化身土」末巻には、巻子本を折り込んである個所のあることなどが発見された(3)。「真蹟本」の構成がこのように複雑な以上、修理の仕上げは慎重に考慮しなければならない。そうなると問題になるのは、大正十一年に出版された影印本である。「真蹟本」が種々の綴じ方をしているのに、影印本は通じていわゆる「袋綴」となっている。影印本と「真蹟本」の実際の喰い違いは、「真蹟本」の形状を原状に復すれば、ますます甚だしくなるであろう。一方、「真蹟本」の修理が完了しても、多数の研究者が直接にそれに手を触れることは、保存上、好ましいことではない。こう考えると、修理の完了した「真蹟本」そのままの状態を伝える影印本を新しく作制して、それによって研究者に満足を与える必要がある。それにはまず解装の間に写真を撮らなければならない。この結論の上に立って、大谷派では宗議会の議決を経て「真蹟本」の原寸大の写真を撮ることにした。赤松は「宗宝及宗史蹟保存会」の委任を受け、修理の仕上げと写真の撮影の監督をすることになったのである。

解装裏打の終了した「真蹟本」の本紙の写真撮影は、昭和二十九年八月十八日から始まった。撮影は『雲岡石窟』や『慶陵』の出版を担当した真陽社が引き受けた。社長の中村友吉氏は以前の影印本の印刷に関係したので、よく注意を払い、富士写真フイルム工業株式会社に特別注文した乾板を用い、墨色の違いや朱註なども明らかに印刷に表れるように準備をした。赤松は撮影を監督するかたわら本紙の一々についても調査し、「真蹟本」をめぐって提出されている幾多の問題について、解決の手がかりがないかと詳細に検討した。その結果、次に述べるような事実を確かめることができたのである。

二

まず「教」の巻であるが、聖人が自筆で外題を書かれたと思われる原表紙はすでになく、「総序」の内題から始まっている。「総序」の部分は損傷が甚だしく、現存の本文は、内題を含めて十一行九十八字にすぎない。そのうち内題以下の四十二字は第一枚の右に収められており、その裏、すなわち左は空白となっている。第二枚の右には、「迷行」に始まる四十七字が収められており、その左には「捨真言超世希有正法」の九字が収められている。しかし第一枚の右と第二枚の右の間に半枚の空白を置くことは、あけ過ぎである。その間の欠字はわずか六十九字にすぎないから、四行ほどでよいはずである。第一枚の右と第二枚の右を合して、表裏一枚とするのが妥当である。そのことは、またおのおのの紙に明瞭に残っている紙捻綴の穴からも推定される。そこで修理仕上げの際は、本文の続き方をそのように改めることにした。因みに新しい影印本では、修理の完成した「真蹟本」の順序によって、アラビア数字で頁数を付けることにした。この解説でアラビア数字で頁数を示した場合は、修理の完成した「真蹟本」すなわち新しい影印本の頁を示したものを考えられたい。

第二枚の左の本文九字は、本文の続きから当然3の第一行に当たる。そのあと「総序」の本文は五十八字欠けているが、一行は十四、五字詰であるから、もとは四行に書かれていたに相違ない。一葉の行数は、1、2から推して七行と推定されるから、3にはなお二行の余白があったものと推定される。

「総序」に続いて本願寺派本願寺所蔵の伝真蹟本では『大無量寿経』らの標挙と巻名の標列が七行に記されている。現在の「真蹟本」には標挙・標列の部分はないが、当初からなかったのではなく、中古、欠失したものと思われる。いま本紙のない4がその部分に当たるであろう。

「教」巻の本文は第三枚から第五枚までの三枚を占めているが、これも後世の破損のためであって、はじめは、5から12まで八葉四枚であったに相違ない。今残っている本文は、はじめの部分では、内題の下半部の五字と、本文第一行の下半部の「有二種廻向一者往相」の九字だけである。撰号の「愚禿釈親鸞集」も切り取られ、わずかに切痕を残している。第二行以下は欠字が百八十五字も続いている。行数にして、十二行である。5の余白の五行と、皆白の6の七行がそれに当たる。それに対して、いま第三枚の左に一葉にして収められている断簡二片は、前片の最後の字と後片の最初の字の間に欠字が百三十九字あるから、その間は少なくも八行あいていたに相違ない。したがって、第三枚の左一葉に収められているのを改め、前片は7、後片は8とするのが妥当である。7、8の両片に、各々紙捻綴の穴が残っていることも、推定の正しいことを裏づけている。綴穴を基にすると紙の位置を正しく原位置に返すことは容易である。このようにして「教」巻が復原された結果、修理の終わった「真蹟本」の「教」巻は、以前に比べて一枚二葉増加することになったのである。

「慧見无㝵」で始まる第四枚右の本文は六行であり、一行不足している。紙捻綴穴の部分は欠失しているが、欠失したのは第一行ではなく、末尾の第七行であることは本文の続きから明らかである。第一行の下半部も切り取られているが、そこには「无量寿如来」の五字があったはずである。仏名なので、後世切り取ったのであろう。また第一行と第二行、第四行と第五行との間には、おのおの切り離された痕跡が残っている。第四枚の左に当たる部分で、「平等覚経言」で始まる六行七十五字は、別に幅に仕立てられて保存されていたのを、今回の修理を機会に合装し、10に収めることにした。「諦聴」で始まる第五枚は欠失がなく、そのまま11・12とすることにした。この11・12で注目すべきことは、12の第二行の傍記の「勝」が朱で書かれていることである。筆致からいうと、本文と一筆と認められる。1から12までのところ、朱で書かれたのは、この一字だけである。このことは「真蹟本」を考えるうえに重要なことであり、注意を要することである。

次は「行」巻であるが、「教」巻同様に外題を書いた表紙はない。巻初の第六枚の右は、白紙であり、左は「行」巻の標挙が書かれている。13・14に収めることにしたが、14で注目すべきことは、はじめ「諸仏称名之願 真実之行 選択之行」と書かれてあったのに、のちに「浄土真実之行 選択本願之行」と「浄土」「本願」のおのおの二字を書き加えられた四字では、筆致は異なるとも見られないが、後から書かれた「本」の字形が注目される。

第七枚15・16には問題はなく、16の欄外の「第十七願」の四字は後人の加筆である。第八枚の左の17の冠註の「証」字の音訓は、本文と一筆であるが、同時筆とはいえないであろう。第九枚の右、19の冠註の「大阿弥陀経云、廿四願経ト云」は後人の加筆であるが、この十一字は本願寺派本願寺所蔵の伝真蹟本には本文のうちに書かれている。第九枚の左20の冠註の「経」は本文と同時筆と認められる。[5]

第一〇枚から第一八枚まで、すなわち21から38までは、特に記すべきことはないが、第一九枚39・40には、注意

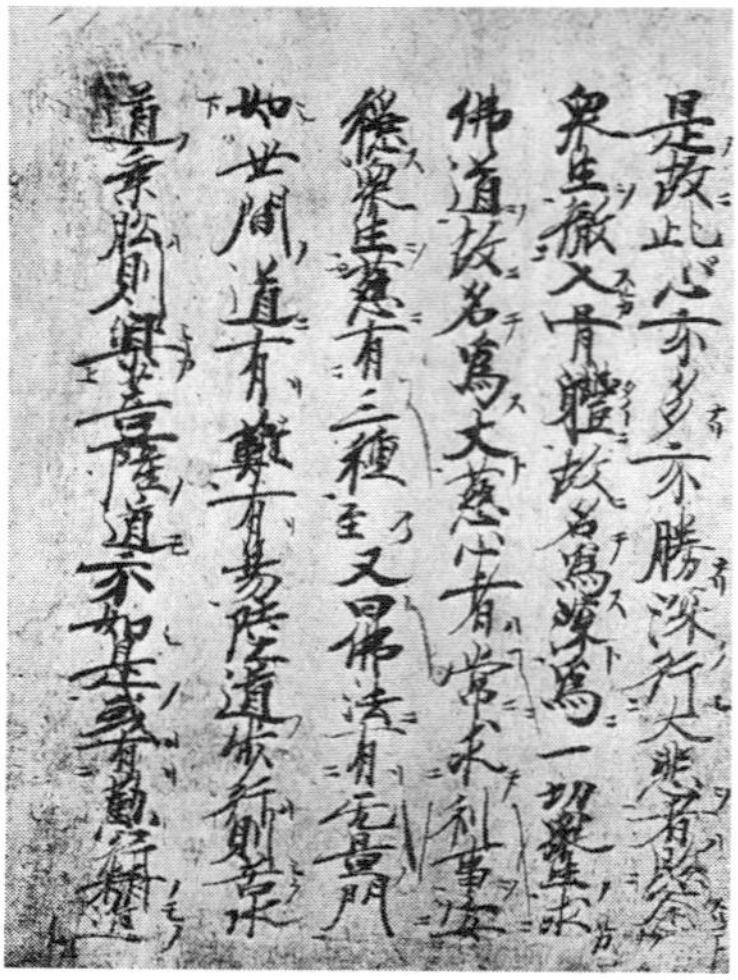

第12図　『教行信証』「行」巻第一九枚左
（大谷派本願寺蔵）

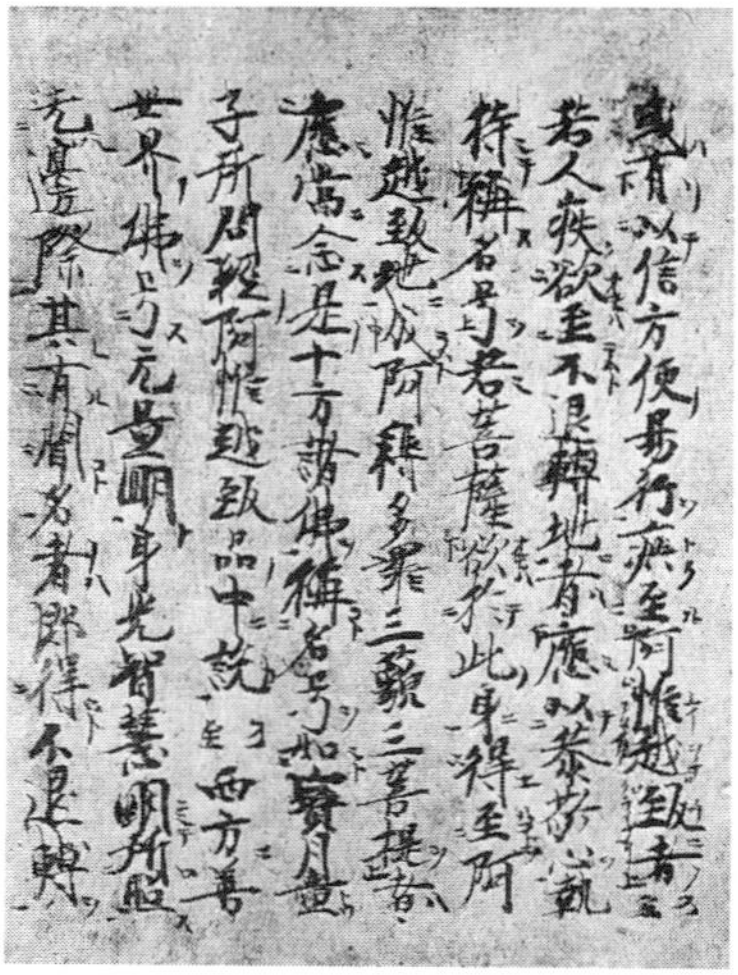

第13図　『教行信証』「行」巻第二〇枚右
（大谷派本願寺蔵）

すべきことがある。それは第一九枚の左、40が六行書きになっていることである。「教」「行」巻を通じて、第一枚から第一九枚の表までは、毎葉七行書きの原則が例外なく守られているのに対して、40だけが六行に書かれているのが問題である。ことに注意すべきことは、その次の第二〇枚41・42以後は原則として毎葉八行書きであり、筆致もその以前とかなり異なっていることである。普通こうした場合には、数人が手分けして写し、しかも前もっての取り決めが手違いになったために、不揃いになったと解するのであるが、「真蹟本」の場合は、こうした解釈は当たらない。40以前と41以後では筆致は異なるけれども、通じて聖人の真蹟であることは、動かない事実と認められるからである。そうなると、同一人の同じ著述でありながら、場所によって何故にこのように筆致が相違するのかということに問題は変わってくる。それを明らかにするために、「真蹟本」の二種の筆致と、年代の明らかなほかの真蹟を比較検討した。その結果、40以前の筆致は聖人晩年の真蹟、例を挙げると、大谷派本願寺所蔵の康元二年（一二五七）書写『一念多念文意』に近いこと、41以後の筆致は聖人中年の真蹟、例を挙げると、高田派専修寺所蔵の文暦二年（一二三五）書写『唯信鈔』やその紙背の『見聞集』『涅槃経要文』に一致することが明らかとなった。この推定が誤りないとすると、聖人が「真蹟本」を書かれたのは文暦二年御歳六十三歳前後ということになる。そして康元二年八十五歳前後に、「教」巻の全部と、「行」巻のはじめを書き直されたことになる。これは「真蹟本」を考察するうえに重要な事実の確認であり、赤松としては調査中に自分で考えついたことであったが、のちに、藤田氏がその論文ですでに一部清書の事実を指摘していることを知った。

「或有以信方便易行」で始まる第二〇枚41・42以後で注意すべきことは、筆致が以前と異なっているほかに、40以前には見られなかった朱の音訓が加えられていることである。新しい影印本は単色刷のため、朱墨を区別するのは容易でないが、前本とは異なって、乾板の整色に注意しているから、朱の分は墨と異なって薄く出ており、注意すれば区別できるはずである。朱訓は41以後毎葉といってよいほどに施されている。それに対して聖人が晩年に書き直された部分は先に指摘したとおり朱訓がない。このことは朱訓の施されたのが、「教」「行」巻の書き直し以前であることを示しており、聖人が自身で朱訓を加えられたことを、現しているといってよいであろう。

第二〇枚41・42より後で、注意すべきことは、冠註の字訓が、第二〇枚以前の書き直された分の字訓と、筆致その他にあまり差がないことである。まず第二三枚47・48に書かれている「衎」と「航」「督」では、同じ紙ながら、書かれた時期は異なると認められる。その前後は容易に推定できないが、「航」「督」の方は後書きと考えてもよいであろう。しかし前に書かれた「衎」でも17の「証」と筆致はあまり相違しないから、聖人が本文を書き直される前に書き入れられたとは断定できない。「航」「督」は筆致からして、本文書き直しと同時の記入と認められる。冠註の字訓は第二四枚の左50、第二七枚の51・52、第三二枚の右65、第三六枚の右73、第五八枚の右117枚にもあるが、同様のことが言われる。ただ174の「覚」は別筆で、174については後に再び触れるであろう。

第二〇枚41・42より後で、次に注意すべきことは、まま紙質・法量の異なった料紙が用いられていることである。そのはじめは第二七枚55・56である。それ以前の料紙は美濃紙で、縦九寸四分横一尺四寸八分の大きさをもっているのに対して、55・56の紙質は雁皮紙であって、幅は五寸一分五厘、本文は紙の両面におのおの四行ずつ書かれている。したがってこの部分は「袋綴」ではない。旧影印本ではそれを同様に「袋綴」のように印刷したが、新しい影印本では原本に拠って表裏に印刷した。筆致は「教」巻や「行」巻のはじめと一致しているから、この部分は八十歳前後の書き直しと認めて、おそらく誤りないであろう。問題は前に書かれてあったものを、どのように書き改められたのかということである。前に書かれていなかったものが新しく書き加えられたのでないことは、55の全部と56の二行半が、書き直されてない54に続いて『浄土論註』の引用であること、56の後一行半の『安楽集』は、そのまま次の書き直されてない57に続いていることで明らかである。そうなると55・56の書き直しは、引用文の省略と解するほかはない。聖人が「真蹟本」を書写したはじめは、この部分は「袋綴」の美濃紙の両面におのおの八行ずつ本文が書かれており、それが書き直しによって、八行、百二、三十字が削除されたものと思われる。いま引用されている『浄土論註』『安楽集』のほかに、なお引用文があって省略されたとも考えられるし、また、『浄土論註』からの引用に「乃至」として省略されているところが三カ所もあるから、『浄土論註』の引用が短くされたとも考えられる。しかし、『浄土論註』『安楽集』以外の論疏の引用は考えられないし、『浄土論註』の「乃至」による本文の削除全部で二十五字であるから、それだけでは削除の百二、三十字は満たされない。もっと『浄土論註』が引用されていたのであろう。

次は第三一枚63・64である。この紙の幅は一尺一寸八分であり、本文も右左おのおの六行である。ただし朱訓付き「袋綴」であり、筆致も八行書きの部分と異ならない。しかし同時の筆でなく、前に書かれたものを間もなく書き改めたことは、次の事実で確かめられる。65の第一行のはじめに、傍記として「光明寺和尚云又如」の八字が本文と同筆で追記されているが、書き直されない前は、64に書かれていたに相違なく、表裏おのおの八行をおのおの六行に書き縮めた結果、上記の八字を書く余地がなくなり、65のはじめに後から書き入れたものである。

今の63・64には書き直されなかった62に続いて『安楽集』が引用されているから、書き直される以前のこの部分に『安楽集』が引かれていたことは明らかである。書き直しによって、本文の字数が四行約五十字減ぜられた。その際『安楽集』のどの部分が削除されたかは明らかでない。注目すべきことは、この部分の『安楽集』の引用が、書き直しによって、下巻から上巻に還って、順序が乱れていることである。このことは、引用されている『安楽集』上巻の部分が書き直しの際に新たに引用されたことを示しているのかもしれない。そうなると、書き直しによって削除された本文は百二、三十字増加することになる。今はない旧本文を明らかにするのは困難であるが、ことによると、後半の『往生礼讃』が今よりも長く引用されており、それが削除されたのかもしれない。それはともかくとして、この書き直された部分に、聖人が後年門弟に遣わされた消息の中に引用された「名无眼人、名无耳人」の経文が出ている。(8)

第三は第三六枚の左74である。この分は美濃紙の本紙を本文のはじめ三行を残して左端五寸を切り取り、雁皮紙を継いでおり、引用文は楷書で書かれている。筆致は聖人のそれに似ているが、他筆と認むべきもので、聖人よりはかなり若い人が書写したのであろう。74と同一人の筆蹟と認められる部分はほかにもあるが、ともに楷書で書き詰めており、聖人が老齢で書き詰めが困難なために代筆したものと推定される。74の場合は、行数が一行増え、一行についても二、三字増加しているから、三十字前後書き足すために代筆を依頼されたのであろう。書かれているのは善導の疏釈であるが、引用が増加した分はどの部分か正確なことは不明であるが、「欲使善悪凡夫」の『観念法門』か、または「門門不同」の『般舟讃』の一部であるに違いない。いずれにしても、その次の第三七枚の右75は、聖人の御自釈のなかでも特に重要な六字釈であるから、その直前の引用文の訂正は、注意しなければならない。

第五五枚111・112は、第三六枚の左74と同質の雁皮紙を用い、74の筆者と同一人が書いたものと認められる。書き直した理由は不明であって、引用文は『浄土論註』の一部で110から113に続いており、その間に欠けたところがないから、74のように書き足しとみることもできない。ことによると、聖人のごく晩年になって、引用文の不備が発見され、またはこの部分の本紙が損傷したことがあり、本文を料紙一枚に書き上げるために、細書きのできる者に代筆させられたということがあるのかもしれない。

次は第五八・五九枚117・118・119・120である。これら四葉は続いて一枚の紙であり、紙質は雁皮紙である。綴じ方は普通の「袋綴」とは異なっており、一枚の紙を二つに折り、その折目を綴じる「折目綴」ともいうべき仕方になっているのが注目される。「粘葉装」に倣って考えられたのであろう。「袋綴」は右・左と両面しか使えないのに対して、「折目綴」は四面使える便宜がある。二つ折といっても、117〜120の場合はきっちりと二つに折ったのではなく、前半は幅七寸四分、うち小口の一寸四分は同一紙質の補紙である。後半は幅四寸五分である。書写されている本文は、前半の117・118がおのおの八行、後半の119・120はおのおの四行書きである。その筆致は「教」巻、「行」巻の書き直された部分の筆致に近く、この部分が聖人の晩年に書き直されたことは疑いない。朱訓もない。書き直される前、この部分は片面八行、一行約十五、六字書きの「袋綴」であったと推定される。そうなると、書き直しによって、総計二十四行になったのであるから、八行約百二十字が書き足されたことになる。書き直された部分には引用文と御自釈があるが、聖人はどちらを書き加えられたのであろうか。推定は容易でないが、字数から考えると、百十七字の一乗海を釈された御自釈が書き足されたとするのが妥当であろう。しかし、御自釈が聖人の晩年になって追記されたと考えるのは、おそらく問題であろう。考えようによっては、書き直される前に本紙は二枚四葉あり、書き直しは書き足しではなくて、削除であるとの推定も成り立つのである。しかしそれでは、わざわざ一枚の紙の表裏に本文を書いたことが解らなくなる。聖人は本文の改訂にあたって、できるだけ紙数が増加するのを避けられたのではないかと思われる節がある。表裏書きはそのために考え出されたに相違ない。それを考慮して、この場合は御自釈を後に書き足されたと考えるのが事実に当たっていると思われる。

「行」巻で最も目立つことは、第六三・六四・六五・六六枚127・128・129・130・131・132・133・134と、巻末、「正信偈」へ続く部分がいずれも「袋綴」ではなく、半切の切紙の表裏に本文が書かれていることである。ただし133・134のおのおの三行書きを除いて、あとはおのおの八行書きであり、朱訓も施されており、筆致も書き直し以前の早く書かれた分と同一であるから、一様に「袋綴」に印刷した旧影印本には第六七枚133・134の幅が狭いこと以外、変わったことは何も現れていない。そのために、このことは今までに注意されていないが、表裏書きであることは、はじめ「袋綴」に本文が書かれていたのが、後に書き直されたことを示しているといわなければならない。表裏書きに改められた以上、本文が書き足されたに相違ない。「正信偈」へ続くこの部分は「本書」の構成からいって問題の多いところであるから、深く注意する必要がある。

さて第六三枚127・128は「証不証対」で書きはじめられており、教機相対についての御自釈の部分であって、本文は書き直されていない126から続いており、筆致も同一である。したがってこの御自釈の終わりである128の第二行の「可知」までは、「真蹟本」が書写された当初から書かれてあったに相違ない。また134の末行の「爾者帰大聖」の五字もまた書き直されていない135に続くから、最初から書かれていたことは明らかである。そうなると、問題は一乗海・真実方便の行信についての御自釈と、「正信偈」を制作する由来についての御自釈にあることになる。

一乗海についての御自釈は、本文「敬白一切往生人等」で始まり、字数四百六十四字で、三十三行以上を占めている。次の「凡就誓願有真実行信亦有方便行信」云々の御自釈は、字数百八字で七行余りの行数をとっている。最後の「是以為知報徳」云々の「正信偈」制作についての御自釈は、本文七十字と「已上」二字で、約六行を占めている。旧影印本だけを見て、「真蹟本」を直接に見ない時は、最後の第六六枚133・134の本紙だけが幅狭く、後から追加されたことが明白なので、この部分だけが書き足されたと考えるであろう。しかしこの部分は、「正信偈」制作についての御自釈のその後にすぐ続く「爾者帰大聖真言」を呼び出すに不可欠のものであり、後から書き足されたとすることはできない。それに対して「敬白一切往生人等」云々の御自釈は、その前の教機相対についての御自釈から引き続いて書かれているが、書き直される以前に、すでに本文として、そのまま書かれてあったということはできない。なぜかというと、もし本文に変更がないなら、この部分は表裏書きにする必要はなく、「袋綴」のままでよかったはずである。この部分が表裏書きになっている以上、この御自釈は書き直されたと考えなければならない。しかし書き直しを認めるにしても、修正と考えるか、新しい書き加えとみるか、二つの考え方がある。それを定めるにあたっては、書き直される以前の枚数や行数を推定しなければならないが、上に述べた本文の続き、字数、「本書」の構成を考えると、この部分ははじめ「袋綴」で、右左一枚、行数十六行であったろうと推定される。それに、はじめ書かれていた本文は教機相対についての御自釈と「正信偈」制作の御自釈であって、一乗海についての御自釈、真実方便の行信についての御自釈は書かれていなかったと考えられる。その理由は次のとおりである。

127・128の教機相対の御自釈の本文は字数にして百五十三字ある。それに対して「正信偈」制作の御自釈の本文は、上に記したとおり、本文七十字であり、ほかに「已上」が割り書きされている。そのほかに「爾者帰大聖」の五字がそれに続いている。以上を通計すると、二百二十九字である。八行書き両面で平均二百四十字の字詰であるから、少し足りないが、書き直しの際に本文の改訂があったとみられないことはない。八行書き「袋綴」一枚に書かれていたとみても、おそらく誤りないであろう。

一乗海・真実方便の行信についての御自釈が新しい書き加えであるとすると、これらの御自釈は行信論でも重要な部分であるだけに論に重要な影響を与えるであろう。「行」巻で、行に合わせて信が述べられていることが最近あらためて論ぜられているが、聖人がそれを文章に表現された時期が、上に述べたことによっても明らかなように、「真蹟本」を初めて書写された時と異なることを知る必要がある。(9)

以上は「行」巻の本文の書写について、注意すべき主な点であるが、これを要約して述べると次のとおりである。「真蹟本」は文暦二年（一二三五）聖人六十三歳の前後に書写された。しかし聖人はそれでは満足されず、「真蹟本」の書写がすむと間もなく、引用文や御自釈の添削を始められた。すでに書かれている分を削除する場合は、その分の料紙を幅狭いものに改め、これに書き直されたが、書き足しの場合は、紙数の増加を嫌い、料紙を二つに折り、その折目を綴目として、表裏四面に本文を書写された。「真蹟本」の改訂は晩年にまで及び、八十歳頃には「総序」「教」巻の全部と「行」巻のはじめを書き改められた。聖人も晩年は老眼のため細筆が困難であったらしく、その要がある時は他人に命ぜられた。なお「行」巻の尾題についても、いろいろに論ぜられているが、筆致から判断すると、その前の「正信偈」の筆致と同一と認むべきものであると思う。尾題は「真蹟本」が書写された時に書かれたと考えるのである。「顕浄土教行証文類二」と書いて「教」と「証」を消したのも、同時と認むべきである。

弘安六年（一二八三）の奥書については、「化身土」末巻でまとめて述べる予定である。

三

「信」巻について、最初に指摘しなければならないことは表紙1の「顕浄土真実信文類三」の外題は、聖人真蹟に相違ないということである。大正十五年に大谷派本願寺侍董寮が編纂した『真実教行証文類』では、この外題に註して、「顕等九字筆勢異」とあり、暗に真蹟でないとしている。今まで「真蹟本」について述べた学者の多くは、この非真蹟説を支持しているが、それは誤りであって、この外題は疑いのない真蹟である。それを証するものは、「真蹟本」やその他の聖人真蹟のうちに同一の筆致が存することである。ここにそれを詳細に述べることは煩わしいから避けるが、2に「後有一臣義」云々と書かれているのが、聖人真蹟であることを指摘すれば十分であろう。次に問題となるのは、外題を書かれた時期であるが、「行」巻の大部分を書かれた六十三歳前後よりは、やや後であって、「総序」、「教」巻、「行」巻のはじめを書き直された八十歳前後にかなり近い時期と推定される。書き直される以前の「信」巻の表紙はどのようなものであったか。おそらく、のちに述べる「証」「真仏土」巻と同じく「釈蓮位」と書かれていたのではないか。それが聖人の手によって書き改められ、「釈蓮位」の三字が削られたことは注目しなければならない。

「信」巻で次に注意すべきことは、「別序」から第三枚の左8までの本文が、「教」巻、「行」巻のはじめ同様に書き直されていることである。その時期も「教」巻や「行」巻とほぼ同時と考えてよいであろう。「信」巻の場合は、書き直された部分の字数が少なく、内題や撰号・標挙を含めて別序百四十五字、標挙十一字、本巻三百二十九字である。字詰は一枚当たり平均百七十字内外とみてよいであろう。それに対して第四枚9・10以後の八行書きの部分では、平均すると一枚二百四十字書かれている。書き直された三枚四百八十五字を、その割合で書き詰めたならば、二枚で十分のはずである。書き直されない以前は、おそらく二枚に書かれていたに相違ないであろう。ただし、その場合は、標挙は独立し、「別序」は「信」巻の本文のはじめに書かれていたと考えなければならない。もし、今見るように「別序」が独立していたとすれば、「別序」は一枚で、余白が多く残り、本巻は一枚半となり、書きはじめの一葉は白紙となるからである。「真蹟本」書写のはじめは「別序」がなく、書き直しの際に書き加えられたとも考えられるが、それでも本の体裁は同じことになる。もちろん、書き直しを大規模なものと考え、前に書かれたものに拘泥せずに書き改められたとすれば、別であるが、いまのところ、書き直しが大規模であったと考える根拠は乏しいといわなければならない。なおこの書き直しの部分は、「教」巻や「行」巻と異なって、朱で送仮名が書かれたり、左訓を施された個所が二カ所ほどある。

第四枚9・10以後は、「袋綴」八行書き朱訓付きが大部分であり、筆致も「行」巻の八行書きの部分とほぼ同一である。これらの事実によって、「信」巻の大部分が聖人六十三歳前後に成立していたことは明らかであるが、紙質・行数・綴じ方・筆致の異なっている部分もかなり交じっており、のちに相当大規模に書き直されたことは明らかである。次にその一々について説明することにしよう。

最初に指摘しなければならないことは、「信」巻に宿紙が多く用いられていることである。総数は四十六枚で、三カ所に分かれて用いられている。宿紙は朝廷で五位の蔵人が用いるもので、他の者は用いないのが慣例であるが、聖人がこれを用いられた事情は明らかにされていない。誰か蔵人を知っておられたのではないかと考えられるが、日野資実の四男で家光の子となった光国が寛元三年（一二四五）以後建長四年（一二五二）まで蔵人として在職したことが思い合わされる。聖人と光国の交渉の有無はともかくとして、宿紙の分の筆致は、六十三歳頃の筆致とはかなり違い、「信」巻の表紙2の分の筆致と一致している。建長年間（一二四九―五六）[11]も初期の筆致としておそらく誤りないであろう。次に綴じ方であるが、若干の例外を除いては、普通一枚の全紙を二つ折にして折目を綴じた「折目綴」であり、表裏四葉に本文が書かれている。紙が切紙であるために二つ折にしない場合でも、表裏書きしていることは同じである。朱訓はない。

さて最初に宿紙が用いられているのは一枚の全紙を二つ折にした第二五・二六枚51・52・53・54と、次の幅三寸一分五厘の切紙の第二七枚55・56であるが、それには総計五百五十三字の本文が書かれている。書き直される以前の本文は何字であったか不明であるが、「行」巻で述べたと同じ理由で、「袋綴」右左十六行約二百四十字が書かれていたと推定して、誤りないであろう。この二百四十字のうち、はじめの十字は、書き直されなかった50から続く信楽の御自釈であり、末尾の九十二字は、同じく書き直されなかった57に続く『華厳経』であることは動かない。この二つを除いた残りの百四十字余りが何であったかが、問題である。いま書かれているのは、「本願信心願成就文」の『无量寿経』と『无量寿如来会』からの引用五十六字と、『涅槃経』からの長い引用文とである。その字数は三百九十五字である。この部分が書き直されたのは『涅槃経』の引用を増加するためと考えても、おそらく誤りないであろう。『涅槃経』は「真蹟本」が初めて書かれた時に、すでに「行」巻に引用されていた。第六〇枚121・122に引用されているのがそれである。「信」巻でも第二三枚の右47に当初から引用されている。信楽についての御自釈の場合も、当初から引用されてあったに相違ない。しかし字数は八十字内外の短い引用であったろう。それはおそらく、いま引用されている三百九十五字の中に含まれていると推定される。

次の宿紙は第三一枚63・64であって半切の切紙の表裏に八行ずつ本文が書かれている。字数は二百七十四字であって、普通の「袋綴」八行書きの平均より三十字以上も多い。この部分は書き直されていない62から続いている欲生の御自釈で始まり、御自釈の本文は二十八字含まれているが、文章は聖人が当初書かれたものと変わっていないであろう。次に引用されている「本願欲生心成就文」の経文も、おそらく異同がないであろう。すると書き加えられたのは、その次の『浄土論註』ということになる。いま引用されている『浄土論註』は二部に分かれており、はじめは「往還廻向」、後は「浄入願心」を説いたものであるが、「浄入願心」の分は書き直されていない65に続くので、当初のままと考えてよく、書き足されたのは、「往還廻向」の分と考えて、おそらく誤りないであろう。

第三四枚69・70から第七五枚151・152まで続く宿紙のうち、第五六枚113・114、第六一枚123・124、第六二枚128・126、第七一枚143・144が半切で、第七五枚151・152が幅五寸二分の切紙であるのを除いて、他はいずれも全紙二つ折、「折目綴」である。本文は八行書きであるが、151・152は五行書きである。連続して書き改めた分が、枚数にして総数四十二枚の多数にのぼり、前の本文のどの部分を改めたかの推定は困難である。ただ明白なことは、「折目綴」の場合、「袋綴」に比べて同じ一枚で二百四十字以上多く本文を載せられることである。いま宿紙四十二枚で総字数九千八百八十二字が収められているが、「袋綴」にこれだけの字数を書く場合は、倍以上の紙を必要とし、一冊に綴じることが困難になることは明らかである。本願寺派本願寺の伝真蹟本が「信」巻を本末に分けているのは、全巻を「袋綴」に書いたためである。聖人が「信」巻を書き直すにあたって「折目綴」を採用されたのは、紙数の増加を忌まれた結果と考えて、おそらく誤りないであろう。

次に顕著なことは宿紙四十二枚に書かれている九千八百八十二字のうち、『涅槃経』の引用が過半数の五千六百五十三字に達していることである。『涅槃経』は書き改められなかった第七六枚153・154以後にも続いて引用されているから、「真蹟本」が初めて書かれた時に、このところに引用されていたことは疑えない。しかしいま引用されている部分が全部はじめから引用されていたとは考えられない。何故かというと、五千六百五十三字の『涅槃経』

だけで「袋綴」二十三、四枚を必要とし、紙数を超過するからである。[12] しかし、そうはいっても、『涅槃経』の引用を増加したことだけが、宿紙を「折目綴」にして、それに本文を書き直した唯一の原因ではないかもしれない。その理由を挙げると次のような事実がある。第三六枚左74に「念仏法門不簡愚智豪賤」云々の元照の『弥陀経義疏』が引用されている。その次には用欽の語を引いて、第三七枚右75に元照の『弥陀経義疏』のその部分に戒度が註釈した『阿弥陀経疏聞持記』が引用されている。「本書」のこの部分は『六要鈔』で存覚師が指摘しているように『弥陀経義疏』の引用の順序が顚倒し、混乱が見受けられる。聖人が最初「真蹟本」を写された時には、聖教の引用には一定の順序が立てられていた。『弥陀経義疏』もはじめは順序正しく引用されていたであろう。それが書き直しの際に、新たに引用文を追加したために、順序が乱れて、今見るようになったものと思われる。『聞持記』のように元仁元年（一二二四）よりわずかに七年以前に中国で刊行された聖教が、「本書」に引用されるようになったのも、この書き直しの時期であったろう。『聞持記』は「本書」の成稿年時の上限を決める有力な資料であるから、特に一言したが、『涅槃経』以外に、書き直しの際に、書き加えられたものがあったことは、このことから推測される。しかし分量では大したことはなく、増加の大部分が『涅槃経』であることは疑いない。[13]

聖人が『涅槃経』に関心をもたれたことは著しいもので、「本書」の至るところに引用されており、文暦二年（一二三五）書写の『唯信鈔』の紙背に要文を書き抜かれたこともある。聖人が『涅槃経』を重んぜられたのは、『六要鈔』第三によると、「弥陀名号与涅槃理、其名雖異、其性惟同」という理由によるのである。聖人の教義の一つの特色といえるのであるが、それにしても、『涅槃経』のうちでも、父王を殺害した阿闍世王の苦悶を描いた部分の引用が、他と比較にならないほどに長いことは注目される。『涅槃経』の阿闍世王に関する部分は「真蹟本」が最初に書かれた時から引用されていたか、それとも当初書かれてあったのは、第七六枚153・154以後の書き直されていない部分に続く善見太子の悪行の分だけであって、阿闍世王の分は後の書き直しの際に書き足されたのか、その決定は困難である。「真蹟本」書写当初の旧表紙ではなく、聖人によって中途に改められたと推定される現在の表紙裏2に、宿紙に書き直しをされた当時の聖人の真蹟で「復有一臣、名悉知義」云々と『涅槃経』の要文が書かれ、それと同じ文が第五六枚左114、第五七枚115・116に収められていることを考えると、「阿闍世王」の部分は新たに追加されたように考えられるが、文暦二年書写『唯信鈔』紙背の『涅槃経』には、阿闍世王の苦悶の部分がすでに収められているから、「真蹟本」が書写された当初から、本文として収められていたとの推測も成立するのである。「真蹟本」と『唯信鈔』紙背の『涅槃経要文』を対照すれば、ことによると解決の緒が見出されるかもしれないが、いまのところ、『涅槃経要文』の全文が公表されていないので、確かなことはいえない。

第七六枚153・154以後で、異なっているのは、第八〇枚161・162である。幅六寸五分の美濃紙を二つ折「袋綴」とし、その表裏に二行ずつ、御自釈が書かれている。その筆致は「真蹟本」書写当時とほぼ同一である。「難化三機・難治三病」を治する妙薬を説いた御自釈の文章が、前の第七九枚の左160の終わりで都合よく終わっている。そのために前の御自釈は書き直しには関係がない。書き直された御自釈は、「難化機」について『大経』『観経』『涅槃経』で説くことが異なる疑問を述べておられるが、書き直される以前は、もっと長文であり、表裏おのおの八行を要したに相違ないであろう。

要するに「信」巻は前後二度大きく改訂されたと考えなければならない。第一次は宿紙を使用した時であって、その時期は用紙と筆致よりして、おそくとも建長年間も初期を下らないであろうと思われる。第二次は「別序」と巻初を書き直した時であって、第一次の改訂よりは少しく後、「教」巻や「行」巻の書き直しと同時であり、おそらく建長の末年のことと思われる。

四

「証」巻は、「真蹟本」のなかで、聖人が六十三歳前後に書写された当初の状態を、ほぼ完全に保っている唯一の巻である。「顕浄土真実証文類四　釈蓮位」と聖人が真蹟で書かれた表紙1が、最初からあったかどうかは問題であるが、筆致から見ると、当初からあったと考えるのが妥当のように思われる。なお表紙の後半部2は欠けており、保存のため、今度新しく紙を補った。3は当初から白紙で、その後半4には「必至滅度之願　難思議往生」の標挙がある。5以後の本文の分では、美濃紙「袋綴」片面八行書きの原則が守られており、朱訓も随処に施されている。筆致も「行」巻、「信」巻の大部分と同一である。同時の書写であることは疑いない。第六枚の右15には、「或本生死也」と本文と一筆で註が施され、同様な註は第二一枚の右45にも施されているが、料紙を改めたり新しく加えたりして、文章を改められたところはない。欄外に音訓を書き出されたことも一カ所にすぎない。

「真仏土」巻も比較的によく当初の状態を保っており、「顕浄土真仏土文類五　釈蓮位」と真蹟で書かれた原表紙も保存されている。ただし表紙の後半面が失われているので、保存のために新しく紙を補った。3は当初からの白紙、4には「光明无量之願　寿命无量之願」と標挙が真蹟で書かれている。その筆致から推すと、聖人真蹟のうちでも最も後のものと推定される。正嘉・正元・文応の頃、八十五歳以後に書かれたものであろう。「真仏土」巻にははじめ、別紙に書かれた標挙がなかったこと、巻名もはじめは「顕真仏土文類五」であって「浄土」の二字がなかったことは、第一枚の右5の内題に訂正があること、内題の脇に朱で標挙が書き入れられていることで明らかである。これらの訂正と書き入れは、「真仏土」巻が書写されて間もなくのことであったらしく、その筆致は本文とさして相違が見られない。

第一枚5・6以後は、だいたいに「袋綴」片面八行書きの原則が守られており、筆致も「行」「信」巻のそれと一致する。これらの諸巻と同時に書かれたことは確かである。原則が守られていないはじめは第四枚の左14で、本文は六行で幅も四寸七分しかない。これはもと本文八行であったのを、終わり二行を切り取ったに相違ない。その動機は両様に考えられる。その一つは、第五枚左16に収められている『不空羂索神変真言経』を新たに引用するためであったとすることで、切り取られた本文は、16から続いて17に引用されている『涅槃経』の始文であったと考える。その二は問題の二行と、その次に続く「袋綴」一枚の表八行と裏の三行を切り取ったとすることで、この場合、切り取りは『不空羂索神変真言経』以下五行を残すためであったと考えるものである。切り取られた本文が何であるかは推測されない。両方の推定のうち、いずれが事実に当たっているかは容易に決せられないが、字続きなどを考えると、後者が事実であろう。

次に注意すべきことは第一三・一四枚31・32・33・34の筆致がその前と異なることである。聖人の真蹟と認むべきことには論はないが、文暦二年前後の筆致とは明瞭に異なっており、「信」巻の宿紙の分に近く、ことによると、それより早い筆致であるかもしれない。「袋綴」八行書きは他と異なっていないが、一行の字数が多く、十八、九字のが多い。一枚の字数は、書き直されていない第一二枚29・30で二百六十一字、第一五枚35・36で二百六十四字であるのに対して、第一三枚31・32で二百七十六字、第一四枚33・34で二百八十一字ある。書き直された部分に引用されているのは『涅槃経』であり、書き直されていない30から引き続き、同じく書き直されていない35に続いている。書き直しによって新たに引用されたものとは考えられない。おそらく書き直される前から、『涅槃経』は引用されており、三十五、六字の脱落のあることが見出され、それを補うために書き直されたものと考えられる。なおこの分には朱訓はない。

次に注意すべきことは、第一六枚左38に貼紙があり、書き込みを要する経文が書かれていることである。貼紙の大きさは縦七寸八分横六分五厘で、それに「又云、迦葉復言、世尊第一義諦、亦名為道、亦名菩提、亦名涅槃乃至」の『涅槃経』の二十六字が二行に書かれている。筆致は文暦二年（一二三五）前後のものとは異なっており、31〜34に近い。ことによると、31〜34よりは、文暦二年に近い時代の筆蹟かもしれない。朱訓が施され、38の本紙には朱線で貼紙のあるべき場所が示されている。

問題は第一八・一九枚41・42・43・44の筆致である。美濃紙「袋綴」八行書きは他と同じであるが、筆致があまりにも相違する。聖人の筆致を模倣しているが、どこか異なったものをもっている。他筆とみるのが正しいと思う。聖人が他人に依頼して、この分の書き直しをされたのは、「行」巻の111・112同様に、晩年細書が困難になられたからであろう。書き直しの原因は、引用文の脱漏か、料紙の破損などであったかと想像される。なおこの分には朱訓はない。

旧影印本が、「真蹟本」の実際と著しく相違するのは、第二四枚と第二五枚の間に、小紙を挟み、それに「不差、故曰成就抄出」と、本来第二三枚右の最後の行に付くべき八字を印刷していることである。影印本だけを見て、「真蹟本」を直接見ていない人は、「真蹟本」もこのようになっていると考えているようであるが、「真蹟本」はそうなっていない。「真蹟本」では、第二三枚の「袋綴」の折目は切り開かれており、その後半部の裏に当たる部分、すなわち53の第一行にこの八字が書かれている。新しい影印本は、「真蹟本」のとおりに、この部分は「袋綴」を切り開き、文字の位置も「真蹟本」と同じに印刷した。聖人が脱字に気づき書き入れられたのが早かったことは、書き入れられた八字の筆致が文暦二年前後と一致していることや、朱訓が施されていることなどで推定される。

聖人は『浄土論註』からの引用文のうち、八字を写し洩らすと同時に、その次の「讃阿弥陀仏偈曰、南無阿弥陀仏釈名无量寿傍経」の二十字を写すことも忘れられたようである。54のはじめの行が、上に続く「奉賛亦曰安養」の註から始まっている以上、書き忘れられたと考えるほかはない。聖人も直ちに書き忘れに気づかれ、貼紙などによって、脱文を書き入れられたらしい。欄外には「鸞和尚造也」と「讃阿弥陀仏偈」の著者を註記された。本願寺派本願寺所蔵の伝真蹟本などは、この欄外の「鸞和尚造也」の五字を本文に取り入れて書写しているが、今の「真蹟本」には、貼紙に書かれたと思われる部分は残っていない。中古に紛失したのであろう。聖人が「真蹟本」の書き写しにあたって、このような書き落としをされたと推定されることは、「真蹟本」が初稿本でないことを示しているといってよいであろう。今まで指摘してきたことで明らかなように、「真蹟本」は書写の後に大規模に改訂されている。その意味で草稿本であることは確かであるが、文暦二年前後に初めて書写された当時の「真蹟本」の構成があまりにも整然としていることは、「真蹟本」によって、初めて「本書」の体系ができたのではないことを示している。ことに御自釈の分に改訂が少ないことは、「真蹟本」が写される以前に、初稿本ともいうべき一本が存在して、そこで文章が推敲されたことを予想せしめる。筆致を見ても用筆の消耗や取り換えによる相違は見受けられるが、文暦二年前後に「真蹟本」を書写された時は、中絶されずに書写されたと推定される。「袋綴」八行書きの部分は、どの巻の筆蹟をとっても、基本的には一致するからである。なおこの初稿本のことについては、のちにあらためて触れるであろう。

『浄土論註』の八字の書き落としを補うのに、「袋綴」の折目を切り開き、料紙の裏に脱字を書くということを考えつかれた聖人は、すでに書写された本文を削除する場合、その部分を抹消したり、または書き直したりする代わりに、削除すべき部分を刃物で切り取るということも考えられた。「真仏土」巻第二五枚左58と第二六枚右59がそれである。58には曇鸞の『讃阿弥陀仏偈』、59には、善導の「玄義分」が書かれているが、58の終わりの一行半と59のはじめ半行が切り取られている。聖人以外の者が切り取ったのでないことは、この部分の本文が他の諸本と同じであることと、「真蹟本」では、聖人が自筆で、圏と線を書き、両方の文章が直接に続くことを表示しておられることで確かである。切り取られた部分は不明であるが、前が曇鸞、後が善導の疏であるから、ことによると、道綽の疏であったかもしれない。次にその字数であるが、切り取りによる空白は、現在三十字余りしかないが、聖人が当初切られた分はそれより百二十字ほど多かったと思われる。その理由は今の59・60はおのおの四行書きであるが、もと八行書きの「袋綴」の後半面であって、その前に「袋綴」の前半面があったことである。聖人は切り取りにあたって、58の末一行半と一緒に前半面全部と後半面の始行の半分を削除したが、読みやすくするためと保存の便から、残った後半面を本文四行ずつに二つに折り分け、用紙の左端の綴じはそのままとして、右端は糊止めにして、圏と線で離れている本文が直接に続くことを表示されたのである。

「真仏土」巻で、本紙を切り開き、真に本文を書き入れたいま一つの場合は、第三一・三二枚69・70・71・72である。この二枚はもと「袋綴」一枚の両面を成していたのであって、69の五行と71の折り曲げた分が前半面、72が後半面であったに相違ない。書き直される以前のこの部分は、書き直されていない68に続いて、善導の疏が引用されており、「爾者、如来真説宗師釈義、明知、顕安養浄刹真報土」云々の御自釈がそれに続いていたのである。聖人は「真蹟本」を書写されて間もなく、この部分の改訂を始められた。まず「袋綴」の前半面を、第五行と第六行の間で切り開き、第六行全部と第七行のはじめの字、おそらく五字を切り捨てられた。第六行のはじめには、「号曰無上涅槃」とあったこと、第七行の五字のうち下二字が「爾者」であったことは推定されるが、あと十四、五字については、善導の疏釈のうちであったろう以外のことは、推測できない。しかし聖人がこの部分の改訂に着手された真意は、善導の疏釈の引用を短くすることが主ではなく、「袋綴」を切り開いたために、新しくできた紙面に、憬興の十二光仏についての『述文賛』を書き入れるためであり、70と71にわたって十行、字数にして二百三字書き入れられた。

以上述べたことを要約すると、次のとおりである。「真仏土」巻は、用紙を切り開いて書き入れたり、不要の部分を切り取ったり、貼紙をして本文を改訂したところがあり、筆致からすると、改訂の時期は、「真蹟本」が初めて書写された時とあまり隔たっていない。用紙をあらためて書き直した部分は二カ所ある。一カ所は聖人の比較的晩年の真蹟と認められるが、他の一カ所は代筆と考えなければならない。おそらく聖人が自分で執筆するのが困難になられてからのちの書き直しであろう。

五

「化身土」本巻のまずはじめに問題になるのは表紙1の外題である。大谷派本願寺侍董寮編纂の『真実教行証文類』では、明瞭に異筆と断定しており、今までの多くの研究者も、「信」巻の表紙と同じく真蹟ではないとしているが、それは誤りであって、真蹟であることは疑いない。当初「顕化身土文類六」の外題が「顕浄土方便化身土類六」と改められ、本末の両巻に分けられた後に、いまの表紙が付けられたのであり、その時期は、「信」巻の表紙が付け換えられたのとほぼ同時である。

2の標挙の筆致は、聖人の筆致のいずれとも一致しない。似ているといえば、「真仏土」巻第一八・一九枚41・42・43・44の部分の筆致が一番近い。この部分は、先に述べたように他筆と認むべきものであるから、「化身土」

本巻の標挙も他筆とすべきものかもしれない。故藤田海龍氏は偽作と断定した[14]。その意味は、後人が作為したというのである。本願寺派本願寺の伝真蹟本にこの標挙の文がないことが論拠の一つであるが、近い筆致が「真蹟本」にある以上、そう解するのは行きすぎであって、代筆とすべきであろう。

　さて「化身土」本巻は、「行」以下の諸巻と同じく、大部分は美濃紙「袋綴」八行書き朱訓付きであり、その書写の時代も、聖人六十三歳前後と認むべきことも、同様である。美濃紙「袋綴」八行書きの原則が守られていない最初は第五枚右11である。11は紙幅四寸二分で、本文が四行書かれている。しかし当初から四行だけ書かれていたのではなくて、はじめは八行書きであった。「真蹟本」以外の諸本では「真蹟本」の第四行の末の『大経』に続いて「言、諸少行菩薩及修習少功徳者不可称計、皆当往生」云々の五十八字があり、「真蹟本」では、それが四行に収まることで明らかである。この四行は聖人より後世に切り取られたに相違ない。しかしその遠因は、聖人が引用文を改訂するために、「袋綴」の折目を切り開かれたことにあった。はじめは、11といま紛失している四行で「袋綴」の前半面を形成しており、13の終わり三行と14の五行で、同一の「袋綴」の後半面を作っていたことは、13の終わり三行分の紙が尖き折返しになっていること、折返しの分の第一行のはじめの字が「已上」であって、今は紛失している前半面の五十八字の次にすぐ続くことで、確実である。聖人ははじめ、この分の引用は『大経』『如来会』『定善義』で十分であると考えておられたが、後になって不十分なことに気づき、「袋綴」を切り開いて14の紙背に憬興の『述文賛』巻下の「由疑仏智」云々の釈を書き入れられた。その字数は11の「或堕宮胎」に続く「已上」の二字を含めて三十字である。「袋綴」を切り開いたために、各独立した前後両半面がひらひらと動揺するのを防ごうとして、聖人は、前半面を四行ずつに二つに折り、後半面は前三行後五行に折り分け、折先の端紙の先端を糊づけされたらしい。後半面はその状態を今でも保存しているが、前半面の後半分12に当たる四行が切り取られて紛失したことは、先に述べたとおりである。

続く第七・八枚15・16・17・18にも大きな改訂が行われている。今の15・16は幅四寸四分で表裏おのおの四行書きである。また、17・18は一紙であるが、17の終わり三行の分の料紙は、上に説明した13と同様に折返し糊止めである。17のはじめ一行が18の紙背に書き入れられていることも、13と同じである。聖人が「真蹟本」を書写された当初、この部分は15と17の末行三行で「袋綴」の前半面、18がその後半面であったことは確実である。ただし前半面の本文は15の末字の「爾」を除いた分と17の終わり三行の七行であって、第五行ははじめから空白となっていた。聖人はそののち、この部分の改訂を思いつかれ、前半面の第五行のところで、「袋綴」を切り開いて、新しく16・17の紙面を作り出し、15の末から16・17にかけて「爾者夫按楞厳和尚解義」云々の六十字の御自釈を書き加えられた。筆致から判断すると、その時期は「袋綴」八行書きをされた時期とはあまり隔たっていないと推定される。聖人はこの書き入れをされたのち、15の『往生要集』からの引用文で「乃至」と省略されたところを引用する必要があると感ぜられ、「也、若不修雑修」云々の二十字を15・16の欄外に書き込まれた。その筆致は一見異筆のように見受けられるが、それは用筆の違いに基づくもので、聖人の真蹟であることは疑いない。書き入れの時期であるが、聖人六十三歳前後よりは少し後と認められる。しかし八十歳までは下らないかもしれない。

改訂された次の部分は第一四・一五枚29・30・31・32である。この部分もまた、29と30が表裏書きで、本文は表七行、裏三行、紙幅は上辺で六寸九分ある。31・32は一紙であって、31は末の一行のみが32から折り返された部分に書かれており、32は八行書かれている。この状態は、すでに説明した11〜14、15〜18とまったく同じであり、29と31は「袋綴」の前半面、32はその後半面であった。はじめこの部分には善導の『散善義』と『往生礼讃』とが引用されていたが、のちに聖人はそれでは不十分とされ『散善義』と『往生礼讃』の引用文の境目で「袋綴」を切り開き、「抄出、又云、如観経」と『散善義』引用の結句と『往生礼讃』を引用するに必要な書き起こしの七字を切り捨て、新しくできた30の紙面に、『序分義』『散善義』から引用二十四字と、先に切り捨てた七字を書き入れ、圏と線で次の31への続きを指示された。改訂された時期は11～14、15～18とほぼ同時と考えてよいであろう。

次は第一七・一八枚35・36・37・38である。35・36は幅四寸八分の切紙の表裏両面に八行ずつ本文が書かれている。37・38も半切の紙の表裏両面に五行ずつ本文が書かれている。聖人が「真蹟本」を初めて書かれた時、この部分はどうなっていたか。これを考えるについて、手がかりとなる事実は、35と38、36と37の筆致が一致していることである。35と38はもと同一の「袋綴」の前後半面であったことは疑いない。それが引用文改訂の必要から「袋綴」の前半面の第五行と第六行の間で切り開かれ、35の終わり三行は切り取られて、35と38は別紙となり、新しくできた36と37の紙面に、引用文を追加して書き入れられたのである。35の引用文は34に引き続き、同時の筆で書かれた『往生礼讃』である。38は『浄土論註』である。35の切り取られた三行に書かれていた本文は明らかでないが、はじめの七字が、いま36のはじめの「徹到者、即与上、同」であったことは明らかである。また終わりの七字が37の欄外に横書きされている「論註曰、有二種功」であることも確かである。その間になお約三十字の不明の部分があるが、その部分の引用文は推定できない。36・37に新たに書き入れられた引用文は、『観念法門』『法事讃』『般舟讃』から引かれている。書き入れの時期は、明らかでないが、筆致から判断すると、聖人が「真蹟本」を初めて書かれた時とはあまり隔たっていないと思われる。

次は第二一枚43・44である。この部分は八行書きであって、筆致も「袋綴」八行書きの部分に一致している。したがってすべてを「袋綴」に印刷した旧影印本では他と区別できないが、「真蹟本」ではこの部分は半切の切紙に表裏書きとなっている。「真蹟本」が最初書かれた時は、一様に「袋綴」であったと考えられるから、切紙に表裏書きされているこの部分が書き直されていることは明らかである。書き直された本文は、『六要鈔』で存覚師が指摘したように、「行」巻の第五六～五九枚111～118の御自釈と関係があるとすると、問題の「行」「化身土」本巻の部分は同時に書き直されたことになる。このことが確かめられたことは「本書」の構成論に影響を与えるであろう。「化身土」本巻のこの部分の書き直しによって、御自釈がどのように改められたか、推測することは困難であるが、字数などは相違なく、文章だけを改められたのではないかと思われる。43と44とではわずかながら筆致が相違するので、ことによると、43は書き直されない最初の「袋綴」の前半面そのままであり、44は「袋綴」が切り開かれ、43の紙背に新しく書き込まれたものであるかもしれない。

次に注意すべきは第二八枚57・58である。この部分は切紙であって、幅五寸七分、本文は表だけの七行書きになっており、七行目の紙背58には墨で圏が書かれている。本文は56に直接続かず、その間に「一日七日専念弥陀名号」云々の五十一字の欠字がある。また59に対しても直接に続かず、「凡夫一日七日一心専念弥陀名号」などの四十八字の欠字がある。そのうえ、本紙の右端の切目には上部から下部にわたって、ずっと墨が残っており、そこで本文が切り取られたことを示している。また第二行と第三行の間に折目があり、そこで本紙が折られたことのあったのも明らかである。これらの事実を基礎にして、いかに復原すべきかを考慮したが、適切な考えがでなかったので、修理前そのままに仕上げることにして、写真もそのとおりに撮った。その後の研究によって、57は現在の第二行と第三行の間に残っている旧折目を折目として二つに折り、狭い方のはじめ二行分の紙は糊止めにし、長い方の五行分の紙には本文欠失の三行分の綴目分の紙を足して綴込むべきであったことが判明した。57はもと片面八行書きの「袋綴」の一部であったのである。聖人は改訂のため「袋綴」の前半面の第六行と第七行の間すなわち現在の57の右端で、本紙を切り開き、第一行から第六行まで、字数にして九十字以上を削除し、56からの続きで引用しなければならない五十一字は、切り開きによって新たに字が書けるようになった後半面の紙背58に三行書き入れ、切り残された第七行のはじめに、引用のための「又云」を書き足し、圏と線で文章の連絡を明らかにされた。ことによると56に続く五十一字の分の本紙は切り残されていたかもしれない。いずれにしても、その五十一字の部分も、四十八字の部分も、今は失われている。その時期は不明であるが、聖人入滅以後であることは、疑いないであろう。

第二九枚59・60も第三〇枚61・62も「袋綴」八行書きであるが、60から61にかけて、十行百五、六十字の本文が切り取られている。「真蹟本」以外の諸本では本文はこのところで続いているので、切り取られたのが聖人であることは確かである。前に書かれていた本文については、善導の疏釈からの引用文であること以外は、推定できない。

第三一枚63・64は幅三寸三分の切紙の表裏両面書きである。本文は表裏ともに三行ずつ書かれている。筆致は表裏で少しく違っており、裏書きの分が後から書かれたことは確かである。続く第三二枚は半切の切紙で、その後半面66に本文が七行書かれているが、これは書きはじめの一行が、第二行の上部七字を含めて切り取られたのであって、はじめ八行書きであったことは明らかである。その筆致は63に一致するから、63と66で、はじめ「袋綴」の前後半面を作っていたことは確実である。その後、この分の引用文改訂の必要が生じて、63の第三行から66の第二行(現在の第一行)の上部七字まで、行数にして六行半、字数にして九十六、七字を、聖人は切り取られた。63で切り残された最後の引用文は『般舟讃』であり、しかも偈文の中途で切られた。したがって改訂のために新しくできた紙面64に、本文を書かれた時、まずはじめに、切り取られた『般舟讃』の偈文の字「蒙益、各得悟解、入真門」の九字を書き入れられた。64ではそのあと「乃至」として、『般舟讃』からの引用を一部省略し、あらためて「仏教多門八万四」に始まる四句が引用されているが、「乃至」として省略された分が、『般舟讃』の原文では、十六句百十二字となっている。そのうち、はじめの四句二十八字は「行」巻に引用されているが、残りの十二句八十四字は

「本書」のどの部分にも引用されていない。一方「真蹟本」のこの部分で切り取られた九十六、七字のうち、63に直接続く九字を除くと、不明なのは八十七、八字である。八十四字と八十七、八字では差異が少ないから、切り取られたのは右に挙げた『般舟讃』の偈文であったとしてもほぼ誤りないと思われる。聖人は64に書き入れをされた後、64の本文と66の本文をつなぐために、66を現在の第四行と第五行の間で折り、小口を糊止めにし、その上に圏と線で両方の本文が直接続くことを表示された。今66の第四行と第五行の間に残っている折目は、それを証明している。昭和二十九年八月の修理監督、写真撮影の時は、ここまで明確には考察できなかったので、66は現状のままにしたが、復原すれば右に述べたようになる。

「袋綴」であり、筆致も「真蹟本」書写当初の分に一致しているが、五行書きであるところから、書き直しと推定されるのは、第四三枚87・88である。87のはじめ三行には、書き直されていない86に続いて『安楽集』が引用されている。第四行から88の第五行までは聖人の御自釈であって、聖人がこの巻の第四一枚右83で、「勘決如来涅槃之時代、開示正像末法旨際」と述べられたのに相応ずるものである。聖人が御自釈の中で、「元仁元年（一二二四）」の年号を挙げられたことから、江戸時代以後、「本書」ではこの部分に特に論議が集中され、聖人がこの年号を引用された真意については、今なお議論が一定していない。それについては、のちにあらためて述べる予定であるから、ここではこれ以上に触れないが、ここで指摘しておかなければならないことは、この部分は、はじめ「袋綴」八行書きであって、それが書き直しによって五行書きとなり、右左で六行、字数にして約百字削除されたに相違ないことである。削除されたのは『安楽集』や『末法燈明記』からの引用文であるか、それとも御自釈の一部か、決定は困難であるが、御自釈が書き直された可能性があることを、議論する者は銘記しなければならないであろう。右に引用した83の御自釈によると、聖人は88の御自釈で如来涅槃之時代を勘決されたはずであるが、現在の88の御自釈には勘決といわれるような節は見受けられない。『末法燈明記』に見えている周穆王五十一年壬申を入滅の年として、それから元仁元年までの年数と、『仁王経』などにより、末法になっての年数を数えられているだけである。勘決という以上、いろいろの説を挙げ、そのうちから信憑に値する説を、理由を挙げて選択するのが普通ではなかろうか。いまの御自釈には、そういう意味の文章はないが、その御自釈を含めて、87・88で百字ほどの削除があったとすれば、書き直されない以前の87・88に書かれていた御自釈には、ことによると、勘決に当たるものが含まれていたと考えてもよいのではなかろうか。正像末法の旨際を開示するために引用されたと思われる『末法燈明記』に釈尊入滅の時期として「壬申」「壬子」の両説があり、その間に三百四十年の差があることが記されている。仏滅の年代に両説があることを聖人は知っておられたのであるから、御自釈において壬申説を選択した理由を述べられたことはありうる。

「元仁元年」を引用された聖人の意図を考えるにあたって、いま一つ指摘しなければならないことは、「元仁元年甲申」の「甲」の右傍に、「真蹟本」のその個所のとは違う筆致で、「壬」と書かれていることである。「真蹟本」以外の諸本にはこの字は書かれていないから、「真蹟本」が書写され、それが基になって「本書」が流布した後に、書き入れられたと考えられる。しかしこの書き入れが、聖人以後であるとは考えられない。おそらく聖人が晩年、自分で書き入れられたのであろう。筆致から推しても、この推測は事実に当たっていると思われる。

「化身土」本巻の末尾は、半切の切紙の前半面に本文が八行書かれており、尾題はない。後半面に尾題が書かれていて、後世に失われたとの推測も成立するが、ことによると、この部分ははじめ「袋綴」で、後半面は「化身土」巻を本末に分けるにあたって、聖人が自分で切り取られたのかもしれない。詳細は次の末巻の説明のうちで明らかにされる。

六

「化身土」末巻は、本紙五十枚百葉のうち、第二六枚右51の第七行より後は、だいたいにおいて「教」巻以外の諸巻と同様に、「袋綴」八行書き朱訓付きであり、筆致も他の諸巻と一致する。その書写は他の諸巻と同様に聖人六十三歳前後とみるべきであろう。それに対して、それ以前は、「袋綴」に仕立てられているが、行数は七・八・九いろいろであって一定しておらず、筆致も一様ではなく、最も多い筆致は「真蹟本」の他の諸巻や、外の真蹟に見られないものである。はたして聖人の真蹟であるかの疑いも起こるが、仔細に筆致を比較研究した結果、「化身土」末巻の前半も聖人の真蹟であることは疑いなくなった。決定が困難なのは、聖人の何歳頃の筆蹟かということである。故藤田海龍氏は早く「化身土」末巻前半の特殊な状態に注意して、この部分は聖人が「真蹟本」を著わされる以前に作られた抜き書きを書き改めないで、そのまま利用されたのかもしれないとの意見を公にした。(15)「真蹟本」以前の筆致と考えたわけである。抜き書きの利用という藤田氏の推定が一部事実に合っていたことは、今度の解装によって確かめられた。第三枚5・6以後、第二五枚49・50までは、現在「袋綴」に仕上げられているが、その本文が書写された当時は巻子本に仕立てられていたこと、「袋綴」に綴込んだ時、巻子本を適当の長さに切り、綴込みに必要な端紙を付けたことなどが判明し、この部分は書写当初の「真蹟本」とは別なものであることが明らかになったのである。ことに第八・九枚15・16・17・18と第一一・一二枚21・22・23・24とは、おのおの長さ二尺九寸一分五厘、二尺九寸三分五厘の長い続紙であって、この部分がもと巻子本であったことを、明確に示している。藤田氏の鋭い観察は賞讃に値する。しかし藤田氏の推定が事実と完全に合致しており、この部分の筆致が「真蹟本」以前とされるについては、いま一つの事実が確認されなければならない。それは、はじめ巻子本に写された抜き書きが「袋綴」に綴じ込まれたのは、「真蹟本」が初めて書かれた時であることを、確実に証明するものがあるということである。しかし解装の際にそのような事実は確かめられなかった。もちろん「真蹟本」の書写が終わった後の改訂でも、「真蹟本」書写以前に写された抜き書きが持ち出され、それがそのまま綴込まれる可能性は十分にあるから、「真蹟本」成立と同時に綴込まれたことが証明されないからといって、すぐ「真蹟本」以後の書写ということにはならない。要は個々の紙や本文について仔細に観察し、その結果を総合して、重要なこの問題に結論を下すことである。次に観察の結果を述べることにする。

まずはじめに挙げなければならないことは、この巻には「教」「行」巻以外のおのおのの巻にあった表紙がなく、第一枚右1は白紙で、内題は第一枚左2の第一行に書かれていることである。このようなことは、他の諸巻にないばかりではなく、著書としても異例なことである。聖人は何故にこのようなことをされたのか。その理由を推定するのは困難であるが、「化身土」本巻の終わり第五四枚109・110が切紙に書かれており、「袋綴」を折目で切り開いて前半面のみを残したのではないかと推定されることを考えると、次のようなことがあったのかもしれない。本巻の末尾第五四枚右109と末巻第一枚左2とは「真蹟本」が書写された当初は、同じ「袋綴」の前後両半面であって、「化身土」巻が本末両巻に分けられた時に、その折目が切り開かれて分かれ、本末両巻に分属した。そのために、本巻の末尾は前面だけ、末巻は巻頭が半切の切紙となり、末巻の内題はいわゆる裏に書かれるようになった。しかし現在の「化身土」末巻第一・二枚1・2・3・4は「教」巻や「行」「信」巻のはじめと同じく、聖人が晩年に書き直されたために、本巻の109と末巻の2の筆致は一致しない。したがって右に推定したことも、結局は憶測にとどまって、それ以上には進みえない。

書き直された2には、『涅槃経』と『般舟三昧経』からの引用文が書かれている。引用文の終わり十一字は3に書かれているが、これは書き直しの際に字形が前より大きくなったことが主な理由であって、書き直されない前は2に全部書かれていたと考えても、おそらく誤りないであろう。

3の第一行の十一字がはじめ2にあったとなると、書き直す以前の3・4は『大乗大方等日蔵経』の巻第八すなわち『大集経』が3の第一行から書かれていたと推定してよいことになる。第三枚5・6より後のもと巻子本の分には全部『大集経』からの引用文が書かれているから、『大集経』だけが書かれていた書き直し以前の3・4も、5・6以下と同じくもと巻子本であって、5・6以下と同じ筆致であったと考えてよいであろう。3・4がもと巻子本を書き直したものであるとすると、もと巻子本であった部分の問題の筆致は、聖人八十歳頃の筆致と推定される巻頭の書き直しの筆致よりは、以前の筆致ということになる。この推定は重要であるから、銘記する必要がある。

次に考えなければならないことは、巻子本を解いて「袋綴」に綴直した際、本紙を一枚ずつ別にして、それをそのままに綴上げることは不可能であったことである。巻子本は紙面の全部に本文が書かれるのが普通であり、時には紙継目にわたって、本文が書かれることも珍しくない。このような巻子本を紙継目で一枚ずつ解いた場合、両端に近い本文は、「袋綴」に必要な綴込みの部分となって隠れることが多く、読むことが困難になる。紙継目に本文が書かれている場合は、紙継目を離すだけで本文を読むことはできなくなる。したがって巻子本を「袋綴」に改装する時は、本紙を本来の紙幅より狭く切り、その狭めた分の半分の幅をもった綴込み用の補紙を本紙の左右両端に付けることが必要である。3・4の場合、もと巻子本であった本紙は書き直しによって失われているが、左右両端に補紙を付けたことによる5・6への持ち込みが幅にして二寸五分あり、そのため5の第三行と第四行の間に紙継目がある。綴込み用の補紙の幅が、だいたいに一寸から一寸五分までであることも、この推定の正しいことを裏書きしている。5・6の第二紙は幅一尺一寸七分で、6の最終の第九行までの本文を含んでいる。6で注意されることは、最終の第九行の字の「穏」の墨が綴込み用の補紙にわたっていることであるが、これは「袋綴」にした後に、はじめ「隠」とあったのを「穏」と書き改められた際に、起きたことである。

7・8では本紙継目は7の第三行と第四行の間にある。5・6の第二紙と7・8の第一紙が一紙で続いていたことは、7の右端に残っている墨と6の最後行の字を寄せると、一緒になることでも確かめられる。9・10の紙継目は9の第一行と第二行の間にある。第一紙は7・8の第二紙と一紙であったことは、右端に残っている墨で裏づけられる。それに対して、『日蔵経』巻第九を書いた第二紙は継目のところに切り取りがあるから、ことによると別巻であったかもしれない。しかし筆致は同一であるから、同時に書写されたものと認められる。11・12の継ぎ方は複雑であって、継目は11の第三行と第四行、第五行と第六行、12の第四行と第五行の間の三カ所にある。11・12の第一紙は9・10の第二紙ともと一紙であったと思われるが、第二紙は幅狭く、第三紙は左端に旧綴穴があり、第四紙の右端には第三紙にわたらない墨付がある。はじめに作られた巻子本の状態をそのままに残しているとは思われないが、本文は連続している。

13・14の紙継目は13の第九行の中央、14の第三行と第四行、第五行と第六行の間にある。第一紙は11・12の第四紙とはもと一紙であったらしく、それを証する墨付が残っている。第三紙と第四紙は『月蔵経』巻第五であって、第二紙とはもと別巻であったらしく、第二紙との紙継目に一行余白がある。しかし第三紙も字配りその他が第一・第四紙とは異なっており、当初から巻子本に含まれていたとは考えられない。「袋綴」に改装した時に、引用冒頭の経名を『大方等大集月蔵経』と正しく書く必要が生じ、それまであった経題を切り取って、今見るように書き改められたに相違ない。したがって第三紙に見える筆致は、「化身土」末巻が改訂された当時の聖人の筆致を示していることになる。これは重要な事実であるから、銘記する必要がある。

15・16・17・18は連続し、巻子本であったおもかげを残していることは、先に一言した。紙継目は16の第六行と第七行、第七行と第八行、17と18の折目、18の第二行と第三行、第五行と第六行の間にある。15の右端行外に「煙」が二字書かれているのは、補紙である。第一紙が13・14の第四紙ともと一紙であったことは、右端にかすかに残る墨付から証明される。第二紙は一行のみである。もと巻子本の時はもっと長かったのを、「袋綴」に改装の時に切り捨てたのではないだろうか。第三紙は16と17の両方にわたっている。右端の墨は第二紙にもわたっているが、少し不自然の点があり、偶然の一致か、改装の後の入墨と認められる。第四紙は13・14の第三紙と同じく、引用の『大集経』の経名を正しく引用するために書き直したものと認められる。筆致も一致する。第五紙と第六紙の墨付は、明瞭に切れているが、本文は連続しており、筆致も同一である。

19・20の紙継目は20の第三行にある。第一紙の右端に残っている墨付で、もと15〜18の第六紙と一紙であったことが知られる。また第一紙と第二紙が巻子本の時から続いていたことは、紙継目の上に本文が書かれていることで確かである。筆致も15〜18の第五枚から続いて同一である。

21・22・23・24が今でも連続していることは、先に指摘した。紙継目は22の第五行と第六行の間と、23の第一行と第二行、24の第五行にある。墨続きはおのおのの継目に認められるから、本紙の四片は最初から続いていたことは明白である。筆致も同一である。25・26の紙継目は26の第七行の中心にある。第一・二の両紙が21・22・23・24の第四紙に続いていたことは、第一紙の右端に残っている墨付と、第一・二紙の紙継目で証明される。27・28の紙継目は28の第七行の中心にあって、第一紙と第二紙がはじめから続いていたことを示している。第一紙の右端には墨付が残っていないので、25・26の第二紙ともと一紙であったことを証明するのに事欠くが、筆致は18の第三行から続いて同一である。29・30の右端の墨付は28の最終行に合致する。27・28の第二紙と29・30の第一紙がもと一紙であったことは確かである。筆致も一致する。第二紙の紙継目は30の第八行と第九行の間にあり、第一紙と第二紙に墨付がわたっているから、両紙がはじめから続いていたことも確実である。

31・32の第一紙は、右端に残っている墨付から推定すると、29・30の第二紙ともと一紙であった。筆致も同一である。第二紙との紙継目は32の第三行と第四行の間にある。本文は続くが、墨付が不自然であり、本文を書写した時に、第一紙の本紙を切り取ったことが推測される。第二紙は幅五寸二分で、左端に余白があり、綴込み用の補紙がない。この部分がもと巻子本でなかったことは明らかである。綴込みの際に事情があって聖人が新しく書き直されたものと推定される。この部分の聖人の筆致が、13・14の第三紙、15・16・17・18の第四紙の経名の書き直しの部分と一致することも、これを証明している。33・34の継目は、33の第二行の中心にある。第二紙が第一紙とはじめから続いていたことは、紙継目のあり方で明らかである。

35・36の紙継目は35の第二行の中央、第三行と第四行、36の第一行と第二行の間にある。第一紙は連続の墨付こそないが、33・34の第二紙ともと一紙であったことは、筆致が同一であることから推定される。第二紙は一行のみで、第三紙には続かない。第三紙は本文が六行書かれている。その筆致は「袋綴」八行書きと同一である。第四紙はまた第一紙と同じ筆致である。第一・二・四紙と第三紙と、どちらが先に書かれたか。このところでは第三紙は第一・二紙と第四紙の補写の形を取っているが、この問題は結局、「化身土」末巻に綴込まれた巻子本と、「真蹟本」の基本部分である「袋綴」八行書きとは、どちらが先に書かれたかという重大な問題に直接に関連するから、決定は慎重にしなければならない。もと巻子本の部分のすべての検討を終えた後に、あらためてこの問題に触れることにする。

37・38の紙継目は、37の第七行と第八行の間にある。第一紙には35・36の第四紙の本文の墨付と推定されるものが残っているから、もと一紙であったとしてよいであろう。第二紙には、送仮名を除いて、第一紙との間に墨続きはないが、本文は連続し、筆致も同一である。39・40の紙継目は40の第一行の中心にある。第一紙が37・38の第二紙ともと一紙であったことを証する墨付は残っていないが、筆致は同一である。第二紙は本文が書写される前から第一紙に続いていたことは、紙継目の上に本文が書かれていることで知られる。41・42の紙継目は42の第二行と第三行の間にある。第一紙の右端には40の第二紙の墨付はないが、本文は続き、筆致も同一である。第二紙は墨付があるから、第一紙とははじめから連続していたことは確かである。43・44の右端には41・42の第二紙ともと一紙であったことを示す墨付が、かすかながらも残っている。また第一紙と第二紙の紙継目は44の第五行の中心にあるから、43・44が41・42に続いていたことは明らかである。

45・46の紙継目は、45の第四行と第五行、第六行と第七行の中間にある。第一紙の右端上部に註記されている「昔」の墨付の一部が44の第二紙に残っているから、両紙がもと一紙であったことは疑いない。第二紙がはじめから第一紙に続いていたことを証明する墨付が残っていないうえに、44の第二紙と45の第一紙の合計が六寸八分にすぎないから、45の第一紙はもっと続いており、「袋綴」に綴込む時は一部分が切り取られたのかもしれない。第二紙も幅狭く、二行にすぎない。しかし改装の時の書き込みでないことは、経名のはじめが書かれていなくて、のちに『月蔵経』と傍に書き入れたことで知られる。筆致は第一紙と同一である。第三紙の筆致は全然異なっており、「袋綴」八行書きの分と同一である。46の第三行と第四行の間に折目のあとが残っているが、「袋綴」八行書きであったものを、貼継に用いたのでないことは次のことで明らかである。墨付によって、47・48の第一紙と45・46の第三紙がもと一紙であったことは確かである。その第一紙がまた第二紙にはじめから続いていたことも、墨付によって明らかである。45・46の第三紙以下がもと巻子本であることも、紙継目の仕方から確実であるから、「袋綴」八行書きから転用ということはあり得ない。また一行の字詰も「袋綴」八行書きに比べて少なく、行幅も広いから、その点からも別本であることは明らかである。

さて45の第六行以前と第七行以後では、どちらが先に書かれたかという問題であるが、紙継目の状態から判断すると、この部分の綴込みをする以前に、第七行以後、すなわち「袋綴」八行書きと同一の筆致の分はすでに書かれており、綴込みの時にそれを継いだまでのことであって、綴込みの時に第六行以前を補写したとはいえないことである。そうなると、「化身土」末巻の改訂以前、聖人は時を変えて作られた『大集経』の経文の書き抜きを二種持っておられたことになる。これもまた重要な事実であって、48の第三行が後からの書き入れであることと一緒に銘記する必要がある。48の第三行は、はじめ「抄出」の二字が書かれていたが、のちにそれを消して、「令息諸病疫、飢饉及闘諍」の本文と「乃至略出」の註が追加された。この追加の分は「袋綴」八行書きと一致する本文の筆致とは少し異なっている。知られている真蹟で、これに一致するのは、高田派専修寺所蔵の文暦二年書写の『唯信鈔』の奥書の「寛喜二年」云々の書き入れではないかと思われる。それでこの部分の書き入れも文暦二年より後であることが推定される。

49・50の紙継目は、49の第三行と第四行、50の第二行と第三行の間にある。第一紙の右端には、47・48の第二紙と一紙であった墨付が残っており、また第一紙と第二紙の紙継目は墨が双方にわたっているから、45から50の第二行まで、はじめから続いていたことは明らかである。50の第三紙と51の第六行までの第一紙がもと一紙であったことも、50の第三紙に残っている墨付から証明される。筆致も一致する。もと巻子本で「袋綴」に綴込まれたのは、この部分までであり、51の第七行以後は「袋綴」八行書きである。すなわち「真蹟本」が書写された当初の形を保っているのである。

以上、明らかにしたもと巻子本であった部分の状態から知られる事実は、『大集経』の要文を書き抜いた巻子本は二種あり、そのうちの一本は、「真蹟本」が書写された当初とあまり隔たらない時期に書写されたということである。何故に聖人は『大集経』の要文を、時を変えて二度も書写されたのであろうか。この疑問を解くのは容易のことではない。「真蹟本」が書写された当初の形を保っている第二六枚右51の第七行以下にも『大集経』は引用されているが、今は切り取られている第七行以前の部分にも『大集経』が引用されていたかどうかを確かめられないからである。したがって聖人が二度までも書き抜きを作られたのは、すでに「真蹟本」に引用されている『大集経』の本文を改めるためか、それともまだ引用されていない『大集経』を新たに引用する準備のためか、明白にならないのである。

それにしても、研究上の最大の障害は、もと巻子本の大部分を占める聖人の特異な筆致が、聖人の他の真蹟に見出されないことである。以前は夢想することもできなかった聖人壮年の筆蹟も、本願寺派本願寺所蔵の『観無量寿経集註』の発見によって、眼の前に見られるようになったのであるから、将来の発見によって、この不明の筆致の年代を推定できるかもしれない。しかし現在ではそのようなことは期待できない。第二の方法としては、いろいろの特色が明瞭になっている聖人六十三歳頃の筆致と八十歳頃の筆致の差異を基礎とし、それによって問題の筆致の年代を決めるという仕方がある。「善」「悪」「尊」など、六十三歳頃と八十歳頃とでは顕著に形の異なる字について、問題の筆致を検したところ、双方の字形が混在していることを知った。したがってこの筆致の年代は両方の筆致の中間の時期と考えるべきである。最近発表された小川貫弌氏の研究[(16)]も、同様な意見であるが、中間説を取る場合の一つの難点は、聖人六十三歳頃の真蹟と八十歳頃の真蹟では顕著に字形が異なる「所」がこの部分では双方のいずれにも一致せずに、独特の字形を持っていることである。もしこの字形の「所」が書かれている真蹟が発見された時は、ことによると中間説は打撃を受けるかもしれないからである。そこで赤松は、もと巻子本に多く書かれている「所」と同じ字形の「所」はないかと探したが、問題の筆致の分の「所」の字形と同一の「所」は、「真蹟本」では「化身土」末巻第三六枚左72の欄外に書かれているのを見出した。(17) 本文の脱落を欄外に書き出したのであるから、「袋綴」八行書きの本文よりは後書きである。したがってこの「所」の字形を用いた問題の筆致の本文は、「真蹟本」が初めて書写されてから、少しく時間が経過してから書写されたと考えるのが、いまのところ妥当といわなければならない。なおもと巻子本の全部にわたって朱訓が施されている。このことは巻子本が書かれた時期、「真蹟本」に綴込まれた時が「教」巻や「行」巻が七行書きに書き改めたよりは以前であることを物語っている。

「化身土」末巻の後半、「袋綴」八行書きの部分で異例なのは、まず第四三枚85・86であって、片面五行書きである。全部で百字近く削除されているが、その部分に今も引用されている『弁正論』や善導の『法事讃』からの引用文が削除されたのかもしれない。次は第四五枚89・90である。この部分は表裏本文四行書きの「袋綴」のように綴じられているが、はじめは89の第一行から90の第三行までの七行と、切られて今はない一行で前半面89、同じく切られた七行と今残っている90の第四行で後半面90を作っていたはずである。そのことは89・90のどちらにも残っている綴穴からも裏づけられる。引用文は88に続いて神智法師・大智律師・度律師の釈、『止観』が引用されているが、その次に引用され、今は切り取られている約百二、三十字の本文は詳らかでない。ただ明らかなことは90の第七行の下数字に、第八行に引用されている『往生要集』の標挙の文があったことである。89の第七行の下二字が切り取られて、その部分が切り込みのようになり、保存に悪いので、聖人は89を第四行と第五行の間で折り、89と90をつないで「袋綴」とされた。切り取られた『往生要集』の標挙については、切り込みのために現れた89の紙背に

「源信」の二字を書き込み、90の第四行の上に「依止」の二字を補い、それでようやく意味が通るようにされた。

最後は第四八・四九・五〇枚95・96・97・98・99・100で、三枚ともに切紙である。95・96は幅四寸九分で、その表裏に本文が五行ずつ書かれている。97・98は幅三寸三分で、表裏に本文が三行ずつ書かれている。99・100は半切で、表には本文七行と尾題、裏面には弘安六年二月二日に明性から譲りを受けて「真蹟本」を預った性信自署花押の奥書がある。本文の筆致は「袋綴」八行書きと同一であるが、いずれも表裏書きであるから、当初に書かれた「袋綴」八行書きを書き改めたものに相違ない。書かれている本文は、書き直されていない94に続いて、「後序」のなかでも特に重要な『選択集』付属と結びの詞である。現在の「後序」のこの段はどのように書き改められて今の文章となったか。その究明には、まず書き改められない以前の状態を明らかにする必要があるが、切紙が三枚も連続しており、その間に筆致の相違がないので、明らかにする手がかりを得難い。かりに95と98が「袋綴」片面八行書きの前後両面の一部であったとして、95では第六行から第八行まで、98では第一行から第五行までに書かれていた本文を、大きく訂正増補する必要が生じて、おのおのその部分を切り取り、新しく現れた紙背に、改められた本文が書き入れられたと考えてもよいのではないか。もし95と96、97と98で筆致が違い、95と98、96と97とでは一致するなら、この推定は正しいといえる。筆致を仔細に見ると、そういえないこともないが、「化身土」本巻35～38のように確信をもって断言できない。したがってこのことはあまり強く主張できないのである。99の『安楽集』『華厳経』の引用部分もまた、聖人が「真蹟本」を書写された時のままか、それとも書き改めであるかも明らかではない。最後に「本書」全体としての尾題「顕浄土真実教行証文類六」が書かれている。少し窮屈に見受けられるが、筆致からいえば「真蹟本」が当初写された時と、あまり時間をおかずに書かれたとしてよい。

性信の奥書については、山田文昭氏は明性と性信の自筆としたが、(18) 日下無倫氏が偽作としてから、現在ではこれを疑う学者が多い[19]。しかしこれは筆蹟の真偽を、筆致から判断せずに、性信に関する寺伝から判断したためで、奥書は全部性信の自筆である。したがって性信は聖人から「真蹟本」を与えられたのではなく、その間に少なくとも明性が介在していたことになる。性信は「釈明性譲預之」と奥書に書いており、これを保管したのであって、所有したのではないように述べている。「真蹟本」は当初蓮位に与えられることに定められていたが、その後大規模に改訂されるようになって、聖人の御手許に置かれるようになった。聖人の滅後、関東の有力な弟子が順番に保管することになり、弘安六年（一二八三）に性信が保管することになったのではないか。性信の筆致は聖人門下としては珍しく、聖人の特異な筆致を習っていないのが注目される。この性信には『真宗聞書』という著書があったことが、聖人の御消息で確かめられる[20]。「真蹟本」を譲られてから、性信がそれを読んだことは、「化身土」本巻の46と49の欄外に、花押を書いていることで推察される。性信の今までに注意されていない一面が明らかになったように思われる。

「化身土」巻の現状については、末巻の前半の問題の部分が明らかでないから、明確にできない点もあるが、最初に書写された時は、「袋綴」八行書き一帖であって、本末にはまだ分かれていなかったと考えられる。聖人は間もなく本文の改訂を始められ、本紙を切り取ったり、「袋綴」を切り開いて紙背に書き入れたり、用紙を改めて書き直したりされたが、新たに「化身土」巻に取り入れるために、『大集経』の要文を巻子本に書写された。その巻子本を解装して、「袋綴」に綴込まれた時期は明確にできないが、そのために本末同巻に分けなければならなくなったものと思われる。分巻の時期は本巻の表紙からほぼ推定される。

七

「真蹟本」のおのおのの巻について説明したが、「真蹟本」の現状からいえる第一のことは、「真蹟本」が書写されたのは、聖人の六十三歳前後と考えなければならないということである。注意すべきことは、その時から「本書」が六帖の構成を持っていたことで、もし「信」巻が別撰されたとすると、それは「真蹟本」書写以前のこととなる。

次に注目されることは、「真蹟本」より前に聖人がすでに「本書」の初稿本ともいうべきものを書いておられたことである。「真仏土」巻53・54の説明で明らかにしたように、聖人は、「真蹟本」を書写された時に『浄土論註』からの引用文の末尾と、『讃阿弥陀仏偈』の標挙の一部を同時に書き洩らされた。このことは、「真蹟本」に引用されている経釈の要文がそれぞれの書き抜きから直接に写されたのではなく、「本書」の初稿本ともいうべきものがあり、それを底本にして「真蹟本」が書写されたことを思わせる。「真蹟本」は草稿本ではあるが、初稿本ではないことが確かめられると、「真蹟本」に関する問題は新たに検討し直す必要がある。ことに影響の大きいのは、制作年次に関する問題であろう。故中沢見明氏が高田派専修寺所蔵の聖人真蹟『見聞集』を主な論拠として、「本書」は、聖人が六十三歳頃に関東から京都に帰られた後の撰述であるとの説[21]を発表してから、帰洛後撰述説が有力となっている。しかし聖人が六十三歳頃に書写された「真蹟本」の前に初稿本ともいうべきものが存在していたとなると、帰洛後撰述説が成立困難になることは見やすいことである。帰洛後撰述説の論拠はいろいろにいわれているが、決定的な実証力をもっているものは一つもない。「真蹟本」の書写が聖人帰洛後であることが証明されても、

「真蹟本」に先行する初稿本が存在した以上、「真蹟本」の書写年時をもって、「本書」の著作年時とすることは許されない。「本書」の成立はあらためて考える必要がある。

小川貫弌氏も「真蹟本」に先行する初稿本の存在を主張しているが、初稿本はどのような内容であるかということについて、具体的に明らかにしていないのが惜しまれる。日野環氏が真宗連合学会第二回大会の席上で発表した「本書」「化身土」本巻延書本の鎌倉時代書写の断簡は、「真蹟本」とは相違しており、ことによると初稿本の系統を伝えたものであるかもしれないが、赤松はまだ詳細に見ていないので、この際は意見を述べるのを差し控えたい。初稿本の全貌は、将来の発見を待たなければ判明しないことはいうまでもないが、「真蹟本」のうちからも、その一部は明らかにされるのである。「真蹟本」が書写された後に、書き入れられたり、削除されたりした部分を明らかにし、それによって「真蹟本」書写の底本となった初稿本の形状を推定するのがそれであって、この解説の「二」から「六」までの長い説明は、実は初稿本の形状を明らかにしようとしてなされたものである。初稿本の成立年時を考察するには、「真蹟本」が書写された後に加えられた改訂の部分を論拠にすることは慎重にしなければならない。後鳥羽・土御門・順徳・後堀河四上皇の諡号は明らかに「真蹟本」が書写された後の書き入れである。それらは、初稿本の成立がこれらの諡号決定以前であったことを示しているが、そのほかのことは何も物語っていない。「元仁元年（一二二四）」の部分も前に述べたことによって明らかなように、書き直された部分にあり、初稿本に書かれてあったかどうかは不明である。したがってこれを論拠として初稿本を論ずることも望ましいことではない。

この諡号と「元仁元年」の部分を除いた初稿本で注意されることは、寛喜三年（一二三一）に崩御された土御門天皇を「今上」と書き、「本書」の成稿当時、土御門天皇がなお生きておられたことを示していることである。初稿本がこのような記述をしているかぎり、「本書」は土御門天皇が生存しておられた間、すなわち寛喜三年以前に成立したとみるのは、一応理があるといえよう。[22] 寛喜三年といえば、その四月十一日の暁に、聖人が三部経読誦についての夢を見られた年である。この夢想を「本書」の制作に結びつける観方が最近行われているが、[23] 初稿本が寛喜三年以前に成立していたとなると、このような主張も、成り立たないことになる。もし強調するならば、聖人が三部経読誦を思い立って中止された建保二年（一二一四）を重視するのが正しいであろう。

初稿本に「元仁元年」が書かれていたとしても、それを論拠として、すぐに元仁元年をもって、初稿本が出来上がった時期とみたり、または撰述を思い立った時期と考えることも、考慮を要する。「元仁元年」が「本書」に書き入れられたのは、釈尊入滅以来、聖人の時代までの時の経過を示すためのものであって、成稿の時期を意味していない。ことに同年の貞応三年（一二二四）から始まって、嘉禄三年（一二二七）に激しくなり、文暦二年には鎌倉幕府も積極的に参加するまでに発展した朝廷の専修念仏弾圧を指示したと解する手がかりはない。「元仁元年甲申」は、聖人が釈尊の入滅年代を周の穆王五十一年壬申と考えられたことに直接関連して選ばれたのであって、聖人が釈尊入滅壬子説をとられたなら、この年は決して採用されなかったであろう。「元仁元年甲申」が選ばれたのは、聖人が「真蹟本」を書写し、この部分を書き直された時に、最も身近な申歳であったことによることは疑いない。元仁元年をこのように考えたのは禿諦住氏である。[24] 氏の説は発表後、学界であまり注意されていないが、偏しない妥当な観方といわなければならない。元仁元年の次の申歳は嘉禎二年（一二三六）丙申であるが、「化身土」本巻の「元仁元年」の部分が書き改められたのに、依然「元仁元年甲申」と書かれていることを思うと、「真蹟本」が書き直された時期は、ことによると、嘉禎二年以前であったかもしれない。「真蹟本」書写の時期を考証する際、唯一の論拠である文暦二年（一二三五）書写『唯信鈔』と、その紙背の『見聞集』『涅槃経要文』の書写の前後関係が不明であって、「真蹟本」書写の時期を限定するのに支障があるが、「化身土」本巻に「嘉禎二年丙申」とないことから、「真蹟本」の書写は文暦二年前後ではなく、嘉禎二年以前と限定することも可能である。

「本書」の成立が寛喜三年以前にさかのぼり、「真蹟本」の書写が嘉禎二年以前であったとするについては、「信」巻に引用されている戒度の『聞持記』が南宋で出版されたのが、元仁元年よりわずかに七年前であることとを考えなければならない。もしこの『聞持記』が「真蹟本」の最初に書写された部分に引用されているならば、「真蹟本」の当初の書写は、『聞持記』がわが国に伝わった後と考えなければならないことは当然であり、『聞持記』の出版との間に適当な間隔を置くのが至当であることはいうまでもない。しかし、実際は「信」巻の説明で明らかにしたとおりに、『聞持記』は聖人が後に書き直された宿紙の分に引用されており、引用の仕方から考えても、「真蹟本」が書写された当初には引用されていなかったと考えても、ほぼ誤りないのである。『聞持記』の引用を論拠として、「本書」の成稿、「真蹟本」の書写年時を下げることは妥当ではないであろう。

次に「本書」の成稿を遅く考える論拠は、「本書」に『楽邦文類』が多く引用されていることである。今までの研究では、『楽邦文類』が南宋からわが国に渡ったのは、泉涌寺の俊芿が建暦元年（一二一一）に帰朝した時とされている。それについては明確な論拠はないようであるが、建暦二年に入滅した源空上人は『楽邦文類』は見ておられないと、鎌倉時代から伝えられている。そのために『楽邦文類』を多く引用している「本書」の成稿年代は引き下げて考えられている。(25) しかし聖人の壮年時の真蹟である本願寺派本願寺所蔵の『観無量寿経集註』には、末尾に一条だけであるが『楽邦文類』が引用されている。『観無量寿経集註』はその引用文を詳細に調査した禿氏祐祥氏によって、善導の疏釈のうち『般舟讃』だけが引用されていないことが指摘され、『般舟讃』が御室仁和寺の書庫から発見されたのは建保五年（一二一七）であるから、その書写は少なくとも建保五年すなわち聖人四十五歳以前にさかのぼり得ることが明らかにされている。その筆致もまた、基本的には聖人真蹟のすべてに通ずるものをもっていながら、一面には六十三歳書写の『唯信鈔』をはじめとして後年の聖人真蹟とは明瞭に異なったものをもっている。聖人が源空上人の膝許におられた時に書かれたものかどうかは不明であるが、眼力その他に障害を生ずる五十歳以後の筆致とは思われない。細字で『観無量寿経』『阿弥陀経』の欄外といわず、行間といわず、紙背といわず、余白のあるところに、中国の先徳の註釈を書き入れておられる。『楽邦文類』はそのうちの一つであって、朱書である以外に、筆致から他の引用と区別することはできない。したがって、『観無量寿経集註』が聖人真蹟であることを認めるかぎり、「真蹟本」書写のかなり以前から聖人は、『楽邦文類』を知っておられたことを認められなければならないであろう。

要するに「本書」撰述の時期を聖人帰洛以後とする見解は、聖人が堂僧として叡山で生活された間、または源空上人の膝下にあった間、専修念仏や仏教の教義について、深く研究されたことはなかったということが前提になっているといわなければならない。それが『観無量寿経集註』『阿弥陀経集註』の発見によって、成立しないことが明らかになった今日でもなお、帰洛後撰述を主張するのは、すでに破れている仮定に今でもとらわれているといえるのではなかろうか。「本書」の著述は『観経』『小経』の疏釈類聚に始まる聖人の浄土真宗の宗致開顕の一連の努力であるに相違なく、聖人は三十歳から六十歳頃までの精神活動の最も旺盛な時期をそれに当てられたと考えるのが、妥当なのではなかろうか。存覚師が『六要鈔』に、「此の書大概類聚の後、上人幾くもあらず帰寂の間、再治に及ばず」と述べられていることは、帰洛後撰述説の有力な根拠となっているが、存覚師は『六要鈔』を著わされるにあたって、「真蹟本」を参照しておられない。したがって「真蹟本」に明瞭に出ている聖人の再治の意図を知られなかったのである。また存覚師の言う「此の書」とは、結城令聞氏が言っているように、(26)「信」巻のことかもしれない。それはともかくとして、『六要鈔』で存覚師が指摘された事実は、「本書」の引用文に見られる順序の顚倒であって、「大概類聚の後、上人幾くもあらず帰寂」とは、存覚師がその理由として推定されるものを述べられたのにすぎない。存覚師が「本書」の撰述についての記録や口伝に基づいて、このように述べられたのでないことは、結城氏が指摘しているように、『六要鈔』の「元仁元年」の釈文で、元仁元年を「本書」の著作年時と考えておられたと推定されるような記述をしていることでも知られる。

八

昭和二十九年八月十八日に始めた赤松の調査は翌九月二十三日にだいたい終了した。次に考うべきことは、どのように綴上げるかということである。修理の仕様は当初から本紙は全部裏打ちをし、上下にわずかに耳を付けることに定められていた。裏打ちをすると、厚さを増し、形状が変わるが、本紙が弱っているので、保存上やむをえないということになった。上下に耳を付けることにしたのも、保存のためである。表裏書きの部分は裏打ちできないが、用紙は宿紙・雁皮紙などが多く、比較的に強靱なので、そのままにして上下に耳だけを付け、損傷している部分だけは、竹紙でつくろった。「化身土」末巻のもと巻子本であった部分は、字面の幅が一定しておらず、綴代の補紙も広狭いろいろである。そのために、一部では字面の部分に綴糸の掛かっているところがある。ことに二枚続紙の中央の部分は全部開けるようにして、将来の閲読に支障ないようにするためには、折込みのままでは不十分である。裏から折目に沿って新しく補紙を張り付け、それを綴代として綴上げることが必要である。

修理前の「真蹟本」は四つ穴の絹糸綴であったが、それは後世の改装で、聖人が当初に綴上げられた時は、先に述べたように、三つ穴の紙捻綴であった。今度の修理で、紙捻の断片や、金砂子の表紙の断片、背を包む紙片などが発見され、紙捻綴から、現在の綾地の表紙、金地の見返し、四つ穴絹糸綴になるまでに、いろいろの段階があったことが知られた。国宝の修理としては、原状に復帰するのが望ましいことはいうまでもないが、裏打・耳附は保存上是非必要であり、見開きを広くすることは、利用の面からも、保存の面からも、要望される。綴上げはそれらの点を考慮し、三つ穴紙捻綴に復原するのを止め、書物として幅七寸六分五厘、縦九寸八分に定め、見開きを広くすることにした。聖人が用いられた三つ穴紙捻綴は、真蹟の『一念多念文意』にそのまま残っているので、その状態を保存して、「真蹟本」の代わりとすることにした。なお外観であるが、修理以前では、四つ穴の絹糸綴が表面に出ていたが、聖人時代の書籍としてはふさわしくないので、これを改め、綴糸は聖人時代の本紙にとどめ、表紙は後世に付けられたことを明らかにするためにも、粘葉装のように糊付けすることにした。そのために外観は以前とかなり相違することになったが、内容と外観は以前よりは調和がとれるようになったと思われる。また保存上重要な外箱も、以前の報恩寺以来の蒔絵塗は狭すぎ、保存上懸念される点もあるので、白桐の内箱、蒔絵の中箱、春慶塗の外箱を新たに作った。旧外箱は「真蹟本」附属文書を収めることにした。また「真蹟本」のおのおのの帖には、畳紙を付けそれには法主闡如上人染筆の外題を貼附した。このようにして、「真蹟本」の修理は終わり、昭和三十年十一月二十二日大師堂において法主親修によって、修理竣工奉告法要が営まれた。

「真蹟本」の修理が終わると、影印本の出版の要望が盛んとなり、昭和三十一年春の宗議会で昭和三十六年に勤修される親鸞聖人七百回御遠忌の記念事業として、影印本の出版を行うことに決した。印刷は真陽社が担当し、五百部の限定出版として本願寺より直接に刊行される予定である。なお「真蹟本」の保存・修理・複製についての宗務当局者の深い配慮は並々ならぬものがあった。それがなければ、この出版実現は不可能であったろう。当局者に対する感謝の言葉をもって解説の結び言葉とする。

（昭和三十一年九月二十一日稿了）

註

（1）のちに紹介する小川貫弌氏の論文「阪東本教行信証の成立過程」も綿密な研究であるが、藤田氏の研究と同様の欠陥が見出される。

（2）宗宝及宗史蹟保存会は昭和二十三年三月に設立され、宗務総長を会長とし、宗務役員と専門家を委員として組織された。

（3）発見された事実については、当時文化財保護委員会専門審議会の専門委員であった禿氏祐祥氏が「教行信証の自筆草稿本」（慶華文化研究会編『教行信証撰述の研究』）で明らかにしている。

（4）この解説で第何枚の右左というのは、大谷派本願寺侍董寮が大正十五年に刊行した『真実教行証文類』の表示によっている。

（5）本文の誤脱を訂補するために、聖人が欄外に書かれた字は、以下引き続いて現れるが数が多いので、特別なもの以外は、挙げないことにする。

（6）「真蹟本」の七行書きの部分の筆致が、康元二年（一二五七）書写の『一念多念文意』に一致することは事実であるが、そのことから、七行書きの部分が聖人八十四、五の頃に書き直されたと推定することは危険である。「真蹟本」の転写本のうちで最古の高田派専修寺所蔵本は、建長七年（一二五五）聖人八十三歳の時に、専信房専海が書写したことは明らかであり、専修寺本と「真蹟本」とではあまり相違がないらしいから、いまのところ建長七年以前に、「真蹟本」の書き直しは終わっていたと考えなければならない。したがって、この後は「真蹟本」の「教」の巻や「行」巻のはじめの書き直しは、聖人八十歳の前後とする。

（7）聖人は「本書」を著わされるにあたって、引用の経釈には一定の順序を立てておられた。『大経』が最初に引用され、次が『无量寿如来会』などの異訳、七祖の論疏の場合は、龍樹・天親・曇鸞・道綽・善導の順序を守られたことが多い。したがってこの場合は、曇鸞・道綽以外の論疏が引用されていたとは考え難いのである。

（8）『日蓮所問経』から引用されたこの経文は、『親鸞聖人御消息集』第四・五通の九月二日付消息にも引用されている。

（9）最近の真宗学界で問題になっている「信」巻別撰説の当否について、この解説では触れないが、論争の基盤となる事実については、できるだけ詳細に述べる予定である。

（10）宿紙四十六枚とは、右左を合わせて一枚の宿紙が四十六枚あるという意味である。装釘を解いて本紙を別々にした時の紙数と枚数は、宿紙が「折目綴」、表裏両面書きのために、一致しない。

（11）高田派専修寺の専海書写本の書写年代が確定したことから、「教」「行」「信」の巻初巻の書き直しが建長七年以前と考えなければならなくなったことは、前掲註（6）に述べた。宿紙の聖人の筆致は、この三巻の巻初の書き直しの部分と一致するが、筆勢があって、書かれた時期が、少し早いことを思わせる。一方現在の史料では、寛元五年（一二四七）に尊蓮が「本書」を書写していることが知られている。のちに明らかにするように、「信」巻は宿紙を用いて書き直しの際に、かなり大規模に本文が増加したと考えられるから、「尊蓮本」の実態さえ明らかになれば、宿紙による書き直しの時期は、寛元五年以前か以後かを、確かめることができるはずである。しかし、いまのところ、その意味での「尊蓮本」の研究は行われていないようであるから、宿紙による書き直しの時期の下限を、建長年間の初期としておく。

（12）この紙数とは全紙を単位とする。同じ右左一枚でも、「袋綴」の場合は、「折目綴」の倍の紙を必要とする。

（13）『聞持記』の引用が「本書」の成稿年時の上限を決める有力な資料であることについては、宮崎円遵「親鸞の立場と教行信証の撰述」第六章（慶華文化研究会編『教行信証撰述の研究』）を参照されたい。

（14）藤田海龍「教行信証の真蹟本について」第四章（『日本仏学論叢』第一）参照。

（15）前掲註（14）藤田論文第二章参照。

（16）小川貫弌「阪東本教行信証の成立過程」第六章（慶華文化研究会編『教行信証撰述の研究』）参照。

（17）もと巻子本の「所」の運筆と、後の七行書きの部分の「所」の運筆の違いは、巻子本の「所」の第一画は左から右に引かれているのに対して、七行書きの分の第一は、右から左に引かれていることである。72の「所」は、もと巻子本の「所」の筆致と完全に同一とはいい得ないが、第一画が左から始まっていることだけは同一である。

（18）山田文昭「教行信証の御草本について」参照。↓追記

(19) 日下無倫「教行信証について」(『真宗史の研究』) 参照。宮崎円遵『真宗書誌学の研究』参照。
(20) 『親鸞聖人血脈文集』第四通参照。
(21) 中沢見明「高田専修寺所蔵の見聞集と教行信証の成立時代に就いて」(『真宗源流史論』) 参照。
(22) 前掲註 (16) 小川貫弌論文参照。
(23) 川崎庸之「いわゆる鎌倉時代の宗教改革」(『歴史評論』昭和二十三年四月号) 参照。
(24) 禿諦住『行信の体系的研究』参照。
(25) 前掲註 (13) 宮崎論文第六章参照。
(26) 結城令聞「信巻別撰論攷」(慶華文化研究会編『教行信証撰述の研究』) 参照。

追記

坂東本奥書所見の明性と性信の関係については「「本願毀滅のともがら」について」註 (4) (本書所収) を見られたい。

親鸞の出家について

親鸞はいつ・なぜ・どこで出家したか、という問題は、宗教人としての親鸞の踏み出しの第一歩に関するだけに、相当重要な問題である。しかしその史料といえば、親鸞のひまごの宗昭（覚如房）が著わした『親鸞伝絵』以上のものは現存しないし、将来も発見される望みはまずないといってよいだろう。『親鸞伝絵』は九歳すなわち治承五年（一一八一）の春の頃伯父の範綱に伴われて青蓮院門主慈円の弟子になったと記すのみで、重要な出家の動機については、興法・利生の因縁がきざしたからと、抽象的に触れているにすぎない。九歳の子どもであっても、出家するからには、何かの自覚がなければならない。『親鸞伝絵』はそれを興法・利生の因縁と記したのであるが、問題は親鸞の出家を引き起こした外部の事情は何であったろうか、ということである。

この問題については早くから注意されており、父の有範と母が早世したことが原因であると考えられてきた。正徳五年（一七一五）に編修された『親鸞聖人正統伝』などはこの見地に立って、父有範は親鸞四歳の時に、母は八歳の時に死に、親鸞の出家は有範の遺言であったとしている。しかし『親鸞聖人正統伝』の記事はほかに確実な傍証がないかぎり史料として使いえないことは周知の事実である。この場合も史料がなく、それを事実として取り上げることはできない。

それどころか、西本願寺にある光玄（宗昭の子、存覚房）書写の『大経』の奥書によると、有範は退官入道したあと、相当長命したことは確実である。有範が亡くなった時は親鸞も弟の尋有・兼有もすでに成人しており、そろって忌みにこもった。兼有が供養のために加点し親鸞が外題を書いた『大経』が本願寺に伝わり、光玄がそれを書写したのである。中陰の時に子どもらが加点し外題を書いたことから推測すると、有範が長命したことは疑いない。したがって父母の早世をもってその出家の動機とすることはできない。

有範の父経尹の妻が源義親の娘すなわち為義の姉妹であったことに注意し、親鸞の母が源氏の一族であったという伝説が早くからあることを念頭に入れて、治承五年の親鸞の出家とその前年の源頼政の挙兵を結びつけたのは故藤原猶雪博士である。有範は明らかに義親の孫であり、義朝らとはいとこであるから、血縁からいうと源氏に近いことは確かである。それは十分認められるが、肝心の頼政との縁が遠く、血縁関係はないといってもよいほどである。博士の推測には鋭いものがあるが、親鸞の母が頼政に近しいことでも証明されないかぎり、親鸞の出家と頼政の敗死を結びつけることは根拠を欠くといわなければならない。もっと確実な史料に基づいて親鸞の出家の原因を明らかにする必要がある。

私は過日来頼政の敗死の史料を見ているうちに、この問題について興味ある事実が今までに注意されていないのに気がついた。それは親鸞のおじの宗業が以仁王の学問の師であったということである。以仁王は平氏の追及を避けて園城寺に逃げ込み、さらに平等院から奈良の興福寺に赴く途中、相楽郡棚倉の綺田の河原で追手のために殺された。『山槐記』治承四年五月二十七日によると、王の顔を知っているものがなく、追手のなかに王の元服に立ち合ったものがあり、それが王であることを証明したことになっている。ところが『愚管抄』によると、以仁王を打ち取ったかどうか確実でないといって首を万人に見せた。王の学問の師は宗業であったから、宗業を召して首を見せたりして、王であることが確定したという。宗業が平素以仁王の宮に出入りしていたとなると、有範一家も以仁王と何かの関係があったということもありうるはずである。藤原博士が推測した親鸞の出家と以仁王・頼政の挙兵・敗死との間に密接な関係があったという説も、事実を言い当てている、と考えてもよいのでなかろうか。今までは『愚管抄』のこの記事を見逃していたために、有範の源氏との血縁関係は軽視されてきたが、今後はもっと重視する必要がある。

そうはいっても、宗業が以仁王の師であったことをあまり重大に考えることもまた注意を要する。なぜかというと、肝心の宗業がそれによって文章生として地位を失わなかったからである。『玉葉』治承五年九月十八日によると、以仁王の死から一年余りしても宗業は依然文章生として在任しており、方略の恩賞にあずかろうとして、先輩の季光と争った。兼実は宗業を高く評価せず、「其の人に非ず、儒誉無し」と言ったが、以仁王との関係には触れていない。

それにしても慈円が『愚管抄』を著わした時に、それより四十年前に宗業に与えられた役割に言い及んだことは注目に値する。四十年前のことでも何かの事情でふと記憶されて忘れられないということはよくあることである。ことに宗業は慈円が『愚管抄』を書いた頃まで生きていたし、日野家は儒者・学者の家として以前から摂関家と親しかった。そう考えると、慈円が『愚管抄』の中で宗業のことに触れたことは、さして不思議でなくなるが、ことによると、その甥の親鸞が慈円の門に入ったことが宗業について特別な関心をもつようになった原因であったかもしれない。

親鸞が源空の門下になる前に叡山の堂僧であったことは「恵信尼書状」で明らかになり、親鸞伝研究の盲点がひとつ解消したが、残っているのは慈円の門弟であったかどうかの検討である。今のところ、それを確かめる史料は見出されていないが、日野家関係の史料をもっとよく調べると、何か手がかりが発見されるかもしれない。

（昭和三十五年十月二十四日稿了）

親鸞の妻帯について

一

昭和三十六年（一九六一）は、親鸞がなくなってから七百年目に当たっており、三月から四月にかけて東西両本願寺では七百回大遠忌を執行する計画を立てて、数年前から大規模な準備をしている。親鸞の遺徳を讃仰する企ても数多く計画されたが、そのなかで案外効果のあったのは、映画「親鸞」の製作上映であったようである。私はついに一部・二部ともに観賞する機会を逸したが、宗教人を題材としたものとしては意外に多数の観客を動員し、見たものに相当な感銘を与えたことは事実のようである。新聞などの記事によると、一部・二部ともに若い時代の親鸞を扱い、恋愛・結婚が主な主題となっているとのことである。吉川英治氏の原作によったとのことであるが、僧であって妻帯した親鸞に対する関心が、妻帯せず持戒堅固な清僧は数えるほどしかいない現在の日本でありながら、なおも衰えていないことは、あらためて考え直さなければならないことである。僧侶であって妻帯した最初のものが親鸞でないことは、明治四十三年（一九一〇）に発表された長沼賢海博士の論文「親鸞聖人の研究」以来、仏教史を研究するものの常識となっている。『古今著聞集』によると、親鸞が生まれた当時の後白河法皇の時代では妻帯を隠すのが上人であるといわれたが、親鸞の晩年に当たる『古今著聞集』編集の建長六年（一二五四）の頃になると、妻帯しない上人はもちろん、それを隠す上人さえも少なくなった、ということである。このような時代に妻帯した親鸞の事績が今日なおも注意されるのは何故であろうか。それは親鸞に限って妻帯がその宗教の成立に緊密に結びついているからである。肉食妻帯をし産業に従事する在家の信者が出家の修行者と同様に仏教を信じ、無明の迷いを去って正しい知恵を得て悟りを開くにはいかにすべきかというのは、釈尊以来、仏教に課せられた根本問題であるが、親鸞の宗教はそれに答えるものとして、成立した。その親鸞がまず妻帯に踏みきったことは、他の僧の妻帯とは自ずから意義を異にすると考えられるのは当然である。ところが現在の学界では、親鸞がいつ・誰と・どこで結婚したかということについては、同時代の妻帯僧と同様に考えて、あまり大きな関心をもっていない。わずかに真宗史研究の一隅でそれが論じられているにすぎない。しかし右に述べた観点に立つと、少なくとも仏教史全体の立場から、もっと深く注意されてよい問題といわなければならない。今からちょうど五十年前に一応の評価が与えられた問題をここにあらためて取り上げる主旨も、またそのところにある。

二

最初に現在の親鸞研究の分野では、親鸞の妻帯がどのように考えられているかを紹介することにしよう。親鸞は源空の膝元にいた時に、すでに妻帯しており、その相手は、親鸞が越後へ流罪になった後、その土地で結婚したと考えられる恵信尼とは別人であるという説が圧倒的に有力である。源空の勧めによって九条兼実の娘玉日と結婚したという伝説もそれと同一の内容であるが、今日ではさすがに、この伝説を事実と考えるものはない。しかし誰か恵信尼以外の女性と京都で結婚したという説は、親鸞伝の研究が実証的に進められるようになっても、強く主張された。私なども同様の立場で親鸞の家族を論じたことがある(1)。それに対して親鸞の妻は恵信尼一人という説が、梅原隆章氏から主張された(2)。恵信尼一人説の弱点は、建長八年(一二五六)五月二十九日に子の善鸞に与えた義絶状(3)の中で親鸞が善鸞を、継母について虚偽の告げ口をした、と責めていることである。親鸞には恵信尼以外の妻がいま一人あって、善鸞はその子であると考えるほうが自然と思われるが、梅原隆章氏がよりどころとしている佐々木円梁・谷下一夢両氏の説のように、善鸞は実母の恵信尼を継母であるかのように悪口したのであると解釈することも不可能ではない。その時には、善鸞にとって継母は実在しなかったということになる。そうなると、親鸞の妻は恵信尼一人であったか、それともいま一人いて前後通ずれば二人いたのか。説の分かれるところはきわめて微妙な点であるから、いま少し史料全体を見る必要がある。

親鸞妻一人説を取る梅原隆章氏は、さらに進んで親鸞が源空の膝元にいた当時は僧儀を厳重に守っていた、すなわち妻帯などの破戒行為は行っていなかったと主張する。その論拠は元久元年(一二〇四)十一月七日に源空が門弟百九十人といっしょに連署して山門に提出した『七箇条起請』に親鸞が自筆で「僧綽空」と署名していることである。七カ条に及ぶこの起請のうちには、専修念仏者であっても戒律を厳重に守り、それを破るようなものは源空の庵には入れないと誓った一条も含まれている。それに親鸞が「僧綽空」と署名したのは、戒を守っていたからであり、妻帯などしていなかったからである。梅原隆章氏の「僧綽空」署名の解釈は、妻二人説をとる宮崎円遵博士も同意しており(4)、少し異論はあっても松野純孝氏も梅原氏の説を認めている(5)。

現在の研究の大勢はおおよそ以上のとおりであるが、親鸞が源空の膝元にいた時に厳重に僧儀を守っていたとする梅原隆章氏の説を推し進めていくと、建仁元年(一二〇一)に親鸞が源空に会い雑行を棄てて本願に帰したことと、肉食妻帯をし産業に従事しながら、出家の仏教修行者と同じように仏教を信じ、それによって無明の迷いを去り正しい知恵を開き悟りを得る、という親鸞の宗教の根本課題とが緊密に結びつかない恐れが生じてくる。女犯《にょぼん》が原因となって、源空の専修念仏教団が弾圧された時に、親鸞が流罪に処せられたのは女犯が原因ではない。吉水時代は清僧であったと主張する論者の究極な気持ちはこのように主張したいのであろう、とはよくよく察せられるが、それでは在家仏教を旨とする親鸞の宗教の出発点はいつ・どこと考えるべきか、という新しい問題が生じてくる。親鸞の妻帯は建仁元年(一二〇一)の雑行を棄てて本願に帰したことと緊密に結びついて初めて宗教的な意義が与えられる。もしそうでなかったとしたならば、親鸞の妻帯は性欲を制しかねて破戒・捨戒の道に堕ちた堕落僧のそれと大差ないことになる。親鸞の妻帯はそのように無意味なものであってよいかどうかを深く考えなければならない。しかし史料の示す事実によって入信と妻帯が密接に結びつかないというならば、それは何故であるかを、論者は明らかにすべきであろう。

親鸞の入信の動機について宗昭《そうしょう》(覚如房)が永仁三年(一二九五)に作った『親鸞伝絵』は「隠遁の志にひかれて」と書いているだけで具体的には何も説明していない。注目されることは、宗昭の子光玄《こうげん》(存覚房)が延文四年(一三五九)に著わした『歎徳文』では、やや具体的に親鸞の入信を説明していることである。『歎徳文』によると、親鸞は出離の機を求めて叡山根本中堂の本尊や諸方の山に祈り、ことに京都の六角堂に籠って百日の祈念をしたところ、夜に霊感を得て源空を吉水の住房に訪ね、本願に帰した、ということである。『親鸞伝絵』と『歎徳文』では、『親鸞伝絵』のほうが先に成立している。しかものちに成立した『歎徳文』のほうが霊験談を取り入れ、神秘的な色彩を帯びている。このような場合、史料として信頼されるのは普通、前者である。六角堂で親鸞が霊夢を感じたというのは『歎徳文』著者光玄の作為に相違ない。今までの高僧伝記の研究の場合なら、おおよそ右のような立場から伝記の史料的価値を判断することが多かった。一般論としてはこの立場は誤っていないが、『親鸞伝絵』

と『歎徳文』の場合には、その原則は通用しない。周知のように、大正十年（一九二一）に発見された「恵信尼書状」によると、のちに作られた『歎徳文』のほうが事実に一致しているからである。『親鸞伝絵』が親鸞の入信について何も具体的に述べなかったのは、永仁三年（一二九五）に宗昭がそれを著わした当時に「恵信尼書状」の存在を知らなかったからである。その宗昭も『親鸞伝絵』よりのちに元弘元年（一三三一）に著わした『口伝鈔』では、「恵信尼書状」に見えている三部経千部読経と恵信尼が親鸞の本地を観音と夢想したことを収めている。宗昭は『親鸞伝絵』を著わしたあと、『口伝鈔』を著わすまでの間に「恵信尼書状」の存在に気づき、その内容を知ったに相違ない。そうなると当然、宗昭が「恵信尼書状」の存在に気づいた時はいつであるかが問題になる。「恵信尼書状」は娘の覚信尼が保存し、その死にあたって子の覚恵に譲った。宗昭が『親鸞伝絵』を起稿した当時は覚恵はなお健在であったが、「恵信尼書状」の価値を知らなかったとみえて、宗昭にその存在を知らさなかったと推測される。しかし覚恵は死に先立って正安四年（一三〇二）五月二十二日に覚信尼のことを遺言した親鸞自筆の消息といっしょに、大谷御影堂に関するすべての文書を宗昭に与える旨の譲状を作った。したがって宗昭が「恵信尼書状」を見る機会を得たのはこの時より以後ということになる。事実としては徳治二年（一三〇七）四月十二日に覚恵が亡くなった直後のことであった。それを証明するのは、その第五通の三部経千部読経に関するものの奥書に、宗昭が自筆で「徳治二年丁未四月十六日上人の御事、えちご〔越後〕のあまごぜん〔尼御前〕の御しるし〔記〕文」と書き入れていることである。[6]

幼い時から親鸞の伝記に関心を持ち、親鸞の遺弟などからいろいろの事実を教えられ、永仁三年（一二九五）に二十六歳の若さで『親鸞伝絵』上下各六段を書き上げた宗昭にとって、「恵信尼書状」の存在を知ったことは大きな喜びであったに相違ない。祖母の覚信尼や如信・性信・信海・顕智などの親鸞の遺弟の思い出を通じて知った親鸞の面影は、あまりにも理想に過ぎて、聖者・覚者の面が強調されているが、「恵信尼書状」に描かれている親鸞は現実的であり、しかも悟りを求めるひたむきな心という点では前者をしのいでいる。宗昭はこのように感じて、三部経千部読経と本地観音の夢想に関する部分を写し取り、のちにはそれを『口伝鈔』の一部に収めた。しかし宗昭は初めて「恵信尼書状」を見た時に、いま一つ重要な事実を発見したはずである。それは、周知のように、建仁元年（一二〇一）の吉水入門に関するもので、入門以前の親鸞は延暦寺の常行三昧堂の堂僧であったこと、後世の助かる道を求めて叡山を下り、六角堂に籠り百日の祈念を凝らしたところ、九十五日の暁に聖徳太子が偈文を作って現れ、親鸞にそれを伝え、それが親鸞の源空の門に入る動機となったことなどである。光玄の『歎徳文』はそれに基づいて書かれたものである。宗昭は、そのほかに、この時に親鸞が聖徳太子から与えられた偈文の内容をも知ったはずである。それは、父を失って嘆き悲しんでいる娘覚信尼に対して越後にいた母の恵信尼が送った第一信に書き添えてあったものである。(7) 残念なことには、その偈文は今日散逸して伝わらないが、それが判明すると、吉水入門の事情は現在よりなおいっそう明らかにされる。その意味でこの偈文を書いた部分の「恵信尼書状」が散逸したことは返すがえすも残念である。

「恵信尼書状」を発見した故鷲尾教導氏が著書『恵信尼文書の研究』で、この偈は聖徳太子の『廟窟偈』であろうと推定してから、鷲尾説に賛成する学者が多いが、梅原隆章氏がすでに指摘しているように、(8) いま一つ納得がいかない。『廟窟偈』ではそれを感得した親鸞に何故に吉水に行く決意が生まれたのかが判明しないからである。『廟窟偈』は弥陀・観音・勢至の三尊の慈悲を強調して太子自身は観音、妻は勢至、母は弥陀の化身であると述べ、末世の衆生を救うために肉身を磯長の廟にとどめ、この廟に一度でも参詣するものは必ず極楽に導くことを誓ったものである。もちろん太子が真実に作ったものではなく、平安時代中期以後に四天王寺・叡福寺を中心に、太子に仮託して盛んに偽作されたものの一つである。親鸞はその時代人と同じく『廟窟偈』が偽作であることに気づかず、大きな関心をもっていた。晩年になって自筆でこれを写したこともあり、『廟窟偈』を収めた『上宮太子記』をも自筆で書写したこともあったほどである。しかしそれだけのことから、宗教人としての親鸞の行き先を決定した六角堂の夢告が『廟窟偈』であったと結論するのは、少し早計であるように思われる。しかしそうかといって、いくら西本願寺の宝庫を家捜ししても「恵信尼書状」の断片も発見できないことがほぼ明らかになった今日、いつかまたそれが発見されるかもしれないことを期待して、それまで判断を中止することも許されない。現在正当と認められている史料考証法を自由に大胆に駆使して、過去の学説にとらわれることなく、正しい判断を進める必要がある。

三

宗昭の『親鸞伝絵』については故中沢見明氏が著書『史上の親鸞』でその制作の意図を宗昭の真宗教団本願寺吸収の野心に帰してから、その史的価値を疑う論者が多くなった。しかし仔細に研究すると、全巻夢物語で埋ずめられているといっても過言ではない伝記ではあるが、それなりに根拠があって、宗昭の作為として簡単に退けられないことが判明し、最近ではその史料的価値を重視する傾向が強くなっている。そのなかで一つ解けない疑問は、西本願寺本を除くその他のすべての『親鸞伝絵』が親鸞の吉水入門を建仁三年（一二〇三）に誤っていることである。親鸞は自著の『教行信証』の後序の中で、「然るに愚禿釈鸞建仁辛酉の暦、雑行を棄てて本願に帰す」と明記し、建仁元年（一二〇一）吉水入門を主張している。その『教行信証』の本文を熟知し、それを『親鸞伝絵』上巻第五段にもそのまま引用し、吉水入門の段では、その時の親鸞の年齢まで正確に数えた宗昭が、西本願寺本以外の諸本では吉水入門について「建仁第一之暦上人廿九歳」を「建仁第三之暦上人廿九歳」と一を三に書き改め、しかも親鸞の年齢はそのままにしておく、という普通の考えでは理解のできない誤りを犯している。同様な誤りは上巻第三段の六角堂告命にも見出される。告命が行われたという建仁三年（一二〇三）の干支は癸亥である。西本願寺本『親鸞伝絵』では正しく癸亥と注しているのに、他の諸本はすべて辛酉に改められ、建仁元年（一二〇一）と混同されている。なぜこのような普通では理解できない誤りを、宗昭は犯したのであろうか。従来『親鸞伝絵』を論じた学者はほとんど全部といってよいほどに、揃ってこの問題に触れている。しかしどれも満足な回答を与えたものはない。

この問題を明らかにするにあたって、まず最初に確認しておかなければならないことは、『親鸞伝絵』のうちでは西本願寺本が初稿本の面影を最もよく残していることである。その証明についてはかつて論じたことがあるので、(9)ここでは繰り返さないが、西本願寺本に比較すると、永仁三年（一二九五）に原本から転写した奥書のある専修寺本も初稿本との間に隔たりがある。西本願寺本が制作されたのは延慶二年（一三〇九）に鏡御影が発見される以前であった公算が大きい。その西本願寺本が親鸞の吉水入門の年時、六角堂告命の年の干支を正確に書いているのに、康永二、三年（一三四三、四）に成立した東本願寺・照願寺本など、のちに成立した『親鸞伝絵』は例外なくこの不可解な誤りを引き継いでいる。専修寺本もその例外ではない。

初稿本と西本願寺本では正しく書き表されていた親鸞吉水入門の日時がその以後の諸本で例外なく書き改められたことに関連して、いま一つ注意しなければならないことは、『親鸞伝絵』の上巻第二・三段の年数・干支を書き改めた結果、表面的に見ると、吉水入門と六角堂告命が同時に行われたことになることである。『教行信証』では親鸞が本願に帰したのは「建仁辛酉之暦」と干支で書かれていて、年数を記していないので、年表を持たないものはそれが元年であるかどうかを知らないのが普通である。それを三年に引き下げ、六角堂告命の段の建仁三年（一二〇三）の干支の癸亥を辛酉と書き替えると、『親鸞伝絵』の読者の多くは、『教行信証』にいう「建仁辛酉之暦」は建仁三年（一二〇三）であったと考えるに相違ない。そうなると、この二重三重に誤っている『親鸞伝絵』の重訂本のほうが、六角堂の告命と吉水入門が同じ時に続いて起きたと伝える「恵信尼書状」と表面上一致することになる。宗昭の年数・干支の書き改めは、このような結果を予想して意識的になされたものと考えるほかに解釈のしようがない。このような取り繕いが意識されずに偶然にできたとは、とても考えられないことである。

そうなると、何故に宗昭はこのようなことを考慮して、普通では考えられない誤った本文の改訂を行ったのか、その理由を次に考えなければならない。私は次の事実がこの不可解な『親鸞伝絵』の本文改訂の動機であったと主張するものである。

徳治二年（一三〇七）四月十六日に初めて「恵信尼書状」を見た宗昭は、親鸞が建仁元年（一二〇一）の吉水入門に先立って聖徳太子から与えられた偈文というのは、宗昭が『親鸞夢記』や門弟などから吉水入門から二年後の建仁三年（一二〇三）四月五日に親鸞が六角堂の救世《ぐせ》観音から与えられたと聞かされていた「行者宿報設女犯、我成玉女身被犯、一生之間能荘厳、臨終引導生極楽」の四句の偈であることを発見した。それが『親鸞伝絵』の改訂の動機である。もしもこの時に発見したものが鷲尾教導氏以来いわれているように『聖徳太子廟窟偈』であったならば、宗昭はこのような不合理な改訂をするはずがない。もししたとするなら、それこそ狂人に近い行為といわなければならない。宗昭が誤った手段であることを知りながら『親鸞伝絵』の本文の一部を改訂したのは、その時に見た偈文が「行者宿報設女犯」の偈であって、初めて理解される。

私は宗昭が西本願寺本『親鸞伝絵』を制作したのは、定禅夢想の段が正和元年（一三一二）以後に付け加えられたことから、それ以前と考え、そのことを主張したが、この事実に気づいたので、西本願寺本の制作年代をさらに早めて徳治二年（一三〇七）以前と限定することにする。宗昭も「恵信尼書状」に基づいて『親鸞伝絵』の本文を改訂するなら、思いきって上巻の第二・三段の前後を変え、本文も大幅に書き直すべきであった。それはことによると『親鸞伝絵』の構想の根幹に触れる改訂になったかもしれない。「行者宿報設女犯」は東国布教の前兆である、と今まで信じていた教団の通念を一変することになったかもしれない。大幅な改訂をためらった宗昭の気持ちはわからないことはないが、一時の労を惜しみ、当座の混乱を恐れ、小手先のごまかしに終始したことは返すがえすも残念である。当座はそれでごまかすことができても、長い間には『親鸞伝絵』をはじめその他の史料に大きな不信感を植えつけ、重要な六角堂の告命の意義を没却することになった。その意味では宗昭のずるい改訂の仕方は深く責められなければならない。

四

親鸞が吉水に入門するに先立って六角堂で聖徳太子から与えられた偈文が「行者宿報設女犯」の四句であったことが確実になると、親鸞の入信の動機が、今まで考えられていたのとは別に考えなければならなくなるのは当然である。親鸞が二十年間在山した叡山を下り源空の門に入ったのは、「恵信尼書状」によると、後世を助けてくれる上人を求めてであったという。親鸞が真剣に後世の助かることを願ったことは、疑う余地はない。しかし親鸞の下山をそれだけで説明するのはあまりにも一般的であって、親鸞が直接何の問題から後世の救いを求めるようになったのかという重要な問題は明らかにされない。それが「行者宿報設女犯」の偈を与えられ、それによって迷いが晴れかけ悟りの道が見えかけたとなると、吉水入門の当時二十九歳の親鸞が直接に問題にしていたものは性欲に関するものであり、その悩みに耐えかねて、叡山を下り六角堂に籠ったことが明らかになると思う。

親鸞は吉水入門の直前、延暦寺では常行三昧堂の堂僧であった。その職務は三昧すなわち心を一つの対象に集中して乱れないようにし、不断に念仏を称することである。余念なく称名することである。それには、源信の『往生要集』がつとに強調しているように、(10)念仏者は持戒を先とし、出家の行儀を厳重に守らなければならない。親鸞は治承五年(一一八一)の春の頃九歳で出家してから、仏教の教義の研究に努めた。そのかいがあって仏教の深義を理解するようになると、出家の道を忠実に実行し、悟りの世界に到達したいと念願するようになるのは当然のことである。それには戒定慧の三学を正しく実践しなければならない。末法に入ってすでに百五十年近く経過していた当時であるから、持戒に精進するものはごく稀ではあったが、それでも叡山の三塔の常行三昧堂や別所の谷々には、それぞれ聖《ひじり》がいて出家の行儀を守り、不断念仏を行ずるものがいた。親鸞もそれに心が惹かれたのであろう、常行三昧堂の堂僧となることを選んだ。親鸞が常行三昧堂の堂僧の時代に念仏三昧に徹しようとして真剣に努めたことは、『教行信証』化身土巻の三願転入の文において、(11)「善本・徳本の真門に回入して偏へに難思往生之心を発しき」と親鸞自身がその時代を追想していることでも明らかである。

親鸞が常行三昧堂の堂僧になったのは何歳のことであるか不明であるが、出家して十年ぐらいであったろうと推測される。いつ果てるとも見えなかった源平の争いも文治元年(一一八五)親鸞十三歳の時をもって終わりを告げ、世はしだいに平和にかえった。延暦寺では親鸞が出家の戒師と仰いだという慈円が座主となり、建仁三年(一二〇三)に学生《がくしょう》と堂衆の激しい争いが表面に出るまでは、珍しく平静を保った。親鸞はこの好時機を利用して真剣に持戒に努め、浄土教の宗師の著述を読んだ。その親鸞に悪魔の訪れのように突然に襲いかかってきたのが性欲の問題であった。仏教では在家の信者が夫・妻を持ち、正しい性行為を行うことは認めるが、出家の僧尼に対しては、どのような形にもせよ性行為を行うことを禁止し、禁欲の生活を要求することは周知のとおりである。ところが日本では出家は物心のつかない幼少の時に多く行われ、仏教の意義がしだいに理解できるようになり、持戒に励みかけたところへ、春の目ざめが訪れるようになるのが普通であった。若い者に特有な情熱をもって真剣に悟りへの道を志せば志すほど、それを押しつぶすように愛欲の思いがつのる。ことに常行三昧堂の堂僧は作善功徳のために招かれて山を下り貴族の邸宅に赴くことが多かったから、見目麗わしく才たけた女性に接触する機会は多かったと思われる。親鸞は念仏三昧に徹しようとあせればあせるほど、破戒・捨戒してもと思う欲が強くなり、心に安らぎが失われ、一心不乱に称名することもできなくなった。理想と現実の相剋の苦しさに耐えかねて、叡山を下り六角堂に籠って百日の祈念をした親鸞は、九十五日の暁に聖徳太子の本地である救世観音から「行者宿報設女犯」の偈を与えられ、初めて無明の迷いにも晴れ目が見えかけた思いをした。

この偈は、親鸞が宿報によって女犯をしなければならなくなった時は、観音が玉女の姿となってその相手となり、一生の間身も心もよく飾り、臨終には導いて極楽に生まれさせるというのである。出家の僧には厳重に禁止されている女犯も、観音が玉女となってその思いを遂げさせるというのであるから、それが往生の障りになるはずはない。現に親鸞が死ぬまで付き添って臨終には極楽に導くと誓ってくれているではないか。性欲の問題について長い間悩み続けた親鸞にとって、この夢告はそれから解放されるきっかけを与えるものであった。『親鸞夢記』によると、[12]夢の中で親鸞はその主旨を民衆に説き広めたという。縮めて一言でいうと、妻帯しても往生の障りにはならないというこの夢告の主旨は、在家仏教を建前とする親鸞の宗教の極致ともいい得る。親鸞がこの夢告を得て、夢のうちで民衆にこれを説いたと考えたのは、理解できないことはない。

親鸞はこの夢告を重視し、わざわざ自身で夢記を作り、門弟にもこれを写させ、偈文をも書写しているのに、現在の真宗史研究がこの夢告を重視しないのは、奇異な感じがする。中沢見明氏は、親鸞は、女犯をもって諸人の範となるべきものと認めるような無慚無愧《むざんむき》の人間ではなかったとして、この偈の感得を事実とすることに反対した。(13)山田文昭氏も中沢見明氏と同じ意見であって、専修寺に現存する親鸞の直弟真仏が書写した『親鸞夢記』を鎌倉時代の偽作とした。(14)『親鸞夢記』の史料的価値が認められるようになった現在では、さすがに中沢・山田両氏の否認説に同調する学者はない。宮崎円遵博士は『親鸞夢記』を認める立場に立って、その意義を認めながら、『親鸞夢記』の文中に「善信」という名が見えていることに注目して、この夢告が行われたのは『親鸞伝絵』が伝えている建仁三年(一二〇三)よりさらにのちのことかもしれないとしている。(15)『教行信証』の後序によると、親鸞が夢想によって綽空の名乗りを改め、源空がそれを認めたのは元久二年(一二〇五)閏七月二十九日であるからである。

しかし注意しなければならないことは、善信の名乗りが用いられているのは偈の本文ではなく、『夢記』の地の文であるという事実である。宮崎博士の論が仮に正しいとしても、『親鸞夢記』の制作が善信の改名以後に下がるだけであって、「行者宿報設女犯」の偈の本文には影響はない。最近、専修寺所蔵親鸞自筆三種浄肉文が、その料紙としてこの偈の書かれてあった反古紙を用いたことが明らかにされ、発見者平松令三氏は偈文自体親鸞の自筆と考えている。(16)このように親鸞の在世当時に偈文だけが独立して書写されたことが明らかとなると、『夢記』に善信の文字が用いられているからといって、偈の夢告までのちの時代に引き下げることは、ますます妥当でなくなる。

五

「行者宿報設女犯」の夢告が建仁元年(一二〇一)の吉水入門に先立って六角堂で得られたものであることは、

以上の論証で明らかになったであろう。次に明らかにしなければならないのは、この偈を得た親鸞が即座に源空を吉水に尋ねたのはどのような理由に基づくかということである。親鸞は延暦寺にいた時から常行三昧堂の堂僧として不断念仏を行っていたのであるから、専修念仏を首唱した源空の存在は当然知っていたはずである。おそらくその教義のあらましも知っていたに相違ないであろう。親鸞にとって当面の最大問題であった性欲と念仏についても、源空が、出家で念仏が申せないなら妻を娶って申せ、と説いたことなども、ことによると親鸞は知っていたかもしれない。それでありながら、親鸞が叡山を下りてすぐに源空のもとに赴かず、六角堂に百日も籠ったのは、伝え聞いている源空の教義になおも疑念をもち、すぐにその門に入る気持ちになれなかったからであろう。事実、親鸞は源空に面談してその説法を聞いても、熊谷直実のように即座にその門に帰したのではなかった。「恵信尼書状」によると、照る日も曇る日もどんな大事が起きても、源空の住房に日参して、法文を聞きただした結果、ようやくにして、その門に入る決意を固め、本願に帰したのである。

親鸞が入門に先立って百日の日参をしたことは、入門以前の親鸞の浄土教の研究がかなりの程度まで進んでいたことを思わせるものである。『教行信証』化身土巻の三願転入の文で親鸞自身が述べたことによると、親鸞は延暦寺にいた時から天親論主や浄土宗の宗師と仰がれる曇鸞・道綽・善導らが著わした聖教は読んでいた。それだけにこれらの聖教に独自の解釈をする源空の教説に心をひかれながら、叡山時代の研究が妨げとなって、熊谷直実などの武士のように、簡単に共鳴はできなかったのである。親鸞が源空の行くところならば、たとい悪道であってもついて行く、と信を固めるまでには、疑わしい点は何度も聞きただし、理解できないことはあくまで教えを乞うことを繰り返さなければならなかった。

さて、親鸞の当面の関心事であった妻帯が吉水入門によってどうなったかを次に問題にしなければならない。救世観音が女犯を認めたのであるから、吉水入門と同時に妻帯に踏み切ったと考えることも一つの考え方である。私なども以前はそのように考えていたが、最近では必ずしもそう考えなくてもよいと思うようになった。変説の根拠の第一は、吉水入門以後、親鸞が浄土宗教義研究に示した意欲のたくましさである。現在西本願寺に所蔵される親鸞自筆の『観経・小経集註』が如実に示しているように、親鸞は吉水入門後、浄土宗の宗師の聖教の理解に精根を打ち込み、善導の『観経』『小経』の注釈などを詳細に分類をしたばかりでなく、新着で源空なども読んでいない宋の宗暁の『楽邦文類』なども読み、わずか屠殺者の往生に関する一条だけではあるが、これを写し取って『集註』に書き入れるほど努力を集中した。『楽邦文類』引用をめぐる問題についてはかつて述べたので[17]ここではこれ以上触れない。親鸞のこのような精進は、師の源空も認め、入門わずかに四年の親鸞に『選択集』の書写と肖像画の図写を許可したほどである。そのことを考えると、当時の親鸞に妻帯するだけの物心両面の余裕があったかどうか、疑問と思われる。ことによると、元久二年（一二〇五）までは親鸞は少なくとも妻帯しなかったのではないか。私が以前の自説を変えた第一の論拠はこのことに気づいたことにある。

　第二の論拠は、元久二年（一二〇五）閏七月二十九日に源空が善信の名乗りを認め、この時に付与された源空の肖像にこれを自筆で書き入れたことである。これと親鸞の妻帯とどう関係するのか、疑問に思う人も多いと思われるが、それには少し詳しい説明が必要である。先にも少し触れたように、善信と名乗りを改めたのは、夢告が原因であると親鸞自身が書いている。『教行信証』に信頼できる注釈『六要鈔』を書いた光玄は、この夢告は聖徳太子から与えられたとしている。問題はその夢告が行われた時期である。中沢見明氏以来、この夢告は元久二年（一二〇五）の改名直前に行われたと考えられている。ほかに史料がない以上、このように常識的な解釈もやむをえない。しかし親鸞が聖徳太子すなわち六角堂の救世観音から与えられた告命として一生の間尊重していたのは「行者宿報設女犯」の偈であり、その夢告の中で親鸞は観音から善信と呼びかけられたと信じていたことを考慮すると、改名の原因となった夢告は建仁元年(一二〇一)の吉水入門直前のそれであったとするのが、正しい解釈であると思われる。事実、建仁元年(一二〇一)の六角堂の夢告以外に、親鸞が太子または救世観音から与えられた夢告は存在しない。『正統伝』ではなお二回の霊告があったとしているが、いずれも他に徴証のないもので事実とは信じられないものである。

しかし従来の論者がこの考えに反対した一つの理由は、夢告と改名の間に四年の間隔があき、あまりにもその間が長すぎることである。なるほど四年というのは長い。しかし中世では夢告は容易に他人に語るべきものではないと考えられていた。親鸞もおそらく六角堂での夢告は長く秘してこれを他人に口外しなかったに相違ない。ことにその内容は女犯に関係しているから、なおのこと口外はできなかったはずである。源空に救世観音が「女犯」を認めた夢告の内容を話して、善信改名の許可を得るためには、四年の月日は短すぎても、長すぎるとはいえないであろう。

元久二年(一二〇五)に善信と改名したことが妻帯の遅れたことを証明する論拠と考えられるのは、この時まで親鸞は「女犯」の夢告を源空に話す環境にはなかったと考えられるからである。もし親鸞が吉水入門と同時に妻帯に踏みきっていたなら、「女犯」の夢告などもっと早く源空に語り、善信の改名ももっと早く認められていたであろう。それが元久二年(一二〇五)まで行われなかったのは、その当時まで妻帯していなかったことを示すとして、おそらく誤りないであろう。私が親鸞の妻帯を吉水入門よりかなり遅れたと考える第二の論拠はこのことにある。

六

親鸞の妻帯は吉水入門と同時ではなかったとして、それなら親鸞が妻帯に踏みきったのはいつ、どこであり、相手は誰であったかを明らかにしなければならない。その場合にいつも引き合いに出されるのは、親鸞と恵信尼がいつ、どこで結婚したかということである。信蓮房明信が二人の間に承元五年（一二一一）三月三日に生まれたことから逆算して、それより一年ほど前に越後で結婚したと考えるのが通説である。明信が親鸞と恵信尼の間の最初の子であるなら、この推定も合理的であるが、古い『本願寺系図』では、その上に小黒女房と善鸞の二人の子女があったと伝えている。この古伝を尊重すると、親鸞の流罪と明信の出生の間には満四年しかないから、小黒女房・善鸞・明信のうち、誰かが双生児か、それとも相続いてでも生まれないかぎり、親鸞と恵信尼が結婚したのは親鸞が還俗のうえ流罪に処せられた後、越後であったとの見解は成立が困難になる。

私は、親鸞が妻帯に踏みきったのは、古来言い伝えられているように吉水時代であり、その時期は、『選択集』の付属の後、源空の肖像の図写が許された前後であろう、と考えている。その根拠は、妻帯が遅れたと認められる第二の論拠をそのままに使用するものである。元久二年（一二〇五）閏七月二十九日に源空の許可を得て善信と改名したことは、「女犯」の夢告を公表しても差し支えのない環境が出来上がったからであり、それはとりもなおさず観音の化身ともいうべき女性にめぐりあったことを示している。私は以上述べた理由から、親鸞が妻帯に踏みきったのは元久二年（一二〇五）であったと考えている。

以上妻帯の時期と場所について私見を述べたが、次に明らかにすべきはその相手である。親鸞と恵信尼の結婚が一般に考えられているよりも二、三年さかのぼって考えるのが妥当と考えられる以上、恵信尼と京都で結婚したとするのが、この際、最も穏当な見解であろう。恵信尼の父の三善為教が越後介・兵部大輔を歴任した下級官人と考えられること、恵信尼の教養がいなか育ちとは考えられないほど高いことは、親鸞と結ばれた場所が京都であったことを思わせるものである。恵信尼が夫の親鸞の吉水入門の事情をよく知っていたのも、その直後の親鸞を知っていたとすれば、もっともとうなずけるものである。恵信尼が「行者宿報設女犯」の偈を常に記憶しており、親鸞の死後、娘への第一信でそれを覚信尼に知らせたのも、この偈によって親鸞と恵信尼が結ばれたとすると、当然と考えられる。親鸞の流罪は公然と妻帯したことに対する罰であったに相違ないが、流刑の国として越後が選ばれたのは、生活その他のことを考えて恵信尼にゆかりの土地が選ばれたのかもしれない。私は以上の点からして、いまのところ、親鸞は元久二年（一二〇五）三十四歳の時に二十五歳の恵信尼と京都で結婚し、それを機会に名乗りを善信と改めた、と考えるのが最も妥当であろうと考えている。

（昭和三十六年一月四日稿了）

追記

わたくしのこの論文に対しては、京都女子大学教授宮地廓慧氏の反論があるが、それは別稿「専修寺本『親鸞伝絵』について」（本書所収）で答えた。わたくしの喜びはこの論文の発表以後、大谷大学の名畑崇氏によって、「行者宿報設女犯」の出典が明らかになり、如意輪観音の本誓に基づいたことが確かめられたことである。詳細は『真宗研究』第八輯所載の同氏論文を見られたい。

（昭和四十年十月十九日　追記）

註

（1）『鎌倉仏教の研究』一一頁（「覚信尼について」、本書所収）。
（2）『親鸞伝の諸問題』一八一頁。

(3)『親鸞聖人全集』書簡篇、四一―四二頁。
(4)『親鸞とその門弟』二三―二四頁。
(5)『親鸞』四一―四二頁。
(6)『親鸞聖人全集』書簡篇、一九六頁。
(7)同前、一八六頁。
(8)『親鸞伝の諸問題』九一―九二頁。
(9)『鎌倉仏教の研究』一四九―一六一頁(「西本願寺本『親鸞伝絵』について」、本書所収)。
(10)『真宗聖教全書』一、八三八頁。
(11)『真宗聖教全書』二、一六六頁。
(12)『親鸞聖人全集』言行篇Ⅱ、二〇一―二〇二頁。
(13)『史上の親鸞』六四頁。
(14)『親鸞とその教団』六五頁。
(15)『親鸞とその門弟』二五頁。
(16)「高田宝庫新発見資料による試論」(『高田学報』第四六号)
(17)『鎌倉仏教の研究』八〇頁(「『教行信証』(坂東本)について」、本書所収)。

越後・関東時代の親鸞について

一　越後配流

源空の専修念仏に対する延暦寺・興福寺の非難攻撃は元久元年（一二〇四）から激しくなり、建永二年（一二〇七）には土御門天皇の宣旨によって専修念仏は停止され、源空は土佐に親鸞は越後に流罪に処せられることになった。最初に攻撃の火ぶたを切ったのは延暦寺で、追い打ちをかけたのは興福寺である。源空が承安五年（一一七五）に専修念仏を唱えはじめてからこの時まで、三十年の間にさしてその活動に妨害を加えなかった延暦寺が、この時になって急に専修念仏を非難しはじめたのには、二つの大きな原因があった。第一には建久九年（一一九八）に源空が『選択集』を著わした頃からその門に入るものが増加し、それらのうちに好んで天台・真言の教義を非難し、せっかく持戒している僧尼に破戒を勧めるものが少なくなかったことである。第二には、建仁元年（一二〇一）に親鸞が叡山を去った直後から延暦寺には学生《がくしょう》・堂衆の争いが激しくなり、建仁三年からは武力による公然の決戦となり、幕府の軍もそれに参加して争いは深刻化し、建暦元年（一二一一）に源空・親鸞が赦免される直前まで継続したことである。専修念仏者の天台宗論難攻撃が、内争の激化に神経を苛だてていた延暦寺の学生を刺激し反撃を招いたのである。

元久元年（一二〇四）に延暦寺の学生らは会合し、座主の真性を通じて最近の専修念仏のあり方について源空の注意を喚起した。それに対して源空は、十一月七日に真性に起請を送って延暦寺側の抗議の正当なことを認め、攻撃の緩和を図ったが、同時に七カ条の起請を作って門弟に行動の自粛を誓わせ、百九十人の門弟の署名を得て延暦寺に提出した。その原本は今日京都市右京区二尊院に所属され、重要文化財に指定されている。親鸞は百九十人のうちの八十七人目に「僧綽空」として署名している。親鸞が源空に直接師事したことを疑う学者のうちには、その署名はのちに書き直したものであると論ずるものもあったが、原本にはこのようなあとかたは残っていない。また最近では、この時に親鸞が「僧綽空」と署名したことを重視して親鸞が当時なお僧儀を捨てていなかったことが強調されている。その主張は首肯できるが、百九十人の門弟のなかで署名の上に僧を冠したのは親鸞のほかに八名しかいない。親鸞が「僧綽空」と署名したのは、八日に署名を始めた尊蓮が「僧尊蓮」と僧を初めて書き加えたのに倣ったにすぎないことも考え合わす必要がある。

延暦寺側から提出された非難攻撃は源空がとった二つの措置によって大いに緩和したが、源空の門弟のうちでも過激な主張をもつものは、源空の措置を遺憾とし、「源空のことばには表裏があり、起請文はその本心でない」と言い出し、せっかく鎮静しかけていた専修念仏非難の火の手を再びかき立てる結果を招いた。今度は延暦寺に代わって興福寺が正面に立ち、専修念仏を攻撃した。元久二年十月に興福寺から提出された専修念仏停止の奏状は笠置寺の貞慶が起草したものだけに条理を尽くし、専修念仏の偏執を具体的に指摘している。当時の朝廷は源空の熱心な支持者である九条兼実の子の良経が摂政として主宰していたが、この興福寺の奏状を無視することはできなかった。朝廷はその年も末に迫った頃、宣旨を出し、源空の門弟のうちには浅い知恵から源空の本意を誤解して偏した主張をするものがあるのでこれを禁止するが、彼らに刑罰を科してはならないと命令することにした。興福寺側は憤慨して翌三年二月に宣旨の本文の改訂と源空と門弟の行空・遵西・幸西の処罰を強く要望して朝廷に圧力をかけた。その結果、二月三十日には、門弟のうちでも一念と多念を代表する行空・遵西の二名が持戒者や諸宗を非難したとの理由でその罪状を調査すること、源空は行空を門弟から追放することに朝廷の議は決定した。

その直後、九条良経は急死し、代わって近衛家実が摂政となり、六月頃から再び専修念仏停止が朝議に付されることとなった。諮問を受けた公卿の意見は賛否相半ばしたが、停止に容易に踏み切らなかったのは、院政を主宰した後鳥羽上皇が賛成しなかったからである。その上皇を激怒させ、建永二年（一二〇七）二月に専修念仏停止の宣旨が発せられるようになったのは、罪状を調査されている遵西が中心になって行った別時念仏に、後鳥羽上皇が熊野御幸で留守中の院の女官らが結縁し、女官のうちには外泊して専修念仏僧と密通したものがあることが発覚したからにほかならない。その点からいえば、専修念仏停止の責任の一半は確かに門弟側にある。しかしそれなればその関係者だけを処分すればよいわけである。門弟が院の女官と密通したからといって、それに直接関係のない源空を土佐に流し、その教義の宣布を禁止するのは、私憤に駆られたからであり、これもまた明らかに法に反し義に違っている。親鸞が後年『教行信証』を著わした時に専修念仏の停止について主上臣下を非難したのは、この意味であった。

親鸞はこの時に越後に流されたが、その理由については親鸞自身も述べていないので明らかではない。一つには親鸞が源空の門下でも『選択集』の付属や源空肖像の図写を許されるほど傑出していたことが原因であることは確かであるが、いま一つの理由としては、ことによると流罪の直前に堂々と結婚するということがあって、そのために流罪に処せられたのかもしれない。それについては別の機会（「親鸞の妻帯について」、本書所収）に述べたから、ここでは再説しない。いずれにしても師の源空は西のかた土佐へ、親鸞は北のかた越後へと別れたのが、この世での師弟面接の最後であった。

越後での親鸞の動静については史料がなく、大正十年（一九二一）に発見された「恵信尼書状」によって恵信尼と結婚しており、承元五年（一二一一）三月三日に両者の間に信蓮房明信が生まれたことが知られているだけである。明信が恵信尼の生んだ最初の子であれば、ふたりが結婚したのは親鸞が越後に流されてからである、との推測も成立する。ところが恵信尼は全部で六人の子女を生んだ、と『口伝鈔』に早くから言い伝えられ、一方『本願寺系図』などでは明信は恵信尼の第一子とせずに第三子としている。そのことを考慮すると、恵信尼との結婚は、ことによると、越後で行われたのでなく、京都でなされたのかもしれない。いずれにしても恵信尼の生家の三善家は越後にも勢力のあった豪族であったから、流罪中の親鸞が生きるための努力で仏教を極める精力を消耗することはあまりなかったと考えられる。また北陸は早く専修念仏が広まった地方であり、越中国では一念・多念の争いまで起きていたほどであるから、流人とはいえ専修念仏者の親鸞をことさらに迫害することはなかった、と考えられる。

親鸞の流罪は、師の源空と同時に建暦元年（一二一一）の年末近くに赦免された。朝廷が一度禁止した専修念仏の元祖の源空の流罪をこの時に解いたのは、一つには源空が当時七十九歳の高齢であり、老衰が著しく加わったことを考慮したことによる。いま一つには、専修念仏迫害の口火を切った延暦寺の学生・堂衆の長期にわたる争いがこの年の秋に解決したことが、源空・親鸞らの赦免を促進したことも確かであろう。源空は翌二年正月二十五日に入滅したが、親鸞はそのまま越後にとどまった。

二　関東移住

親鸞は、建保二年（一二一四）に越後国を後にして上野国佐貫荘を経て常陸国に入り、笠間郡稲田郷に居を占めた。佐貫にしばらく親鸞の一家が滞在した時に、親鸞は衆生の利益のために『浄土三部経』を千部読もうと発起し四、五日実行したが、ふと思い当たった。弥陀の本願を信じて念仏するものはその喜びを他人にも分け与え、彼らも弥陀の本願を信ずるように勧めることこそ真実に仏恩に報いることである。名号のほかに何の不足があって千部の『浄土三部経』の読経をしようとするのか。親鸞はこのように思い返して読経を中止した。

考えようによってはささやかなできごとであるが、この自覚が親鸞に与えた影響は大きかった。『浄土三部経』を読むのは五正行の一つであるが、雑念が混入せずにそれを行いうることからすると、正定業の称名念仏に譲らざるをえない。専修念仏の行者はそれゆえに読経を助業とする。親鸞は師の源空からこのことを教えられてそれをよくよく承知していたはずであった。それがどのような理由から思い立ったにせよ、すでに非僧非俗愚禿親鸞と名乗り妻子をも持つ身でありながら、かつての持戒堅固の常行三昧堂の堂僧時代のように読経三昧を行おうとする。このことで金剛堅固の信の容易に得がたいことを親鸞はあらためて思い知らされたのであった。

親鸞が越後から常陸に移った理由や因縁については、「恵信尼書状」も何も伝えていないし、『親鸞伝絵』もそれには触れていない。しかし親鸞が何の目当てもなしに越後国からはるばると常陸国に移住するとは考えられないことである。常陸に三善という地名が現在残っていることや、横曾根・高田など親鸞の有力な門弟が居住したところの郡名が越後にもあること、現在の関東の農民で真宗寺院の檀家となっているものには北陸移住の農民が多いことなどからして、親鸞の当時も北陸から関東に移住する農民が少なからずあって、親鸞はそれらの農民といっしょに常陸に移ったのではないか、と考えられている。また親鸞当時の上野国新田氏のうちには上野国と越後国の双方に所領を持つものがあったことから、恵信尼の生家の三善氏も同様に越後と常陸に所領を持ったと考え、その点から常陸移住を説明しようともされている。それぞれの説は一応首肯できるが、それだけで親鸞の関東移住のすべてを説明することはできないと思われる。なぜかというと、親鸞が関東にいた間に成し遂げた最大の仕事は、なんといっても『教行信証』の初稿本を完成したことであり、親鸞の常陸国定着をそれと切り離して考察することは、意味ないと考えられるからである。

その点からすると、親鸞が移住した当時の稲田が、源空ことにその門弟で西山派の祖の證空と親しく、和歌では定家と深い交際を結び、のちには子の為家に娘を嫁がせた宇都宮頼綱に有縁の土地であったことは注目に値する。頼綱の弟朝業は下野国塩谷郷を本貫として塩谷を名乗ったが、実朝の近侍であって兄頼綱と同じく和歌をよくした。実朝の死後、出家して法名を信生と称したが、嘉禄元年（一二二五）に関東から京都に旅行した当時の歌日記が今日伝えられている。朝業のあと笠間郡を領し稲田に住したのは、朝業の次子の笠間時朝であった。彼も和歌をよくし、その和歌は頼綱・朝業の和歌といっしょに『新和歌集』に収められている。和歌の詞書によると、彼はたびたび上京しており、仁治三年（一二四二）には検非違使として大嘗会に出仕している。また彼は右大弁藤原光俊を稲田に招き、姫社にて和歌会を開いたこともあった。時には諸処の寺院の仏像を作った。建長三年（一二五一）から文永三年（一二六六）にわたって再建された京都蓮華王院本堂（三十三間堂）には、千手観音像の一体を造進している。建長七年（一二五五）には常陸国の第一の名神大社の鹿島社に宋版の大蔵経を寄進している。

現在知られている頼綱・朝業・時朝の事績は以上のとおりである。そのなかで重視すべきは、頼綱が源空とその門下の證空に親しかったこと、時朝が親鸞の稲田退去以後のことながら宋版の大蔵経を鹿島社に寄進したことである。現在のところ史料がないので断定はできないが、頼綱が元久二年（一二〇五）に出家した後、京都に上って源空を訪い専修念仏に帰し、その時に親鸞と相知ったということもありうると思われるし、時朝が鹿島社に宋版の大蔵経を奉納する以前に稲田の姫社あたりにも宋版の大蔵経を寄進していたこともないとはいえないであろう。（追記）それはともかくとしても、親鸞が移住した当時の稲田は、草深い田舎ではなく、文化の発達した点では注目すべきところであったことはほぼ確実である。親鸞はそれを目当てにはるばると越後から常陸に移住したとしか考えられない。

親鸞は源空の膝元にいた当時から、源空がもっぱらよりどころとした善導の著作はもちろんのこと、その頃初めて宋から輸入されたと推定される『楽邦文類』のような宋代浄土教の典籍も読み、それを写し取っていた。源空の死後、建保五年（一二一七）には源空の生前には所在の知れなかった善導作の『般舟讃』も仁和寺の宝庫から発見され、善導の教学の全容が明らかとなった。親鸞は稲田にいて、早くも『般舟讃』を読んで善導に対する帰依を深くした。宋代の浄土教の典籍も『楽邦文類』はもとより、その他の新着のものをも入手しては、それを読破した。親鸞が大蔵経などのうちからその要文を自筆で書き抜いたことは、高田派専修寺に現存する法照の『五会法事讃』や『涅槃経』の書き抜き、西本願寺所蔵の『信微上人御釈』『宋高僧伝』の書写によって確かめられる。その範囲は経典では正依の『浄土三部経』はもちろんのこと、『大経』『小経』については多い異訳の経典についても同様に書き抜きを行い、訳経の微妙な相違に深く注意した。論釈では龍樹・世親・曇鸞・道綽・善導・源信・源空の七高僧の著述は当然のこと、それ以外のものでも重要なものは、これを書き抜いた。

重要なことは、書き抜きの範囲が内典だけに限らないで、外典にまで及んだことである。親鸞は儒学・文章の家として知られた日野家に生まれ、おじの宗業はいろいろに批判されながら当時を代表する学者の一人であった。親鸞は幼い時からその薫陶を受けて儒学・文章の造詣は深かった。当時の日本の儒学界は、中国で朱子学が台頭した影響を受けて新しい機運が芽ばえはじめていた。朱子の著述なども意外に早く日本に輸入され書写された。親鸞は幼い時からこのような雰囲気のうちに成長したから、外典に対する関心は師の源空以上に深かった。廃悪修善を基礎にして、家をととのえ治国平天下の理想の実現に努める儒学の理解が深まれば深まるほど、倫理の次元を超えた宗教の世界は明らかになる。その意味で親鸞の教義研究の先端が外典にまで及んだことは意味深い。

三　関東の情勢

親鸞が移住した当時の関東の実際は、その中心である鎌倉幕府が生死の境界線をさまよっている、といっても言いすぎではないほど、複雑な情勢となっていた。頼朝の死の直後に始まり次第に激しくなった有力な武将の勢力争いは、親鸞が関東に移住する前年の建暦三年（一二一三）に行われた和田義盛の幕府攻撃によって最高潮に達した。乱後、北条義時は政所別当のほかに義盛が保持した侍所別当を兼ね幕府の実権を掌握した。北条氏があらゆる機会をとらえて政敵を倒し自己勢力を図るのに対しては、将軍の実朝は露骨に不快感を示してはばからなかった。義時が譜代の郎従である伊豆国の住人を侍に准ずることを実朝に願ったときに、実朝はすげなくこれを拒否した。その理由は、もしそれを許可すれば子孫の世になって出身の身分が低いことを忘れて幕府に出仕を企てるものが出るかもしれないことを恐れる、ということであった。しかしそれはあくまで表面上の理由であって、実朝の実際の心は、義時が副将軍のように行動するのに強く反発して、その要望を拒否したのである。

実朝が不和であったのは、北条義時だけではなく、母の政子ともその間は必ずしも円満ではなかった。和田義盛は反乱を起こす前に上総国司に任ぜられることを希望し、実朝もそれを容認する内意で政子の意見を聞いたが、政子は、侍の受領を許さないのは頼朝の時にすでに定まっている、その先例を破って新例を開くことには自分は関係できない、と強く反対したことがあった。実朝自身が官職の昇進に強い執着を示し、進んで朝廷にこれを要望するのに対しては、政子・義時ばかりではなく、頼朝の挙兵直後に京都の朝廷からその陣営に加わり幕府の柱石となった大江広元なども反対であって、実朝に忠告したが、実朝は聞き入れなかった。

このような疎隔は実朝と重臣の間だけではなく、ほんの一部分ではあるが、実朝と御家人との間にもきざしはじめていた。反逆者を逮捕せよ、との実朝の命令を無視してこれを殺した長沼宗政は、実朝の不興に対して、実朝が婦女子の言を聞き入れて反逆者を赦免するのを恐れて殺した、と公言してはばからなかった。実朝は複雑な幕府内の情勢に心身ともに疲労しきって、親鸞が関東に移った翌年の建保三年（一二一五）に幕府を尋ねた宋人陳和卿の言を信じて、自身の前身は宋の医王山の長老と思い込み、宋に渡ろうとして、陳和卿に巨船を造らせ、失敗したことがあったほどである。このような実朝の行動を見て幕府の前途を案じた政子は、建保六年に上京した際に、後鳥羽上皇に大きな影響力をもっていた卿二品兼子と協議し、実朝に実子が生まれない時は上皇の皇子を将軍に迎える打ち合わせを行ったほどである。このようにして孤立無援の形勢に陥った実朝は北条氏の悪どい陰謀の犠牲となり、建保七年正月二十七日に鶴岡八幡宮で暗殺された。

幕府の上層部の反目・対立がこのように激化したのに、実朝の死後も幕府の組織が解体せず、とにもかくにも持ち堪えて、承久三年（一二二一）の乱では逆に後鳥羽上皇の討幕の軍に打ち勝った。その要因の第一には尼将軍政子が健在であったことを挙げなければならないが、第二としては、後鳥羽上皇の軍に加わった一部有力御家人らは別として、一般の御家人武士は幕府の存在をもって自己の地位を護る防波堤と考え、将軍が殺されるほど深刻な事態が発生しても、なおこれを見捨てなかったことである。後鳥羽上皇は一部の有力御家人武士の懐柔に成功して、幕府はくみしやすいと考えたが、それ以下の一般御家人の心情は摑みえなかった。彼らが荘園・公領の下司・公文・預所などとして、または在庁・郡司・郷司としての地位は、世襲的に受け継がれたものが多かったが、世襲を保証するものは慣習にすぎなかった。一度、本所領家や院庁・摂関家の怒りに触れ不興をかうと、せっかく世襲してきた地位も安全ではなく、種々の名目で奪われる。そのうえに本所領家から課される負担も重かった。そのみじめな地位に安定を与え、負担を軽くしてくれたのは、ほかならぬ頼朝であり幕府であった。彼らは頼朝の執奏によって守護・地頭に任ぜられる道が開かれた。御家人の幕府に対する信頼は、頼朝の死んだあと内争が続き、頼家・実朝の二人の将軍がその犠牲となって殺されても、大きく影響しなかった。それどころか実朝が殺された直後、後鳥羽上皇が追い打ちをかけるように、愛する女官伊賀局（元白拍子亀菊）の所領の摂津国倉橋・長江両荘の地頭職の廃止を幕府に要求した時は、強い反発を感じたようである。上皇の承久の乱の失敗の第一歩は、この思いやりのない仕方が一般の御家人に与えた心理的な影響に気づかなかったことにある。

親鸞は建保二年（一二一四）から承久の乱の後もかなり長く関東に滞在をして、倒れかかっていた幕府が承久の乱を転機として事実上の日本の支配者になる、思いもかけなかった事態の出現の過程を、自分の眼で明確に見てとった。法に背き義に違って専修念仏を迫害した後鳥羽上皇の政権があえなくも崩壊するのを見て、厳粛な気持ちに打たれたに相違ない。王法と仏法は相寄り相助くべきものである。現実にはそのほかに武士政権が成立している。この三者の調和を真剣に考えたのは、親鸞のかつての師であった慈円であり、『愚管抄』はそれを明らかにするために著わされた。親鸞も同じ問題について思いを巡らしたことであろう。師の源空も美作国久米郡押領使の家に生まれ、専修念仏の教義を悟った直後から源平二氏の争いが激しくなっただけに、武士の主従関係に関心をもち、法語『念仏大意』などで弥陀に一向に帰依を説いた時に武士が一人の主に仕えることと比較したことがある。聖覚も『唯信鈔』を著わした時に師説に従って同様に説いた。ところが親鸞は、弥陀へ一向帰依を説くにあたって、武士の主への奉仕を説いたことはなく、『唯信鈔』の注釈として親鸞が著わした『唯信鈔文意』にも、『唯信鈔』のその部分は無視されている。親鸞が師の源空や友の聖覚の考え方に同調しなかったのは、弥陀の本願を信ずることについて、源空や聖覚以上に真剣に考えたことを示している。関東に長く滞在した間に親鸞は武士の生活を表裏にわたってよく観察し、その忠誠の観念も利害の打算が深く絡みついており、無所得の純粋のものでないことを知っていたに相違ない。その親鸞が法語や消息で武士の忠誠に触れなかったことは意義深い。

親鸞はまた関東にいた間に武士の所領がどのような組織によって経営され、将来にどのような問題をもっているかについても、明確に認識したことであろう。関東にも平安時代以来、荘園は存在したが、親鸞がよく知っている畿内の荘園とは違って、荘園と公領が細分され相互に入り混じることは少なく、村・郷・郡ぐるみ一つの荘園または公領であることが多かった。武士らはこのような荘園・公領の荘司・郡司などとしてその知行権を行使していた。所領が一円化しているだけに、畿内のように荘園所領者と国司の争いが所領の隅々にまで波及し、村落の分裂を引き起こすようなことは少なかった。その代わりに畿内の農民のように荘園所領者と国司との対立を利用し、いずれかに加担することによって課役の軽減や耕作権の容認を勝ち取る機会には恵まれなかった。その意味で親鸞が生まれた当時の関東の農民は一歩も二歩も畿内に遅れていた。

しかしその遅れも関東農民の犠牲で源頼朝の平氏追討が長期にわたって遂行され、平氏滅亡ののちは鎌倉が京都と並んで日本の政治の中心地となったことによって急激に回復してきた、と推定される。荘園・公領の一元的支配は幕府の成立によって大きな変化はなく、鎌倉幕府の御家人の所領の場合は、領主権はどちらかといえば強化された、とさえいうことができる。とはいえ、武士が御家人役として負担しなければならない大番その他の軍役をはじめ、すべての課役を農民に転嫁するには、自ずから限度がある。以前からの課役の量を増したり、新しい課役を初めて取り立てる時は、当然のこととして所有者側で農民に何らかの譲歩を行う必要があった。武力や暴力の威嚇だけで過大な課役を長期に維持することは、いかに関東の社会であっても不可能であった。

次に関東社会の経済上の諸条件に大きく影響した鎌倉の都市化を見ると、まず第一に注意されることは、幕府が直接に支配する知行国は九カ国に達し、これらの国から鎌倉に送られる所当官物はおびただしい量に上ったことである。そのうえに全国から鎌倉に集まる御家人も数えきれないほど多数にいた。彼らが鎌倉で生活するに必要な物資は直接本領から鎌倉に送られることが多かったが、それですべてをまかなうことは不可能であって、当然のことながら、鎌倉またはその付近で調達しなければならないものも多かった。物資の調達・交換を仕事とする商人が鎌倉市内で盛んに活動を始め、建保三年（一二一五）幕府は鎌倉の「町」居住の商人を制限しなければならなくなったほどである。

鎌倉が都市化したことにもまして、関東の社会に深刻な影響を及ぼしたのは、治承三年（一一七九）頃から宋銭が流通しはじめたことである。朝廷はそれを日本の恥辱と考え禁止しようとして幾たびか命令を発したが、効果はなかった。当時の社会の実情からすると、米・絹のような現物貨幣だけでは物資交換の機能をまかないきることはできなかった。貨幣の流通が特に喜ばれたのは、奥羽とか薩摩・大隅とか、政治・経済の中心から遠く離れた地区であった。これらの地区では多大な所当官物などを京・鎌倉に輸送しなければならなかったが、これらの物資を貨幣に換え、それをもって輸送すれば事足りるとなると、負担が軽減されることはいうまでもない。またこれらの地区ではぜいたく品ばかりではなくて、生活に直接必要なものであっても、そのすべてを生産することはできなかった。当然、物資の交換・流通を行わなければならなかったが、その場合にも貨幣の存在はそれを容易にさせた。このような事態に注目した幕府は、承久の乱後、嘉禄二年（一二二六）に主動権を握って銅銭の流通を許可した。

親鸞が関東に在住し『教行信証』の著述に専念していた当時の関東の政治・経済の情勢はおよそ以上のとおりであった。親鸞がそのなかにあって、政権の座にようやく安座することができた武士の生き方だけに注目することなく、殺生を犯さなければ一日も生きていけない漁猟師や、利潤を取ることで良心のとがめを受けることの多い商人に深い関心をもったことは意義深いものがある。親鸞は耕作農民の存在に関心がなかったのではないが、武士・漁猟師・商人に比べると、耕作だけを業とする農民の罪悪感は切実ではなかった。罪悪の自覚のないところには真実の宗教への欲求は生まれない。その意味で、親鸞がより多く漁猟師・商人に注意したのは当然であった。

四　『教行信証』の成立

『教行信証』は親鸞自身の宗教的苦悩の解決を第一の課題とし、併せて武士・漁猟師・商工業者・農民などが生きるために犯す罪悪についての悩みを救うため著述された。その内容については、ここでは触れない。真宗史で特に問題となるのは、その成立の年時である。『教行信証』には他の親鸞の著述に見られるような奥書がなく、成立年時を簡単に明らかにしえないのであるが、化身土巻で仏滅年代に触れた時に元仁元年（一二二四）の年紀を挙げたことに注意して、古来その年をもって『教行信証』成立の時期としている。それに対して疑念がもたれるようになったのは、故辻善之助博士の筆跡の研究によって坂東本が親鸞の自筆であることが確定した後、故喜田貞吉博士が『教行信証』の後序の漢文の読み方に疑念をもち、『教行信証』が真に親鸞の著述であるかどうかを検討された時以来である。

喜田・辻両博士の論戦が始まりかける直前に『史上の親鸞』の稿を終えていた故中沢見明氏は周知のように帰京後著述説を強力に押し進めた。その論拠はいろいろあるが、中心をなすものは親鸞の関東滞在当時の環境は『教行信証』を著述できるようなものではなかった、との認識であった。『浄土三部経』を千部読経しようとしたことも、親鸞が自覚して中止した建保二年（一二一四）の回心よりは、十七年後の寛喜三年（一二三一）の高熱のために夢うつつの間に『大経』の文字を見て、自力の執心が自覚しないままに意識のどこかに残っていることを知って嘆息したことを重視した。この中沢説は発表後、異論もあったが、支持者も多く、問題の元仁元年については、いろいろ新しい見解も発表されたが、昭和二十九年（一九五四）に坂東本が解装修理されて新しい事実がわかり、帰京後著述説は成り立たないことが明らかになった。

『教行信証』の成立に関連して新しく知られた事実というのは次のとおりである。坂東本は本文に大きな改訂のあとを残しており、一見初稿本のように見受けられるが、詳細に調査すると、その以前にいま一本がすでに成立していて、坂東本はその転写本と認められること。転写の時期は、大部分の親鸞の筆跡が文暦二年（一二三五）書写の『唯信鈔』のそれと一致するところから、文暦二年前後と考えられること。原『教行信証』はいろいろな点で現行の『教行信証』と本文が相違するが、問題の元仁元年の部分も現行の部分と異なっていたことは確実であって、原『教行信証』には元仁元年と異なった年紀が書かれていた可能性が高いこと。原『教行信証』の成立時期は、いろいろの点を考慮すると、寛喜三年以前である公算が大であること。坂東本を解装修理した結果、新しく知られた事実は以上のとおりであった（「『教行信証』の成立と改訂について」、本書所収）。

親鸞の稲田居住が比較的に恵まれたものであったことは、先に述べたとおりであるが、原『教行信証』を一応書き上げ、宗教者として新しい門出に立った親鸞は、感激をもって布教に当たったに相違ない。康永三年（一三四四）に書写された妙源寺本『親鸞聖人門侶交名牒』によると、下野国居住の親鸞の門弟は六名、常陸国居住は十九名、下総国居住は二名、武蔵国居住は一名、奥羽居住は六名、越後国居住は一名となっている。その数は多いとはいえないが、その門弟を中心にかなりの門徒集団が成立したことを思うと、その意義を過少評価することはできない。しかし布教の道は決して平坦ではなかった。親鸞が自身述べたところによると、常陸国北郡にいた善乗房は親鸞の門下に入りながら、造悪無碍を主張し親鸞から遠ざけられた。また『親鸞伝絵』によると山伏の弁円は親鸞を迫害しようとして板敷山に待ち伏せたが、のちに改心して弟子になり、明法房を名乗った。

親鸞が多数の経論を抜き書きし、それに自己の体験を釈として付加して『教行信証』を書き上げたのちも、経論を見るにつけ、ことに新着の宋版の論釈を読むにつれて、『教行信証』の改訂を精力的に行い、その余暇には門徒の教化に努めるのを、妻の恵信尼は尊敬と愛情の念を込めて見守った。寛喜三年（一二三一）四月に親鸞が高熱で臥した時の述懐も直ちに日記に書きとめ、それを終生忘れなかった。恵信尼が日常いかに深く夫の親鸞を敬愛したかは、常陸国下総下妻境郷にいた時に、親鸞は観音の化身であるという夢を見ながら、それを夫に語らなかったことで知られる。

親鸞の関東居住はこのように実り多いものであったが、いつの頃か親鸞は関東を出発して京都に帰った。その時期についてはいろいろに論じられているのが、文暦二年（一二三五）七月二十一日に、鎌倉幕府が、魚鳥を食い女人を招き寄せ党を結び酒宴を行った鎌倉の念仏者の鎌倉追放を発令したことに関係がある、との見解が、事実に最も妥当していると思われる。親鸞は直接に追放令に無関係と思われるが、危害がやがて身に及ぶのを知って、これを避けるため、居住二十年の関東を後にして、妻子を伴い親類・友人のなお多く残っている京都に帰った。

（昭和三十六年二月稿了）

追　記

昭和四十年夏に公刊された池内義資・佐藤進一・百瀬今朝雄氏編『中世法制資料集』第三巻所収「宇都宮家法度」によると、親鸞が稲田に滞在した当時、宇都宮では一切経会が盛大に行われていたことが知られる。親鸞が一切経を求めて稲田に移住したことはますます有力になった。

（昭和四十年十月十九日　追記）

専修寺本『親鸞伝絵』について

――宮地廓慧教授の批判に答えて――

一

わたくしはかつて著書『鎌倉仏教の研究』を公刊した時に、「西本願寺本『親鸞伝絵』について」という論文（本書所収）を新しく書いて、これを世に問うた。この伝絵は、蓮位夢想の段がないことでは専修寺本と同じであるが、入西鑑察の段がある点では、専修寺本と異なっている。そこで従来の研究では、故日下無倫氏の所論(1)に見られるように、専修寺本をもって初稿本の系統に属するとし、西本願寺本、東本願寺（康永）本と増広された、と考えている。わたくしもかつてはそのように考えた一人であった(2)。ところが故中沢見明氏だけは早く異説を唱え、西本願寺本をもって初稿本またはそれに近いものと考えた(3)。その根拠は、詞書《ことばがき》の文章が他本ほど洗練されていない、と認められたことにある。しかし中沢氏は一方では通説に従って、専修寺本をもって永仁三年（一二九五）十二月十三日、すなわち初稿本が完成した後、わずかに二カ月のちに制作されたものとしている。西本願寺本と専修寺本では詞書の構成が前記のように異なるから、これらの両本をともに初稿本に近い、と解することは、必然的に次のように結論せざるをえなくなったのである。《著者の宗昭は『親鸞伝絵』制作の当初から、本願寺門徒向きと高田などの他の門徒向きの二本を用意し、入西鑑察・蓮位夢想など夢想を主とする段を持つ広本は本願寺門徒に授与し、高田などの外部門徒に対しては事実を主とした略本を授けた》。中沢氏のこの解釈は、誰が聞いても事実に一致しているとは考えにくいものであったが、西本願寺本をもって初稿本またはそれに近いものと見るかぎり、どうしても、結論はそのようにならざるをえなかったのである。

西本願寺本をもって初稿本またはそれに近い本と見る中沢氏の見解は、前に一言したように、詞書の本文が文章として洗練されていない、ということにあった。これは確かに正しい指摘であり、事実によく合致している。しかし、問題はその論拠である。吟味されたものが文章であるかぎり、原本を何度か転写した場合でも、もし文章を原本のとおりに忠実に写した時は、はるかに後代の写本でも、初稿本またはそれに近い本と誤認される恐れがある。したがって詞書の文章が洗練されていないからといって、すぐにその写本が早く作られたことにはならないことは、あらためていうまでもないことである。絵巻物の場合は、その制作年時の前後を決定するには、奥書や詞書の本文の吟味だけでは不十分であって、詞書の筆者も検討しなければならないし、絵についても慎重に研究しなければならない。中沢見明氏の詞書だけに基づいた所論に反対であったわたくしが、自論を訂正して、西本願寺本を初稿本完成直後の制作と、結論においては中沢氏と一致する見解に改めたのには、次に述べる事実があったのである。《時日は確かに昭和二十九年の秋頃であったと記憶しているが、わたくしは東本願寺で『親鸞伝絵』の重要文化財指定調査に来寺した松下隆章氏と会い、その調査に立ち会った。ところが松下氏は西本願寺本の存在を知らないらしいので、わたくしから西本願寺に交渉して松下氏に調査してもらった。松下氏は西本願寺本を見るなり、絵の出来映えからいうと、専修寺本よりも東本願寺の両本よりも、優れている、とほめたたえ、従来の『親鸞伝絵』の研究でこの本が重視されないのは不思議である、とまで言った。従来の所論にとらわれていたわたくしは、松下氏の指摘があっても、従来の評価を改めることはできなかった。しかしその後、機会を得て西本願寺本を自分で詳細に調査し、専修寺本も手に取って検討したところ、得た結論は、西本願寺本に関するかぎり、中沢氏の所見と同じく、西本願寺本が初稿本に最も近い制作であることを確かめたのである》。その根拠は前の論文に詳述したから、ここでは繰り返さない。最も重要な点は、詞書の本文の筆者が、追加書き入れの入西鑑察・稲田興法の段を含めて、疑いもなく宗昭と確認できたことである。従来の研究では、この本が時宗の向福寺の琳阿弥陀仏によって所持されたことを重視して、宗昭の自筆であることを認めないものがある。[4] 筆者の考証に伝来を考慮する必要があることはもちろんであるが、基本的なものは筆致による決定である。『親鸞伝絵』で宗昭の自筆であることが確実なものは東本願寺の康永本である。康永本の筆致と比較すれば、宗昭の自筆であるかどうかは判明するはずである。しかしその際に考慮しなければならないのは、康永本が宗昭七十四歳の時に書写されていることである。西本願寺本のように、初稿本に近い制作と考えられるものを考察する時には、宗昭の壮年時代の筆跡と比較検討することも必要である。現存の宗昭関係の史料でこの条件を満たすものは、西本願寺の親鸞鏡御影の裏書以外には、求められない。あの裏書は、延慶三年（一三一〇）宗昭三十八歳とその翌年の応長元年（一三一一）三十九歳の両度にわたって書かれたことが確実である。その筆致と康永本のそれと、年齢による筆致の相違を念頭に入れて、西本願寺本を検討すると、三者の筆致に共通するものがあることは容易に看取することができる。しかも三者のうちで西本願寺本には筆力がある。宗昭の比較的若い時の書写であることは明らかである。入西鑑察・稲田興法の両段は筆致・用紙の双方からして宗昭自身が後から追書したものである。筆跡の一致の証明は写真を用いて具体的に行うのが望ましいのであるが、前稿では、その点の配慮に足りないものがあった。入西鑑察・稲田興法の両段の詞書の写真は掲載したが、基本の他の諸段の詞書の分を載せることを失念したからである。鏡御影の裏書や旧賛補筆の分は『鎌倉仏教の研究』所収の論文「「鏡御影」の賛について」（本書所収）に関連して写真を掲載した。わたくしとしては、それだけでも宗昭の自筆という事実は当然認めていただけるものとも思ったのであるが、今になってみると、至らなかったと反省せざるを得ない。そこでおそまきながら、西本願寺本の詞書の基本の部分・追書の部分と、鏡御影の裏書・旧賛補筆の部分の写真を別に掲載するから、それによって西本願寺本の本文の筆者が宗昭であることを確かめていただきたい（追記　なお図版は『続鎌倉仏教の研究』では都合により専修寺本に限定して掲げた〈本書第12～16図〉）。

京都女子大学教授宮地廓慧氏は同大学が発行している『人文論叢』第六号に「六角夢想の年時」という論文を発表して、わたくしが著書『親鸞』で明らかにした、宗昭『親鸞伝絵』改訂の説に対して批判をされた。わたくしの説はあらまし次のとおりである。《宗昭は『親鸞伝絵』を著述してから十二年後の徳治二年（一三〇七）四月十六日に「恵信尼書状」を見て、自分がかつて制作した『親鸞伝絵』の記事のうち、吉水入門・六角堂夢告の日時が事実と異なっていたのに気づいた。当初の『親鸞伝絵』は、吉水入門を建仁元年（一二〇一）、六角堂夢告を同三年としたが、「恵信尼書状」によると、事実は、入門・夢告はともに建仁元年に行われ、しかも夢告が前で入門はその後であった。「恵信尼書状」には夢告の偈まで明記されてあった。このように史料が揃った以上、宗昭としても、それを無視して、伝絵の本文を従来のままにしておくことは許されない。しかし事実に一致するように『親鸞伝絵』のこの二つの段の詞を改訂することは、言うべくして簡単に行いえないことであった。最少限度の改訂でも、六角堂夢告の第三段と吉水入門の第二段の順序を入れ替え、それぞれ年時を事実に合うように訂正する必要がある。理想的に改訂をするならば、両段の詞書の本文を書き改め、夢告を得たことが踏み切りとなって、源空の門下に入ったそのいきさつを詳しく述べるのが望ましいことは、いうまでもないことであった。しかし宗昭は、そのような大幅の改訂をせずに、段の構成や詞書の内容は以前のままとし、吉水入門を建仁三年に引き下げ、六角堂夢告と同年であったことに改めただけであった。なるほどそれによって従来の伝絵の誤りの一部を訂正することはできたかもしれないが、親鸞自身が『教行信証』の後序の中で「建仁辛酉暦雑行を棄て兮本願に帰す」と吉水入門の年時を建仁元年と明記しているのと矛盾することになったのである。したがって改訂された『親鸞伝絵』で入門の年を「建仁第三之暦」と改めても、年代記を検するようになれば、『教行信証』との不一致にすぐ気づくはずである。六角堂夢告の日時も、初稿本には建仁三年癸亥四月五日と干支が正しく書かれてあった。それを宗昭は書き改めて二年前の建仁元年の干支の辛酉としたのである。この改訂によって『教行信証』にいう吉水入門の年が建仁三年であるかのように考えられたのは事実である。しかし、その小手先細工も年代記を見ればすぐに見破られるものである。それであるのに宗昭があえてこのような改訂をしたのは、大幅改訂の労を惜しんだのと、伝絵を読む門徒の知識水準を低く評価した、のによるものであろう。事実、長い間『親鸞伝絵』の誤りに疑問をもつものはなかった。しかし明治時代になって親鸞伝の研究が実証的に進められるようになると、年号と干支の不一致がまず指摘され、次に「恵信尼書状」の発見によって、入門と六角堂夢告が順序を誤っていることが明らかになった。「恵信尼書状」の史料的価値がますます重視されるようになったのに反比例して、このような誤りを犯している『親鸞伝絵』はいよいよ無視されるようになり、著者宗昭が真宗教団を本願寺中心に再編成するために創作した夢物語とさえ考えられるようになった。このような考察が大正年間に盛んになったのには別の理由も存したのであるが、宗昭が「恵信尼書状」を見て『親鸞伝絵』に手を入れた時に、前記のように大幅に記事を改訂しておけば、「恵信尼書状」が発見されたといっても、『親鸞伝絵』の史料的価値は高くこそなれ、あれほど下落することはなかったであろう。それはともかくとして、宗昭の小手先細工も一つの原因となって、親鸞伝全体に対する学界の不信が高まり、ついに親鸞の実在を否定する学説が強くなるまでに発展した、宗昭の責任は大きい(5)》。

宮地教授の私説に対する批判は、次に述べる四つの見解が論拠となっている。第一は、西本願寺本の制作が専修寺本より遅いと認められること、第二は西本願寺本と専修寺本の筆者は同一人と認められるが、両本ともに宗昭の自筆とは認められないこと、第三は、宗昭が西本願寺本以外の『親鸞伝絵』で、親鸞の吉水入門を建仁三年（一二〇三）としたのは、初稿本起稿の際に年表などの見誤りで『教行信証』後序の「建仁辛酉暦」を建仁三年と思い込み、初稿本にはそのとおり書き入れた、と考えられること、第四は、建仁元年（一二〇一）六角堂の夢告と同三年四月五日の夢告は同じであるとする見解には、それを支援する史料がないこと、以上の四つを基にして、わたくしの説を批判されたのである。もし教授の四つの見解が事実に妥当しているならば、わたくしの説は教授が言われたように「奇怪な想定」ということになるが、はたしていかがであろうか。次に教授の論拠を吟味することにしよう。

最初に指摘しなければならないことは、西本願寺本の詞書の筆者が宗昭であり、この本は全体として、初稿本に続いて制作された、当初の状態をよく保存している、というわたくしの見解は、問題の建仁元・三年についての論を離れても成立する、具体的な根拠をもっていることである。わたくしの改訂説はすべて上記の二つの見解が事実と合致している、という前提のもとに成り立っている。したがって、宮地教授がわたくしの改訂説を批判するために、西本願寺本についてのわたくしの見解をまず否認したのは、当然の措置といいえよう。しかし教授が、自説の正しいことを主張するために、西本願寺本の詞書の筆致と宗昭の確実な筆跡とを比較検討するという正統的な研究法をとられなかったのは遺憾である。宗昭の自筆であることを確認したうえに論を進めているわたくしの説を批判する時に、筆致の異同を検討することを軽視されたのは不審に堪えない。氏の論は次のとおりである。「私は中沢・日下両氏と同様に、恐らく両本は同一の筆蹟で、少なくとも覚如自筆とは認め難いと思う。勿論書体の上からもそう考えるが、早い話が箱根霊告の段で巫に竺の字を当て、廟堂造立の段で墳墓に憤墓の字を当て、六角夢想の段で厚恩にこうとくと振仮名し（以下略）、本文といい振仮名といい、直ちに撰者覚如の仕業とみることが到底出来ないからである」。原文のままに引用した右の文章によく現れているように、筆致についての教授の検討はさして深いものではなく、中沢・日下両氏の見解をもとにして、両者が同一であることを承認したにとどまっている。教授の努力は、それよりはむしろ、『親鸞聖人全集』所収の『親鸞伝絵』の三本の本文の異同の検討に主力が注がれている。教授が行った本文書写正誤の吟味から筆者を推測する研究方法も、必要な場合には当然その適用が許される。しかしそれは原本がなくて本文の筆致まで確かめられない場合とか、原本があっても、筆者の筆致として確実なものがほかにない場合に限られる。原本が三本も揃い、宗昭の基準筆跡も三本以外に現存するのに、なぜにこんなに回り遠い、的中率の低い研究法を適用されたのか、どうしても理解しえない。三本の本文異同を比較検討した教授の結論を要約してみると、次のとおりになるであろう。《宗昭は詞書の著者であるから、誤った漢字、ふりがなを書いたり、つけたりするはずがない。したがって、本文に誤字が二字もある西本願寺本やそれと同筆と認められる専修寺本は宗昭の自筆ではありえない》。著者自身が書いた写本が、著者以外のものが写したものに比して、誤字が少ないことは、事実である。宗昭の自筆であることに異論のない康永本に誤字がないことも、その事実を裏書きするものである。しかし著者は絶対に誤字を書かない、ともいいえないことは、宮地教授でも認められるであろう。わずかに巫を竺に墳を憤と書き誤ったことを取り上げて、そのことから簡単に宗昭自筆説を否定されたのは、妥当な研究態度とは思われない。

元来、筆跡の研究は史学に特有のものではない。筆致を比較する材料さえ揃えば、史学に何の知識を持たないものでも、筆使いその他の書きぐせを基にして、筆者の異同を決定し筆致の特徴を明らかにすることができるものである。重要なことは、この書きぐせの特徴をとらえることにある。できれば写真などによってそれを具体的に明らかにすることが望ましい。西本願寺本の場合、二字の書き誤りはあるが、宗昭の自筆であることは、先に証明したように、鏡御影の旧賛や裏書、康永本との一致によって明らかである。宮地教授がそれでもなお、西本願寺本は宗昭の自筆でない、と主張されるなら、まず鏡御影の旧賛・裏書や康永本の筆者と西本願寺本の筆者が異なることを証明されるか、それとも、また三者ともに宗昭の自筆でないことを、他の確実な宗昭の筆跡と比較検討して具体的に明らかにしていただきたい。

昭和三十六年の春の東西両本願寺の親鸞七百回大遠忌を機会に、大谷大学で開かれた真宗連合学会大会では、東西両本願寺・専修寺の『親鸞伝絵』を一室内に並べて陳列するという、画期的な催しが行われた。同じ真宗に属しながら派の対立が激しかった時には予想もされなかったことである。わたくしは、三本の筆致を直接に比較検討してみて、三本ともに宗昭の自筆であることに確信をもった。他の参観者のなかにもわたくしと同じ意見をもった方が一両人ならずおられたことを、後から承知した。宮地教授は、西本願寺・専修寺の両本の原本を直接に手にしていない、と言っておられるから、大会には出席されなかったらしい。文字どおり千載一遇の機会を逸せられた、というのほかはない。もしあの時に三本の筆致を直接に比較検討されたならば、三本ともに宗昭の自筆という私見と同じ見解をもたれたのではないかと思っている。

しかし西本願寺本の原本を手にしたことのない宮地教授の論として不審なのは、「西本願寺本の絵相が極めて粗雑である」として、下書きの類でなかったか、という推測説を提出されたことである。その論拠は、論文では明らかでないが、その一半はどうもわたくしの論文で述べた形状についての記述にあるらしい(6)。しかしわたくしは、どこにも絵相が粗雑であるとか、下書きの類であるとか述べたり、それを推測させる記述をしたことはない。それどころか画法に本格的なものがあることを指摘したぐらいである。宮地教授がそれを無視して、原本も見ずにこのように大胆の説を述べられたのは不可解であるが、どうも中沢見明氏の西本願寺本についての所見をそのままに自分の想定として発表されたとしか思われない。(7) 中沢氏が西本願寺本についての論文を発表せられてから、もう三十年以上経過している。その間の美術史研究の成果は著しい。今日の美術史研究では、西本願寺本に対して、最初に紹介した松下隆章氏の評価でも明らかなように、どの本よりも高い価値を認めている。下書きなどでないことはもちろんである。絵相も上巻末の、後から補筆の入西鑑察の分はともかく、その他は粗雑などと評さるべきものでは絶対にない。

宮地教授の論は、西本願寺本の詞書が宗昭自筆であることが確実になったことによって大きく動揺したと思われる。しかしわたくしが西本願寺本と専修寺本が同じく宗昭の自筆であることを主張するかぎり、教授が専修寺本の奥書を根拠として、該本をもって初稿本とし西本願寺本をもってその訂正本とする見解を維持することも予見される。専修寺本については次に論ずるが、最初にも指摘したように、絵詞の制作年時の判定には、奥書のみにとらわれないで、紙質・墨色・筆致などを総合的に検討する慎重さが必要である。奥書だけを問題にして議論するならば、現存の三本のうちで永仁三年（一二九五）十月初稿完成の奥書のみを持っているのは、西本願寺本だけである。それにこの本は先に明らかにしたように上下両巻ともに六段であった初稿本の原状を少しも傷つけないで保存している。筆者は確かに宗昭である。これだけの事実が確かめられたなら、普通の場合、それだけで初稿本そのものと結論するのであるが、西本願寺本の詞書の一部が絵の部分に書き込まれているのは、初稿本そのものではないことを示している、と判定して、初稿本に近い制作としたのである。奥書では初稿本完成二カ月後の制作と認められる専修寺本についても、西本願寺本を取り扱ったと同様に慎重な研究態度を必要とする。

二

さて主題の専修寺本であるが、この本を論ずる時に最初に銘記しておかなければならないのは、現在五巻の構成になっているのは、当初からの状態ではないことである。『親鸞伝絵』には二巻と四巻の両本があり、専修寺本はそのうちのいずれかであったに相違ない、と認められるが、現在の状態は原状とあまり変わっているので、もと二巻・四巻のどちらであったかを決定する手がかりを発見することはできない。もちろん通説では専修寺本は初稿本と考えられているから、制作当初は二巻本であった、と一般に考えられているが、四巻説もないではない。(8)したがって専修寺本が最初二巻本であった確証を発見しえたならば、逆にそれによって専修寺本が初稿本の系統に属することを立証しうるわけであるが、それが不可能なことは残念である。専修寺本は、最初に述べたように、蓮位夢想・入西鑑察の段がないために、従来は特に深い吟味をすることなく、当然のこととして初稿本に属するものと考えられてきた。しかし下巻の熊野霊告の段が詞書の大半を欠いている、という著しい損傷から推すと、蓮位夢想・入西鑑察の両段が現在の専修寺本にないのは、当初から書かれていなかったのではなく、熊野霊告の段の詞書と同じように、中途で散逸したのである、という説も成り立たないことはない。この両段が完備している康永本は四巻の構成を持っている。問題の蓮位夢想の段は第一巻、入西鑑察の段は第二巻のそれぞれ末に置かれている。専修寺本の第一巻は出家学道・吉水入室・六角夢想の三段、第二巻は、選択相伝・信行両座・信心諍論の三段、第三巻は師資遷謫・稲田興法（絵）、第四巻は稲田興法（詞）・弁円済度・箱根霊告・熊野霊告（詞後欠・絵前半）、第五巻は熊野霊告（絵後半）・洛陽遷化・廟堂造立の構成となっている。この構成に、第一巻と第二巻の末尾にそれぞれ蓮位夢想・入西鑑察の段を付し、第三巻と第四巻の箱根霊告以上を一巻とし第四巻の残りと第五巻を合わせて巻とすると、康永本の構成が出来上がるのである。もちろんわたくしはこういっても、専修寺本はもと四巻本であったとか、または蓮位夢想の段まで具備していたなどと断言するものではない。ここでいいたいのは、専修寺本の現状から、すぐ永仁三年（一二九五）完成の初稿本の原状を考えることは、史料批判のうえからいって妥当でない、ということである。奥書と詞書の構成だけを見て、原状を著しく改めている専修寺本をもって初稿本の系統に属する、と即断してはならないということである。西本願寺本との前後関係も、両方の原本についてもっと精密な調査研究をしたのちに、決定しなければならない、といいたいのである。

次は専修寺本の現在の法量・紙数であるが、左に掲げるものがそれである。

本巻上（第一巻）縦三三・四センチ

①	幅	四八・九	出家学道	（詞）
②	同	一八・〇	同	（同）
③	同	四九・三	同	（絵）
④	同	五〇・五	同	（絵）
⑤	同	五〇・六	同	（同）
⑥	同	五〇・四	同	（同）
⑦	同	五〇・〇	吉水入室	（詞）
⑧	同	四九・七	同	（絵）
⑨	同	五〇・四	同	（同）
⑩	同	五〇・〇	同	（同）
⑪	同	五〇・四	六角夢想	（詞）
⑫	同	五〇・八	同	（同）
⑬	同	五〇・九	同	（同）
⑭	同	四九・五	同	（詞）
⑮	同	四九・九	同	（絵）
⑯	同	五〇・三	同	（同）
⑰	同	二三・四	同	（同）

全長　七九三センチ

本巻下（第二巻）縦三三・四センチ

①幅　五〇・五　選択相伝　(詞)
②同　三三・六　同　(同)
③同　五〇・二　同　(絵)
④同　五〇・七　同　(同)
⑤同　五〇・三　信行両座　(詞)
⑥同　四六・五　同　(同)
⑦同　五〇・九　同　(同)
⑧同　五〇・三　同　(同)
⑨同　五〇・四　同　(絵)
⑩同　五〇・四　同　(同)
⑪同　五〇・六　同　(同)
⑫同　五〇・五　信心諍論　(詞)
⑬同　五一・〇　同　(同)
⑭同　一七・四　同　(同)
⑮同　四九・二　同　(絵)
⑯同　五〇・五　同　(同)

全長　七五三センチ

末巻上（第三巻）縦三三・四センチ

①幅　五〇・三　師資遷謫　(詞)
②同　三一・六　同　(同)
③同　四九・四　同　(絵)
④同　五〇・七　同　(同)
⑤同　五〇・二　同　(同)
⑥同　五〇・二　同　(同)
⑦同　一三・四　同　(同)
⑧同　三六・一　同　(同)
⑨同　四八・三　同　(同)
⑩同　二五・六　同　(同)
⑪同　四九・七　同　(同)
⑫同　五〇・二　同　(同)
⑬同　四九・六　稲田興法　(同)
⑭同　五〇・三　同　(同)
⑮同　四九・七　同　(同)
⑯同　四九・七　同　(同)

全長　七〇五センチ

末巻中（第四巻）**縦三三・四センチ**

①	幅	二九・〇	稲田興法	（詞）
②	同	四九・六	弁円済度	（同）
③	同	五〇・二	同	（詞・絵）
④	同	二九・四	同	（絵）
⑥	同	五〇・〇	同	（同）
⑥	同	五〇・五	同	（同）
⑦	同	五〇・六	同	（同）
⑧	同	五〇・五	同	（同）
⑨	同	五〇・二	箱根霊告	（詞）
⑩	同	一九・九	同	（同）
⑪	同	五〇・四	同	（絵）
⑫	同	五〇・三	同	（同）
⑬	同	五〇・三	熊野霊告	（詞）
⑭	同	五一・〇	同	（同）
⑮	同	四〇・六	同	（同）
⑯	同	四九・八	同	（絵）
⑰	同	五〇・六	同	（同）

全長　七七二・九センチ

末巻下（第五巻）**縦三三・四センチ**

①	幅	四九・〇	熊野霊告	（絵）
②	同	五〇・六	同	（同）
③	同	五〇・四	同	（同）
④	同	四九・九	同	（同）
⑤	同	四九・八	洛陽遷化	（詞）
⑥	同	六・二	同	（同）
⑦	同	五〇・四	同	（絵）
⑧	同	五〇・五	同	（同）
⑨	同	五〇・四	同	（同）
⑩	同	五〇・七	同	（同）
⑪	同	五〇・八	同	（同）
⑫	同	四九・八	廟堂造立	（同）
⑬	同	四九・七	同	（絵）
⑭	同	五〇・六	同	（絵）
⑮	同	五〇・二	奥　書	

全長　七〇九センチ

右の表から知られることは、本紙の最大幅は五一センチであるが、五〇センチ内外のものが最も多く、四〇センチ以下の紙幅のものは十二枚で、現存の全紙数八十一枚の一五パーセントにすぎないことである。しかもその中で第一巻の②⑰、第二巻の②⑭、第三巻の②、第四巻の①⑩、第五巻の⑥の八枚は、いずれも詞書や絵の余白を切除したものであって、制作当初からその状態であったとして、まず誤りない。問題はそれ以外の紙幅の狭い四枚である。

最初に問題になるのは第三巻の⑦である。この本紙は一三・四センチの紙幅しかないが、写真（第14図）で明らかなように禁裏の庭前の桜樹を描いている。問題は⑦と⑥⑧との継目であるが、⑦の桜樹の枝・花は⑥にわたって描かれているが、⑧とはのちに補筆したと見られる土坡《どは》でつながっているだけである。したがって⑦は、当初桜のほかに何かが描かれていて、のちに料紙を切り取ってその図柄を削除したことが推定される。桜樹は次の⑧にも描かれ、⑨にわたっているが、その紙継目での描線は連続しない。⑧の紙幅は三六・一センチしかないから、原状から若干切り縮められていることは確かである。⑩の二五・六センチしかないのも問題である。図としては親鸞が輿に乗って流されるところが描かれているが、⑨との紙継目が原状を保っていることは、輿舁夫《こしかき》の図で明らかなのに、⑪の越後国府の庵《あん》室の図とは直接につながらない。西本願寺本のように庵室の門前の風景が描かれてあった部分が、削除されたか、それとも後世に散逸した

第14図　師資遷謫段
（専修寺本『親鸞伝絵』〈部分〉
重要文化財　専修寺蔵）

か、そのいずれかであろう。

第四巻での問題は、③の詞書の余白に筑波山の図が描かれていることである。専修寺本の他の段では、詞書と絵とは必ず別紙となっている。この部分に限って、詞書の余白に絵がかかれているのは、西本願寺本の入西鑑察の段の詞書が信心諍論の絵の余白に書かれていることで明らかなように(9)、筑波山の図がのちの描き入れであることを示すものである。わからないのは④の霞だけの図である。これは③とも板敷山を描いた⑤以下とも続かない。おそらく制作当初は専修寺本は他本と同じく、筑波山の図とこの霞の分の紙がなく、詞書の分の紙は余白を残したまま、絵は板敷山の情景で始まった。その後に願主などからの依頼で、筑波山を描き加えた後、板敷山と筑波山との距離を示すためにどこか他の段から絵の一部の霞の部分を転用したものと推測される。他の諸本には、筑波山を遠景に現したものはない。したがって、専修寺本を検討する時に従来用いられた詞書の欠失だけを目標とせずに、絵の面からも考察する手がかりを得たわけである。

以上の紙幅の狭い部分の吟味から明らかになったことは、専修寺本は制作された後、少なくとも絵の一部が補作されたことである。そこで問題はいつ誰が補作したか、ということであるが、絵はわたくしの専門外であるから発言を遠慮する。図中に書き入れられた「ちくわ」は写真（第15図）で明らかなように、他の図の書き入れと同じ筆致である。宗昭の自筆であることは疑いない。絵の補作に宗昭が関係したことはこれで明らかである。それに関連して重要なことは、下巻第二段の稲田興法の段が、他の段と同時に書かれたか、それとも西本願寺本と同じように、最初制作された時ではなく、それからかなりの時間が経過して追加されたかの問題である。現在の専修寺本では、稲田興法の詞書は稲田庵室の絵の前にはなく、次の弁円済度の段の詞書のすぐ前に置かれている。詞書・絵の順序がこの段に限って逆になっていることは、この詞書が後から書き加えられたことを示すものである。宮地教授は、

第15図　弁円済度段（専修寺本『親鸞伝絵』〈部分〉重要文化財　専修寺蔵）

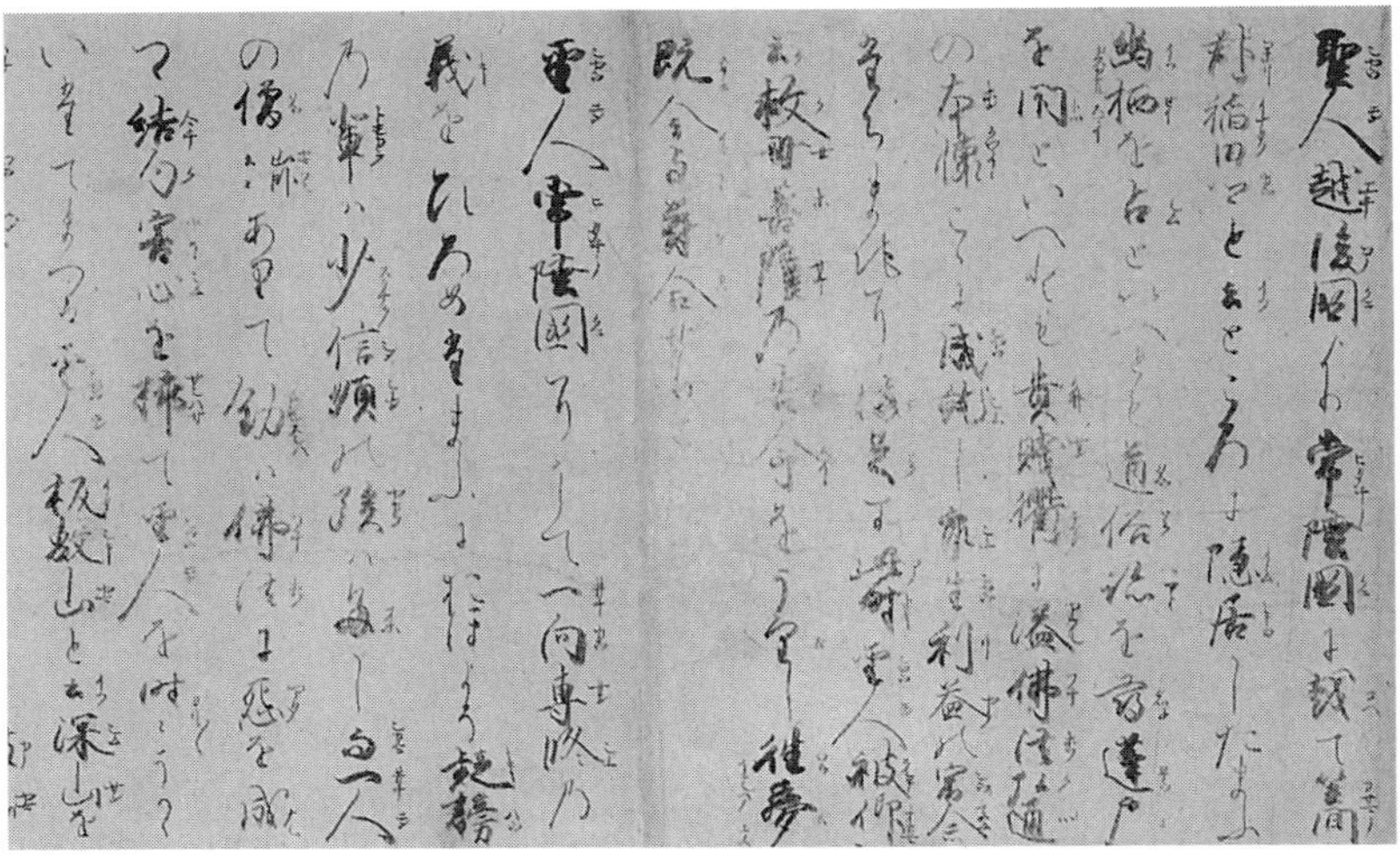

第16図　稲田興法弁円済度段詞書（同上）

わたくしが西本願寺本の稲田興法の段で述べたことは専修寺本についても同様にいいうるとして、右に挙げた事実を根拠として、専修寺本の稲田興法の段の絵相が師資遷謫の段の絵相の最後に引き続いて一連に画かれたのは、稲田の興法を示す目的のため描かれたものではなく、単に越後から稲田への移居を絵相の上で示すためにほかならなかった、と述べている。教授のこの解釈が事実に的中しているかどうかの吟味は、稲田草庵の情景が興法的な意味を持っているかどうかの検討から始めるのが普通であろうが、それには、当然のこととして、主観的要素が混じてくるので、望ましいことではない。わたくしとしてはその議論を差し控えたい。

この問題を決する主なかぎは、稲田興法の段の詞書の本文の筆致が、西本願寺本のそれのように、他の諸段と一見して追筆と判明するほどに相違するかどうかの検討である。追筆かどうかの吟味は筆致によってまず定めなければならない。現在の本で詞書と絵との順序が逆になっていることは、現状が制作当初の形をそのまま保存していることを確証しないかぎり、稲田興法の詞書がいまの個所に当初からあったことの強い証明とはならないからである。図版に掲げたのは稲田興法の段と弁円済度の段の詞書の写真（第16図）であるが、誰でもすぐに理解していただけるように、両方の筆致はまったく同一である。したがってこの両段は同時に書かれたと見るのが妥当であって、西本願寺本のように、書写の年時が異なることはありえない。わたくしが西本願寺本についての前稿で、専修寺本について論及しながら、永仁の初稿本と認めがたい点があるとして後日の精査を約したのは、稲田興法の段で専修寺本と西本願寺本が根本的に異なっていることに気づいたからである。宮地教授は、専修寺本の写真を見ながらこの明白な事実を考慮せずに、いとも簡単に西本願寺本同様に後からの書き入れと結論している。史料の示す事実にもっと深く注意していただきたいものである。

わたくしは、専修寺本も制作された当初は、現状とは異なって、稲田興法の段の詞書が本来あるべきところ、す

第17図　師資遷謫段
（専修寺本『親鸞伝絵』〈部分〉
重要文化財　専修寺蔵）

なわち第三巻の⑫と⑬の間に収められていたに相違ない、と推測している。その根拠は何かというと、⑫で越後国府の庵室の情景の描写が一応完結し、⑬は越後国分寺の図で始まっていることである。⑫⑬の図は一見すると続いているかのように見えるが、事実は、写真（第17図）で明らかなように、わずかながら食い違いがあって、ぴったりとは続かないのである。食い違いの原因は、後世の修理などの時に紙が切り縮められたためである、と考えられるかもしれないが、⑬の紙幅は四九・六センチであって、そのように切り縮みがあった、とは考えられない。もちろん全体を通観すると、前稿でわたくしが強調したように、専修寺本も西本願寺本と同じく、師資遷謫・稲田興法の段の絵が一連のものとして描かれたことは事実である。おそらく専修寺本制作の時に底本になったものが、西本願寺本と同じく初稿本であったか、それとも西本願寺本と同一の指図書《さしずがき》を基にし、同系の画家が制作したかであろう。しかし専修寺本では、西本願寺本とは異なって、国府の庵室の後に稲田興法の段の詞書が入ることが意識されて絵がかかれている。その証拠は次の事実である。《西本願寺本では、稲田興法の段の詞書を書き入れる時に従来の絵のままでは何か不都合のことがあったとみえて、越後国分寺の図の一部を三センチ内外切り取ったようである。[10] それに対して、専修寺本のこの部分には、前に注意したように切り取りがない。しかも絵にはわずかながら食い違いがある。このことは、⑬以下の図が当初から稲田興法の段の絵であることを意識して描かれたことを物語るものである》。この事実が確認される以上、専修寺本は当初から下巻七段の構成であって、西本願寺本のように上下おのおの六段の初稿本の原形をそのままに保存しているものとは、異なっているといわなければならない。わたくしが前稿で専修寺本は初稿本でない、との見通しを述べたのは、この事実を確認したからである。

以上論じたことで明らかなように、専修寺本の詞書は宗昭の自筆ではあるが、奥書にいうように永仁三年（一二九五）の制作ではなく、西本願寺本がまず制作され、それに稲田興法の段が追加された後に制作されたものである。問題は宗昭が徳治二年（一三〇七）四月十六日に「恵信尼書状」を見て、『親鸞伝絵』の一部改訂の必要を自覚したと推測される以後の制作であるかどうか、ということである。今まで強調したことから当然理解されるように、その決定はまず第一に専修寺本の本文の筆致を基礎にするものでなければならない。西本願寺本・専修寺本・康永本の本文の筆致を検討した場合、西本願寺本が最も筆力があり、専修寺本がこれに続き、康永本ははるかに劣っている。専修寺本で注目されることは、同じ段でも筆致を変えて書写していることであって、一見すると、別人が書き継いだようにも見えるが、事実は宗昭一人の書写である。筆致の相違は何か宗昭の個人的事情に基づくのであろう。看過しえないことは、そのなかに鏡御影の裏書の筆致とぴったり一致するものが交じっていることである。(11) これに比べると、西本願寺本の追筆の分である稲田興法・入西鑑察の段でも、鏡御影の裏書との間に若干距離があることが感じられる。このことは、専修寺本の制作が延慶三年（一三一〇）前後であったことを考えさせるものである。またこのような事実が確かめられた以上、『親鸞伝絵』の奥書は別の見地から検討しなければならないことは、いよいよ明らかになったといわなければならない。

筆致その他の検討によって、三本の制作順位が西本願寺本・専修寺本・康永本の順であることが明らかになったが、中沢見明氏が早く注意し、宮地教授が詳細な表を作成した三本間の本文の異同もまた、右に述べた順位が事実に合致していることを示している。三本の異同で注目されるのは、西本願寺本にない本文の記事が専修寺本・康永本の双方に存する場合である。この場合、西本願寺本が初稿本にあったものを省略したのではなく、西本願寺本は初稿本をそのままに写し、専修寺本・康永本は後から増広したことが確実と認められるものが存する。その適例は中沢見明氏がすでに注意した[12]、上巻第一段の親鸞の系譜の部分である。西本願寺本では、「聖人の俗姓は藤原氏、大織冠諱鎌子内大臣、天児屋根尊二十一世孫也乃後胤、弼宰相有国卿五世孫」といとも簡略に書かれている。これで十分であったのに、家系を飾る意図が強くなって、宗昭は専修寺本・康永本を制作した時に次のように記事を改めた。「聖人の俗姓は藤原氏天児屋根命二十一世の苗裔[13]大織冠鎌子内大臣の玄孫、近衛大将右大臣贈左大臣従一位内麿公[14]号後長岡大臣、或号閑院大臣、贈正一位太政大臣房前公孫、大納言式部卿真楯息[15]六代の後胤弼宰相有国卿五代の孫」。この場合、簡単であって要を得ている西本願寺本をもって、草稿の文章を伝えている、と考えるのが自然である。煩雑な構成となっている専修寺本や康永本の記事を省略したものとは考えにくい。同様の例をあげると、ほかにもいくつかある。内題にしても西本願寺本の「善信聖人絵」に対して専修寺本は「善信聖人親鸞伝絵」と親鸞の割注が加わっている。康永本では「本願寺聖人伝絵」と改められたが、弘願本では「本願寺聖人親鸞伝絵」と割注がまた加わっている。この場合も、西本願寺本・専修寺本・康永本の成立順位を考えるのが妥当と思われる。宮地教授も中沢見明氏の主張を無視することができず、しかも中沢氏のように『親鸞伝絵』の広略二本の存在を推測しえないままに、中沢氏が提唱したいま一つの仮説である、西本願寺本をもって、専修寺本が制作されたのち、その本文を書いた、宗昭以外の筆者が宗昭の最初の草稿案文を用いて、絵相の下書きの類に詞を書き入れたものである、という苦しい解釈を基に「想定」を作り出されたもののようである。教授の新見解は、なかなかよく考えられているが、結局のところ、実証を伴わない机上の論にすぎないことは上に証明したとおりである。西本願寺本・専修寺本がともに宗昭の自筆である以上、教授も認められている、西本願寺

第18図　熊野霊告段（専修寺本『親鸞伝絵』〈部分〉　重要文化財　専修寺蔵）

本の文章が初稿本の生硬稚拙を伝えていることは、とりもなおさず西本願寺本が初稿本に近い制作であることを示している、と解釈しなければならない。

宮地教授が明らかにされた三本の本文の異同で、前記の出自・親鸞割注に続いて注目されるのは、下巻第五段の熊野霊告（第18図）で、西本願寺本の詞に書き落としが認められることである。常陸国那荷西郡大部郷居住の平太郎に関する部分であるが、「平太郎なにかしとかやいふ庶民あり」の後、「聖人の訓を信して専弐なかりき。而或時件平太郎所務に駈て熊野に詣へしとて、事由を尋申さむために」の四十四字[16]が欠け、「聖人へ参たるに被仰云」にすぐ続いている。この場合、西本願寺本は初稿本を転写した際に前記の文章を書き落としたと考えるのが最も普通の解釈である。「聖人」と同じ語が二度も続いて出るために筆が走って書き落とすことは往々ある。しかしこの書き落とした部分は初稿本にも書かれていなかった、という想定も成立することを考慮する必要がある。もちろん、書き落としの部分がなくては、文意が明確を欠くことは、いうまでもない。しかし初稿本の宗昭の文章はよく整っていたとは、必ずしもいいえない。先にも明らかにしたように、初稿本でも当初は稲田興法の段がなく、初稿本が絵巻物として不備であったことは否定しえないからである。親鸞の常陸国移住の説明を失念した宗昭が、上京の平太郎についても、同様にその説明を忘れた、ということはなかった、とはいいえないであろう。この条の説明では完備している専修寺本が初稿本そのままと考えられない以上、わたくしの想定はなお成立の余地がある、としてよいであろう(17)。専修寺本のこの段の詞で注目されるのは、「小経一心説◦経に諸仏◦証誠す」のところで◦に傍書して、前のには「舎利弗ニ付嘱し」、後のものには「コレヲ」を追書していることである。筆致から判断すると、宗昭の自筆である。宗昭が専修寺本の制作にあたって初稿本の詞の一部を書き改めようとしていたことは、これでも明らかである。しかし康永本では初稿本のとおりに書いた。宗昭のこのような詞書の吟味が初稿本の平太郎の上京の説明不足に気づかせ、専修寺本・康永本に見るような文章の追加挿入となった、ということもありうるはずである。

以上の主張は、西本願寺本が初稿本に近い制作であることを強調しすぎたきらいはあるが、初稿本そのものが存在しない以上、現在の諸本のなかで初稿本の原形を最もよく残している西本願寺本をよりどころにして、初稿本を考うべきである。西本願寺本に初稿本を書き改めた部分があるとすれば、その証明は、専修寺本との対照だけでは十分とはいえない。もっと確実なものを基にする必要がある。わたくしは、その点からして、西本願寺本の熊野霊告の段の本文一部の脱落も、すぐに書き落としと即断しないのである。

西本願寺本・専修寺本ともに誤りを犯しており、康永本で正しく改められているもののなかで重要なのは、下巻第一段の師資遷謫の段の勅免の記事である。宗昭は『教行信証』の後序の原文を引用したが、西本願寺・専修寺の両本ともに「皇帝諱守仁、号佐渡院。」と順徳天皇の諱を誤っている。さすがに康永本だけは『教行信証』の原文のとおりに「皇帝諱守成、号佐渡院。」と正しく書いている。これなども、宗昭が老年になるまで『親鸞伝絵』の誤りに注意を怠らなかった証拠である。

宮地教授の論拠の中で、第一、第二が成立しないことは以上の論証で明白になった。第三、第四は教授が自説を成立させるために設定した仮説ともいうべきものであって、第一、第二が筆跡や本文の比較研究などによって成立しないことが明らかになったからには、自然に崩壊すべき筋のものである。教授は、なお多くの問題を論じ、そのなかには私見と一致しないものもあるが、それに一々お答えするとなると、多くの紙面を必要とするので、失礼ながらこのたびは上述の点に限ることにした。教授の御了承を得たい。なおこの論文作成にあたって、平松令三氏のお骨折りで専修寺本の精査を許された。法主をはじめ専修寺当局の理解ある態度に深い謝意を表する。掲載の写真は熱田公君の手になったものである。併せて謝意を表する。

（昭和三十七年十月一日稿了）

註

（1）日下無倫『総説親鸞伝絵』二一—五六頁。
（2）赤松俊秀『鎌倉仏教の研究』一四〇頁（「親鸞について」、本書所収）。
（3）中沢見明『真宗源流史論』一四三—一五四頁。
（4）司田純道「琳阿本善信聖人絵について」（『高田学報』第三八・三九号）。
（5）赤松俊秀『親鸞』四九—五六頁。宗昭の親鸞伝絵の改訂については、「親鸞の妻帯について」（『日本歴史』第一五二号、本書所収）をも見られたい。

（6）具体的にいうと、西本願寺本では絵相が先に描かれ次に詞書を書き入れたことを指摘した。これが教授の想定の一つの論拠となっている。
（7）中沢見明『真宗源流史論』一五三頁には、「本願寺本『善信聖人絵』詞書の文字は覚如の筆跡ではない。またその絵も同本願寺所蔵国宝『慕帰絵詞』に比べて極めて拙劣であり、国宝にも指定はせられてないが、詞書の文章が洗錬せられてない点から考えて草稿本の形態を示している。それで今の本願寺本は覚如が自分の手元に保存するために、粗雑なる構図と草稿の詞書を何人かに写さしめたものであろう。」とある。教授の「粗雑な絵相」の出典が中沢氏であることは明白である。教授の論文の中心点であるだけに、出典を明記していただきたかった。
（8）『親鸞聖人全集』言行篇、解説、二二四—二二五頁。四巻説は日下無倫『総説親鸞伝絵』二一四—二一五頁。
（9）赤松俊秀『鎌倉仏教の研究』一五七頁（「西本願寺『親鸞伝絵』について」、本書所収）。
（10）同前書一五六頁所収法量表下巻第一〇紙は幅一尺五寸三分で、次の紙が一尺六寸三分の幅を持っているのと、異なっている。
（11）宗昭の筆跡の特色は多く指摘しうるが、鏡御影で著しいのは「所」の第一画の横に引く筆致が水平でなくやや中高になっていることである。その特色は旧賛補筆の分にも裏書の分にも出ているが、専修寺本の随処に出ている。それに比すると東西本願寺本はさして顕著ではない。
（12）中沢見明『真宗源流史論』一四五頁。
（13）宮地教授の異同表では、康永本は「苗裔」となっている。『親鸞聖人全集』を基にした結果ではあるが、康永本の原本は明らかに専修寺本と同じく「苗蔓」となっている。
（14）専修寺本には「内麻呂」とのみあって「公」がない。
（15）専修寺本は「息」の次に「也」がある。
（16）この本文は専修寺本によった。
（17）書き落としの四十四字は、のちに親鸞の語として書かれている「本地の誓願を信して一向に念仏をこととせむ輩、公務にもしたかひ領主に駈仕てその霊地を踏、その社廟に詣せんこと、更に自心の発起するところにあらす」と主旨が一致している。両者が揃って初めて首尾一貫することは明らかであるが、またそれだけに重複の感じも強い。

西本願寺本に書かれていない部分を後から増補した時に、前に書かれてある親鸞の語に強く引かれて、あのように重複した文章を作り出した、と考えられないことはない。

『親鸞聖人伝絵』諸本について

一　はじめに

覚如上人が永仁三年（一二九五）十月十二日に完成された、『親鸞聖人伝絵』（以下『伝絵』と略称）の最初の原本は、著者の上人が所持され、それを底本として、数多くの写本が制作された。上人の伝記『慕帰絵詞』第五巻には「門流の輩、遠邦も近郭も崇て賞翫し若齢も書せて安置す」と書かれているほどに、『伝絵』の制作流布は盛んであった。もしこの最初の原本が現存するならば、『伝絵』をめぐる数多くの問題のあらかたは、おそらく解決するに相違ないであろう。残念なことに、この最初の原本は、延元元年（一三三六）の本願寺炎上の時に、親鸞聖人真影といっしょに焼失し、現存しない。この時の本願寺の炎上は、五月二十五日の兵庫湊川の一戦に楠木正成・新田義貞を破って京都を占領した、足利尊氏の軍と後醍醐天皇側の軍との交戦の余波により生じた。『存覚上人一期記』によると、覚如上人は、後醍醐天皇が尊氏の兵を避けて近江国坂本に行幸されると、本願寺を離れて数十人を引き連れて摂津国溝杭・近江国瓜生津に避難されたが、その留守中に本願寺が炎上し、真影も被災したのである。上人はその後、暦応二年（一三三九）四月二十四日にある本を底本として新しい一本を制作されたが、その奥書として「先年愚草之後、一本所持之処、世上闘乱之間、炎上之刻、焼失不知行方」と記された。最初の原本が兵火によって焼失したことはまず疑いないであろう。しかしよく考えてみると、上人も焼失の現場に居合わされなかったのであるから、確かに焼失したことを見届けられたわけではない。ことによると、焼失以前に誰かがそれを取り出し、本願寺に返却せずにそのまま私蔵することがあったかもしれない。上人もおそらくそのことを考慮されたのであろう。前記の暦応本の奥書に「不知行方」と書かれている。したがって今後も最初の原本が出現する可能性は絶無とはいいえない。万が一にも『伝絵』の最初の原本が発見されることを考慮して、それが必ず持っていたに相違ない、と推測される形状の面での特色を明らかにする。

すべて絵巻物の制作には、当然のこととして、まず詞書が起草される。『伝絵』の場合は覚如上人が自分で文案を作られた。上人は起案に先立って、すでにいわれているように、如信上人より聖人の教義を相承されたのをはじめとして、遺弟より聖人言行の聴取、東国の聖人遺跡の巡拝をすまされていた。また『親鸞夢記』『顕浄土真実教行証文類』などの記録・聖教から聖人伝記史料の書き抜きも行われた。『伝絵』の本文は、上人のこのように周到な準備と、聖人を敬いその恩を謝したいとの純真な心持ちが中心になって書き上げられただけに、門末に与えた影響は甚大であった。しかしなんといっても、聖人入滅三十三年後の起草である。聖人に面接した遺弟も、如信上人のほかには、顕智・唯円などが残っているにすぎなかったし、元来は文字に親しみの少ない人たちが多かったから、彼らから聖人の言行を、伝記に記録しうるように具体的に聴取することは容易でなかったと推測される。史料採訪の不十分は当然考えられるし、上人が起草された文章も、門末が『伝絵』の授与を受けてこれを読み習う間に、表現の難解な点や足りないところなどが明らかになったに相違ない。上人は、このような点に気づかれると、本文を改めたり、新しく段を追加したりして、原本の欠陥をなくすことに努められた。その際に最初に訂正・書き入れが行われるのは、上人が手もとに持っておられた原本であるに相違ないであろう。したがって延元元年（一三三六）

の本願寺炎上の際に所在が不明になった最初の原本がもし発見されるとなると、それには、上人の手もとを離れるまでの本文の訂正・書き入れが加えられていることが、最初の原本と認められるに必要な条件と考えられる。

第二に挙げなければならないのは、絵についてである。絵巻物の絵は、西本願寺蔵の『最須敬重絵詞』の指図書で知られるように、最初の原本制作に先立って、担当の画工と詞書の著者が構図・図様・着色・その他について詳細な打ち合わせを行い、制作はそれに従って進められるものである。『一遍聖絵詞』のように写実的描景に力を入れる時には、画工は制作に着手する以前に、関係者の肖像画を集めたり遺跡を描写したりして、作品の迫真力を強めることに努める。それに対して第二本以後は、そのように周到な用意をすることは少なく、最初の原本を底本にして制作するのが例であり、のちは底本なしにも制作するようになるものと考えられる。したがって画工として精神を込めて描いたものといえば、当然に最初の原本である。第二本以後はその模本ともいうべきものであるから、時には優れた作品もありうることは考えられるが、その芸術的価値は原本より落ちるのが普通である。原本と「模本」と同一の画工が描いた場合、両者を識別するのは容易でないが、丹念に見れば、描写のどこかに省略があり、時には写しくずれがあることも発見される。ことに『伝絵』の場合には、前述のように、のちになると絵詞の構成が変化し段数も増加するのであるから、絵も詞書と同じく当然に画き改めたり新しく描き加えなければならなかったはずである。上人の手もと本の絵も、そのたびごとに、画工浄賀が手を入れたに相違なかろう。したがって最初の原本とその後の諸本の間には、絵についても明確な相違があったとしなければならない。

第三に注目すべきことは、料紙が詞と絵と判然と分かれているかどうかということである。絵巻物は多くの場合、詞書の筆者と絵の作者は別人であり、『伝絵』も例外ではない。したがって詞書と絵とはそれぞれ別に制作され、双方が完成したのち、巻物に仕上げられたことが多かったと考えられる。ことに最初の原本は例外なくその原則に従って制作されたとして誤りないであろう。したがって、絵巻物の原本の料紙は、詞書と絵とに分かれており、一枚の紙に詞書と絵の双方がかき表されることはなかった、と断定して誤りない。しかしその後の「模本」になると、詞書と絵に必要な料紙の枚数の見当があらかじめついているので、都合によっては、前述の原則を守らずに作られることもあった。絵か詞書のいずれかが先に完成すると、まだ制作に着手しない他の部分に要する紙を含めて巻物に仕立て、表装が完成した後に、未着手の部分が制作される、という場合である。先に仕上げられるのは詞書と絵といずれが多いか、の問題は、決定的にいいえないが、巻物に仕上げたことによって制作に支障が生ずるのは絵と考えられるので、多くの場合、絵のほうが先に出来上がった、と考えられる。その場合、詞書の書き入れがあらかじめ予定された紙数で十分であれば問題はないが、字数や行幅などの関係で料紙が不足という事態が生じ、他から同じ料紙を補いえない、という時は、絵の余白の部分に本文の残りを書き込むということも起こりうる。したがってこのような書き入れのある絵巻物は、他に原本と思わせる条件があっても、それだけで原本と即断することは避けなければならない。

以上挙げた三つの条件は、『伝絵』だけの問題ではなく、「模本」が多数に作られた絵巻物の原本認定に共通のものであるが、『伝絵』の原本に限って、必要な条件としては、ほかになおいくつかを挙げなければならない。その第一は、絵巻物としての構成が、『慕帰絵詞』に明記されているように二巻の原状を保っていることである。四巻の構成をもつものは『伝絵』の最初の原本ではありえない。次には、その奥書は康永本に所見するように、画工浄賀の名まで記されていることが必要である。現在までに知られている諸本の奥書には浄賀の名が見えないのは、いずれも最初の原本でないことを示している、と解すべきであろう。最後に強調しなければならないのは、『伝絵』の当初の構成が上下ともに六段であったことであり、最初の原本は、その原構成を保存するものでなければならないことである。上下ともに六段の証明は後にするが、『伝絵』の最初の原本は、以上六つの条件を満たすものでなければならない。

延元元年（一三三六）の兵乱で所在不明となった『伝絵』の最初の原本について、このように詳しい考察を加えたのは、西本願寺本が初稿本すなわち最初の原本、またはそれに近いものと早くからいわれており、専修寺本も初稿本のおもかげを伝えていると考えられているからである。しかし私見によれば、西本願寺本は永仁三年（一二九五）初稿の奥書だけが書かれてあり、その詞書も最初の原本のおもかげを最もよく保存しているが、最初の原本そのものとは異なる。また最初の原本の「模本」である専修寺本もまた奥書によると、最初の原本が作られてから二カ月後の永仁三年十二月の制作となるが、実際の制作年時がそれよりやや下ることは、詞書や絵相から知られる。両本ともに上に挙げた原本の要件を満たしていないことは確実である。その詳細は次に明らかにしよう。

二　西本願寺本

西本願寺本は上下の二巻に分かれている。前述のように『伝絵』の当初の構成は上下二巻であったが、現存する諸本のうちでは明確に上下二巻の構成を保っているのは西本願寺本だけである。それだけでも注目されるが、さらに題号が「善信聖人絵」であって、専修寺本の「善信聖人親鸞伝絵」、康永本の「本願寺聖人伝絵」、弘願本の「本願寺聖人親鸞伝絵」に比較しても、最も簡単にできている。また奥書は、前述のように永仁三年（一二九五）初稿の時のものだけである。そのうえに詞書の文章は、故中沢見明氏が早く指摘したように、諸本のうちで最も古態を保存している。ことに出家学道と入西鑑察の両段は特に著しい。中沢氏が現存『伝絵』の諸本中で最も「原始的」なものと考え、著者の上人の手もとに蔵せられた稿本でないか、と推測したのは、首肯されるものがある。ところが詞書についてのせっかくの重要な指摘が多くの学者の共鳴を呼び起こさなかったのは何故であるか。それはまったく、西本願寺本の上巻七段の構成についての中沢氏の解釈があまりにも不自然であり、それに対して学者が根強い不信をもったことが原因であったと思われる。

西本願寺本は、上巻が出家学道・吉水入室・六角夢想・選択附属・信行両座・信心諍論・入西鑑察の七段、下巻が師資遷謫・稲田興法・弁円済度・箱根霊告・熊野霊告・洛陽遷化・廟堂創立の七段から成っている。康永本に比較すると、上巻の蓮位夢想の段が不足している。また専修寺本に比較すると、入西鑑察の段が多い。そこで従来の研究では、故日下無倫氏のように、専修寺本をもって初稿本の構成を保存しているものとし、西本願寺本を再治本、康永本を重訂本とするのが最も有力であった。中沢氏は、前述のように、西本願寺本の詞書の吟味から、定説となっていた上記の順列に疑義を表明し、破天荒の新説を発表した。それによると、覚如上人の最初の原本には、問題の蓮位夢想・入西鑑察の二段がはじめから加えられていた、というのである。それが専修寺本に見えないのは、この両段が建長八年（一二五六）、仁治三年（一二四二）に京都に在住した蓮位・入西にかこつけて作られた架空の物語であったためである。専修寺本が制作された当時は、親鸞聖人以来の門弟である顕智が存命していたので、この二段を公表することをはばかり、高田門徒などに授与する『伝絵』からは、ことさらに除いたのであろう、というのである。要するに中沢氏の説は、『伝絵』当初から広略二本があった、とすることに中心がある。親鸞聖人の著述にも、『尊号真像銘文』のように、広略二本が当初から存在しているものがある。そのことからすると、『伝絵』にも当初から広略二本の存在を考えることは許されてしかるべきであろう、と考えられるかもしれない。

しかし『尊号真像銘文』のように経論などからの引用文の注釈を主とするものと、門徒が多く集って聖人の報恩謝徳のために法会を執行する時に多数の前で読み上げられる『伝絵』とを同一に論ずることは誤りである。大谷の御影堂で聞いた『伝絵』の内容が地方の道場に授与されるものと相違することが明らかになった場合に、生ずる影響は、意外に深刻なものとなり、すでに前兆を現しはじめていた真宗教団の分裂的傾向は、それによって促進されこそすれ、覚如上人の以前からの念願であり『伝絵』著述の直接の動機でもあった大谷御影堂を中心とする教団の統一は、かえって不可能になる。上人がそのような危険を犯して、広略二本の制作・授与をあえて行われたとは、とても考えられない。中沢氏が西本願寺本をもって最も「原始的」であると指摘したのは正しく、再治本説を主張する日下氏も一応はそれを認めたほどである。しかし日下氏も、このことは直ちにそうとは決定しえないとして、なお将来の調査研究が必要である、西本願寺本を第一次補修の再治本とするには一抹の疑雲がある、としているのは、中沢氏の文体の論の正しいことを認めながらも広略二本の説には従いえない、と考えたからである。

西本願寺本の詞書が「原始的」であることと、『伝絵』全体の構成が原本に比して発展していることとの矛盾は、日下氏のいうように、西本願寺本自体を詳細に検討することによって、初めて解消した。出発点である諸本の詞書の文章の吟味も、日下氏の校合により可能になり、最近は『親鸞聖人全集』の出版によって、精密に行いうるようになった。西本願寺本が他の諸本と著しく相違するのは、中沢氏がすでに校合した、出家学道・入西鑑察の両段と、熊野霊告の段である。

出家学道の段で注目されるのは、西本願寺本が「夫、聖人の俗姓は藤原氏、大織冠諱鎌子内大臣、天児屋根尊二十一世孫也。乃後胤・弼宰相有国卿五世の孫、皇太后宮大進有範息也。」と簡潔に記しているのに対して、専修寺本は「夫、聖人乃俗姓は藤原氏、天児屋根命二十一世の苗裔、大織冠鎌子大臣の玄孫、近衛大将右大臣《贈左大臣》従一位内麿号後長岡大臣。或号閑院大臣。贈正一位太政大臣房前公孫、大納言式部卿真楯息也。六代乃後胤、弼宰相有国卿五代の孫、皇太后宮大進有範の子也。」と、その記述が複雑になっていることである。西本願寺本では大織冠の分注であったものを、専修寺本は本文に組み入れ、そのほかに日野家の祖として内麿の名を挙げ、その高位高官を仰々しく書き上げたために、文章が間延びして、迫力がなくなっている。このことからすると、西本願寺本所載の文章が先に成立し、のちにその一部を変更し、さらに増広して専修寺本となったことは疑いない。その逆の、先に専修寺本が成立し、のちにその本文の一部を変更省略して西本願寺本となった、とは考えられない。しかも康永本・弘願本など、いわゆる重訂本の系統に属する諸本は全部専修寺本とほぼ同一の文章である。出家学道の段に関する限り、専修寺本→西本願寺本→康永本の順列を追って『伝絵』が変化した、ということは事実と考えられない。また中沢氏が主張した、専修寺本と西本願寺本とが同時に成立していたという説も、根拠のない単なる憶説といわざるを得ない。西本願寺本が最も原本に忠実であり、それ以外の諸本は、専修寺本をも含めて、原本を改変したものであることは明らかである。

入西鑑察の段は、周知のように、専修寺本には欠けているので、西本願寺本と康永本・弘願本などいわゆる重訂本と比較するほかはないが、両者を比較して注目されるのは、西本願寺本が漢字の熟語や漢文体を用いて文章を作ったのに対して、康永本などは、その多くを、仮名または仮名交じりの文章に書き改めたことである。実質的に相違するのは、どのような肖像画を制作するかについて、定禅が質問している部分である。西本願寺本では、「定禅問云、如何可奉写。本願御房答云、顔はかりを可写、こと〳〵くは予可染筆也と云々。」とあって、親鸞聖人が顔ばかりの描写を希望され、顔以外の部分は自分で描く、と答えられた、としている。それに対して康永本は定禅と聖人との前記の問答を省略し、「又御くしはかりをうつされんにたむぬべしと云々。」と、定禅の自語か、伴僧の答えであるかのように表現されている。文意の明確なのは西本願寺本である。また段の末尾も西本願寺本と康永本などでは相違している。西本願寺本は、「また明知、いま如来の大慈無漏の恵燈を挑て、とおく濁世の迷闇を晴し、あまねく甘露の法雨を灑て、こと〲く枯竭の凡悪を潤さんとすといふ事を。可仰、応信。」とあるのに対して、康永本は、傍点の最初の部分を「あきらかに」と省略し、聖人と弥陀如来が一体であることを強調する建前を強めている。覚如上人の細かい配慮が思われる個所である。

熊野霊告の段の詞書の相違は、西本願寺本が「平太郎なにかしとかやいう庶民あり」の後、「聖人の御訓を信して、専弐なかりき、而或時件の平太郎、所務に駈れて熊野に詣へしと、事のよしをたつね申さむために」と、康永本などに記されている部分を欠いていることである。この部分が欠けているのは西本願寺本だけであるから、最初の原本には他の諸本と同じくこの文があり、西本願寺本が本文書写の際に書き落とした、と解するのが穏当であろう。しかしことによると、原本にもこの部分はなかったかもしれないと思われる点があることは注意すべきである。それというのも、書き落とした章句が、親鸞聖人の答えとして記述されている「本地の誓願を信して偏へに念仏をこと〻せむ輩、公務にもしたかひ、領主にも駈仕て、其霊地をふミ、その社廟に詣せんこと」の主旨と一致しているからである。のちに明らかにすることで知られるように、覚如上人の最初の原本の詞書は完全無欠なものではなく、後から足りない点を補い、事実を誤って記した部分を書き改める必要を上人自らが認められ、それを実行された。熊野霊告の段のこの脱漏も、ことによると、原本にも同様の脱漏があって、西本願寺本が制作されるまではそれに気づかれなかったが、専修寺本を制作する時には意識され、上人が後から、平太郎が上京し聖人を訪れた動機を説明する文章を挿入された。後からの起草だけに、前に書き上げた文章に引かれたものとなった。こういうことがあったのではなかろうか。従来の『伝絵』研究がこの章句の脱落を問題にしないのは、初稿本系統に属し西本願寺本より先に制作された、と考えられている専修寺本には、問題の章句が書かれているからである。しかしのちに明らかにするように、専修寺本は西本願寺本と同じく上人が自ら詞書を書かれたのであるが、制作順序は西本願寺本が先であって、専修寺本は後としなければならない。したがって問題の章句も、西本願寺本だけが脱漏したのである、と簡単に決められない。

次に注意すべきは、出家学道・入西鑑察・熊野霊告の段の本文の増広修飾された過程が『伝絵』の題号が増広修飾されたそれに一致することである。前に指摘したように、西本願寺本の題号「善信聖人絵」が最も古態であり、専修寺本の「善信聖人親鸞伝絵」はそれを増広した、とするのが自然であることは、あらためて指摘するまでもない。このことが早く注意されながら、しかも実際には、西本願寺本を先とし専修寺本を後とする見解が、今までに主張されなかったのは、西本願寺本の構成が上巻七段であって、上巻六段の原本の構成をそのままに保存しているとも考えられる専修寺本よりは後に制作されたに相違ない、と信じられたからである。もし西本願寺本の構成が上巻六段であったならば、西本願寺本が専修寺本より先に制作された、とすることに反対はなかったであろう。問題は、西本願寺本が当初から上巻七段の再治本として制作されたものであるか、それとも最初は上巻六段であったのが、のちに『伝絵』として入西鑑察の段が増広されるようになって、西本願寺本にもその段が後から追加されたのかどうかである。西本願寺本自体を調査研究した結果、当初から再治本として制作されたことが明確となったのであれば、前記の矛盾は矛盾として、別に解決の方法を考えなければならないであろう。それに対して、当初は上巻六段として制作されたことが明らかになれば、入西鑑察の段を除いた西本願寺本の他の諸段は、永仁三年（一二九五）の最初の原本の体裁を残していることになる。要は、西本願寺本の入西鑑察の段が他の諸段と同時の制作か、それとも他の諸段が出来上がった後、若干の時間を経過してからの追加であるかの吟味である。

西本願寺本の入西鑑察の段で注目されるのは、その詞書が前の信心諍論の絵の余白から書きはじめられていることである。他の諸段は、巻首の出家学道・師資遷謫の段はもちろんのこと、その前に前段の絵相が描かれている段でも、入西鑑察の段のように、前段の絵相の余白から起筆されているものは一段もない。みな詞書の料紙から筆を起こしている。ただし詞書の全部を用意された料紙に書き尽くしえなかったこともあり、弁円済度の段などの詞書の末尾は次の絵相の部分に書き込まれている。問題の入西鑑察の段の末尾も同様である。これは最初に指摘したように、西本願寺本が最初の原本でないことを示す重要な事実である。このことについては、のちにあらためて言及するが、入西鑑察の段の詞書が前段の絵の余白を利用して書きはじめられていることが意味することは、重要といわなければならない。なぜかというと、西本願寺本は制作当初から上巻七段の再治本として作られたのではなく、はじめは上巻六段のいわゆる初稿本として制作されたことが、それによって明らかになるからである。西本願寺本の入西鑑察の段を見ると、信心諍論の段の絵相の余白を利用した部分は、それが上巻の終わりであったことを示す霞が用紙の上端に横に長く引かれている。入西鑑察が追加されたのは、西本願寺本が一応完成してから少しのちであることは明らかである。

入西鑑察の段の詞書の書き入れ方によって、西本願寺本がもと上巻六段の最初の原本の形を忠実に保存していることが明らかになったが、それによって中沢氏が最初に問題にした詞書の文章や題号の変遷の理由はよく理解しうることになり、以前には矛盾と考えられたことも、それによって解消した。

しかし西本願寺本が最初の原本の形を忠実に保存していることが明らかになったことによって、従来あまり問題とされなかった疑義も新しく発生した。それは上巻第二段の吉水入室と同第三段の六角夢想の年時に関するものである。周知のように、親鸞聖人は建仁元年（一二〇一）に叡山を下って法然上人の門に入られた。聖人はそのことを『顕浄土真実教行証文類』の後序において「然愚禿親鸞建仁辛酉暦棄雑行兮帰本願」と述べられている。建仁辛酉暦はすなわち建仁元年であり、聖人は時に二十九歳であらせられた。西本願寺本が吉水入室を「建仁第一之暦春の比上人二十九歳」とするのは正しい。ところが他の諸本は、専修寺本を含めて、ことごとく「建仁第三の暦春のころ聖人二十九歳」として、吉水入室を事実より二年繰り下げ、しかも聖人の年齢は据え置く、という矛盾を犯している。上人がなぜこのような過誤を犯されたかについては、いろいろに論ぜられているが、今までは、最初の原本がすでにこの過誤を犯した、と考えたために、上人の思い違いとし、比較的に軽く考えていた。それが最初の原本には正しく「建仁第一之暦上人二十九歳」を書かれていたとなると、別な観点から書き改めの原因を明らかにしなければならない。詳細は次の六角夢想の干支の書き改めといっしょに専修寺本の解説で明らかにする。

『伝絵』が建仁三年四月五日とする六角夢想は、覚如上人の当時は「真宗繁昌の奇瑞、念仏弘興の表示」と考えられたが、近時の『伝絵』研究ではその意義が軽視され、史実とは目されず、覚如上人の創作と考えるものも現れたほどである。真仏書写の『親鸞夢記』が発見され、上人創作説が否認されたのちも、なおその意義を高く評価するものはなかった。「恵信尼公書状」が発見され、聖人が吉水に入室する直前、六角堂に籠って九十五日の暁に聖徳太子から告命を得られたのが機縁となって、法然上人の門弟となられたことが判明しても、この時の聖徳太子の告命と六角夢想との関係は明確に意識されなかった。それというのも、この六角夢想の年時があいまいであって、事実はいつとすべきか判然としなかったからである。西本願寺本は「建仁三年癸亥四月五日夜寅時、聖人夢想の告ましましき。」と干支を正しく記しているのに対して、他の諸本は、専修寺本を含めて、「建仁三年辛酉四月五日夜」と二年前の建仁元年（一二〇一）のそれを書いており、事実は建仁三年であるのか、それとも二年前の元年なのか、判定できない記述をしている。専修寺で発見された真仏書写の『親鸞夢記』も親鸞聖人自筆とも考えられる行者宿報四句偈も、肝心の夢想の年月日を記していない。そこで、元久二年（一二〇五）に聖人が聖徳太子の告命によって房号を善信と改められたことを重視して、その告命とは行者宿報四句偈にほかならないとし、夢告の時期は元久二年改名の直前とする学説も発表されているほどである。『伝絵』にとって最も緊切な問題は、吉水入室と同じく最初の原本が六角夢想の年の干支を正しく書いていたのに、専修寺本以下の諸本が事実と違うように書き改めた理由の究明である。その詳細は、前に記したように、次の専修寺本の解説で明らかにする。

西本願寺本で初めて知られる、いま一つ重要な事実は、最初の原本の下巻の構成が上巻と同じく六段であったことである。その論拠は、西本願寺本下巻七段のうち、稲田興法の段の詞書の料紙が他の諸段と異なって、他の段おそらく洛陽遷化の段の絵相の一部を切り取り、それを転用していることである。この分の料紙は幅狭く、そのうえに表面に雲らしいものが薄く描かれていることにより、詞書の料紙に用いられる以前に絵相の料紙であったことは明らかである。それがもと洛陽遷化の段の絵相であったとするのは、その段の絵相の料紙のうちの一紙が、問題の料紙だけ幅狭く、図様も双方一致するからである。稲田興法の詞書が他の段の絵相の料紙の一部を転用したのは、当初の制作過程さなかと考えられないこともない。しかしその筆致が他の段と少し異なるので、絵巻物として一応完成したのちに、稲田興法の詞書の必要なことに気づき、洛陽遷化の絵相の一部を切り取ってそれに詞書を書きつけた、とするのが妥当と思われる。詞書の用紙以外に下巻六段説を支持する事実は、第一段の師資遷謫と第二段の稲田興法の絵相が、現在はその間に稲田興法の詞書が挿入されているために分離しているが、当初は連続する一つの絵相として描かれていた、と推定されることである。すなわち下巻第一段の絵相は、禁裏の門前から始まって、公卿評定、聖人離京、国府の庵室と変わり、現在は次に稲田興法の詞書が入り、以下第二段の絵相として越後国出発、下野国室社、笠間の庵室が続いて描かれている。この二段の絵相は、第二段の絵相の第一紙が一寸あまり短く、詞書挿入のために切り取られているために緊密には結ばないが、構図から推すと、当初は連続して描かれていたことは明らかである。のちに説明する専修寺本は、現在も第一段と第二段の絵相は連続して成巻されている。実際は段の継ぎ目に若干の食い違いがあり、緊密には連続しないが、専修寺本も西本願寺本と同じく、この両段の絵相は、最初連続したものとして構図が定められ、描かれたことは確実である。以上の事実を考慮すると、最初の原本には稲田興法の詞書がなく、下巻第一段の絵相は、専修念仏停止についての朝廷の議定から始まって、流罪・赦免・稲田幽居まで含むものであったことは疑いない。すなわち最初の『伝絵』は、上下両巻ともに六段として構成されたのである。真宗では、親鸞聖人の『顕浄土真実教行証文類』が当初六帖の構成であったことから知られるように、六帖とか、六段とか六の構成を好む傾向がある。覚如上人もそれに従って『伝絵』を上下両巻ともに六段の構成とされたに相違ない。しかしそれもわずかの間であって、まず下巻で稲田興法の詞書の必要を痛感され、一段を追加し、七段とされた。その理由は、師資遷謫の段の詞書だけでは、聖人は赦免ののち、しばらく在国された、すなわち越後国におられたことになり、絵相が稲田へ移居を示しているのとは一致しないからである。また最初の原本では、聖人は越後国にしばらく在国されたことになっているが、次の弁円済度の段では、常陸国で専修念仏を勧められた、としている。その間の道行は絵相が説明する、という当初の構想であったかもしれないが、他から詞書の不備を指摘されると、覚如上人としても、それを認められなければならなかったのであろう。『伝絵』の増広は、まず稲田興法の詞書をはじめとする。次に入西鑑察の段全体が追加された。西本願寺本は、『伝絵』のこの増広の過程をよく伝えている点で、覚如上人の手もとに保存されていた最初の原本と同様の価値をもつものというべきであろう。

西本願寺本で残されている問題のうち主なものは、詞書の筆者、絵相の画工・制作・増広の年時に関するものである。まず詞書の筆者については、上人手もとの草本であることを強調した中沢氏も、詞書の筆者は上人ではない、としている。日下氏も、中沢氏と同じく西本願寺本と専修寺本の筆者は同一人である、としたが、それが誰であるかを明言しなかった。しかし筆跡から判断すると、西本願寺本・専修寺本・康永本の三本は、いずれも同一人が書いたことは明らかであり、一見別人と思われるのは、書いた時が相違するために、筆致に変化を生じているからである。すなわち三本ともに覚如上人の自筆と認むべきである。西本願寺本についていうと、入西鑑察・稲田興法の段以外の諸段は、筆力に富み、三本のうちで最も若い時の染筆であることは確実である。西本願寺本が覚如上人の自筆であることは、康永本との比較以外に、西本願寺蔵の親鸞聖人鏡御影の裏書との比較によっても明らかにすることができる。

西本願寺本の詞書の筆者が上人と確定すると、その筆致から自然に西本願寺本が制作された時期が推測される。周知のように、西本願寺本は永仁三年（一二九五）初稿の奥書だけを持っている。それが前述のように原本の姿を忠実に保存し、増広のあとかたをよく残している以上、『伝絵』最初の原本とする見方が有力になることは予測するにかたくない。しかし最初に指摘したように、最初の原本と認定されるには、六つの条件を全部満たす必要がある。ところが前に指摘したように、西本願寺本は、弁円済度の段のように、最初の原本にあったと認められる段で、詞書が絵相の部分に割り込んでおり、最初の原本自体であるとは考えられない。そうなれば永仁三年の奥書があっても、その時の制作とは断言できないことになる。それにしても、西本願寺本の制作は、最初の原本の制作を去ることあまり遠くない時、遅くとも上人が聖人内室恵信尼公の書状を見られた徳治二年（一三〇七）以前と推測される。下限を徳治二年とする理由は、専修寺本の解説で明らかにする。困難なのは稲田興法・入西鑑察の両段増広の時期の推定である。西本願寺本の筆致からすると、この両段に大差がなく、近い時期に続いて増広された、と認められる。時期の推測の手がかりのあるのは、入西鑑察の段であって、中沢氏が早く指摘したように、この段の増広が親鸞聖人鏡御影の発見と関係があることは確実である。そうなると鏡御影が、修復された延慶三年（一三一〇）

という年時が入西鑑察の段増広の時期推測の目安となる。今のところ、それ以上のことはいいえない。

画工については、奥書に明記されてないが、画が大和絵として本格的な出来映えであることは確実である。中沢氏は、『慕帰絵詞』に比してきわめて拙劣である、と評したが、それが正しい評価でないことは、両者を実際に比較すれば明らかになる。大和絵風に描かれている『伝絵』のうちでは最もすぐれた作品であることは確実である。浄賀の作としてまず誤りないと考えられる。

なお西本願寺本は、巻の首尾に「向福寺琳阿弥陀仏」または「琳阿弥陀仏主」などと書かれていることから、一般に琳阿本と呼ばれている。この琳阿弥陀仏が時宗の僧であることは、中沢氏が早く考証している。永和三年（一三七七）に熱田神宮に寄進された『日本書紀』の紙背和歌にその名が見える琳阿弥陀仏と同一人であろう、というのである。中沢氏のこの考証は異議なく承認されているが、一致しないのは琳阿弥陀仏と西本願寺本との関係である。中沢氏は、西本願寺本が覚如上人の手もとを離れ、また西本願寺に戻る間の所有者の一人であった、としているが、制作当初の願主とする意見も発表されている。琳阿弥陀仏がもし願主であれば、本文の筆者が同じ筆で願主名を書くのが真宗の古来からのしきたりである。しかし西本願寺本の「向福寺琳阿弥陀仏」などの書き入れは、明らかに本文と別筆であり、それもかなり時代を経てからの記入である。したがって琳阿弥陀仏は願主でなくて、中沢氏がいうように、後世の伝領者とすべきである。伝領者である以上、琳阿弥陀仏は西本願寺本の制作とは本来無関係な存在である。琳阿弥陀仏は『法然上人伝絵詞』の編者の琳阿弥陀仏と同一人と考えられるが、この推定が正しいとすると、彼は時宗の僧としては、異例なほど、浄土宗・真宗の宗祖の伝記に大きな関心をもっていたことになる。彼は西本願寺本を所持した後、その巻尾に時宗風の筆致で南無阿弥陀仏の名号を三体書き入れている。

三　専修寺本

専修寺本は、周知のように、永仁三年（一二九五）十月十二日に『伝絵』最初の原本が制作されたあと二カ月して十二月十三日に書かれた、という奥書があり、それによって初稿本の形態をよく残しているものと、一般に認められている。西本願寺本を最初の草本と考えた中沢氏も、専修寺本の制作は奥書のとおりに考え、そのために広略二本並作説を展開した。それが一般の納得を得られないものであることは、前述のとおりである。現在では、西本願寺本の実体が明らかとなり、広略二本説を強いて主張する必要がなくなったのであるが、西本願寺本と専修寺本とでは、既述の出家学道・吉水入室・六角夢想の詞書において顕著な相違があり、その点からこの二本がほぼ同時に制作されたとは考えられない。そこに、奥書を一応離れて専修寺本自体を検討し、その原状を明らかにして、そこから制作年時を推定する、という回りくどい研究を進める必要が生ずる。

専修寺本は、現在五巻に成巻されている。最初に指摘したように、『伝絵』の最初の原本は上下二巻の構成であった。西本願寺本は二巻の当初の構成を維持している。専修寺本の五巻という構成は異例のもので、中古破損して原状を失い修復の際に何かの理由で五巻に成巻されたものであろう。制作当初は二巻か四巻であったに相違ないのである。中沢氏は当初二巻であったとしているが、日下氏は、報恩寺本のように専修寺本を忠実に模した写本が四巻の構成であることから、四巻であったろう、としている。専修寺本の原状は二巻であった、となると、初稿本の系統に属するという、従来の見解はますます有力となる。それに対して、四巻であったことが明らかになると、従来とは異なった観点から専修寺本を考えなければならなくなる。このように原状の復原は重要なのであるが、現在の専修寺本は、中古の損傷がはなはだしいために、二巻か四巻かを推定する手がかりを見出しえないのは残念なことである。

『伝絵』最初の原本が上下両巻ともに六段の構成であったことは、前述した。専修寺本も、下巻第一段の絵相は、師資遷謫・稲田興法の両段を通じて一段とした、最初の原本の構図に従って描かれている。専修寺本が下巻六段の最初の原本のおもかげを伝えていることは確実である。しかしすでに指摘したように、一見連続して描かれているように見られる絵相も、よく見ると、第一段分と第二段分の境で若干の食い違いがあり、完全に連続する絵相として描かれた、とは断言できない。現在の専修寺本では、この両段の絵相を連続させ、稲田興法の詞書は、次の弁円済度の段の詞書の前に置いている。それが原状であることが明らかになれば、これまたその制作が西本願寺本同様に古いことを示すことになるのであるが、稲田興法の詞書の現在の位置は、はたして原状のとおりであるかは問題である（追記）。なぜかというと、下巻第一段の絵相は、紙継目によって師資遷謫と稲田興法とに判然と分かれており、その間に稲田興法の詞書が入っていた、としても少しも矛盾を生じないからである。そのうえに稲田興法の段の詞書は、西本願寺本と異なって、他の諸段と同時筆で書き記されている。一度完成した後の増広とは考えられない。やはり下巻七段として最初から制作されたことは明らかとしなければならない。したがって西本願寺本のように『伝絵』最初の原本の形を忠実に維持しているものとはいいえない。西本願寺本より後に制作されたことは、推定してまず誤りないであろう。

専修寺本の制作を上記のように考えてくると、すでに明らかにした、「善信聖人親鸞伝絵」の題号のあり方、出家学道・熊野霊告の段の詞書が西本願寺本のそれよりは増広されている事実が容易に理解される。困難なのは、前にも指摘した、上巻第二段の吉水入室の年時、同第三段の六角夢想の年の干支が書き改められ、事実と異なるものとなっていることである。吉水入室といい、六角夢想といい、親鸞聖人の伝記では最も重大な事実である。したがってその点についての疑義は、覚如上人の思い誤りとか書き違いとか、または上人以外のものの書き直しなどと、当面をつくろった解釈ではすまされないのは当然である。ことに西本願寺本が上人の自筆であるのは確実であるから、何故に上人が西本願寺本を制作された後、このような改定をされたのか、その動機と理由を明らかにすべきである。

まずはじめに指摘しなければならないのは、『伝絵』最初の原本では、吉水入室二年後に六角夢想が行われたとするのに対して、専修寺本以下は一致して、吉水入室と六角夢想は「春のころ」と「四月五日」の違いはあるが、同年に起きた事実としていることである。この両説のうち、どちらが正しいかといえば、年こそ二年誤っているが、後者のほうが「恵信尼公書状」に伝えられる事実と一致する。周知のように、「恵信尼公書状」は、吉水入室の年時を明記しないが、その前に聖人が六角堂に百日籠られ、九十五日の暁に聖徳太子すなわち救世観音から偈文を授けられ、後世の助かる上人、すなわち法然上人を訪問されたことを伝えているからである。西本願寺本が吉水入室の時日を正しく伝えたことは論がないが、専修寺本以下も完全に誤っているとはいいえない。そこに上人が『伝絵』の吉水入室・六角夢想の考察が困難なのは、このように複雑な事情が存するからである。『伝絵』のこの二段の年時を改められた動機・原因を真剣に考慮しなければならない理由がある。西本願寺本や専修寺本をもって上人の自筆でないとして、改訂の問題を軽くはずすのは正当な学問的態度ではない。

思うに永仁三年（一二九五）『伝絵』制作の当初、上人がまだ「恵信尼公書状」の内容を知られなかったことは確実であろう。上人は『顕浄土真実教行証文類』の後序を史料として、吉水入室の詞書を作られた。また『親鸞夢記』と教団の所伝を基にして、上人の意見その他を加えて六角夢想を建仁三年（一二〇三）として文をなされた。ところが『伝絵』を起草して十二年後の徳治二年（一三〇七）四月に上人は父の覚恵師の死にあい遺産を相続して大祖母の「恵信尼公書状」の存在を知り、初めて聖人の吉水入室の詳細の事情を承知された。それは上人が『伝絵』に書かれたのとは少し異なって、聖人は最初六角堂で聖徳太子すなわち救世観音から告命を受けたのが動機となって、法然上人の吉水禅房に入室された、というのである。意外の事情を知って上人は困惑されたに相違ない。なんとなれば「恵信尼公書状」によって『伝絵』を改訂するとなると、上巻の第三段と第二段の順序を入れ替え、六角夢想を建仁元年とし、第三段の詞も書き改めなければならないのに、『伝絵』はすでに広く宗内に流布していて、このように大幅の改訂をすることは、いうべくして実際には不可能であったからである。上人は、やむなく改訂を最小限度にとどめ、しかも、「恵信尼公書状」が明らかにした、六角夢想と吉水入室が連続して起きた事実と一致するように苦心された。その結果、前記のように吉水入室を「建仁第三の暦」と二年繰り下げ、六角夢想の時日についても「建仁三年辛酉四月五日」と改められたのである。

上人が吉水入室を二年繰り下げられただけではなく、六角夢想の年の干支を二年繰り上げた動機は、容易に理解しがたいが、おそらく次のことを考慮されたものと推測される。『伝絵』の上巻第四段の選択附属の段に引用されている『顕浄土真実教行証文類』の後序によって、吉水入室が建仁辛酉暦であることは宗内によく知られている事実である。しかしそれが建仁元年であることは周知されていない。上人はそのことを考慮して、前記の改訂を行われたのであろう。それにしても容易に理解しえないのは、吉水入室の年時を繰り下げて、六角夢想の年時を動かされなかった理由である。聖人の吉水入室が建仁元年（一二〇一）であることは疑いない事実である。それは上人も熟知されていたに相違ない。それに対して六角夢想は、『親鸞夢記』にも年時の記入がなく、いつのこととも判然としなかったはずである。上人が『伝絵』にそれを採録された時に、建仁三年四月五日とされたのは、当時の教団内の所伝によられたのであろう、と推測される。こういう場合、普通ならば、確実な根拠のあるものに従い、吉水入室を動かさないのが順序である。ところが上人は反対に根拠不明な六角夢想の年時を取り上げられた。それには、ことによると、今日では知ることができない理由が存したのかもしれない。

以上の考察は、聖人が吉水入室直前に六角堂に籠られて聖徳太子から得られた偈文が行者宿報四句偈であったことを前提として、『伝絵』の本文改訂の理由を推測したものである。したがってもしこの前提が成立しないとなると、前記の考察もまた成り立たないことはいうまでもない。上人が、「恵信尼公書状」を初めて見られた時には、尼公が覚信尼公に書いて知らされた聖徳太子の偈文がそれに添付していたのであるが、残念なことにその偈文が今日伝わらないので、それが行者宿報四句偈であったことを、的確に証明しえない。現在のところ、聖徳太子の告命が行者宿報四句偈であったと主張するのは、解題者だけである。その点はよく承知しているが、行者宿報四句偈の聖人自筆とも推測される写本が発見されたこともあり、『伝絵』に見出される最も解きがたいなぞを明らかにするために、このような仮説を前提として、上人の改訂の動機を説明することを考え、あえてここに私見を開示した次第である。

さて専修寺本の詞書の筆者であるが、前述のように覚如上人であることは動かない事実である。問題は染筆の年時である。解題者（赤松）は前述の観点から徳治二年（一三〇七）四月以後と考えている。この推測が妥当であることは、その筆致が延慶三年（一三一〇）に上人が書いた親鸞聖人鏡御影の裏書の筆致とよく一致することによって裏づけられる。この頃の染筆であることは疑いない。

専修寺本の制作がそこまで下って考えられると、一方では鏡御影の発見に関連して、西本願寺本では、この頃、入西鑑察の段が追加された、と考えられることが問題となる。なぜかというと、専修寺本にも問題の入西鑑察の段が同じく追加された可能性が生ずるからである。もし専修寺本の保存状態が良ければ、このことは容易に決せられるのであるが、あまりにも原状を失っているので、明言できないのは残念である。しかし解題者は現在、おそらく追加されなかったのではなかろうか、と考えている。それについて思い合わされるのは、専修寺本の特色ともいうべき、詞書の筆者すなわち覚如上人が、自筆で絵相に簡潔な説明をされている事実である。同様の事実は、京都市栂尾高山寺蔵の『華厳縁起』などにも見られるが、上人がこのような書き入れをされたのは、おそらくそれを基にして『絵伝』を制作することを考えられたのではなかろうか。『絵伝』は、周知のように、『伝絵』のうちから絵相だけを抜き出してそれを幅に仕立て、事件の推移を説明するために、図中に短冊形の札を多く作り、それに銘を書き込んでいる。上人の在世中にすでに『絵伝』が作られ門徒に授与されたことは、建武五年（一三三八）制作の一幅『絵伝』が広島県山南光照寺に現存することによって明らかにされている。したがって専修寺本の図中の書き込みは、『絵伝』制作を考慮してなされたものである、と推測しても、あながちにこじつけとはいわれないであろう。古作の『絵伝』は上巻六段の構成であることが知られている。そうなると、『絵伝』の制作と関係深い、と考えられる専修寺本もまた、上巻六段の構成であった、として誤りないであろう。かたがたもって専修寺本には入西鑑察の段の追加はなかったものと考える。

最後は画工であるが、奥書にその名が載せられていないことは西本願寺本と同じである。構図も西本願寺本と同じく、画風もまた大和絵風である。浄賀かその一派の画工の手になったことは確実であろう。注目されるのは弁円済度の段で、西本願寺本の入西鑑察の詞書と同じく、その前の詞書の料紙に、筑波山の遠景を水墨画で描き込んでいることである。画風が水墨であり、他の絵相が大和絵であるのと相違するので、専修寺本が一応完成したのちに何かの理由で描き込んだことは確かである。しかしそれは後世のことではなく、完成直後、上人の命によってなされたことは、図中に書き込まれている「ちくわ」の三字が他の書き入れと同じ筆致であって、上人の自筆と認められることで明らかである。この筑波山の遠景は専修寺本の絵相を特色づけるものであり、日下氏によると、この本を忠実に模した報恩寺本にも存在する、とのことである。

四　康永本

西本願寺本・専修寺本が建武三年（一三三六）の兵乱で最初の原本が焼失する以前の制作であったのに対して、現在東本願寺に所蔵される康永本は、乱後に写された暦応本を底本として制作された四巻本である。この暦応本は現存せず、どのような本を基にして写されたか不明なので、康永本の成立過程も不明の点が多い。まず題号であるが、「善信聖人」を「本願寺聖人」と改め「本願寺聖人伝絵」と名づけたのは、いつのことであるかが問題である。現存する写本では康永本以前には、このような題号を持った『伝絵』は存在しない。しかし大谷の御影堂が本願寺と称するようになったのは、元亨元年（一三二一）頃からである。したがってその頃以後に制作された『伝絵』は康永本と同じ題号である可能性は多い。事実、上人は嘉暦元年（一三二六）に著わされた『執持鈔』において「本願寺聖人」の呼称を盛んに用いておられる。

次は構成であるが、周知のように、康永本の上巻は八段から成っており、蓮位夢想の段が追加されている。康永本は、いわゆる重訂本系統の現存最初の写本であるが、制作当初から上巻八段の構成になっており、いつ蓮位夢想の段が追加されたかは、康永本自体からは判明しない。日下氏は、康永本の底本となった暦応本をもって康永本と同じ構成を持っていた、とし、蓮位夢想の段を追加したのは、暦応もしくはそれ以前としなければならない、としている。日下氏の見解が妥当なことは、次の事実からも推測される。

蓮位夢想の段は建長八年（一二五六）の善鸞の異義をめぐって教団が混乱した時に聖人に常随の蓮位が、聖徳太子が聖人を大慈阿弥陀仏と敬礼されるのを夢に見たことを基として、聖人が弥陀如来の化現であることは明らかである、としている。この夢想は、上人が元弘元年（一三三一）に著わされた『口伝鈔』にも収められている。問題は、『伝絵』にこの段が収められた時期と『口伝鈔』著述の時期との前後であるが、傍証がないので、明確なことはいいえない。しかし考えてみると、すでに『伝絵』に収められている夢想記を『口伝』として上人が門弟の乗専に伝えられる、というのも少し納得がゆかない。したがって現在のところでは、『口伝鈔』に採録されたのがはじめである、とするのが妥当であろう。それにしても、『口伝鈔』に収録されてまもなく『伝絵』に収められたとみなければならない。その理由は、『口伝鈔』から六年遅れて上人が著わされた『改邪鈔』によると、上人は当時の教団内で行われた邪義の一として、門弟が知識をあがむるのあまり弥陀如来と同一視することを指摘されているからである。上人は、知識が「実語をつたへて口授し仏智をあわして決得せしむる恩徳は、生身の如来にもあひかはらゝないものであるから、「つたへきかしむるところの恩徳をみゝにたくはえん行者は、謝徳のおもひを専らにして、如来の代官と仰ひてあかむ」るのが正義である、として、その立場から、「その知識のほかに別の仏なし」と主張するのを邪義として退けられたのである。蓮位夢想の段の追加が『改邪鈔』の著述以後であれば、おそらく上人は、自釈の文においてこのような邪義が生じないように戒めの言葉を述べられたのではなかろうか。それが見られないことは、追加の当時なおこの種の邪義が顕著でなかったことを示すものであろう。そのことを考慮すると、蓮位夢想の段の追加は意外に早く、前に考えたように、『口伝鈔』著述以後ではなく、ことによると、それ以前ということもあるかもしれない。

康永本の画工円寂と宗舜の画風については、故沢村専太郎氏が早く注意した。沢村氏の説によると、この両人の画工は、大和絵の画法を基調としながら、彩色、その他に新様式を採用した、という。源豊宗博士もまた康永本の画風を詳述して、構想が著しく『北野天神根本縁起』の影響を受けていることを指摘し、また越後から常陸に赴く路次を描いた部分の中には、当時の絵巻物としては新様式を採用した『一遍聖絵』を思わせるものがある、としている。また博士は、上巻の画工円寂が好んで緑青の厚塗を行い、一種の盛り上げの効果をねらったことと、下巻の宗舜が漢画の影響を思わせる、くせの多い描線を使っていることを指摘している。沢村氏のいう新様式が具体的にはどのような内容のものであったかが知られる。なお両氏ともに、康楽寺派の画工を信濃国在住の地方画家としているが、これは現在の康楽寺の位置にとらわれた論であり、康楽寺は京都青蓮院の一部を構成した康楽寺を指すものとして、おそらく誤りないであろう。

五　その他の諸本

覚如上人が制作に関与された『伝絵』としては、ほかに千葉県照願寺所有の四巻本がある。康永三年（一三四四）十一月に上人が外題を書かれている。この照願寺本については、日下氏が解説しているし、『親鸞聖人全集』にも説かれている。しかし解題者はまだ照願寺本を実見していないので、言及を差し控える。

康永本を制作されたあと、上人の眼力はいよいよ衰え、年寿も高齢になられたので、もはや全巻の詞書を自分で書かれることは困難であった。しかし上人としては、若い時から精根を打ち込んで作り上げられた『伝絵』である。下付を願い出る門徒があれば、詞書染筆は不可能でも、せめて外題だけでも自分で書き、門徒にまごうかたなき正本であることを保証してやりたい、と考えられたのは当然である。前記の照願寺本は、そのような上人の心持ちから外題の染筆が行われたものと思われる。また詞書の筆者も、『伝絵』が尊重される現実からして、能筆のものならば誰でもというわけにもゆかなかったはずである。貞和二年（一三四六）に弘願なるものが『伝絵』の下付を願い出た時は、当時十四歳になった、上人の孫の善如上人が選ばれて詞書を書くことになった。この弘願本は現在、東本願寺に所蔵されている。

さて弘願本の構成であるが、四巻十五段であることは、康永本と同じい。詞書も、日下氏の校合によると、上巻第三段六角夢想の段に十四字の脱落があるのをはじめとして、康永本との間に、小異はかなり存在する。康永本の忠実な「模本」でないことは確実である。このことは、題号を「本願寺聖人親鸞伝絵」と改めたこと、康永本にはない内題を書き入れたことにも現れているが、絵相が、円寂・宗舜の発意による新様式を捨てて、大和絵本来の優雅な画法に戻ったことにも顕現している。画工の名は知られていないが、康楽寺派に属することは、おそらく誤りないであろう。

最後に願主の弘願であるが、聖教などのように「願主　釈弘願」と書かれずに、ただ「釈弘願」と書かれているために、願主でないとする説が強い。日下氏は、画工であると考え、その理由として「釈弘願」と書かれている筆致が詞書の本文のそれと風格を異にしていることと、その署名のある場所が詞書の終わりでなく巻一・二では絵相の終わりであることを挙げている。しかし氏の画工説はやや理由が薄弱である。もし弘願が画工であり、氏が主張するように、この『伝絵』を所蔵した茨城県浄光寺の世代に列したものであるならば、当然、画工として奥書に明記せらるべきである。しかし事実は画工の二字がないのであるから、画工と見ることはできない。実際その絵は、日下氏が傍証とする『法然上人絵』（弘願本）も合わせて、画技から判断すると、職業画家の手に成ったことは疑いない。

「釈弘願」の筆致が本文と一筆であるかどうかは、主観的判断が加わるので、一致した意見は困難であるが、解題者の私見としては本文と同筆と見るのが妥当である、と考えている。したがって弘願をもって願主的存在とする『親鸞聖人全集』の解説に賛意を表する。

なお『絵伝』についてさらに詳しく解説すべきであるかもしれないが、解題者が実見したものは一、二の少数にすぎないし、覚如上人在世当時に制作された光照寺蔵の『絵伝』については、簡単ながら関説したので、差し控えることにした。

（昭和三十八年十二月二十九日稿了）

追　記

脱稿ののちに私は東京都台東区浅草北清島町報恩寺を訪れ、住職坂東環城氏の好意により四巻本の『親鸞伝絵』を精査することができた。日下無倫氏がすでに注意されているとおりに専修寺本の忠実な模本であるが、稲田興法段の詞書が弁円済度の絵相の後に弁円済度の詞書と並んでいる。専修寺本が早く原形を失っていることはそれで明らかである。考証の困難なのは報恩寺本の制作年代であるが、筆致その他から推測するほかない。早くても戦国時代末期であろう。

（昭和四十年十月十九日未明稿了）

『西方指南抄』について

一

源空は、鎌倉仏教の首唱者として、日本仏教史上に輝かしい地位を占めている。浄土・真・時の三宗にわたって宗祖・元祖と仰がれているばかりではなく、曹洞・日蓮の両宗のように、浄土宗の存在を無視したり攻撃したりする宗派でも、その教義の成立には源空の行業や教説が大きく影響したといわれている。(1)その意味で源空研究の意義は大きく、影響するところは広いといわなければならない。ところが現在の仏教史学界の現状では、源空研究は親鸞・道元に比べて盛んであるとも、進んでいるともいえないことは、誰しも異論のないところであろう。源空研究がこのように発展しない主な原因は何であるか。その答えはいろいろあると思われるが、信用に値する史料が少ないこともその一つである。(2)明治と昭和の両度にわたって大部の『法然上人全集』が編集されたことでも明らかなように、源空の著述・法語・消息は少なくないのであるが、その多くは偽作か後世の人の加筆の疑いの濃いものであり、鎌倉時代の古版本の現存するものは、『選択集』と『和語燈録』だけである。源空の史料としてこの両書が古来重視されているのは当然である。それに対して、大正年間になって注目されたのは『西方指南抄』である。この書も『和語燈録』と同じく、源空の説法・自記・法語・消息を中心に、後世の源空伝編集の素材となった多くの史料を集めたものである。江戸時代に早く出版されたが、当時は偽書と疑われた。ところが古写本が真宗高田派本山専修寺に現存することが大正年間に確認され、急に注目の焦点に立つようになった。周知のように、この古写本とは、源空の滅後四十五年の康元二年（一二五七）に親鸞が自筆で書写したものを指すのであって、『黒谷上人語燈録』の編集よりは十八年も早く書写されている。『西方指南抄』の史料的価値が高いのは自明といわなければならない。この書についての書誌学的研究はいままでに多く発表されているが、全般的なものとしては、宮崎円遵博士の『真宗書誌学の研究』と生桑完明氏稿の『親鸞聖人全集』輯録篇解題を挙げるべきであろう。ことに後者は原本について多年研究し、初めて原本翻刻の功を成し遂げた後に発表されたものだけに、周到な注意を払って著わされており、『西方指南抄』の解題としては圧巻といってよいであろう。わたくしの『西方指南抄』研究も、まったくこれら先学の研究業績に導かれてなされたものである。わたくしがこの書に関心を持った動機は、源空と親鸞の交際を明らかにしたいと思ったことにあるが、『西方指南抄』を繰り返し読んでいる間に、編者・編集の時期に疑問を生じてきた。その答えは、一部すでに発表したが(3)、今回塚本博士の寿を頌して出版される論文集に寄稿を求められたので、あらためてこの問題を論じ、多年の博士のご交情に少しでも応えようと思う。

二

すでによく知られているように『西方指南抄』自体は、編者・編集の時期について直接に何も物語っていない。親鸞の著述を例に取ると、『教行信証』は各巻の題号のもとに「愚禿釈親鸞集」と編者を注記しているが、『西方指南抄』にはそれがないのである。奥書も康元元年（一二五六）十月から翌二年正月にかけて親鸞が書写したことを述べているだけであって、編集者やその日時については何も触れていない。生桑氏は、奥書に「愚禿親鸞八十四歳書之」と「愚禿親鸞八十四歳書写之」の相違があることに注意し、親鸞の他の著述・写伝の例から、「書之」は親鸞の自著を示し、「書写之」は自著の書写を示したものと解釈している。生桑氏が『西方指南抄』の編者を親鸞とし、編集の時期を書写と同時と考え、専修寺の親鸞自筆本を稿本と認定したいと述べているのは(4)、まったくこの解釈に基づくものである。

生桑氏の稿本説に対してやや異なった見解をとっているのは宮崎博士である。博士は、親鸞自筆本の書写が巻の順序を追って行われていないことに(5)注意し、親鸞自筆本は稿本ではありえないと考え、その書写以前に『西方指南抄』の編集はすでに行われたはずであり、親鸞自筆本はそれを書写したものであるとしている。宮崎博士の説は、議論として筋が通っている。生桑氏の稿本説はそれによって当然否定されなければならない。宮崎博士はさらに一歩進んで、親鸞自筆本が転写本である以上、底本の『西方指南抄』が親鸞の編集かどうかは問題であるとまで言った。これもまた当然の議論といわなければならない。しかし問題の親鸞自筆本が初稿本であるか転写本であるかの最終決定は、本文の書写順序だけでは結論しえない。原本について筆者の訂正・加筆がないかどうかを確かめ、よしやそれがあっても、誤写・脱漏の単なる訂正・加筆か、著述・編集のうえの重大なる訂正・加筆であるかを突きとめ、それに基づいて草稿本であるか転写本であるかを決定する必要がある。その場合、原本を熟知していない宮崎博士が研究を深めるのに不利な立場に立ったのはやむをえないことであった。博士はせっかく理路整然とした論を進めながら、親鸞自筆本にはところどころ訂正・加筆があるとの説があることと、親鸞以外に『西方指南抄』を書写した者がある史料がないことを理由に、親鸞編者説に消極的ながら賛意を表した。

三

『西方指南抄』の編者・成立の時期について、このように考えてくると、この問題を決するうえに必要なことは、親鸞自筆本の訂正・加筆の実際を明らかにすることである。その点では、入念に翻刻された『親鸞聖人全集』も訂正・加筆の部分が明記されておらず、期待に応ずることはできないようである。活字本としてはやむをえないことであって、原本を手にとって自由な研究を許されるか、原本そのままの複製でも出版されないかぎり、この問題の決定は容易にできないであろう。しかし原本はすでに国宝に指定されているし、『西方指南抄』自体は浄土・真の両宗にとって、貴重な史料である。この際、関係者の協力によって複製出版が実現することを切にお願いする次第である。わたくし自身は真宗連合学会が専修寺で行われた時に原本を見る機会を得た。その時の観察では、親鸞自筆本の訂正・加筆は誤写・脱漏を改めた程度にとどまり、草稿本であることを思わせるものを見出しえなかった。手控えを作らなかったので、いまその論拠を挙げることはできないが、親鸞自筆本が転写本であって、草稿本でないことは明らかであると思う。

原本の検討を十分にしないでこのように大胆な発言をするのは、親鸞は、康元元年（一二五六）から翌二年にかけて『西方指南抄』を書写する以前にすでに『西方指南抄』の存在を知っていたと推定してもよい史料がほかにあるからである。その第一は康元元年前年の建長七年十月三日に親鸞が性信に書き与えた消息「かさまの念仏者のうたかひとわれたる事」である。親鸞は、その中で「この念仏する人をにくみそしる人おも、にくみそしることあるへからす。あわれみをなし、かなしむこゝろをもつへしとこそ、聖人はおほせことありしか[6]」と源空の法語を引用したが、この源空の言葉は『西方指南抄』中末の「かまくらの二品比丘尼」の政子に与えた源空の消息と、同じく下末の津戸三郎為守に与えた源空消息に見えている。この一致があるかぎり、親鸞が性信に消息を書き与えた時に、『西方指南抄』がすでに編集されて、親鸞の手もとにあったと考えてよいであろう。同じことは「師子身中の虫」に言及した九月二日付の慈信坊善鸞宛の親鸞消息についてもいいうる。この消息の年紀は不明であるが、善鸞が義絶された建長八年（一二五六）五月二十九日以前であることは確実であり、建長七年九月とも、それより以前とも考えられている。親鸞はその消息の中で、専修念仏停止を誘発するものは、領家・地頭・名主ではなく、仏法者であるとして、『蓮華面経』に出ている「師子身中の虫」を引用したが、源空もまた、『西方指南抄』下本の越中国光明房に与える消息の中でも親鸞と同じく、専修念仏停止を招くものが念仏者のうちにあることを強調して、それらを「付仏法の外道」とも「師子のみの中の虫」とも非難した。親鸞が慈信房宛の消息を書くにあたって、光明房宛の源空消息を見たことは、推定して誤りあるまい。同様の事実は、ほかにも存する。親鸞が高田本を書写する以前から『西方指南抄』を所持しており、門弟に与える消息を起稿する時には、それを参照したことはこれで明らかになったと思う。

(7)(8)(9)(10)(11)(12)

四

高田本が草稿本でなく、転写本であるとなると、親鸞編者説を再吟味しなければならないことは前述のとおりである。親鸞編者説を消極的に認めた宮崎博士も、『漢語燈録』巻一〇所収の三月十日付消息のはじめに「遣或人之返報、指南抄云、遣空阿弥陀仏」(13)の注記があり、しかもこの消息が『西方指南抄』に収められていないことから、

『西方指南抄』以外に指南抄の名を持つ源空の法語・消息集が存在した可能性を主張している。しかしこの『指南抄』も、『西方指南抄』同様に編者・編集の日時についてほかに徴すべき史料がないのであるから、それ以上明らかにしようとしても、しかたがないわけである。『西方指南抄』の編者を推定する手がかりは、『西方指南抄』の本文自体を検討し、その中から見出さなければならない。

その場合に親鸞編者説を支持するものは、中末に収められている「七箇条起請文」に親鸞自ら「善信」と署名していることであろう。周知のようにこの起請文の原本はいま二尊院に所蔵され、重要文化財に指定されている。その二尊院本において親鸞は、元久元年（一二〇四）当時の名乗りによって「僧綽空」と署名している。『西方指南抄』と同じくこの「七箇条起請文」を収めた『漢語燈録』では二尊院本同様に「綽空」としている。『西方指南抄』が原本の綽空を、のちの名乗りによって善信と改めたとすれば、編者は善信すなわち親鸞と考えられないことはない。しかし本文を訂正したといっても、わずか二字のことである。綽空を善信に改めることは転写の際でも可能なことである。したがって、これだけで親鸞を編者と決定することはできないと思われる。[14]

しかし綽空を善信と改めたことからいい得ることは、親鸞は、編者であるかないかは別としても、『西方指南抄』を書写するにあたって、必ずしも原本を忠実に写したとはいいえないことである。ことにその点が著しいのは、巻頭の「法然上人御説法事」である。この説法は、周知のように『漢語燈録』巻七・八に収められている「逆修説法」と同一の説法を記録したものである。両者の違いといえば、「法然上人御説法事」は和文体、「逆修説法」は漢文体で書かれていることだけである。しかし両者を丹念に校合した『真宗聖教全書』によると、両者の間の相違は単に文体だけではない。『西方指南抄』は、「法然上人御説法事」に限って、「乃至」として本文の書写を略しているところがある。その個所があまりにも多いので、それを一々ここに挙げることは、とてもできない。詳細は『真宗聖教全書』に譲るが、注目すべきことを指摘すると、次のとおりである。省略したもののうちには、説法の起結の句[15]、経文[16]などの引用など、考えようによってはさして重要でないもの、なくてはならないものとはいえないものが含まれている。しかし『観経』を説いた部分で定善義の十三観の釈[17]、五輪観を成就した大安寺の勝行や十二観を成就した明曠の事績[18]、孝養父母奉事師長受持三帰具足衆戒の三福の釈[19]の書写をいずれも「乃至」として省略したことは、観想・持戒の教義に関することだけに軽々に看過できない。かつて論じたように[20]、観想・持戒の宗教的意義を源空は全面的には否定しなかったのに対して、親鸞はそれを完全に否定した。その親鸞が書写した『西方指南抄』の観想・持戒の部分の書写が省略されているのは偶然ではありえない、と考えるからである。

親鸞にとって源空は、「こせのたすからする上人にあいまらせん」として、ようやくにめぐりあった師であった。親鸞は「しやうにんのわたらせ給はんところは、人はいかにも申せ、たとひあくたうにわたらせ給へしと申とも、せゝしやうしやうにまよひけれはこそありけめ」とまで源空を敬い慕ったが、一生を持戒の清僧として送った源空と、肉食妻帯した親鸞とでは、その宗教体験におのずから相違があったことは否定できない。親鸞の教義は「偏依源空」といわれるほどに師に傾倒したものであるが、それでも源空の教義と完全に同一ではない。ことに相違の目立つのは観想と持戒についてである。そうなると、『西方指南抄』の編者は誰であるにもせよ、「法然上人御説法事」に限って大幅に本文書写を省略したのは親鸞であると推定して、おそらく誤りないであろう。

五

『西方指南抄』の本文書写省略を右のように考えると、親鸞編者説をあらためて考慮しなければならなくなるのは、理の当然であろう。『西方指南抄』は、はじめに簡単に触れたように説法・自記・法語・臨終祥瑞・置文・伝記・消息などを収めているが、その順序は雑然としており、[21]どのような方針のもとで編集したのか、容易に明らかにしえない。親鸞がもし源空の遺文などを集め、『西方指南抄』を編集したならば、『教行信証』やその他の著述に現れているように、首尾一貫したものがその構成に現れているのではなかろうか。わたくしは、『西方指南抄』の本文書写に省略があること、編集に一貫したものを見出しがたいことから、編者は親鸞でないとするのが穏当でないかと考えている。それならば編者は誰と考えるかと聞かれるであろうが、源空の死後、京都にいて、遺文や伝記史料を集めるのに都合のよい地位にあったものと答えるほか、いまのところいいようがない。

次は編集の時期であるが、収められているものの内容からして建保四年（一二一六）をさかのぼりえないことは以前からいわれている。下限は親鸞が『西方指南抄』を所持した時であると思うが、その決定は困難である。しかしそれが、建長六、七年（一二五四、五五）というような時期ではなく、もっと早い時期であったことは次のことから推測される。宝治二年（一二四八）著述の『浄土高僧和讃』の源空讃第十五首を制作するにあたって、親鸞が『西方指南抄』所収の『源空聖人私日記』[23]『法然聖人臨終行儀』[24]を基にして、これを作ったことは確実であり、親鸞が宝治二年に『西方指南抄』を所持していたことはまず誤りないと考えられるからである。源空が勢至菩薩の化身であるという信仰は、『源空聖人私日記』[25]にあるように、霊山寺三七日不断念仏の時のある人の夢想がはじめであるかもしれないが、「聖人の御事、あまた人に夢にみたてまつりける事」[26]にいわれているように、源空の晩年になって言い出され、建保四年に園城寺長吏公胤が夢告でそれを確信したことによって広められたことが事実となると、次のようなことをいい得るかもしれない。[27]親鸞とその妻恵信尼が常陸国下妻境郷にいた時に、恵信尼が親鸞は観音の化身という夢を見たということは、「恵信尼書状」[28]の発見以来、誰でも知っている話であるが、恵信尼はその時、同時に源空は勢至の化身であることを夢に見ている。恵信尼がこの夢を見た時期は「恵信尼書状」に明記されていないが、建保二年に親鸞が三部経読誦を発願して中止し常陸に入国したのちであることは、確実である。建保四年以後になると、『源空聖人私日記』が著わされており、親鸞や恵信尼が関東でそれを読むという可能性が生じてくる。親鸞と恵信尼は、それによって源空の本地は勢至であることの確信を深めたということもありうる。わたくしは、右に挙げた理由から、『西方指南抄』は意外に早く、建保四年直後に成立しており、親鸞はそれを関東で読んだかもしれないと考えている。[29]

六

しかし右に述べた推定が単に恵信尼の夢想だけを論拠とするならば、根拠が薄弱で説得力が足りないといわれるかもしれない。しかし親鸞は関東にいた時代に、源空の伝記を読んでいた確証がほかにあって、親鸞が早く『源空聖人私日記』か『西方指南抄』を知っていたと考えても、決して行きすぎではないのである。親鸞は『教行信証』の後序の中で、源空の入滅を記した後、「奇瑞不可勝計、見別伝」と述べた。[30]これによって親鸞が『教行信証』を著わした当時、すでに源空の伝記が成立していたことは確実といわなければならない。問題は親鸞がいつ『教行信証』を編述したかということである。故中沢見明氏が言い出してから、真宗史学界では、『教行信証』は親鸞が関東から帰京したのちに編述された、[31]というのが定説になっていた。この学説に立つと、嘉禎三年（一二三七）に著わされた『伝法絵』は『教行信証』編述の当時すでに存在していたことになり、いわゆる「別伝」の第一の候補に挙げられることは疑いない。[32]しかし最近の『教行信証』特に坂東本の研究によると、坂東本の書写は文暦元年（一二三四）頃にさかのぼる。その底本になった原『教行信証』の成立年時がこのように早いとなると、嘉禎三年成立の『伝法絵』が「別伝」として、それより以前に成立した『教行信証』に引用される可能性はなくなり、他の伝記を考慮しなければならなくなる。そうなると、この別伝は建保四年直後に成立したと考えられている『源空聖人私日記』か、建暦二年（一二一二）に源空が入滅した直後に著わされた『法然聖人臨終行儀』か、それとも「聖人の御事、あまた人に夢にみたてまつりける事」である可能性が高くなる。三書ともにその内容は源空の夢想奇瑞、諸人の感じた奇夢が収められていて、親鸞のいう「奇瑞不可勝計」と一致する。しかし、そこまでいうなら、一歩進んで、右に挙げた三つの史料のいずれかというのではなくて、その三つが全部収められている『西方指南抄』自体が「別伝」であるというほうが、事実に当たっているかもしれない。『教行信証』坂東本の書写が文暦元年をさかのぼり、原『教行信証』の成立が元仁元年（一二二四）以前であることが確実となり、源空の別伝が原『教行信証』の成立当時にすでに存在したことが明らかになった以上、源空伝の研究について、もっと広い視野が要求されることは当然である。

『西方指南抄』については、まだまだ論ずべきことがあるが、それは後日に譲り、ここでは編者と編集の時期に限定し、編者は親鸞でない可能性が高いこと、編集の時期は原『教行信証』成立に少し先行すると考えるのが妥当であることを指摘するにとどめた。『西方指南抄』の成立がこのように早く、親鸞がそれに直接関係がないとなると、『西方指南抄』と『黒谷上人語燈録』の関係もあらためて考え直さなければならないであろう。

（昭和三十五年九月七日稿了）

註

（1）家永三郎『中世仏教思想史研究』。

（2）赤松俊秀「鎌倉仏教の課題」（『史学雑誌』第六七編第七号、本著作集第二巻所収）にやや詳しく意見を述べた。

（3）赤松俊秀「「本願毀滅のともがら」について」（『日本仏教』第一巻第二号、本書所収）。

（4）『親鸞聖人全集』輯録篇Ⅱ、解題、四〇七頁。しかし生桑氏も「書写之」が他の著を書写する場合に用いられたことを認めている。自筆稿本と認定したいと述べ、断定を避けたのは、その論拠が確実でないことを考えてのことであろう。

（5）『西方指南抄』の奥書の日付けは上末が最も早く中末、下本、下末、上本の順になっており、中本は書写の日付けを欠いている。奥書の日付けが巻の順序を追わないのは、写本にはありがちのことであるが、それは転写本に限ることであり、初稿本では異例である。

（6）『親鸞聖人全集』書簡篇、七頁。

（7）『親鸞聖人全集』輯録篇Ⅰ、二〇一―二〇二頁。

（8）同前、三六〇―三六一頁。

（9）もちろんこのような一致があっても、それは偶然であるとし、親鸞が源空消息を参照したことを認めても、政子や津戸三郎に宛てた消息に限らないとし、また『西方指南抄』に収められた消息とは限らないということはできる。それはよく理解しているが、注意しなければならないことは、このような厳密さは、一見実証的に見えて、全体の見通しを失い、研究の意義を喪失する恐れがあることである。

（10）『親鸞聖人全集』書簡篇、一四三頁。この消息については、この十年間にいろいろの論文が発表されている。私見は著書『鎌倉仏教の研究』所収の論文「親鸞の消息について」と「「師子身中の虫」と「諸仏等同」について」に明らかにしてある（いずれも本書所収）。

（11）『親鸞聖人全集』輯録篇Ⅱ、二七二頁。

（12）詳しくは赤松俊秀「「本願毀滅のともがら」について」（『日本仏教』第一巻第二号、本書所収）を見られたい。

（13）『真宗聖教全書』拾遺部上、五四四頁。

(14) 同前、一五五頁。
(15) 同前、三九頁の「然者、就経、如形、可奉讃嘆」が結を略した一例である。
(16) 同前、五八頁の「文云、説不可以少善根福徳因縁得生彼国、説聞説阿弥陀仏執持名号、若一日乃至七日、一心不乱、其人臨命終時、阿弥陀仏与諸衆生、現有其前、是人終時、心不顚倒、即得往生」が経文の引用を略した例である。
(17) 『真宗聖教全書』拾遺部上、五九―六〇頁。
(18) 同前、六一―六二頁。
(19) 同前、六二―六六頁。
(20) 赤松俊秀「鎌倉仏教の課題」(『史学雑誌』第六七編第七号、本著作集第二巻所収)。
(21) 順序が雑然としているというのは、もちろん主観的なものであって、『西方指南抄』としては、あれでまとまっているともいいうるかもしれない。しかしたとい出版されていたにもせよ、『選択集』の代わりに、「法然上人御説法事」が巻頭に挙げられているのも、不審である。そのほか、自記・法語・消息・伝記の掲載順が何によって定められたか、明らかにしえない。親鸞の消息を集めた『末燈鈔』などは、年代順と内容類集を併用している。
(22) 『親鸞聖人全集』和讃篇、一三四頁。
(23) 『親鸞聖人全集』輯録篇Ⅰ、一八四頁。
(24) 同前Ⅰ、一三三頁。
(25) 同前Ⅰ、一八二頁。
(26) 同前Ⅰ、一五六―一五七頁。直聖房の夢想は源空が讃岐に流された時すなわち晩年である。
(27) 同前Ⅰ、一〇九頁。この夢告は『源空聖人私日記』(『親鸞聖人全集』輯録篇Ⅰ、一八六頁)にも見えている。それが『源空聖人私日記』成立年時の上限を示している。
(28) 『親鸞聖人全集』書簡篇、一八八―一八九頁。
(29) 親鸞が「さぬき」で三部経を読みはじめて中止し、常陸国に入国したのは、「恵信尼書状」第五通(『親鸞聖人全集』書簡篇、一九六―一九七頁)によると、信蓮房の四歳すなわち建保二年である。

(30) 『真宗聖教全書』宗祖部、二〇二頁。この部分は坂東本によると原『教行信証』そのままの状態を保っている。

(31) 中沢見明『史上の親鸞』一四一―一四八頁。

(32) 赤松俊秀「『教行信証』(坂東本)について」(『鎌倉仏教の研究』、本書所収)参照。

初出一覧

覚信尼について
『史林』一八―四（昭和八年〈一九三三〉十月）。『鎌倉仏教の研究』（平楽寺書店、昭和三二年〈一九五七〉八月）収録。

「いまこせんのはゝ」について
『龍谷学報』三一一（昭和九年〈一九三四〉九月）。『鎌倉仏教の研究』収録。

親鸞の消息について——服部之総氏の批判に答えて——
『史学雑誌』五九―一二（昭和二五年〈一九五〇〉一二月）。『鎌倉仏教の研究』収録。

初期真宗教団の社会的基盤について
『真宗研究』一（昭和三一年〈一九五六〉九月）。『鎌倉仏教の研究』収録。

『教行信証』（坂東本）について
『史林』三九―六（昭和三一年〈一九五六〉九月）。『鎌倉仏教の研究』収録。

「師子身中の虫」と「諸仏等同」について
『鎌倉仏教の研究』（平楽寺書店、昭和三二年〈一九五七〉八月）。『鎌倉仏教の研究』収録。

親鸞像について
『仏教芸術』二三（昭和二九年〈一九五四〉一二月）。『鎌倉仏教の研究』収録。

西本願寺本『親鸞伝絵』について
『鎌倉仏教の研究』（平楽寺書店、昭和三二年〈一九五七〉八月）

「鏡御影」の賛について
『鎌倉仏教の研究』

「本願毀滅のともがら」について——異義者と親鸞——
『日本仏教』二（昭和三三年〈一九五八〉一〇月）。『続鎌倉仏教の研究』（昭和四一年〈一九六六〉）収録。

『教行信証』の成立と改訂について
（影印本）『顕浄土真実教行証文類』解説（大谷派宗務所、昭和三一年〈一九五六〉九月）。『続鎌倉仏教の研究』収録。

親鸞の出家について
『日本歴史』一四九（昭和三五年〈一九六〇〉一〇月）。『続鎌倉仏教の研究』収録。

親鸞の妻帯について
『日本歴史』一五二（昭和三六年〈一九六一〉二月）。『続鎌倉仏教の研究』収録。

越後・関東時代の親鸞について
真宗連合学会編『親鸞聖人の教学と伝記』（百華苑、昭和三六年〈一九六一〉六月）。『続鎌倉仏教の研究』収録。

専修寺本『親鸞伝絵』について——宮地廓慧教授の批判に答えて——
『史窓』二一（昭和三七年〈一九六二〉一二月）。『続鎌倉仏教の研究』収録。

『親鸞聖人伝絵』諸本について
『本願寺聖人伝絵』（康永本）解説（真宗大谷派宗務所、昭和三九年〈一九六四〉一—三月）。『続鎌倉仏教の研究』収録。

『西方指南抄』について

『塚本博士頌寿記念　仏教史学論集』（塚本博士頌寿記念会、昭和三六年〈一九六一〉二月）。『続鎌倉仏教の研究』収録。

写真掲載につきましては、左記の機関からご許可をいただきました。篤く御礼申し上げます。本文中の所蔵先の表記等につきましては、原文どおりといたしました。ご了承ください。

第１～11図、浄土真宗本願寺派
第12・13図、真宗大谷派
第14～18図、専修寺

解説

赤松俊秀氏の仏教史研究

名畑　崇

赤松俊秀氏は京都帝国大学文学部史学科入学後、故三浦周行博士の教授を受け、実証的な研究法を身に付けて、中世社会経済の究明を生涯の研究課題に定められたという。それとあわせて氏は中世仏教の解明につとめ、真宗と仏教史の分野に画期的な研究成果を残された。なかでも法然・親鸞・一遍についての研究において新生面をひらかれ、中世仏教が社会との関わりのなかで生彩を放つようになった。

氏の問題提起にはそれぞれ明快な論点整理がなされ、さながら日本の近現代にわたる、史学研究の軌跡がたどられる。氏の生誕は明治四十年（一九〇七）で、二〇一二年は生誕百五年になるが、そのころ京都帝大教授だった三浦周行（一八七一～一九三一）により日本の法制史や社会史の研究分野がひらかれ、原勝郎（一八七一～一九二四）により西洋の中世に対応して日本の「中世史」「宗教改革」が唱えられていた。それより日本の宗教改革の先駆者として法然・親鸞が見直され、中世仏教に関心が集まっていた。たまたま宗門においても親鸞没後六百五十年（一九一一）にあたり、史学の新しい方法に基づく親鸞研究の機運が高まっていた。

新しい史学研究は、実在した人物の書簡や筆跡の鑑定はじめ、肖像や伝記の検証が基本になるが、親鸞についてもこれらの面から考証が進められるようになった。赤松氏の研究は近現代にかけての親鸞研究に実証的な検討を加え、親鸞の存在を中世社会に浮き彫りにすることになった。氏の研究が親鸞の書簡をはじめ、筆跡・肖像から伝記(『親鸞伝絵』)、著書(『教行信証』)にわたり、主として事象と事物に基づいて順次結実していくところに、自然の理法のごときものを感じる。またそこににじむ親鸞への厚い崇敬の念と綿密な検証は、氏が北海道の真宗大谷派光岸寺に生まれ、はやくから京都府の史跡社寺など文化財保護の任に就き、国の文化財保護審議会や大谷派宗宝及宗史跡保存会に携わるなかで醸成されたものと思われる。

覚信尼について

覚信尼は親鸞の末娘で、京都に帰って親鸞を看取ったあと、東国門徒の扶助をえて大谷本廟創立に貢献し、本廟留守職相伝の委任を受けた。覚信尼の存在とその身上については西本願寺に伝わる親鸞の書簡四通と本廟留守職相伝に関する文書、および大正十年(一九二一)西本願寺で発見された、親鸞の妻恵信尼が娘覚信尼に宛てた書簡(『恵信尼文書』)十通にうかがえる。しかしそこには「いやおむな」「せうあみだ仏」「ひむがしの女房」「王御前」「わかさとの」「いまこせんのはゝ」などの呼び名がみえ、どれが覚信尼の俗名に当たるのか、見解がさまざまに分かれ親鸞の人物評にまで関わっていた。赤松氏は文書を独自に読み解き、覚信尼の俗名は「王御前」と「いまこせんのはゝ」に当たると断定して、宗門伝承の「いやおむな」覚信尼説や「いまこせんのはゝ」覚信尼継母説を否定した。そのうえで、西本願寺に伝わる親鸞の「いまこせんのはゝ」宛(十一月十一日付)書簡と「ひたちの人々」宛(十一月十一日付)書簡は、その内容と筆致から晩年の親鸞が常陸の門弟に「いまこせんのはゝ」すなわち娘覚信尼の扶助を頼み、その旨を覚信尼に書き置いたものとされた。「いまこせんのはゝ」については、これまで親鸞配流以前の内室、あるいは配流以後の内室など諸説があり、覚信尼継母説や「いやおむな」すなわち覚信尼身売り説などがあり、親鸞像が定まらなかったが、氏はこの論文により親鸞の「聖容」を明らかになし得たとされている。赤松氏初期の代表論文で、氏はこのとき二十六歳で大学院に在学しながら、京都府史跡勝地保存委員会臨時委員を嘱託されていた。成稿にあたり西田直二郎教授の教示をえたと付記されている。雑誌『史林』に掲載されて学会に衝撃を与え、賛否をめぐり議論が交わされることになった。

「いまこせんのはゝ」について

赤松氏の覚信尼「いまこせんのはゝ」説に対して、まず宮崎円遵氏が疑義を抱き、諸説を吟味したうえで、「いまこせんのはゝ」は親鸞の侍女とみるのが相応しいとした。それに対する赤松氏の反論である。赤松氏は西本願寺に伝わる親鸞の書簡を原本により精査するだけで、傍証を求めなくてもよいとし、写真による書簡原本の解読に傾注すべきことを主張し、ひたすら原書簡に即してその意義の解明につとめるべきだとした。赤松氏はみずから解読した書簡の全文を掲出したうえで、そこには親鸞が娘「いまこせんのはゝ」を懐う至情と、娘の身の上を思う悲痛な響きがあること、原本の写真にみえる筆致の渋滞と墨のにじみ、字列の乱れから、これを親鸞の遺言状であるとし、消息にみえる十一月十一日と十二日の日付は、親鸞が入寂する弘長二年（一二六二）十一月二十八日をさかのぼる十六、七日前のもので、親鸞の遺言状になるとした。そこには親鸞没後に身寄りのない「いまこせんのはゝ」の扶助が常陸国の門徒に懇請されている。赤松氏は年老いて娘覚信尼の身上を案じる親鸞の心情を思い遣り、親鸞が「この世に生を享けたものが等しく体験しなければならぬ苦悩を、最も切実に嘗」めて日夜苦悶に悩む教徒と心情をともにしたと感嘆されている。そのうえ常陸国の門徒が覚信尼を扶助して大谷の廟堂が建ち、覚信尼の敷地寄進と留守職の相承がなされたとし、この書簡の真実の意義を明らかにすることが「真宗教団の本質究明に多大な光明を与えるもの」と結ばれている。

親鸞の消息について――服部之総氏の批判に答えて――

前掲二編の論文より十六年のちの昭和二十五年（一九五〇）、アジア太平洋戦争が終って五年後に発表されている。そのころ思想界・歴史学界で親鸞の研究がさかんになり論議が交わされた。その論客の一人が服部之総氏で『親鸞ノート』『続親鸞ノート』を著わし、親鸞の思想と史実の両面から鋭い論説を展開していた。赤松氏は新しい親鸞研究の方向として、親鸞の消息を広い歴史の分野から古文書として取り扱うこと、また思想史の立場から親鸞の詞の根底を検討することだとする。古文書学の分野では当面西本願寺に伝わる四通の親鸞自筆の消息の解明、思想史的には「朝家の御ため国民のため」の念仏を説いた親鸞の消息の意図が問題になっていた。親鸞が七月九日付で弟子性信に宛てた消息に、信仰の定まった人は「朝家の御ため国民のため」念仏するのはめでたいと述べている。その言葉が戦争中に親鸞の「護国思想」を表すものとされたが、ここで服部氏はそれを否定して親鸞に「護国思想」はなく「朝家の御ため国民のため」云々は「反語」であると解釈した。さらに服部氏はその背景として同時期に書かれた親鸞の消息に「領家・地頭・名主」「百姓」について言及しているのを踏まえ、親鸞が領家・地頭・名主に搾取される百姓（農奴）に対して観念上の解放を約束したとしていた。赤松氏はこれを消息の文意解釈の誤りとして疑義を呈し、みずから当該消息の全文の逐語訳を提示して、服部氏の消息理解は親鸞の真意ではないと結論づけている。この問題はさらに親鸞の教えの受容者たち、すなわち初期真宗の社会的基盤をめぐる論争に展開する。

赤松氏のもう一つの論点は親鸞の消息を古文書として解読する立場から、服部氏が西本願寺所蔵の親鸞自筆の消息と「恵信尼書状」により「恵信尼文書考」を発表するなかで、赤松氏の先掲「いまこせんのは、」覚信尼説に全面反対していることに対する反論である。ここで赤松氏は「いまこせんのは、」覚信尼説を改めて述べ、「ひたちの人々」に宛てた親鸞自筆の消息とともに原本の写真を掲載して解読している。それと西本願寺に伝わる寛元元年(一二四三)十二月二十一日付の親鸞自筆「いや女」譲状をめぐり、服部氏が従来の説により「いや女」を覚信尼としているのに対して、赤松氏は「いや女」は親鸞につかえた下人であって、覚信尼とするのは誤りであると強調している。いずれも赤松氏の説は親鸞の家族について新しい展望を開くことになった。

初期真宗教団の社会的基盤について

先に服部氏が「朝家の御ため国民のため」の念仏を反語として排したのに対して、赤松氏は親鸞の念仏に国家社会の福祉を冀う一面のあったことを立証した。また、「朝家の御ため国民のため」念仏の反語説と関連して服部氏が親鸞の信者層を下人または新百姓と見なしたことにより、初期真宗の社会的基盤について論議されるようになった。家永三郎氏は親鸞の罪業の自覚から教えの受容者層を武士階級と推定した。はじめ赤松氏は親鸞の弟子たちを武家の家人・殿原・若党・中間など諸階層から百姓・下人身分まで幅広く想定されたようであるが、ここにきて商工業者説が唱えられる。『歎異抄』の「うみ、かわにあみをひき、つりをして世をわたるものも、野やまにしゝをかり、とりをとりて、いのちをつくともがらも、あきない」をする云々により、利潤を取る商業行為が罪悪視されたという視点から、中世における京鎌倉の往返や宋銭の流入による商工業の発達と商人の活動など、赤松氏の社会経済史研究の見識がうかがわれる。

『教行信証』(坂東本)について

東本願寺に伝わる親鸞自筆の坂東本『教行信証』が昭和二十九年(一九五四)三月から修理されることになり、監督の任にあたった赤松氏が原本精査のうえ所見をまとめたものである。翌々昭和三十一年『史林』誌に掲載され学界に知られ、坂東本『教行信証』に関する画期的な情報開示になった。これまで坂東本『教行信証』の研究は原本に接することができず、コロタイプ版によるしかなかった。ここで赤松氏は坂東本『教行信証』の書誌と教理に関する近代以降の研究史をたどって課題を整理したうえ、坂東本『教行信証』の書誌を中心とする実態調査の要点を述べている。詳細は同時に東本願寺から出版された坂東本影印の同氏解説「『教行信証』の成立と改定について」に尽くされている。

「師子身中の虫」と「諸仏等同」について

親鸞が九月二日付で善鸞に与えた消息に「仏法をやぶるひとなし、仏法者のやぶるにたとへたるは、師子の身中の虫のしゝむらをくらふがごとし」と述べている。そのころ学界で親鸞の反権力の立場を示すものとして、「師子の身中の虫」は念仏者を弾圧する領家・地頭・名主だとする説が唱えられていた。それに対して赤松氏は親鸞が「師子の身中の虫」というのは、神仏軽蔑や造悪無碍など一部弟子たちの極端な言動で、それにより領家・地頭・名主から念仏者が弾圧される事態を招くとして戒めたのであり、「師子身中の虫」を在地の権力者だとするのは文意の読み違えだと指摘した。親鸞は弟子に対して神仏の軽蔑や造悪無碍などの言動をいましめるが、後の消息や『和讃』になると、信心を得た人は正定聚の位に入って諸仏と等しいと説かれる。赤松氏はそのあたりの事情を越後浄興寺に伝わる「親鸞廿一箇条禁制」によって具体的に探ろうとしている。

親鸞像について

西本願寺に伝わる親鸞の影像「鏡御影」については、昭和二十九年（一九五四）の頃その存在が注目されるようになっていたが詳細はよく知られていなかった。赤松氏のこの論文によって鏡御影の全容と由緒および歴史的背景が明らかにせられた。氏は当時京都府文化財調査委員を委嘱されていた。鏡御影を描いたのは肖像画の名手信実の子、専阿弥陀仏（専阿・袴殿）であり「似絵」の画風を伝える遺品としても貴重である。赤松氏は鏡御影が親鸞の没後延慶三年（一三一〇）に覚如により修理された経緯や、覚如の『親鸞伝絵』に定禅法橋が霊夢を感じて親鸞の顔ばかりの肖像を描いたという話との関係を跡付けられた。さらに鏡御影原本については当初上下に親鸞自筆の銘文があり肖像として完成したものであったが、覚如により改装された。原本の本紙に横の折り目が等間隔に入っていて、表装されず幅狭く折りたたまれていた形跡があることから、鏡御影ははじめ大谷廟堂に安置する親鸞の木彫の肖像の胎内に納められていたと推察されている。氏はまた西本願寺に伝わる建長七年（一二五五）に朝円が描いた安城御影の画風および由緒と伝来に着目し、朝円と専阿弥陀仏とは同一人であると推測している。

西本願寺本『親鸞伝絵』について

親鸞の曽孫・覚如が制作した『親鸞伝絵』は、西本願寺本と専修寺本と東本願寺本の三本が伝わる。このうち東本願寺本は康永二年（一三四三）の制作で成立がおそく、蓮位夢想と定禅夢想の二段をそなえ十五段編成の完成された形である。西本願寺本になると蓮位夢想を欠く十四段編成で、専修寺本は蓮位夢想と定禅夢想の二段を欠く十三段編成となる。全体の形から成立の順位をみると専修寺本が初期の形を伝え西本願寺本が次ぐことになるが、これには詞書や絵相の問題がかかわり、識者により見解が分かれていた。赤松氏はこれまで二度にわたり西本願寺本を手に取って調べたうえ、昭和三十年(一九五五)真宗連合学会に西本願寺本が展観されたおり、詞書の本文・書風、絵の図柄・筆致、料紙の紙質・サイズなど詳しく調査して、従来の諸説に検討を加えて所見を述べたものである。そこで最も注目されるのは西本願寺本の制作過程において、定禅夢想の段が後に追加されたものと判明したことである。それと西本願寺本の詞書が洗練されていないなどの点から、三本のうち西本願寺本の成立が早く、しかも永仁三年(一二九五)初稿本に最も近い制作として見直されることになった。

「鏡御影」の賛について

先掲論文「親鸞像について」において、原本表装の上下に親鸞の自筆銘文の痕跡があると指摘されていた。たまたま昭和三十一年(一九五六)八月、赤松氏が京都国立博物館で鏡御影の修理現場に立会い、御影の下部賛文の一部が「源空聖人云、当知生死之家、以疑為所止、(涅)槃之城以信為能入文　釈親鸞云　還来生死流転之家、決以疑情為所止、速入寂静無為之楽、必以信心為能入文」と判読され、これらの文字が十行で書かれており、下半分は紙を貼り継いで補い、上半分は親鸞七十歳頃の自筆、下半分は異筆で覚如と判定された。表装以前の鏡御影は巻きたたまれて破損しており、やはり御影堂本尊である親鸞像の胎内に納められていたのではないかと再説されている。

「本願毀滅のともがら」について——異義者と親鸞——

先掲論文「親鸞の消息について」から「初期真宗教団の社会的基盤」へ、さらに「師子身中の虫」についで「本願毀滅のともがら」へとテーマは通底している。ここで赤松氏は、服部之総氏が親鸞の宗教社会的基盤を「領家・地頭・名主」に対立する「越後移住の新百姓・下人・自営農民たる百姓」において以来、権力との対立関係を重視した論がなされているが、初期真宗教団は、「在家止住之土民」を中心とする教団であったとする。そのさい九月二日付二通の親鸞の消息が注目されるが、消息の文意を正しく把握することと、親鸞の教えを受け入れた社会の構造を精緻に考察することが必要だとされる。

そこで笠原一男氏が『親鸞と東国農民』において東国における名田経営の分析を通して、名主が領主・代官・地頭であり、それに対する耕作農民は「在家農民」ともいうべき形態で領主と対立関係にあったとの指摘に注目する。それを受け教団の主導的な立場にあった道場主がどのような階級に属し、どのような意図に基づいて教団をうごかしたか。なお笠原氏が東国地区で貨幣経済に接触したのは「領家・地頭・名主」の領主階級だけで農民は貨幣経済に接触しえなかったとの見方に異議を呈し、道場主とその門弟の階級的立場の系譜は異なる観点から論じられねばならぬという。以上のような論点整理と問題提起のもとにこの論文が起筆され、「領家・地頭・名主」の消息に現われる親鸞の思想内容を明らかにするため、そこに引用される『目蓮所問経』『法事讃』『蓮華面経』について考察し、異義者・権力者に対する親鸞の態度がどのように形成され、どのように発展したかを明らかにするとし、以下長文で広汎にわたり論述が展開される。

『教行信証』の成立と改訂について

昭和三十一年（一九五六）東本願寺から出版された坂東本影印の解説で別冊に収められている。はじめに近代以降の坂東本『教行信証』研究の経過を書誌を中心にたどり、論点を明らかにしたうえで、修理監督の任を委嘱されみずから原本を手にして綿密な調査を行った経過と成果がくわしく報告されている。原本の影印版を開きながら氏の解説を読むと、さながら熱をおびた音声を現場で聞くようである。真筆原本の解体・調査・修理・撮影の過程で、装丁・料紙・行格・筆致を調べ、筆跡を対照して親鸞の自筆を特定し年齢を割り出す作業で、著作者親鸞の本書制作いらい初めて事実が詳細になったわけで画期的なことであった。そこで指摘されていることは多岐にわたるが、たとえば原本にみる親鸞の筆跡は文暦二年（一二三五）六十三歳前後と康元二年（一二五七）八十五歳前後の筆致に分かれる。総じて真跡本は文暦二年前後に書写したあと、後年まで削除や書き足しがなされた。真跡本は草稿本でなく一旦書き上げて改訂した本であること。教巻と行巻の初めは後年に書き直されている。信巻の大部分は六十歳前後に成立したが紙質・行数・綴方・筆致の異なる部分があり後に大規模な改訂がなされた。証巻は六十歳前後に書写された当初の状態をほぼ完全に残している。真仏土巻は八十五歳以後の筆致で代筆が混じる。化身土巻に掲出される『大集経』文は後年に巻子本に書写したものを裁断して冊子に綴じ込んであるなど。そこで指摘されていることを一々確かめ、『教行信証』の成立過程を検証する課題は今に残されている。

親鸞の出家について

親鸞の出家について『親鸞伝絵』に治承五年（一一八一）九歳で伯父の範綱に伴われて慈円の弟子になったと記すが、その動機については興法・利生の因縁がきざして、と抽象的に触れるだけである。父有範と母が早世したとか、有範の父経尹の妻が源氏であることと源頼政の挙兵とを結びつけてみる説もあった。そのなかで赤松氏は『山槐記』と『愚管抄』により、親鸞のおじ宗業が以仁王の学問の師で、以仁王が平家の追及をのがれ奈良へ赴く途中、追手のために殺され、王の顔を知るものとして宗業を召して確定したということを知った。そうなると有範一家と宗業とは何らかの関係があったかもしれない。また慈円が『愚管抄』に宗業と以仁王のことを書きとめたのは何故か、また親鸞が慈円の門弟であったのか、など新しい問題を提示している。雑誌『日本歴史』に掲載され短編で覚書風に書かれている。

親鸞の妻帯について

肉食妻帯して産業に従事する在家信者が、出家の修行者と同様に仏教を信じて無明の迷いを去り、悟りを開くにはいかにすべきか、それに答えるものとして親鸞の宗教が成立した、との見解のもとに赤松氏は親鸞の妻帯を考える。親鸞の妻帯の時期と相手、妻一人説と二人説など諸説を検討のうえ、「恵信尼書状」に書き添えられていた、親鸞が六角堂で後世を祈り本尊より授かった文は「行者宿報設女犯、我成玉女身被犯、一生之間能荘厳、臨終引導生極楽」（「六角夢想偈」）で、年次は「建仁元年辛酉暦」（一二〇一）であったとする。比叡山で堂僧をつとめ不断念仏を行っていた親鸞は、すでに天親はじめ浄土宗師の教えも読み、専修念仏を首唱する源空の存在を知っていたが、吉水入門の示唆と決断をうながしたのが「六角夢想偈」であり、妻帯の時期は元久二年（一二〇五）京都で、相手は恵信尼であったとされる。

越後・関東時代の親鸞について

恵信尼の生家である三善家は越後の豪族。北陸に早くから専修念仏が伝わっていて、親鸞に迫害がおよぶことはなかった。常陸移住について三善の所領関係、農民移住説があるが、親鸞の常陸定着は『教行信証』初稿本の完成にかかわる。稲田は源空とその門下の証空と親しかった宇都宮頼綱一族有縁の地で、笠間時朝はのち鹿島社に宋版一切経を寄進しており、笠間には文化が発達していた。承久の乱前後にわたる関東の政治・経済の情勢を活写して、『教行信証』は武士・漁猟師・商人・農民などが生きるために犯す罪悪の悩みを救うため著述されたという。坂東本の改装修理により新しい事実が判明して帰京後撰述説は成り立たない。坂東本は転写本であり、原『教行信証』は寛喜三年（一二三一）以前に関東で書き上げられ、門弟を中心にかなりの門徒集団が成立した。親鸞はその後『教行信証』改訂を精力的におこない、恵信尼は夫の親鸞を敬愛していた。関東を離れるのは文暦二年（一二三五）のころで、鎌倉で幕府による念仏者追放の沙汰があり、親鸞は危害が身に及ぶのを知り、妻子をともなない親類・友人のなお多く残る京都へ帰ったとされる。

専修寺本『親鸞伝絵』について——宮地廓慧教授の批判に答えて——

はじめに『親鸞伝絵』に関する諸説を整理検討して、宮地氏の批判に答えたもの。宮地氏の批判は赤松氏が著書『親鸞』に述べた覚如の『親鸞伝絵』改訂に対する見解が論点になっていた。一、西本願寺本の制作は専修寺本より遅い。二、両本とも筆者は同一人だが覚如の自筆でない。三、『親鸞伝絵』に吉水入室を建仁三年（一二〇三）としたのは初稿本起稿のおり年表などの見誤り。四、建仁元年の六角堂夢告と同三年四月五日の夢告は同じだとする史料はない。宮地氏のこれら批判に対して、赤松氏は覚如の『親鸞伝絵』制作の意図と立場をふまえ、伝絵三本の原本による精査にもとづいて反論。西本願寺本は先掲のように調査済み、専修寺本についても同様、詞書の筆者は覚如である。そのうえ、昭和三十六年（一九六一）春、親鸞七百回大遠忌に開かれた真宗連合学会大会で西本願寺・専修寺・東本願寺の三本並べて陳列のおり筆致を直接比較して覚如の自筆であると確信した。絵詞の制作年時の判定には奥書だけにとらわれず、紙質・墨色・筆致など総合的に検討すべきである。専修寺本の調査は、全五巻の各段にわたり、法量と紙数はじめ紙幅・継目・絵相・描線・補作におよぶ。まとめとして、専修寺本の詞書は覚如の自筆であるが奥書のように永仁三年（一二九五）の制作でなく、まず西本願寺本が制作されて稲田興法の段がの原形を最もよく残すと判定されている。

追加された後に制作された。筆致その他の検討により三本の制作順位は西本願寺本・専修寺本・東本願寺本の順で、西本願寺本は初稿本をそのまま写し、専修寺本・康永本は後から増広された。現在諸本の中で西本願寺本が初稿本の原形を最もよく残すと判定されている。

『親鸞聖人伝絵』諸本について

昭和三十九年（一九六四）東本願寺から出版された、康永本『本願寺聖人伝絵』の解説である。最初に永仁三年（一二九五）『親鸞伝絵』成立と流伝および覚如の意図を明かし、絵巻物『伝絵』の制作過程から後の訂正・改定にいたる手法や事情について述べられる。つづいて現存する西本願寺本・専修寺本・康永本（東本願寺本）の順に、各本の形状・題号・構成・詞書・絵相の特徴と成立の事情、それらについての学説および赤松氏の見解が示される。現存する『親鸞伝絵』三本のなかで西本願寺本と専修寺本は成立が早く、識者の見解が分かれ異論もあって解説は詳しい。これまでの氏の研究成果が総括されているようである。康永本は現在東本願寺に所蔵される。『本願寺聖人伝絵』と題し、上下巻それぞれ本末に分け四巻より成る。上巻八段下巻七段より構成され、上巻に蓮位夢想と定禅夢想の二段が加わる。蓮位夢想のことは覚如が元弘元年（一三三一）に著わした『口伝鈔』に出ていて、この段追加の目安とされる。康永本の画工円寂と宗舜については、沢村専太郎説により大和絵の画法を基調としながら彩色その他に新様式を採用したとされる。また源豊宗の所見として康永本は『北野天神縁起』の影響を受け、越後から常陸に赴く路次を描いたところには『一遍聖絵』を思わせるものがあるという。

『西方指南抄』について

源空は鎌倉仏教の主唱者として日本仏教史上に輝かしい地位を占めるが、『選択集』『和語灯録』のほか信用できる史料が少なく源空研究が発展しなかった。ところが親鸞が自筆で書写した『西方指南抄』が専修寺に伝わり国宝に指定され、翻刻がなされて情況が改まった。『西方指南抄』は源空の説法・自記・法語・臨終祥瑞・置文・伝記・消息などを集めた、いわば源空の言行録である。それを親鸞が康元元年（一二五六）から翌年にかけて書写していて、源空の言葉や行状が詳しくうかがえるようになった。源空研究に資するところは大きい。読み方によって源空像が生き生きとよみがえる。ところで『西方指南抄』には編集者やその年次について何も記していない。『西方指南抄』を編集したのは親鸞なのか別人なのか。『西方指南抄』の内容と編集の方法を吟味して諸説が唱えられている。ここで赤松氏は『西方指南抄』の編者と編集時期について、編者は親鸞でない可能性が高いこと、編集の時期は原『教行信証』成立に少し先行すると考えるのが妥当だとしている。

いま私の手もとに古い二冊のノートがある。表紙に「寺院経済史　昭和三十二年　赤松講師」とある。そのころ私が大谷大学大学院に在籍していて先生の講義を受講した時のもので、「寺院墾田」の見出しで、「四天王寺御手印縁起」など古代寺院の縁起資材帳が紹介されている。他の一冊に表題はないが、章題に「上代中世の商業の発達」として「上代」の概念と上代と中世の区分について論じ、東西の市論から平安京における富裕商人の出現が見通されている。講題は同じ「寺院経済史」だったようで、後半に『宇津保物語』や『新猿楽記』の文が引かれていて、講義に親しんだ覚えがある。

ちょうどそのころ『鎌倉仏教の研究』が平楽寺書店から出版（昭和三十二年八月）された。先生の誕生満五十年を記念して自序が掲げられ、親鸞・一遍・慈円に関する一連のお仕事を一冊にまとめて手にすることができるようになった。巻頭には先生が親鸞の「遺言状」とみなされた、常陸の門徒と覚信尼（「いまこせんのは、」）宛の親鸞自筆の消息と親鸞の肖像画「鏡の御影」の鮮明な写真図版が掲げられている。親鸞の鋭いまなざしが先生の鑑識眼を誉めているようで、先生の喜びがうかがえる。はじめに昭和八年（一九三三）発表の論文「覚信尼について」についで「いまこせんのは、について」以下論文十七編が収められている。原稿の取揃清書に黒田俊雄氏と同勢津子夫人の尽力をえたと記されているが、黒田俊雄氏が亡くなってもう久しい。

昭和三十二年といえば、親鸞の七百回遠忌を四年後にひかえ、東本願寺所蔵の親鸞自筆坂東本『教行信証』の解体修理および調査撮影の事業がおわり、先生はその監督の任に当たってこられた。その報告書を読むたびに、全部にわたりよく精査して記録に残してくださったものだと思う。先生はいつも眼がねをかけておられ、何かのおりに、自分は極度の近眼で、眼のよく見える人にくらべると盲目に近いが、古文書の解読に取り組んできた。眼のよい若い人たちは勉学に励むようにとうながされた。昭和三十六年（一九六一）春、親鸞七百回大遠忌に開かれた真宗連合学会大会に、専修寺と東西本願寺に伝わる『親鸞伝絵』三本が並べて展観されたおり、先生が展示品を間近に熱いまなざしを注ぎ、となりの学会同人に高揚した面持ちで語りかけておられた姿が浮かぶ。この年四月吉川弘文館から人物叢書『親鸞』が出版されるが、戦前から戦後にかけての仏教史研究をふまえて、先生みずから人生の総決算として執筆されたようにうかがわれる。

このあと先生は還暦近く、論文集『続鎌倉仏教の研究』を出版（昭和四十一年八月）される。そのなかで論文「親鸞の妻帯について」の追記に、筆者が親鸞の「六角夢想偈」の出典にあたる文を見出して発表したのを先生は

「わたくしの喜び」として特記してくださっている。私の論文発表は昭和三十八年のことで、そのころから私は学会に加えていただくようになった。先生の研究者としての旺盛な姿をみたのは、おなじころ仏教史学会大会が京都青蓮院で催され、先生の臨地講演を聞いたおりである。お話が青蓮院文書から慈円の「未来記」におよび、さらに慈円が葛川明王院で行った倶梨伽羅法の修行体験を熱意をこめて説かれた。その後先生の探求は『愚管抄』から『平家物語』にわたり論考がつづけられていく。

先生の御命終は昭和五十四年（一九七九）一月二十四日のことで、七十一歳であられた。自宅において脳溢血でたおれられたのが原因であった。翌々日、西賀茂の御自宅近くの光念寺で葬儀が行われた。法名は「和順院釈俊秀」。新聞には、先生の略歴をたどり、終りに「専門は日本史。日本中世社会経済史の研究で知られる。貴重な古文書、古記録を多数収集するなど文化財の保存に力を尽くし「教王護国寺文書」全十巻・別尊絵図を完成、国の重要文化財に指定される基礎を築いた。著書に「古代中世社会経済史研究」「鎌倉仏教の研究」、人物叢書「親鸞」などがある。四十九年十一月紫綬褒章受章」と記している。

（大谷大学名誉教授）

赤松俊秀先生略年譜（著書・史料）

明治四〇年（一九〇七）四月二八日　北海道石狩国上川郡鷹栖村字近文一線十二号三番地（現旭川市東鷹栖東1条三丁目二七三番地）出生

昭和六年（一九三一）三月　京都帝国大学文学部史学科卒業

昭和六年（一九三一）五月　京都帝国大学文学部副手を嘱託される（昭和七年三月）

昭和七年（一九三二）三月　京都府史蹟勝地保存委員会臨時委員を嘱託される（昭和一一年三月まで）

昭和一一年（一九三六）三月　京都府社寺事務を嘱託される（昭和一五年四月まで）

昭和一四年（一九三九）三月　京都帝国大学文学部教務を嘱託される

昭和一五年（一九四〇）四月　京都府主事を任ぜられ、学務部社寺課勤務を命ぜられる

昭和一九年（一九四四）一一月　京都帝国大学文学部講師を嘱託される（昭和二二年三月まで）

昭和二一年（一九四六）一一月　京都府教育部社会教育課勤務を命ぜられる

昭和二三年（一九四八）四月　文部省社会教育局調査員ならびに国立博物館調査委員に任ぜられる

昭和二三年（一九四八）一一月　京都府教育委員会事務局成人教育部文化課長心得を命ぜられる

昭和二四年（一九四九）四月　京都府教育委員会事務局指導部文化財保護課長に補せられる

昭和二六年（一九五一）八月　京都府立教育委員会文化財保護課長を願により退職

昭和二六年（一九五一）八月　文部教官に任ぜられ、京都大学助教授に補せられる
京都府文化財調査委員を委嘱される
昭和二八年（一九五三）一〇月　京都大学教授に昇任
昭和三七年（一九六二）二月　文学博士の学位を受ける（京都大学）
昭和三九年（一九六四）四月　京都府文化財専門委員に任じられる（昭和四一年三月まで）
昭和四〇年（一九六五）三月　文化財保護審議会専門委員に任じられる
昭和四一年（一九六六）一月　京都大学評議委員に任ぜられる（昭和四三年八月まで）
昭和四四年（一九六九）三月　学術審議会専門委員に任じられる（昭和四六年まで）
昭和四四年（一九六九）四月　京都大学教養部教授に併任（昭和四五年三月まで）
昭和四六年（一九七一）三月　定年により京都大学文学部教授を退官、京都大学名誉教授の称号を受ける
昭和四七年（一九七二）　大谷大学文学部教授に任ぜられる
昭和四九年（一九七四）　紫綬褒章を受章
昭和五〇年（一九七五）　四天王寺女子大学教授に任ぜられる
昭和五四年（一九七九）　一月二四日逝去

著　書（主要なもの）

『古代国家の展開』（京大日本史　第二巻、共著、創元社、一九五一年）
『鎌倉仏教の研究』（平楽寺書店、一九五七年）
『親鸞』（人物叢書、吉川弘文館、一九六一年）
『興教大師とその時代』（智山文庫二、智積院、一九六三年）
『真宗史概略』（監修、平楽寺書店、一九六三年）
『金閣と銀閣』（共著、淡交社、一九六四年）
『郷土の文化財』一五（共著、宝文館、一九六五年）
『続鎌倉仏教の研究』（平楽寺書店、一九六六年）
『日本仏教史』二（監修、法藏館、一九六七年）
『京都府の歴史』（共著、山川出版社、一九六九年）
『古代中世社会経済史研究』（平楽寺書店、一九七二年）
『京都寺史考』（法藏館、一九七二年）
『平家物語の研究』（法藏館、一九八〇年）

史料（主要なもの）

『京寺遺宝撥英』第一輯（共編、美術書院、一九四八年）
『醍醐寺新要録』上・中・下巻（京都府教育委員会、一九五一年）
『隔冥記』第一～六巻（鹿苑寺、一九五八～六七年）
『教王護国寺文書』巻一～一〇、別巻絵図（平楽寺書店、一九六〇～七二年）
『和泉市史』第一・二巻（監修、和泉市市役所、一九六五～六八年）
『愚管抄』（共著、古典文学大系、岩波書店、一九六七年）
『尊号真像銘文』（法雲寺、一九六七年）
『国宝卜部兼方自筆日本書紀神代巻』（法藏館、一九七一年）
『親鸞聖人真蹟集成』（法藏館、一九七三～七四年）

赤松俊秀著作集 全五巻（A5判／上製／函入）

編集委員 上横手雅敬・大山喬平・勝山清次
薗田香融・名畑 崇

第一巻 親鸞伝の研究 解説・名畑 崇 一二、〇〇〇円

＊第二巻 鎌倉仏教の諸相（仮） 解説・薗田 香融 一八、〇〇〇円

第三巻 古代中世社会経済史研究 解説・勝山 清次 二〇、〇〇〇円

＊第四巻 京都寺史考 解説・大山 喬平 一八、〇〇〇円

＊第五巻 平家物語の研究 解説・上横手雅敬 一八、〇〇〇円

＊は未刊

法 藏 館　　価格税別

親鸞伝の研究
赤松俊秀著作集　第一巻

二〇一二年四月二八日　初版第一刷発行

著　者　赤松俊秀
発行者　西村明高
発行所　株式会社法藏館
京都市下京区正面通烏丸東入
郵便番号　六〇〇-八一五三
電話　〇七五-三四三-〇〇三〇（編集）
〇七五-三四三-五六五六（営業）

印刷・製本　亜細亜印刷株式会社

ISBN 978-4-8318-3346-4 C3321

索　　引

え

お

か

き

く

け

こ

さ

す

せ

そ

に

ね

の

は

ひ

ふ

へ

ほ

ま

み

む

も

や

ゆ

よ

ら

り

れ

ろ

わ